Sucht- und Drogenkoordination Wien

Mobile Soziale Arbeit
im öffentlichen Raum

ÖGB VERLAG

Die Inhalte in diesem Buch sind von den Autor*innen und vom Verlag sorg-
fältig erwogen und geprüft, dennoch kann eine Garantie nicht übernommen
werden. Eine Haftung der Autor*innen bzw des Verlages und seiner Beauf-
tragten für Personen-, Sach- und Vermögensschäden ist ausgeschlossen.

Verlag des Österreichischen Gewerkschaftsbundes GmbH
Johann-Böhm-Platz 1
1020 Wien

Tel. Nr.: 01/662 32 96-0
Fax Nr.: 01/662 32 96-39793
E-Mail: office@oegbverlag.at
Web: www.oegbverlag.at

Umschlaggestaltung: Thomas Jarmer
Medieninhaber: Verlag des ÖGB GmbH, Wien

© 2022 by Verlag des Österreichischen Gewerkschaftsbundes GmbH Wien
Hersteller: Verlag des ÖGB GmbH, Wien
Verlags- und Herstellungsort: Wien
Printed in Austria

ISBN 978-3-99046-617-9

Inhaltsverzeichnis

Inhaltsverzeichnis

Ewald Lochner

Für alle, die Hilfe brauchen – Das Wiener Modell der Mobilen Sozialen Arbeit im öffentlichen Raum

Es war zumindest eine gehörige Portion Verwunderung, die die im Jahr 2005 von der Stadt Wien getroffene Entscheidung, mit „help U" erstmals auf ein Team der Mobilen Sozialen Arbeit im öffentlichen Raum zu setzen, hervorrief. Denn mit Dienstkleidung ausgestattet und einem wechselnd parteilichen Ansatz folgend, unterschied es sich deutlich von den bis dahin bestehenden Angeboten der Straßensozialarbeit. Die vergangenen mehr als 15 Jahre haben gezeigt, welchen Mehrwert diese Arbeit für die gesamte Stadt sowie die Integration von hilfsbedürftigen Menschen in das Gesundheits- und Sozialsystem und speziell auch beim Abbau von Vorurteilen gegenüber marginalisierten Gruppen in der Bevölkerung hat. Zunächst möchte ich aber kurz ausführen, wie es überhaupt dazu kam, dass diese neue Form der Mobilen Sozialen Arbeit im öffentlichen Raum in Wien angewandt wurde.

Vor dem Start von „help U" im Jahr 2005 war es vor allem der Karlsplatz, der mit seiner etablierten Drogen(handels)szene von bis zu 200 Personen, die öffentliche Wahrnehmung am stärksten dominierte. Aufgrund seines Bekanntheitsgrades übte dieser auch eine Sogwirkung auf suchtkranke Menschen aus den anderen Bundesländern aus. Neben dem Drogenhandel, vor allem mit Substitutionsmedikamenten und Benzodiazepinen, war am Karlsplatz intravenöser Konsum in den WC-Anlagen und im angrenzenden öffentlichen Raum weit verbreitet. Das führte häufig zu Spritzenfunden und Irritationen bei Passant*innen. Um den Drogenhandel zu bekämpfen, setzte die Polizei regelmäßige Schwerpunktaktionen, ohne jedoch eine nachhaltige Wirkung zu erzielen. Für eine langfristige Besserung fehlte es zum einen an Alternativen zu einem Aufenthalt im öffentlichen Raum und entsprechenden Betreuungs- und Behandlungsangeboten und zum anderen auch an der Abstimmung zwischen Polizei, Sozialer Arbeit und anderen im öffentlichen Raum tätigen Organisationen.

Daher war es neben der Aufstockung von Angeboten für suchtkranke Menschen im Wiener Gesundheits- und Sozialbereich und dem kontinuierlichen Ausbau der Netzwerkarbeit zwischen den Organisationen[1] notwendig, ein Team zu schaffen, das den Anspruch hat, für alle Nutzer*innen des öffentlichen Raums da zu sein, Vorurteile abzubauen, Ängste zu nehmen sowie dabei die vorhandenen Ressourcen der anderen Kooperationspartner*innen zu berücksichtigen.

Auf Basis dieser Überlegungen wurde im Jahr 2004 das Konzept von „help U" entwickelt. Als Inspiration dienten dabei die mobilen Dienste „sip züri" in Zürich und „PINTO" in Bern, die ebenfalls alle Nutzer*innen ihres Einsatzgebietes als Zielgruppe haben. Durch den Einsatz von „help U" sollten die unterschiedlichen Nutzer*innengruppen (marginalisierte Menschen, Passant*innen, Fahrgäste, Anrainer*innen, Geschäftsleute, umliegende Schulen, kulturelle Institutionen etc.) erstmals gemeinsame, zusammenführende Ansprechpartner*innen haben. Besonders Passant*innen, Fahrgäste und Geschäftsleute wussten zuvor häufig nicht, an wen sie sich im Bedarfsfall wenden konnten.

Rasch nach dem Start des Projekts im Jahr 2005 konnte eine hohe Bekanntheit von „help U" bei den unterschiedlichen Nutzer*innengruppen erreicht werden. Mit Information und Beratungen standen sie allen Menschen am Karlsplatz zur Verfügung. Ziel war es, durch Präsenz und bedarfsorientierte Interventionen Konflikte zu verhindern und Verständnis für die Anliegen und Bedürfnisse aller Nutzer*innen zu schaffen.

„help U" zeichnete sich von Beginn an durch eine intensive Vernetzung mit „Streetwork"[2], der Polizei, der evangelischen Schule am

---

[1] Siehe dazu auch das Kapitel „Professionelles Netzwerkmanagement und Kooperationen für eine abgestimmte Vorgehensweise im (halb)öffentlichen Raum" in diesem Buch.

[2] „Streetwork" ist eine Einrichtung der Suchthilfe Wien, die aufsuchende Straßensozialarbeit für suchtkranke Menschen, die den öffentlichen Raum

Platz, den Wiener Stadtgärten und anderen bereits vor Ort tätigen Einrichtungen aus. Diese Pionierarbeit bildete eine wichtige Grundlage für die in Wien mittlerweile fest verankerte, enge Kooperation zwischen den unterschiedlichen Organisationen. Die Tatsache, dass „help U" seit 2005 als ein Gemeinschaftsprojekt von den Wiener Linien und der Suchthilfe Wien betrieben wird, macht zudem deutlich, dass alle Beteiligten bereit waren, gemeinsam neue Wege zu gehen.

Es zeigte sich, dass der Einsatz von „help U" höchst erfolgreich war und nachhaltig positiven Einfluss auf das Nebeneinander im (halb) öffentlichen Raum hatte. Die Tätigkeiten waren aber auf den Karlsplatz fokussiert und aufgrund der Kooperation mit den Wiener Linien – wie auch der Name sagt – auf das Wiener U-Bahn-Netz beziehungsweise die nähere Umgebung der Stationen beschränkt.

Nutzungskonflikte im öffentlichen Raum, bei denen Alkohol- oder Drogenkonsum eine bedeutende Rolle spielten, gab es aber nicht nur am Karlsplatz. So hielten sich im Bereich des Franz-Josefs-Bahnhofs im 9. Bezirk an den Wochenenden bis zu 150 Alkohol konsumierende Personen auf, die sich beim dortigen Supermarkt versorgten und vor allem durch lautstarke Auseinandersetzungen innerhalb der Gruppe und starke Verunreinigungen für Unmut bei anderen Nutzer*innen sorgten. Am Westbahnhof und dem davorliegenden Europaplatz hielten sich täglich zwischen 50 und 100 Personen in verschiedenen Kleingruppen (Wohnungslose, Suchtkranke, Sexarbeiter*innen, Punks) auf und auch der Praterstern und der Südbahnhof waren zu dieser Zeit Treffpunkt für größere alkoholisierte Gruppen, die durch ihr Verhalten andere Menschen verunsicherten und professionelle Unterstützung benötigten.

Die damalige Bezirksvorsteherin im 9. Bezirk, Martina Malyar, die eine Lösung für die Nutzungskonflikte am und um den Franz-Josefs-Bahnhof finden wollte, lud mit Unterstützung der Sucht- und Drogenkoordination Wien ab 2005 zu intensiven Gesprächs-

---

nutzen, anbietet. Zielgruppe sind dabei insbesondere jene, die Suchtmittel intravenös konsumieren, soziale, psychische oder physische Probleme haben und keinen Zugang zum Sozial- und Gesundheitssystem haben.

runden mit Anrainer*innenvertreter*innen, Gewerbetreibenden, Polizei, Sicherheitsbediensteten, Bezirksvertreter*innen und Vertreter*innen sozialer Einrichtungen. In diesem partizipativen Prozess wurde im Jahr 2006 das Konzept „Team JUTAP[3]" entwickelt, das im Vergleich zu „help U" einen noch stärkeren Fokus auf psychosoziale Unterstützungsleistungen legte und nicht an den Nahbereich von U-Bahn-Stationen gebunden war.

Anfang 2007 wurde im Rahmen des Wiener Drogenbeirats von der Stadträtin für Gesundheit und Soziales Mag.[a] Sonja Wehsely der Auftrag an die Sucht- und Drogenkoordination Wien erteilt, den Status der Problemlagen im öffentlichen Raum zu erheben und, daraus abgeleitet, ein Konzept zu entwickeln, welches alle Nutzer*innengruppen in einem Einsatzgebiet bedarfsorientiert unterstützen sollte. Dafür wurden umfangreiche Klausuren mit Vertreter*innen aus Politik und Verwaltung der Stadt Wien, unterschiedlichen Organisationen aus dem Sozial- und Gesundheitsbereich[4] sowie der Polizei und den Verkehrsbetrieben durchgeführt. Im September 2007 wurde das daraus entstandene Konzept „sam – sozial, sicher, aktiv, mobil" präsentiert und die Umsetzung beschlossen. Bereits im Oktober desselben Jahres war es aufgrund der umfangreichen Vorarbeiten möglich, mit dem Team von „sam 9" am Franz-Josefs-Bahnhof und in dessen Umgebung zu starten. Anfang des Jahres 2008 folgte „sam 2" für den Bereich Praterstern und Umgebung. Diese standortorientierten Teams wurden 2008 mit „sam flex" um ein örtlich flexibles Team ergänzt. Im Jahr 2014 folgte zeitgleich mit der Inbetriebnahme des neuen Hauptbahnhofs die Gründung von „sam hauptbahnhof" und im Jahr 2019 konnte mit „sam plus", dessen Fokus auf dem 6. Bezirk liegt, die jüngste Erweiterung umgesetzt werden. Gleichzeitig erlaubte es die stetige Verbesserung der Lage am Karlsplatz, dass sich „help U" nach und nach auch stärker anderen Orten zuwenden konnte und mittlerweile eine Vielzahl von Stationen im gesamten Stadtgebiet aufsucht.

---

[3] JUTAP steht für „Julius-Tandler-Platz", der den Vorplatz des Franz-Josefs-Bahnhofs bildet.

[4] Unter anderem Verein Wiener Sozialprojekte, Caritas Wien, Fonds Soziales Wien, Psychosoziale Dienste in Wien und Rettet das Kind.

Neben dem kontinuierlichen Ausbau der Angebote zeigt sich das hohe Vertrauen in die Mobile Soziale Arbeit im öffentlichen Raum auch in der Unterstützung zahlreicher Organisationen. So stellen derzeit neben der Sucht- und Drogenkoordination Wien elf Wiener Bezirke, die Wiener Linien, die ÖBB und mit REWE auch private Unternehmen Finanzmittel für die Mobile Soziale Arbeit zur Verfügung, weil sie von der Wirksamkeit der Arbeit überzeugt sind.

Ein ähnliches Bild zeigt sich auch auf der politischen Ebene. Obwohl es bei der Frage des Umgangs mit Problemlagen im öffentlichen Raum mitunter intensive ideologische Auseinandersetzungen gibt, wird der Einsatz Mobiler Sozialer Arbeit meist quer durch alle politischen Lager als sinnvoll erachtet. Besonders hervorzuheben ist zudem, dass die Leistungen der Mobilen Sozialen Arbeit im öffentlichen Raum mittlerweile auch in der Bevölkerung bekannt sind und als wertvoll betrachtet werden.

Die österreichweit einzigartige Herangehensweise der Mobilen Sozialen Arbeit in Wien fand aber nicht nur Befürworter*innen. Seit der Einführung von „help U" folglich nach der Schaffung der „sam"-Teams und bis heute – wird sie vor allem innerhalb der Berufsgruppe der Sozialarbeiter*innen – auch kritisch gesehen.

Ein wesentlicher Kritikpunkt betrifft dabei die situative, reflexive Parteilichkeit, die die Arbeitsweise der Mobilen Sozialen Arbeit im öffentlichen Raum von der Straßensozialarbeit unterscheidet. Die Parteilichkeit der Straßensozialarbeit liegt im Regelfall sehr eindeutig bei ihren definierten Zielgruppen (z.B. suchtkranke oder wohnungslose Menschen). Die Mobile Soziale Arbeit hingegen ergreift nicht von Vornhinein für eine spezifische Zielgruppe Partei. Die Parteilichkeit ergibt sich in der jeweiligen Situation für die in geschwächter oder benachteiligter Position befindlichen Akteur*innen.

Es besteht bei Kritiker*innen die Befürchtung, dass diese Ausrichtung von Sozialarbeit eine Umschichtung von Ressourcen zu Lasten marginalisierter Menschen zur Folge habe und dadurch indirekt eine Schwächung der Stellung von marginalisierten Menschen bei Aushandlungsprozessen im öffentlichen Raum komme.

Diese Kritik übersieht jedoch, dass Mobile Soziale Arbeit den expliziten Auftrag hat, jene zu stärken, die sich in einer geschwächten Position befinden. In der Praxis sind selbstverständlich marginalisierte Menschen in einer schwächeren Position. Die Möglichkeit unterschiedliche Perspektiven einzunehmen und so zwischen den vielfältigen Bedürfnissen bei der Nutzung des öffentlichen Raums zu vermitteln, ist ein wesentlicher Erfolgsfaktor des Ansatzes. Dabei werden individuelle Lebensentwürfe respektiert und gesellschaftliche Bedingungen und Möglichkeiten der Menschen berücksichtigt.

So ist es beispielsweise bei Unterstützungsleistungen für marginalisierte Menschen erforderlich, eine an der speziellen Zielgruppe orientierte parteiliche Haltung einzunehmen. Sind mehrere Parteien in eine Situation im öffentlichen Raum involviert, können durch eine vielseitig gerichtete parteiliche Haltung ganz gezielt einzelne Personen und Gruppen (z.B. durch Information und Beratung) gestärkt werden, um die unterschiedlichen Nutzungsinteressen in Bezug auf den öffentlichen Raum möglichst kompatibel zu gestalten.

Es ist richtig, dass beispielsweise Geschäftsinhaber*innen, die ihren Betrieb durch den Aufenthalt von alkoholkranken Menschen gestört sehen, im Allgemeinen deutlich mehr finanzielle und strukturellen Ressourcen zur Verfügung haben, um ihre Meinung im gesellschaftlichen Diskus zu etablieren. Jedenfalls braucht auch diese Nutzer*innengruppe in der konkreten Situation zusätzliche Information und Unterstützung, um mit der Situation vor Ort konstruktiv und lösungsorientiert umzugehen. Daher ist es wichtig, dass die Mobile Soziale Arbeit auch deren Anliegen Gehör schenkt und in einen Dialog tritt. Im besten Fall gelingt es, Ängste abzubauen, mehr Toleranz und Verständnis für die Rechte und Bedürfnisse marginalisierter Menschen zu schaffen und allen Beteiligten eine Kommunikation bzw. einen Aushandlungsprozess auf gleicher Ebene zu ermöglichen.

Zusätzlich hat Wien im Gegensatz zu Tendenzen in anderen Städten parallel zum Auf- und Ausbau von Angeboten der Mobilen Sozialen Arbeit ebenso die niederschwellige, parteiliche Straßensozialarbeit auf- und ausgebaut.

Im sozialwissenschaftlichen Diskurs wird außerdem kritisch gesehen, dass Mitarbeiter*innen der Mobilen Sozialen Arbeit Regeln, die für ein sozial verträgliches Nebeneinander notwendig sind, an alle Zielgruppen kommunizieren. Dadurch würde ein von der Mehrheitsgesellschaft abweichendes Verhalten problematisiert und die Exklusion marginalisierter Menschen verstärkt.

Konzeptionell definiert und in der Praxis umgesetzt wird Regelkommunikation für ein funktionierendes Nebeneinander jedenfalls nicht auf marginalisierte Gruppen beschränkt.

In Wien haben alle Menschen das Recht, den öffentliche Raum zu nutzen. Gleichzeitig müssen aber auch alle Nutzer*innen damit rechnen, Adressat*innen von Regelkommunikation zu werden, wenn sie mit ihrem Verhalten ein sozial verträgliches Nebeneinander beeinträchtigen.

Ein gutes Beispiel dafür ist die Vorgehensweise bezüglich der Eingangsbereiche großer Wiener Verkehrsknotenpunkte. Da immer wieder Menschen und (Klein-)Gruppen direkt vor dem Haupteingang stehen und andere zum ständigen Ausweichen gezwungen sind, gibt es Beschwerden. Jede Regelkommunikation für Nutzer*innen ist klar ersichtlich auf alle Passant*innen unabhängig von sozialem Status ausgerichtet.

Regelkommunikation, wie sie in Wien umgesetzt wird, ist nicht darauf beschränkt, Verbote oder Normen zu kommunizieren. Vielmehr versuchen die Kolleg*innen mit einer Vielzahl an Interventionen wie der Vermittlung von sozialem Verhalten, Stärkung der Selbstkontrolle, Förderung von Einfühlungsvermögen in andere Personen, Deeskalationsstrategien etc. auch Strategien anzubieten, konstruktiv mit gesellschaftlichen Rahmenbedingungen umzugehen.

Ein wesentlicher Vorteil liegt darin, dass es der Mobilen Sozialen Arbeit aufgrund meist bereits vorhandener Vertrauensbeziehungen möglich ist, durch respektvolle Kommunikation die Notwendigkeit eines polizeilichen Einschreitens deutlich zu reduzieren. Damit wird in Folge auch das Recht aller Menschen auf den öffentlichen Raum gestärkt, weil klar festgehalten wird, dass nicht der Aufenthalt von bestimmten Nutzer*innen ein Problem darstellt, sondern Verhaltensweisen, die ein sozial verträgliches Nebeneinander verhindern.

Die wichtigste und häufigste Aufgabe der Mobilen Sozialen Arbeit im öffentlichen Raum in Wien ist die Verbesserung der Lebenssituation marginalisierter Menschen auf sozialer, psychischer und physischer Ebene sowie deren Integration in das Wiener Gesundheits- und Sozialsystem.

Der Erfolg unserer Kolleg*innen wird dabei wesentlich durch das dichte Netz von durch die öffentliche Hand finanzierten Behandlungsangeboten, ein breit ausgebautes Substitutionsprogramm, niederschwellige Harm-reduction-Angebote und – im Vergleich zu anderen europäischen Großstädten besonders auffällig – eine hervorragende Wohnversorgung unterstützt.

Für viele Sozialarbeiter*innen, die zum ersten Mal von Dienstkleidung und damit der klaren Erkennbarkeit im öffentlichen Raum hören, wirkt dies befremdlich. Diese in der Sozialen Arbeit unübliche Besonderheit wird von manchen Kolleg*innen mit Uniformen assoziiert. Es wird die Befürchtung geäußert, dass der Umstand der Betreuung von marginalisierten Menschen in Dienstkleidung zu mehr Sichtbarkeit im öffentlichen Raum führt und damit zu Diskriminierung beiträgt.

Der Anspruch der Mobilen Sozialen Arbeit im öffentlichen Raum ist es, für alle da zu sein und auch gezielt mit allen Nutzer*innen mit Unterstützungsbedarf das Gespräch zu suchen. Der Vorteil der Dienstkleidung besteht darin, für alle Nutzer*innengruppen und Kooperationspartner*innen gleichermaßen gut erkennbar und verfügbar zu sein. Die sichtbare Anwesenheit an einem Ort vermittelt, dass es professionelle Unterstützung gibt. Dies wirkt präventiv und baut Ängste und Vorurteile ab.

Es steht außer Zweifel, dass die Wiener Mobile Soziale Arbeit im öffentlichen Raum, aufgrund ihres starken Fokus auf das Gemeinwesen, ein wesentlicher Beitrag für das gute Nebeneinander im öffentlichen Raum in unserer Stadt ist.

Die Mobile Soziale Arbeit versteht sich dabei als wichtige Ergänzung zur zielgruppenorientierten Straßensozialarbeit und trägt im täglichen Austausch mit unterschiedlichen Nutzer*innengruppen dazu bei, der Diskriminierung marginalisierter Menschen entgegenzuwirken. Informationen und Beratungsgespräche unterstützen dabei, Vorurteile und Ängste zu entkräften, wenn Nutzer*innen Unsicherheiten verspüren. Entscheidend ist es, zu vermitteln, dass Menschen, die Hilfe benötigen, diese auch bekommen. Außerdem sollen und dürfen sich alle Menschen, unabhängig von Herkunft oder sozialem Status, im öffentlichen Raum aufhalten. Die situativ, reflexive Parteilichkeit ermöglicht es, die Bedürfnisse aller Nutzer*innen zu berücksichtigen und sie zu befähigen, mit einer diversen Nutzung des öffentlichen Raums konstruktiv umzugehen.

Gerade in Zeiten, wo gegen marginalisierte Menschen Stimmung gemacht wird, in denen Irritationen im öffentlichen Raum oder der bloße Aufenthalt bestimmter Gruppen zu Sicherheitsproblemen hochstilisiert werden, ist es von grundlegender Bedeutung, durch Gespräche und Zuhören zu deeskalieren.

Wir wissen, dass marginalisierte Menschen oft als Schuldige an vermeintlichen Missständen im öffentlichen Raum identifiziert werden. Dabei werden fast immer repressive Maßnahmen gegen marginalisierte Menschen gefordert. Besonders in einer politisch aufgeheizten Stimmung ist es ein unschätzbarer Mehrwert, dass die Teams der Mobilen Soziale Arbeit Ängste entkräften und gegen Diskriminierung auftreten.

Die enge Zusammenarbeit mit anderen Akteur*innen wie der Polizei, den kommunalen Dienstleister*innen, Verkehrsbetrieben oder anderen Gesundheits- und Sozialeinrichtungen vor Ort ist ebenfalls ein wesentlicher Erfolgsfaktor. Diese Kooperationen auf operativer Ebene wird von den Teams der Mobilen Sozialen Arbeit organisiert oder koordiniert. Damit ist sichergestellt, dass die Maßnahmen der unterschiedlichen Organisationen aufeinander abgestimmt und somit deutlich effektiver und effizienter sind. Die regelmäßige Vernetzung ermöglicht, dass Problemen rasch entgegengewirkt werden kann. Auch hier kommt der Mobilen Sozialen Arbeit die Aufgabe zu, den Anliegen von marginalisierten Menschen Gehör zu verschaffen und Diskriminierungstendenzen entgegenzuwirken.

Ich bin der festen Überzeugung, dass die Arbeit der Mobilen Sozialen Arbeit im öffentlichen Raum nicht nur in Wien weiter ausgebaut werden wird, sondern auch als Vorbild für andere Städte und Kommunen dienen kann.

Mein Dank gilt neben den engagierten Mitarbeiter*innen der Mobilen Sozialen Arbeit auch den zahlreichen Kooperationspartner*innen, die gemeinsam mit uns kontinuierlich an einem respektvollen Mit- und Nebeneinander im öffentlichen Raum in Wien arbeiten.

Ich wünsche Ihnen, geschätzte Leser*innen, eine anregende Lektüre!

Ihr

Ewald Lochner

Biografie

Ewald Lochner ist Geschäftsführer der Sucht- und Drogenkoordination Wien (SDW) und Kaufmännischer Leiter des Kuratoriums für Psychosoziale Dienste in Wien. 2018 wurde er zum Koordinator für Psychiatrie, Sucht- und Drogenfragen der Stadt Wien berufen. Seit über 11 Jahren arbeitet er in verschiedenen Funktionen im Bereich der Sucht- und Drogenfragen – unter anderem als Leiter von „Arbeitsmarktpolitische Maßnahmen und soziale (Re-)Integration" und als Organisatorischer Leiter des Instituts für Suchtprävention.

Elisabeth Odelga

Konzeptvorstellung: Mobile Soziale Arbeit im öffentlichen Raum der Suchthilfe Wien

Dieser Beitrag stellt die wichtigsten Inhalte des aktuellen Konzepts[1] der Mobilen Sozialen Arbeit im öffentlichen Raum der Suchthilfe Wien vor, das seit seinen Anfängen im Jahr 2005 regelmäßig weiterentwickelt wurde. Seine Umsetzung und damit verbundene Herausforderungen werden in diesem Buch an mehreren Stellen, von unterschiedlichen Autor*innen und aus verschiedenen Perspektiven betrachtet. Mit der Vorstellung soll ein Einblick in das Konzept ermöglicht werden, um so die verschiedenen Fragestellungen, die in diesem Buch diskutiert werden, auf dessen Grundlage nachvollziehen zu können. Das Konzept bildet den fachlichen Rahmen für die Mitarbeitenden, und beinhaltet knappe und orientierungsgebende Abrisse teilweiser großer und Bände füllender Fachthemen. Um diesen fachlichen Rahmen vorzustellen, werden für dieses Buch relevant erachtete Konzept-Passagen ident wiedergegeben, und andere ausgespart.

Zu Beginn wird die Ausgangslage für die Umsetzung der Mobilen Sozialen Arbeit im öffentlichen Raum beleuchtet. Daran schließt die Beschreibung der Zielgruppen an, an die die Angebote gerichtet werden, verknüpft mit den Zielen, die dabei verfolgt werden. Es folgt eine Auswahl der wichtigsten Haltungen und Arbeitsansätze, die in dem Konzept verankert sind, und die die Grundlage für das fachliche Handeln der Mitarbeiter*innen bilden. Gegen Ende werden die wesentlichen methodischen Zugänge gemeinsam mit einigen Angeboten angeführt. Den Abschluss des Konzepts bilden Ausführungen zur Dokumentation und zur Qualitätssicherung, die hier kurz erwähnt werden. Die nachfolgende Tabelle enthält das Kurzkonzept und gibt einen Überblick über die Inhalte des Konzepts der Mobilen Sozialen Arbeit im öffentlichen Raum.

---

[1] Die Basis des Konzepts bilden die Werte und Haltungen, die die Suchthilfe Wien in ihrem Leitbild festgehalten hat (Suchthilfe Wien 2021). Diese sind aber hier nicht Gegenstand der Betrachtung.

17

Ausgangs-lage und Grund-haltungen	Der öffentliche Raum ist für alle da. Er wird von verschiedenen Menschen unterschiedlich genutzt. Dabei können sich Interessen widersprechen und Konflikte entstehen. Die Mobile Soziale Arbeit richtet ihre Angebote an alle Nutzer*innen des öffentlichen Raums und setzt sich für gesellschaftlichen Zusammenhalt ein.
Zielgruppen	• Marginalisierte Menschen (z.B. suchtkranke Menschen – sowohl Konsumierende legaler als auch illegalisierter Substanzen –, obdach- oder wohnungslose Menschen) • Geschäftstreibende, Anrainer*innen • Passant*innen, Fahrgäste • Andere Akteur*innen und Nutzer*innen im öffentlichen Raum, die Unterstützung im Umgang mit marginalisierten Menschen benötigen (z.B. Mitarbeiter*innen von Security-Firmen oder Parkbesucher*innen)
Ziele	• Das Überleben marginalisierter Menschen zu sichern • Die Lebenssituation marginalisierter Menschen auf sozialer, psychischer und physischer Ebene zu verbessern • Marginalisierte Menschen in das Wiener Gesundheits- und Sozialsystem zu integrieren • Der Diskriminierung marginalisierter Menschen entgegenzuwirken und ihre Stimme hörbar zu machen • Für die Anliegen aller Menschen im öffentlichen Raum zu sensibilisieren und so zu einem guten Miteinander bzw. respektvollen „Nebeneinander" beizutragen • Den kompetenten Umgang mit den alltäglichen Herausforderungen einer Großstadt zu stärken • Zu einer fairen Gestaltung des öffentlichen Raums für alle beizutragen • Notwendige Kooperationen sicherzustellen
Haltungen und Arbeits-prinzipien	Sozialraumorientierung — Nachhaltigkeit Wechselnde Parteilichkeit — Freiwilligkeit Niederschwelligkeit — Vertraulichkeit Akzeptierende Grundhaltung — Transparenz Lebensweltorientierung — Geschlechtssensible Grundhaltung Empowerment — Diversitätsorientierung

Methodische Zugänge	Die Mobile Soziale Arbeit im öffentlichen Raum spannt einen Bogen von der Einzelfallhilfe zur Gemeinwesenarbeit. Ihre Zugänge sind aufsuchend, zielgruppenoffen und sozialraumorientiert.	
Angebote	Kontaktaufnahme, Beziehungsaufbau, Beziehungsarbeit Information Beratung Krisenintervention Vermittlung Begleitung Netzwerkarbeit und Kooperation	Konfliktregelung Deeskalation Erste Hilfe „Sensorfunktion" Beschwerdemanagement Workshops Organisation von Helfer*innen-Konferenzen Monitoring

Tabelle 1: Kurzkonzept Mobile Soziale Arbeit im öffentlichen Raum, Suchthilfe Wien gGmbH

Ausgangslage

Die Mobile Soziale Arbeit im öffentlichen Raum nahm ihre Anfänge in Wien 2005. Seitdem hat sich dieser Ansatz ständig weiterentwickelt. Zuletzt wurde das Konzept dafür von der Suchthilfe Wien als durchführende Organisation überarbeitet. Seine Grundzüge werden hier nun einleitend vorgestellt. „Der öffentliche Raum ist für alle da." Diese Aussage ist dem Konzept als Präambel vorangestellt. Sie ist sowohl Grundhaltung des Bereichs Mobile Soziale Arbeit im öffentlichen Raum als auch freie Interpretation des Mission Statements der Stadt Wien zur Sozialen Arbeit im öffentlichen Raum.[2] Der öffentliche Raum wächst nicht, so ein Titel von Thomas Ritt

---

[2] Die Stadt Wien verfolgt, was die sozialen Aspekte des Zusammenlebens anbetrifft, traditionell eine Politik der Toleranz. Integration, Inklusion und Prävention sind dafür grundlegend. (.) Das bedeutet, dass alle Menschen, auch jene, deren Handlungsoptionen durch soziale Ungleichheiten eingeschränkt sind, bei der Teilhabe unterstützt werden. (...) Öffentliche Räume sind für alle Personen zugänglich. Der öffentliche Raum unterliegt vielfältigen Nutzungsansprüchen. (...) Er steht allen gleichermaßen zur Mitgestaltung offen. (Stadt Wien). https://www.wien.gv.at/gesellschaft/sozialearbeit/mission-statement.html.

(2016), ganz im Gegensatz zur Bevölkerung Wiens. Die Einwohner*innenzahl der Stadt Wien steigt seit Jahren stetig (Stadt Wien 2021). Diese Entwicklung bleibt nicht ohne Auswirkungen auf den öffentlichen Raum, der u.a. dadurch stärker beansprucht wird. Die Bevölkerung Wiens wächst nicht nur, auch ihre Nutzungsinteressen im öffentlichen Raum werden diverser. Es sind also mehr und darüber hinaus ganz unterschiedliche Gruppen auf den öffentlichen Raum angewiesen – so z.B. Kinder und Jugendliche, ältere Menschen, Einkommensschwache, Familien mit kleinen Wohnungen, Mobilitätseingeschränkte oder wohnungslose Menschen. Sie alle wollen diesen Raum entsprechend ihren individuellen Interessen nutzen. Neben diesen individuellen Interessen gibt es auch Interessen der kommerziellen und nicht-kommerziellen Nutzung (Ritt 2016).

Diese zum Teil widersprüchlichen Anforderungen an den öffentlichen Raum fordern nicht nur etwa die Stadt- und Verkehrsplanung, sondern auch die Soziale Arbeit. Denn im urbanen öffentlichen Raum werden einerseits gesellschaftliche Phänomene wie Armut und soziale Ungleichheiten besonders sichtbar, andererseits zeigen sich hier auch gesellschaftliche Konfliktlinien auf Grund unterschiedlicher Nutzungsinteressen (Hammer/Wittrich 2019). Die Mitarbeiter*innen der Mobilen Sozialen Arbeit bewegen sich in verschiedenen Spannungsfeldern, die aus den unterschiedlichen Interessen diverser Nutzer*innen des öffentlichen Raums, unterschiedlichen Erwartungen von z.B. Geschäftreibenden oder Gesellschaft und Politik und ihren Widersprüchen entstehen. Innerhalb dieser Spannungsfelder gilt es, den Zielgruppen die Angebote der Mobilen Sozialen Arbeit zukommen zu lassen. Zu diesen Spannungsfeldern kommen Unterschiede der jeweiligen Einsatzorte in ihrer Gestaltung und Bestimmung hinzu – eine Parkanlage hat oft die Bestimmung, ein Freizeitraum bzw. Erholungsort zu sein, während ein Verkehrsknotenpunkt dazu bestimmt ist, eine Zwischenstation am Arbeitsweg zu sein. Aber auch Medienberichterstattungen können ein solches Spannungsfeld erzeugen bzw. verstärken, indem bestimmte Orte so in den Fokus der Öffentlichkeit gelangen.

Phänomene, die sich im öffentlichen Raum – auch durch diese Spannungsfelder – zeigen, werden von den Mitarbeiter*innen aus verschiedenen Perspektiven und Ebenen betrachtet. So werden auf individueller Ebene einzelne Menschen, die sich im öffentlichen Raum bewegen, wahrgenommen und entsprechende Angebote an sie gerichtet. Darüber hinaus wird aber auch der Raum an sich berücksichtigt (physische Ebene), und es werden soziale Aspekte beobachtet, also welche Menschen(-gruppen) sich aufhalten, und ob bzw. wie sie zueinander in Beziehung stehen. Aber auch, ob auf struktureller Ebene durch Ausgrenzungsmechanismen manchen Menschen(-gruppen) die Nutzung des öffentlichen oder halböffentlichen Raumes verwehrt wird (Stoik 2014). Die Mobile Soziale Arbeit betrachtet diese drei Ebenen während der Tätigkeit in ihren Einsatzgebieten und richtet ihr fachliches Handeln danach aus.

Die Auswahl der Einsatzgebiete ergibt sich durch die Nutzungsfrequenz und -intensität und daraus resultierende potenzielle Nutzungskonflikte. Schwerpunktmäßig sind das Orte, die auch von suchtkranken Menschen, die legale und/oder illegalisierte Substanzen konsumieren, genutzt werden. Zumeist handelt es sich dabei um größere Verkehrsknotenpunkte und/oder andere Orte im innerstädtischen, dicht besiedelten Gebiet. Die Mobile Soziale Arbeit nimmt sich Aushandlungsprozessen um deren Nutzung an. Sie kann aber auch präventiv – also vor Entstehung von Nutzungskonflikten – vor Ort Erkenntnisse über Entwicklungen gewinnen. Demnach setzen die Mitarbeiter*innen je nach Bedarf direkt vor Ort Interventionen (auf individueller Ebene) oder tragen Themen – wie z.B. fehlende Sitzgelegenheiten oder auch fehlende Unterstützungsangebote – auf strukturelle Ebenen weiter.

Halböffentliche Räume wie z.B. Bahnhöfe, Verkehrsstationen oder Bibliotheken müssen von den Mitarbeiter*innen gesondert betrachtet werden, da sie zwar für die Allgemeinheit zugänglich sind, aber durch spezielle Eigentumsverhältnisse und daraus folgende Interessen charakterisiert sind. Dieses Charakteristikum ist für die Tätigkeit der Mitarbeiter*innen besonders herausfordernd, unter anderem deshalb, weil es hier verstärkt zu Ausgrenzungsmechanismen kommen kann.

In all ihrer Vielseitigkeit arbeitet die Mobile Soziale Arbeit im öffentlichen Raum stets mit der Grundhaltung, dass der öffentliche Raum für alle da ist, unabhängig von Einkommen, Herkunft, Geschlecht, sozialem Status oder anderen (sichtbaren) Merkmalen.

Zielgruppen und Ziele

Soziale Arbeit leistet einen wesentlichen Beitrag zum Zusammenhalt einer Gesellschaft (OBDS: Österreichischer Berufsverband der Sozialen Arbeit). In dem zugrunde liegenden Konzept wird der konkrete Beitrag der Mobilen Sozialen Arbeit im öffentlichen Raum dazu beschrieben. Die Angebote der Mobilen Sozialen Arbeit im öffentlichen Raum richten sich an alle Nutzer*innen des öffentlichen Raums und werden hier Zielgruppen zugeordnet, die kurz beschrieben und mit den entsprechenden Zielen verknüpft werden.

Zielgruppen	• Marginalisierte Menschen (z.B. suchtkranke Menschen – sowohl Konsumierende legaler als auch illegalisierter Substanzen, obdach- oder wohnungslose Menschen) • Geschäftstreibende, Anrainer*innen • Passant*innen, Fahrgäste • Andere Akteur*innen und Nutzer*innen im öffentlichen Raum, die Unterstützung im Umgang mit marginalisierten Menschen benötigen (z.B. Mitarbeiter*innen von Security-Firmen, oder Parkbesucher*innen)
Ziele	• Das Überleben marginalisierter Menschen zu sichern • Die Lebenssituation marginalisierter Menschen auf sozialer, psychischer und physischer Ebene zu verbessern • Marginalisierte Menschen in das Wiener Gesundheits- und Sozialsystem zu integrieren • Der Diskriminierung marginalisierter Menschen entgegenzuwirken und ihre Stimme hörbar zu machen • Für die Anliegen aller Menschen im öffentlichen Raum zu sensibilisieren und so zu einem guten Miteinander bzw. respektvollen „Nebeneinander" beizutragen • Den kompetenten Umgang mit den alltäglichen Herausforderungen einer Großstadt zu stärken • Zu einer fairen Gestaltung des öffentlichen Raums für alle beizutragen • Notwendige Kooperationen sicherzustellen

Tabelle 2: Zielgruppen und Ziele, Mobile Soziale Arbeit im öffentlichen Raum, Suchthilfe Wien gGmbH

Marginalisierte Menschen

Die ersten Adressat*innen[3] der Mobilen Sozialen Arbeit im öffentlichen Raum sind marginalisierte Menschen. Als solche werden Menschen mit eingeschränkten Ressourcen bezeichnet, deren gesellschaftliche Teilhabe erschwert bzw. verunmöglicht ist oder wird.[4] Darunter fallen von Armut betroffene Menschen mit sozialen und/oder gesundheitlichen Problemlagen wie z.B. suchtkranke Menschen, die legale und/oder illegalisierte Substanzen konsumieren, obdach- oder wohnungslose Menschen, Menschen, die betteln, psychisch kranke Menschen u.a. In einer besonderen Belastungssituation befinden sich Menschen mit Multiproblemlagen, also wenn mehrere dieser Probleme gleichzeitig bestehen. Das Ziel ist, diese Menschen zu erreichen – v.a. jene, die von bestehenden Angeboten nicht erreicht werden oder diese nicht von sich aus aufsuchen (können). Die Mobile Soziale Arbeit im öffentlichen Raum sucht diese Menschen aktiv auf, um Angebote zu setzen, Hilfsbedarf zu erkennen und adäquate Unterstützung zugänglich zu machen. Dabei wird das Ziel verfolgt, das Überleben marginalisierter Menschen zu sichern, ihre Lebenssituation auf sozialer, psychischer und physischer Ebene zu verbessern und sie ins Wiener Gesundheits- und Sozialsystem zu integrieren. Um dieses Ziel zu erreichen, braucht es stationäre Gesundheits- und Sozialeinrichtungen, die ihre Angebote auf den Bedarf bestimmter Zielgruppen ausrichten, und in die die Mobile Soziale Arbeit im öffentlichen Raum Menschen vermitteln und begleiten kann. Darüber hinaus ergänzt sich die Mobile Soziale Arbeit im öffentlichen Raum – in ihrem wechselparteilichen Ansatz – durch zielgruppenspezifische aufsuchende Einrichtungen, mit denen im Bedarfsfall kooperiert wird. Wenn die Möglichkeit einer Integration ins Wiener Gesundheits- und Sozialsystem aufgrund fehlender Ansprüche auf Leistungen aus diesem System strukturell nicht gegeben ist, ist das Ziel, der/dem Einzelnen auf in-

---

[3] Als Adressat*innen werden Menschen bezeichnet, an die die Angebote der Mobilen Sozialen Arbeit im öffentlichen Raum gerichtet sind.

[4] Etwa, wenn durch fehlende Versicherungsansprüche keine Unterstützung durch das Wiener Sozialhilfegesetz gewährt wird, oder wenn keine Krankenversicherung besteht.

dividueller Ebene karitative Hilfe zukommen zu lassen und diese Problematik auf struktureller Ebene sichtbar zu machen.

Ein weiteres Ziel ist es, der Diskriminierung marginalisierter Menschen entgegenzuwirken und ihre Stimme hörbar zu machen. Das bedeutet auch, die Interessen von marginalisierten Menschen bei der Nutzung des öffentlichen Raums einzubringen. Das heißt einerseits, sie und ihre Bedürfnisse bei Umgestaltungsplänen von öffentlichen Plätzen miteinzubeziehen und andererseits mögliche Verdrängungstendenzen bzw. strukturelle Ausgrenzungsmechanismen mitzudenken und diesen entgegenzuwirken. Dieses Vorgehen ist in der Stadt Wien auch im Fachkonzept Öffentlicher Raum verankert (Stadtentwicklung Wien 2018).

Anrainer*innen, Passant*innen, Fahrgäste, Geschäftstreibende

Die Haltung, dass der öffentliche Raum für alle Menschen gleichermaßen nutzbar sein soll, zeigt sich auch darin, dass sich die Mobile Soziale Arbeit im öffentlichen Raum auch als Ansprechpartnerin für alle anderen Nutzer*innen sieht, darunter Anrainer*innen, Passant*innen, Fahrgäste und Geschäftstreibende. Ihre Interessen und der Anspruch an den öffentlichen Raum sind unterschiedlich: So können z.B. das Interesse an Ruhe und Erholung, an sozialen Treffpunkten ohne Konsumzwang, an Unterhaltung und zwanglosem Aufenthalt, an ungestörter Passierbarkeit zu einem Verkehrsmittel oder an der Attraktivität des Vorplatzes des eigenen Geschäfts vorliegen. Diese Interessen können sich widersprechen oder durch andere Interessen beeinträchtigt werden, sodass Nutzungskonflikte entstehen können. Ziel der Mobilen Sozialen Arbeit ist es, für die Anliegen aller Menschen im öffentlichen Raum zu sensibilisieren und so zu einem guten Miteinander bzw. respektvollen „Nebeneinander" beizutragen.

Andere Akteur*innen im öffentlichen Raum

Um diese Ziele zu erreichen, kooperiert die Mobile Sozialen Arbeit im öffentlichen Raum mit anderen Organisationen. So zählen vorwiegend andere Sozial- und Gesundheitseinrichtungen und in manchen Situationen auch die Polizei, verschiedene Magistratsabteilungen oder öffentliche Verkehrsunternehmen zu den Kooperationspartner*innen. Ziel ist es, sich gegenseitig zu unterstützen und notwendige Kooperationen sicherzustellen, bzw. die Anliegen marginalisierter Menschen weiterzutragen und zu einer fairen Gestaltung des öffentlichen Raums beizutragen. Neben dieser Zusammenarbeit werden andere Akteur*innen im öffentlichen Raum, die Unterstützung im Umgang mit marginalisierten Menschen benötigen, auf individueller Ebene im Umgang mit marginalisierten Menschen unterstützt bzw. für deren Lebensrealitäten und Bedürfnisse sensibilisiert.

Im Kontakt mit all diesen Zielgruppen wird – neben den individuellen Anliegen – auch der Aspekt der sozialen Verträglichkeit eines bestimmten Ortes thematisiert. Dazu werden verschiedene Fragestellungen erörtert wie z.B. „Kann sich hier jede*r aufhalten?", „Gibt es an diesem Ort einen bestimmten Nutzungszweck?", „Welches Verhalten wird als störend erlebt und warum?". Dieser gemeinsame Diskurs dient der Erreichung des Ziels: die gegenseitige Toleranz füreinander und die Rücksichtnahme aufeinander zu fördern und den kompetenten Umgang mit den alltäglichen Herausforderungen einer Großstadt zu stärken.

Arbeitsansätze und Haltungen

Im Folgenden wird eine Auswahl der im Konzept angeführten Arbeitsansätze und Haltungen und die Bedeutung für die Mobile Soziale Arbeit kurz beschrieben.

Haltungen und Arbeitsprinzipien	Sozialraumorientierung	Nachhaltigkeit
	Wechselnde Parteilichkeit	Freiwilligkeit
	Niederschwelligkeit	Vertraulichkeit
	Akzeptierende Grundhaltung	Transparenz
	Lebensweltorientierung	Geschlechtssensible Grundhaltung
	Empowerment	Diversitätsorientierung

Tabelle 3: Haltungen und Arbeitsprinzipien, Mobile Soziale Arbeit im öffentlichen Raum, Suchthilfe Wien gGmbH

Sozialraumorientierung

Die Angebote der Mobilen Sozialen Arbeit im öffentlichen Raum stehen zielgruppenübergreifend allen Nutzer*innen des öffentlichen Raums zur Verfügung. Dabei orientiert sich das Vorgehen der Mitarbeiter*innen am konkreten Bedarf und am Willen der betroffenen Menschen. Darüber hinaus kommt der Netzwerkarbeit im Sozialraum zentrale Bedeutung zu. Sie stellt nötige Kooperationen sicher, ermöglicht ein Ineinandergreifen einzelner Angebote und erleichtert den Zugang zu Hilfsangeboten. Fehlende Angebotsstrukturen und Bedarfe werden dabei ebenso an Kooperationspartner*innen rückgemeldet wie Empfehlungen in Bezug auf den physischen, gestalteten Raum. Dadurch werden nicht nur die Handlungsspielräume einzelner Nutzer*innen erhöht, sondern auch ein Nutzen für das Gemeinwesen geschaffen (Stoik 2014). Sozialraumorientierung hat Einfluss auf die Stadt- und Sozialplanung im Sinne politischer und konzeptioneller Entscheidungsprozesse, auf Adaptierung sozialer Angebote sowie auf die konkrete Arbeit mit den Menschen. Sie stellt somit ein theoretisches Grundkonzept der Sozialen Arbeit dar und lässt sich nicht auf die Verwaltung territorialer Räume beschränken (Hinte 2014).

Wechselnde Parteilichkeit

Die Mobile Soziale Arbeit ergreift nicht im Vorhinein für eine spezifische Zielgruppe Partei, sondern für die, die sich in der jeweiligen Situation in einer geschwächten oder benachteiligten Position befindet. Dieser Ansatz wird auch vielseitig gerichtete Parteilichkeit oder situativ reflexive Parteilichkeit genannt. Sie ermöglicht den Mitarbeiter*innen in der Arbeit mit den verschiedenen Zielgruppen situativ angepasst unterschiedliche Perspektiven einzunehmen und so zwischen den vielfältigen Bedürfnissen bei der Nutzung des öffentlichen Raums zu vermitteln. Dabei werden individuelle Lebensentwürfe respektiert und gesellschaftliche Bedingungen und Möglichkeiten der Menschen berücksichtigt (Krisch/Stoik 2012). So ist es beispielsweise bei Unterstützungsleistungen für marginalisierte Menschen erforderlich, eine an der speziellen Zielgruppe orientierte parteiliche Haltung einzunehmen. Sind mehrere Parteien

26

in eine Situation im Sozialraum involviert, können durch eine vielseitig gerichtete parteiliche Haltung einzelne Personen gestärkt werden, um allen Beteiligten eine Kommunikation bzw. einen Aushandlungsprozess auf gleicher Ebene zu ermöglichen. Eine vielseitig gerichtete, reflexive Parteilichkeit trägt dazu bei, mit möglichst allen Parteien im Gespräch zu bleiben, für die verschiedenen Bedürfnisse bei der Nutzung des öffentlichen Raums zu sensibilisieren, gegenseitiges Verständnis zu erzeugen und zur Entstigmatisierung von marginalisierten Menschen beizutragen.

Niederschwelligkeit

Die Unterstützungsleistungen der Mobilen Sozialen Arbeit im öffentlichen Raum sind so gestaltet, dass sie möglichst ohne Voraussetzungen und Bedingungen („Schwellen") von den verschiedenen Adressat*innen in Anspruch genommen werden können. Damit soll insbesondere für jene Menschen der Zugang zu sozialen Hilfsangeboten ermöglicht bzw. sichergestellt werden, die trotz bestehendem Bedarf ansonsten nicht durch die Soziale Arbeit oder andere gesellschaftliche Sicherungssysteme erreicht würden. Niederschwellige Soziale Arbeit leistet dadurch Überlebenssicherung und setzt sich für die gesellschaftliche Teilhabe von marginalisierten Menschen ein. Die Angebote der Mobilen Sozialen Arbeit sind in zeitlicher (Interventionen werden ad hoc und nach Bedarf gesetzt, Termine sind nicht erforderlich), räumlicher (durch aufsuchende Arbeit im öffentlichen Raum), inhaltlicher (Offenheit für verschiedene Zielgruppen und Problemlagen) und sozialer Hinsicht (Diversität der Mitarbeiter*innen, Freiwilligkeit der Angebote) niederschwellig gestaltet (Mayrhofer 2012).

Akzeptierende Grundhaltung

Hilfsangebote werden unabhängig von der Lebensweise der Betroffenen gesetzt. Voraussetzung für die Zusammenarbeit und Unterstützung ist nicht eine bestimmte Zielsetzung, etwas an der eigenen Lebenssituation verändern zu wollen, sondern der momentane Bedarf an Hilfe. Ziel dieser Haltung ist es, vertrauliche Beziehungen insbesondere zu jenen Menschen aufzubauen, die trotz Bedarfs nicht oder nur kaum an das soziale Hilfesystem angebunden sind. Zudem wird dieser Ansatz mit bedarfsgerechten Angeboten verbunden (Wild 2013). Eine akzeptierende Grundhaltung trägt wesentlich dazu bei, Unterstützungsangebote annehmbar zu machen und so mögliche negative Auswirkungen bestimmter Lebensweisen auf sozialer, psychischer wie physischer Ebene zu minimieren.

Diversitätsorientierung

Diversitätsorientierung bedeutet, den Herausforderungen kultureller Unterschiede konstruktiv zu begegnen und die kulturelle Vielfalt ressourcenorientiert zu nutzen. Die Diversität der Stadtbewohner*innen spiegelt sich in den multiprofessionellen Teams der Mobilen Sozialen Arbeit wider. Sie setzen sich aus Fachpersonal unterschiedlicher psychosozialer Berufsgruppen zusammen (Sozialarbeiter*innen, Psycholog*innen, Pädagog*innen etc.). Neben unterschiedlichen beruflichen Hintergründen bildet sich die Diversitätsorientierung in den vielseitigen sprachlichen Kompetenzen, der Altersstruktur und der Herkunft der Mitarbeiter*innen ab.

Methodische Zugänge und Angebote

Die Mobile Soziale Arbeit im öffentlichen Raum wendet verschiedene Methoden der Sozialarbeit an und spannt einen Bogen von der Einzelfallhilfe über Streetwork bis hin zur Gemeinwesenarbeit. Dabei besteht nicht der Anspruch, einer dieser klassischen Methoden in ihrer „Reinform" gerecht zu werden, vielmehr geht es um eine Ergänzung. So wird die Vermittlung marginalisierter Menschen in soziale Einrichtungen, die Einzelfallhilfe leisten, als ein grundlegendes Angebot gesehen. In jenen Fällen aber, in denen das nicht möglich ist, wird dieser fehlende Zugang bestmöglich kompensiert.

Die Mobile Soziale Arbeit arbeitet ebenso wie Streetwork aufsuchend und lebensweltorientiert, unterscheidet sich allerdings in ihrer Zielgruppenoffenheit und wechselnden Parteilichkeit (Krisch/ Stoik 2012). Aus der Gemeinwesenarbeit wird die Sichtweise entlehnt, Menschen in Bezug zu ihrer Umwelt und zu gesellschaftlichen Strukturen zu betrachten (Stoik 2013). Mittlerweile macht der Ansatz der Sozialraumorientierung den sozialen Raum zur zentralen Bezugsgröße für ein an den Bedürfnissen und Interessen der Menschen ausgerichtetes sozialarbeiterisches Handeln.

Diese „klassischen" Methoden spiegeln sich in den methodischen Zugängen, die sich als aufsuchend, zielgruppenoffen und sozialraumorientiert zusammenfassen lassen. Die flexible und somit bedarfsgerechte Anwendung zahlreicher Angebote ist zudem charakteristisch für die Mobile Soziale Arbeit im öffentlichen Raum.

Metho-dische Zugänge	Die Mobile Soziale Arbeit im öffentlichen Raum spannt einen Bogen von der Einzelfallhilfe zur Gemeinwesenarbeit. Ihre Zugänge sind aufsuchend, zielgruppenoffen und sozialraumorientiert.	
Angebote	Kontaktaufnahme, Beziehungsaufbau, Beziehungsarbeit Information Beratung Krisenintervention Vermittlung Begleitung Netzwerkarbeit und Kooperation	Konfliktregelung Deeskalation Erste Hilfe „Sensorfunktion" Beschwerdemanagement Workshops Organisation von Helfer*innen-Konferenzen Monitoring

Tabelle 4: Methodische Zugänge und Angebote, Mobile Soziale Arbeit im öffentlichen Raum, Suchthilfe Wien gGmbH

Um für die verschiedenen Zielgruppen sichtbar zu sein und die Ansprechbarkeit und Erreichbarkeit für alle Menschen im öffentlichen Raum zu gewährleisten, ist das Tragen von Dienstkleidung charakteristisch. Ausnahmen können spezielle Monitoring-Aufträge und Begleitungen bilden, die aufgrund fachlicher oder methodischer Notwendigkeit in privater Kleidung durchgeführt werden.

Kontaktaufnahme, Beziehungsaufbau, Beziehungsarbeit

Ein wesentlicher Moment für den Aufbau einer tragfähigen professionellen Beziehung ist die erste Kontaktaufnahme. Diese erfolgt rücksichtsvoll, wertschätzend und auf Augenhöhe, meist in der Lebenswelt der Menschen. Ein sensibles Herangehen ohne Zeitdruck soll eine vertrauensvolle, arbeitsfähige Beziehung ermöglichen (Mayrhofer 2012). Dabei handelt es sich oftmals um einen langfristigen und kontinuierlichen Prozess, in dem die Mitarbeiter*innen der Mobilen Sozialen Arbeit sich stetig als Ansprechpartner*innen anbieten und bei Bereitschaft des Gegenübers zur Verfügung stehen (Wild 2020). Ein solchermaßen gewachsenes Vertrauen in Vertreter*innen der Sozialen Arbeit kann darüber hinaus auch zu einem gesteigerten Vertrauen in Einrichtungen der Soziallandschaft führen. Auch in der Arbeit mit Anrainer*innen oder Geschäftstreibenden erleichtert ein kontinuierliches, zwangloses Im-Gespräch-Bleiben bei auftretenden Irritationen oder Besorgnis, direkt Kontakt zur Mobilen Sozialen Arbeit im öffentlichen Raum aufzunehmen, und so diesen Verunsicherungen unmittelbar begegnen zu können.

Beratung

Eine Beratung dient der Bearbeitung individueller Problemlagen oder konkreter Fragestellungen. Die Grenzen zwischen Informationsweitergabe und Beratung können fließend sein (Wild 2020). Neben der Beratung von Klient*innen[5] können Beratungen auch mit anderen Zielgruppen stattfinden. Ihr Inhalt richtet sich analog zur Arbeit mit Klient*innen Sozialer Arbeit am konkreten Bedarf der Menschen aus. Eine bereits bestehende tragfähige professionelle Beziehung erleichtert eine tiefgehende Bearbeitung von Problemlagen. Vor allem in der Arbeit mit Menschen, die Angebote des Gesundheits- und Sozialsystems – aus welchen Gründen auch immer[6] – nicht oder nur zögerlich in Anspruch nehmen, können ohne vorhergegangenen Beziehungsaufbau nur schwer weiterführende Zielvereinbarungen getroffen werden. Idealerweise setzt eine Beratung auf die Kompetenzen des zu beratenden Menschen, sich in weiterer Folge seiner eigenen Fähigkeiten und seines eigenen

---

[5] Als Klient*innen werden marginalisierte Menschen bezeichnet, zu denen im Rahmen der Mobilen Sozialen Arbeit im öffentlichen Raum eine professionelle Arbeitsbeziehung hergestellt wird, in der Unterstützungsleistungen vereinbart werden.

[6] Etwa wegen fehlender Ansprüche auf Hilfeleistungen, aber auch wegen Misstrauens, negativer Erfahrungen oder subjektiver Ängste.

Wissens wieder mehr bewusst zu werden, und aktiviert somit die eigenen Problembewältigungsstrategien (Mayrhofer 2012).

Begleitung

Klient*innen können bedarfsorientiert in andere Einrichtungen und Institutionen (Schlafplätze, Therapie- und Beratungsangebote, medizinische Versorgung etc.) begleitet werden. Im Rahmen der Begleitung wird sichergestellt, dass der/die Klient*in in der Einrichtung „ankommt" und sein/ihr Anliegen dort bearbeitet wird. Es können im Vorfeld auch bereits Vermittlungen zu der Einrichtung stattgefunden haben. Erfolgreiche Vermittlungen und Begleitungen können dazu beitragen, das Vertrauen des Klienten bzw. der Klientin in die Mitarbeiter*innen zu stärken und somit tragfähige professionelle Beziehungen zu etablieren.

Netzwerkarbeit und Kooperationen

Das Erarbeiten und Erreichen eines gemeinsamen Verständnisses sowie gemeinsamer Lösungsstrategien unterschiedlicher Netzwerkpartner*innen[7] sind Charakteristika der Netzwerkarbeit. Die Organisation von und die Teilnahme an regelmäßigen Vernetzungstreffen auf strategischer und operativer Ebene zur Sicherung der Qualität in der Zusammenarbeit, zum Abbau von möglichen Missverständnissen und zur gemeinsamen Zielerreichung findet mit der Zielsetzung statt, die Lebenssituationen der Klient*innen der Mobilen Sozialen Arbeit im öffentlichen Raum zu verbessern. Darüber hinaus sind die im Arbeitsalltag persönlich stattfindenden Kontakte der Mitarbeiter*innen mit anderen Akteur*innen im öffentlichen Raum wesentliche Bestandteile der Netzwerkarbeit. Unter Kooperationen werden abgestimmte, koordinierte Maßnahmen zwischen zwei oder mehreren Einrichtungen verstanden. Die konkrete Problembearbeitung kann so auf mehreren Ebenen funktionieren, und jede*r Mitar-

---

[7]   Netzwerkpartner*innen stammen etwa aus den jeweiligen Bezirken, Sozial- und Gesundheitseinrichtungen, kooperierenden Blaulichtorganisationen, sie sind Vertreter*innen von Wirtschaftstreibenden im unmittelbaren Einsatzgebiet als auch von Beförderungsunternehmen.

beitende der jeweiligen Einrichtung fungiert als Experte bzw. Expertin auf ihrem bzw. seinem Gebiet.

Konfliktregelung

Konflikte können Ausdrucksform von Interessensgegensätzen oder von sozialer Ungleichheit sein. Bei der Konfliktregelung und -bearbeitung steht somit nicht nur die reine Aushandlung der unterschiedlichen Interessen der beteiligten Akteur*innen im Mittelpunkt, sondern auch die gesellschaftspolitische Entstehung, Bearbeitung und Lösung. Ein wertschätzender Umgang mit allen Beteiligten sowie Kommunikation auf Augenhöhe ist dabei ebenso wichtig wie die Transparenz in Bezug auf die Rolle der Mitarbeiter*innen der Mobilen Sozialen Arbeit. Um nachhaltig einen Konflikt zu lösen, sind sowohl die Ressourcen der einzelnen Beteiligten zu berücksichtigen als auch die der jeweiligen sozialen Räume (Krisch/Stoik 2012).

„Sensorfunktion"

Durch das regelmäßige Aufsuchen von Orten gewinnt die Mobile Soziale Arbeit im öffentlichen Raum einen Überblick über sozialräumliche Gegebenheiten und kann Veränderungen wahrnehmen. Von Bedeutung sind sowohl Veränderungen von Nutzer*innen-Gruppen, aber auch bauliche Veränderungen. Carolina Haag nennt diese Tätigkeit aufsuchender Projekte auch „Seismografisches Arbeiten" (Haag 2020). So werden struktureller Bedarf (z.B. fehlende Sitzgelegenheiten oder Mistkübel) oder auch fehlende Hilfsangebote oder soziale Ungleichheiten fördernde Gegebenheiten (z.B. Zugangshürden) wahrgenommen und an verantwortliche Stellen weitergetragen. Bestehende Nutzungskonflikte sollen gesamtheitlich erfasst und deren Ursache(n) gemeinsam mit anderen Stakeholder*innen so weit als möglich aufgelöst werden. Dabei wird darauf geachtet, dass Veränderungen und Maßnahmen zu keinen Verdrängungseffekten marginalisierter Menschen führen.

Beschwerdemanagement

In den jeweiligen Einsatzgebieten können unterschiedliche Beschwerden an die Mitarbeiter*innen der Mobilen Sozialen Arbeit herangetragen werden. Oft stehen diese im Zusammenhang mit erlebten Nutzungskonflikten bzw. subjektiv als störend wahrgenommenen Phänomenen im öffentlichen Raum. Es kann sich aber auch um z.B. als diskriminierend erlebte Interventionen anderer Institutionen handeln. Im Sinne eines professionellen Beschwerdemanagements werden diese Anliegen ernst genommen und entsprechend behandelt. So können z.b. zur Bearbeitung Lokalaugenscheine in einer Parkanlage durchgeführt und Netzwerke und Kooperationspartner*innen aktiviert werden, oder Menschen bei einer Behördenbeschwerde unterstützt werden. Anliegen, welche nicht in den Kompetenzbereich der Mobilen Sozialen Arbeit im öffentlichen Raum fallen, werden an zuständige Stellen weitergeleitet. Neben dem Prüfen des Anliegens des/der Beschwerdeführenden steht auch die Förderung eines sicheren Umgangs mit städtischen Phänomenen sowie Information, Sensibilisierung und idealerweise letztendlich auch die Förderung von Verständnis für unterschiedliche Lebensformen im Mittelpunkt.

Monitoring

Im Fall von z.B. erhöhten Beschwerdelagen an bestimmten Orten kann zur Abklärung der Problemlage ein Monitoring durchgeführt werden. Über einen festgelegten Zeitraum wird ein definiertes Gebiet je nach Erfordernissen sowohl in Dienstkleidung als auch in Privatkleidung zu unterschiedlichen Zeiten aufgesucht, um ein umfassendes Bild der Situation zu erhalten. Wahrnehmungen und Einschätzungen können in Form eines Monitoring-Berichts zusammengefasst werden. Darin enthaltene Empfehlungen können Entscheidungsträger*innen als Entscheidungshilfe für erforderliche Maßnahmen dienen.

Dokumentation und Qualitätssicherung

Den Abschluss des Konzepts bilden Hinweise zur Dokumentation und qualitätssichernden Maßnahmen. Hervorgehoben wird dabei die Bedeutung der Reflexion fachlichen Handelns unter Berücksichtigung der vorhandenen Spannungsfelder, in denen sich die Mitarbeiter*innen bewegen.

Abschließend

Das Konzept der Mobilen Sozialen Arbeit im öffentlichen Raum bildet ein breites Spektrum der Umsetzung ab. Aus dieser „Breite" entstehen konkrete Herausforderungen für die Praxis. Diese müssen regelmäßig in mehreren Fragestellungen diskutiert werden, um damit einen Umgang zu finden. Ist der öffentliche Raum wirklich für alle da? Wie können die Stimmen jener, die nicht gehört werden, hörbar werden? Wie gelingt es, marginalisierte Menschen zu erreichen, die von bestehenden Unterstützungsangeboten nicht erreicht werden? Was ist dafür beim Beziehungsaufbau zu beachten? Welche Herausforderungen sind mit dem Ansatz der wechselnden Parteilichkeit verbunden? Wie gestaltet sich die Netzwerkarbeit? Wo liegen die Herausforderungen, die im Konzept verankerten Haltungen und Arbeitsprinzipien gegenüber Kooperationspartner*innen zu vertreten? Manche dieser Herausforderungen werden in ähnlichen Fragestellungen in den Beiträgen dieses Buches diskutiert. Durch diese aus verschiedenen Perspektiven und im besten Sinne kritisch geführten Diskussionen werden Erkenntnisse gewonnen, die wiederum in das Konzept einfließen können. So wird die Weiterentwicklung der Mobilen Sozialen Arbeit im öffentlichen Raum – wie seit ihren Anfängen 2005 – fortgesetzt.

Biografie

Elisabeth Odelga, MSc MBA hat 2001 die Akademie für Sozialarbeit in St. Pölten abgeschlossen. Sie arbeitete als Sozialarbeiterin in der aufsuchenden Jugendarbeit, im Sozialen Dienst einer Justizanstalt und in einer Drogenberatungsstelle. 2012 schloss sie den Masterlehrgang Suchtberatung und -prävention an der Fachhochschule St. Pölten ab. Seit 2012 ist sie in Leitungsfunktion tätig. 2015 bis 2017 absolvierte sie den Masterlehrgang Sozialmanagement an der Executive Academy der Wirtschaftsuniversität Wien. Seit 2017 bis heute ist sie Bereichsleiterin der Mobilen Sozialen Arbeit im öffentlichen Raum der Suchthilfe Wien gGmbH.

Literatur

Haag, Carolina. 2020. *Orte und Situationen: Vom Suchen und Kontaktaufbau auf der Straße*. In: Diebäcker, Marc; Wild, Gabriele (Hrsg.): *Streetwork und Aufsuchende Soziale Arbeit im öffentlichen Raum*.

Hammer, Katharina; Wittrich, Judith. 2019. *Gentrifizierungsprozesse im öffentlichen Raum: Grenzziehungen und Exklusionsmechanismen*. In: Kadi, Justin; Verlic, Mara (Hrsg.): *Gentrifizierung in Wien*.

Hinte, Wolfgang. 2014. *Das Fachkonzept „Sozialraumorientierung" – Grundlage und Herausforderung für professionelles Handeln*. In: Fürst, Roland; Hinte, Wolfgang (Hrsg.): *Sozialraumorientierung*.

Mayrhofer, Hemma. 2012. *Niederschwelligkeit in der Sozialen Arbeit. Funktionen und Formen aus soziologischer Perspektive*.

Ritt, Thomas. 2016. *Wien wächst nicht! Konsequenzen für den öffentlichen Raum*. In: Prenner, Peter (Hrsg.): *Wien wächst – öffentlicher Raum*.

Stoik, Christoph. 2013. *Gemeinwesen und Parteilichkeit*. In: Bakic, Josef; Diebäcker, Marc; u.a. (Hrsg.): *Aktuelle Leitbegriffe der Sozialen Arbeit*. Band 2.

Stoik, Christoph. 2014. *Sozialraumorientierung zwischen neoliberaler Umprogrammierung und Perspektive für die Disziplinenentwicklung*. In: *soziales_kapital*. wissenschaftliches journal österreichischer fachhochschulstudiengänge soziale arbeit Nr. 12 (2014)/Rubrik „Einwürfe/Positionen"/Standort Wien.

Wild, Gabriele. 2013. *Straße und Akzeptanz*. In: Bakic, Josef; Diebäcker, Marc; Hammer, Elisabeth (Hrsg.): *Aktuelle Leitbegriffe der Sozialen Arbeit. Ein kritisches Handbuch*. 2. Band.

Wild, Gabriele. 2020. *Beratung und Begleitung: Professionelles Arbeiten in ungewissen Settings*. In: Diebäcker, Marc; Wild, Gabriele (Hrsg.): *Streetwork und Aufsuchende Soziale Arbeit im öffentlichen Raum*.

Internet

Krisch, Richard; Stoik, Christoph; u.a. 2012. *Soziale Arbeit im öffentlichen Raum – Glossar*. In: sozialraum.de (4) Ausgabe 2/2012, https://www.sozialraum.de/soziale-arbeit-im-oeffentlichen-raum-glossar.php (Zugriff am 9. 3. 2021).

OBDS (Österreichischer Berufsverband der Sozialen Arbeit). *Internationale Definition der Sozialen Arbeit*, https://www.obds.at/wp/wp-content/uploads/2018/04/definition_soziale_arbeit_-_obds_final.pdf (Zugriff am 9. 3. 2021).

Stadt Wien. 2021. *Bevölkerungsstand-Statistik*, https://www.wien.gv.at/statistik/bevoelkerung/bevoelkerungsstand/ (Zugriff am 23. 2. 2021).

Stadt Wien: *Mission Statement „Soziale Arbeit im öffentlichen Raum"*, https://www.wien.gv.at/gesellschaft/soziale-arbeit/mission-statement.html (Zugriff am 6. 4. 2021).

Stadtentwicklung Wien – Magistratsabteilung 18 (2018): *Fachkonzept Öffentlicher Raum*, https://www.wien.gv.at/stadtentwicklung/studien/pdf/b008522.pdf (Zugriff am 9. 3. 2021).

Suchthilfe Wien: *Leitbild*, https://www.suchthilfe.wien/1/suchthilfe-wien-2/leitbild/ (Zugriff am 1. 10. 2021).

Julia Staudinger

Eine Frage des Zugangs: Fachliches Handeln in der Mobilen Sozialen Arbeit im öffentlichen Raum

Eine wohnungslose Frau ins Notquartier begleiten, eine Person mit geringen Deutschkenntnissen bei einem Behördengang unterstützen, einem besorgten Herrn einen Arzttermin in einer entsprechenden Gesundheitseinrichtung organisieren: Menschen den Zugang zu sozialen Hilfeangeboten zu ermöglichen, zu erleichtern oder sicherzustellen, stellt einen wesentlichen Bestandteil der aufsuchenden Arbeit der Teams von *sam* und *help U* dar. Im Konzept der Mobilen Sozialen Arbeit im öffentlichen Raum findet sich dieser Aspekt der Tätigkeit als das Ziel formuliert, „marginalisierte Menschen in das Wiener Gesundheits- und Sozialsystem zu integrieren." (Suchthilfe Wien 2021, 8).

Was auf den ersten Blick schlicht danach aussieht, eine Person über die für sie zuständige Hilfeeinrichtung zu informieren oder sie von A nach B zu bringen, um sie am passenden Angebot „anzudocken", erweist sich in der Praxis häufig als langwieriger Prozess, dem viele Schritte „geglückter" Kommunikation vorausgehen. Von außenstehenden Beobachter*innen, aber auch von Praktiker*innen selbst wird dabei oft übersehen, welches hohe Maß an Fachlichkeit erforderlich ist, um das Vermitteln oder besser, die Anbindung von potenziellen Klient*innen Sozialer Arbeit an soziale Hilfe- und Sicherungssysteme möglichst gelingend zu gestalten. Ziel dieses Beitrags ist es daher, die fachlichen Anforderungen herauszuarbeiten, die die aufsuchende, niederschwellige Arbeit tagtäglich an die Mitarbeiter*innen der Mobilen Sozialen Arbeit im öffentlichen Raum stellt. Abschließend soll deutlich werden, welcher Mehrwert dadurch nicht nur auf individueller Ebene für Klient*innen Mobiler Sozialer Arbeit entsteht, sondern welcher gesellschaftliche Beitrag dadurch geleistet wird.

Mit diesen einleitenden Überlegungen sind die wesentlichen Bezugspunkte der folgenden Auseinandersetzung bereits benannt:

- Als Adressat*innen bzw. potenzielle Klient*innen[1] werden im Folgenden insbesondere jene Menschen fokussiert, deren Anbindung ans soziale Hilfesystem als nicht gesichert gelten muss. Häufig ist in der Praxis in diesem Zusammenhang von „hard-to-reach"-Klient*innen die Rede, von Menschen also, die durch das Hilfesystem nicht oder nur schwer erreicht werden. Diese Klärung erscheint vor allem deshalb wesentlich, da die Mobile Soziale Arbeit im öffentlichen Raum, abseits von sogenannten marginalisierten Menschen, auch Anrainer*innen, Geschäftstreibenden oder Kooperationspartner*innen im Sozialraum als mögliche Zielgruppen erachtet.

- Mit dem Ziel, marginalisierten Menschen den Zugang zu sozialen Angeboten zu ermöglichen, versteht sich die Mobile Soziale Arbeit als niederschwelliges Angebot (vgl. Suchhilfe Wien 2021, 13) und reiht sich damit in eine Vielfalt sozialer Einrichtungen ein, die Niederschwelligkeit wahlweise als Arbeitsprinzip, Zugang, Ansatz oder Methode in ihrer Angebotsbeschreibung festhalten. Dieser Vielfalt an niederschwelligen Angeboten Sozialer Arbeit stand lange Zeit ihre Abwesenheit im fachlich-theoretischen Diskurs gegenüber, sodass ihre Charakteristika und spezifischen Herausforderungen an Praktiker*innen tendenziell unterbelichtet blieben. Aufgrund des für niederschwellige Angebote typischen Arbeitens in oft wenig formalisierten, offenen (Kommunikations-)Strukturen sehen sich Praktiker*innen häufig mit dem Vorwurf konfrontiert, gar keine „richtige" Sozialarbeit zu machen, das eigene berufliche Handeln wird als „Soziale Arbeit zweiter Wahl" erlebt. In den letzten Jahren mehren sich jedoch die Beiträge, die sich mit Sozialer Arbeit in niederschwelligen Settings beschäftigen (Lindner 2008; Mayrhofer 2012; Hollstein-Brinkmann/Knab 2016; Hofer 2016; Arnold/Höllmüller 2017; Diebäcker/Wild 2020) und lassen erkennen, welche

---

[1] Mit dem Begriff der potenziellen Klient*innen soll ausgedrückt werden, dass diese zwar durch die Mobile Soziale Arbeit im öffentlichen Raum als Klient*innen Sozialer Arbeit wahrgenommen werden, allerdings so lange nicht als Klient*innen im eigentlichen Sinn gelten können, wie sie durch Angebote sozialer Hilfe nicht verlässlich erreicht werden.

Anforderungen niederschwellig konzipierte Angebote an die Fachlichkeit ihrer Praktiker*innen stellen.

- Vor dem Hintergrund dieser vorliegenden Befunde sowie meiner praktischen Erfahrungen als im Feld der Mobilen Sozialen Arbeit im öffentlichen Raum tätige Sozialarbeiterin, und damit ist der dritte Bezugspunkt benannt, möchte ich mit diesem Beitrag dazu einladen, die für niederschwellige Angebote zentrale Funktion des Ermöglichens von Zugang zu sozialen Hilfesystemen als fachlichen Prozess in seiner Komplexität zu verstehen. Dabei soll gezeigt werden, welche Herausforderungen „auf dem Weg zur gelungenen Anbindung" bewältigt werden müssen und welche spezifischen fachlichen Anforderungen dieses auf den ersten Blick oft simpel wirkende Unterfangen an die Mitarbeiter*innen der Mobilen Sozialen Arbeit im öffentlichen Raum stellt.

Zugang ermöglichen als fachlicher Prozess: Anforderungen an die Praxis der Mobilen Sozialen Arbeit im öffentlichen Raum

Gemeinsam ist den Versuchen einer Bestimmung niederschwelliger Sozialer Arbeit, gleich ob aus praxisbezogener (vgl. Suchthilfe Wien 2021; BAWO 2009) oder theoretischer Perspektive (vgl. Lindner 2008; Mayrhofer 2012), dass sie die Bedingungen des Zugangs zu sozialen Angeboten in den Blick nehmen. Diese sollen jeweils so gestaltet sein, dass sie von potenziellen Klient*innen möglichst leicht, möglichst ohne Voraussetzungen oder Bedingungen in Anspruch genommen werden können:

> „Niederschwellige Angebote bzw. Maßnahmen zielen im Kern darauf ab, eine grundlegende Anschlussfähigkeit an Angebote der Sozialen Hilfe zu ermöglichen, d.h. Zugänge zu diesen zu eröffnen. Entsprechend beziehen sich viele Charakteristika niederschwelliger Sozialer Arbeit auf die Art und Weise des ‚Andockens' der Zielgruppen an die Einrichtungen bzw. Strukturen des In-Beziehung-Tretens." (Mayrhofer 2012, S. 151).

Das Eröffnen von Zugang zu sozialen Hilfeleistungen kann somit als die zentrale Funktion niederschwelliger Sozialer Arbeit verstanden werden.

Mobiler Sozialer Arbeit im öffentlichen Raum muss es dabei in einem ersten Schritt darum gehen, das eigene Angebot möglichst zugänglich zu gestalten,[2] um davon ausgehend Klient*innen an spezialisiertere, meist höherschwellige Angebote zu vermitteln, an denen sie bedarfsgerecht weitere Unterstützung erhalten. Dieses Ermöglichen eines Zugangs zu sozialen Hilfe- und Sicherungssystems soll im Folgenden idealtypisch als fachlicher Prozess nachvollzogen werden, und zwar anhand von Kontakt- und Beziehungsaufbau, Beratung und Begleitung und schließlich Vermittlung und Anbindung marginalisierter Menschen an weiterführende Leistungen des sozialen Hilfesystems.

In Kontakt treten und in Kontakt bleiben

„Ein wesentlicher Moment für den Aufbau einer tragfähigen, professionellen Beziehung ist die erste Kontaktaufnahme. Diese erfolgt rücksichtsvoll, wertschätzend und auf Augenhöhe, meist in der Lebenswelt der Menschen." (Suchthilfe Wien 2021, 18).

Das Konzept der Mobilen Sozialen Arbeit der Suchthilfe Wien hebt die Bedeutung des Erstkontakts zwar hervor, drückt aber nicht aus, wie herausfordernd sich das Herstellen eines Kontakts in der Praxis gestaltet. Oft gehen einem ersten Gespräch mit potenziellen Klient*innen lange Versuche der Annäherung voraus, bis ein Blickkontakt, ein Gruß erwidert wird oder sich eine bisher ablehnend äußernde Person auf ein Gespräch mit den Mitarbeiter*innen einlässt. Diese Beispiele weisen bereits die erste zentrale Herausforderung aus. Um Menschen den Zugang zu sozialen Unterstützungsleistungen zu ermöglichen, muss es der Mobilen Sozialen Arbeit, konkret ihren Mitarbeiter*innen, in einem ersten Schritt selbst gelingen, Zugang zu den häufig für das Hilfesystem schwer erreichbaren Klient*innen zu finden (vgl. Mayrhofer 2012, 152). Wie stellt die Mobile Soziale Arbeit also einen ersten Kontakt her, worauf gilt

---

[2] Für diesen Beitrag muss die Niederschwelligkeit des Angebots der Mobilen Sozialen Arbeit im öffentlichen Raum angenommen werden und eine differenzierte Reflexion des eignen Angebots schuldig bleiben, wenngleich eine interne wie externe Auseinandersetzung darüber anzuregen eine willkommene Nebenwirkung dieses Beitrags wäre.

es während des Kontaktaufbaus zu achten und wie gelingt es, im weiteren Verlauf in Kontakt zu bleiben, um – im Idealfall – jene vertrauensvolle Beziehung aufzubauen, auf deren Basis weitere Angebote gesetzt werden können?

Noch vor jeder Intervention gilt es zu klären, mit wem überhaupt wie Kontakt aufgenommen wird. Mayrhofer unterscheidet hier zwei grundlegende Strategien, die in der Praxis auch kombiniert zum Einsatz kommen können. So kann die Kontaktaufnahme mit potenziellen Zielgruppen einerseits aktiv durch die Mitarbeiter*innen erfolgen, andererseits kann seitens der Einrichtung versucht werden, die eigene Erreichbarkeit und Wahrnehmbarkeit so zu verbessern, dass Zielgruppen ihrerseits auf die Mitarbeiter*innen zukommen (vgl. Mayrhofer 2012, 182 f.). Vor allem in der Arbeit mit erweiterten Zielgruppen wie Anrainer*innen, Geschäftstreibenden oder Kooperationspartner*innen im Sozialraum nutzt die Mobile Soziale Arbeit in erster Linie die Strategie der Erhöhung der eigenen Sichtbarkeit und Erreichbarkeit (beispielsweise in Form der Dienstkleidung, der Teilnahme an Festen mit Info-Ständen etc.) und signalisiert ihr Angebot durch ihre „bloße" Präsenz im öffentlichen Raum. Ähnliches gilt für das (wieder) In-Kontakt-Treten mit Klient*innen, zu denen bereits eine Beziehung besteht. Aufgrund ihrer Sichtbarkeit in Dienstkleidung werden Mitarbeiter*innen häufig direkt von bereits bekannten Klient*innen angesprochen, sobald sie den Platz oder Ort betreten, an dem diese sich aufhalten.

Insbesondere in Situationen aber, in denen Hilfebedarf einzelner Menschen im Einsatzgebiet beobachtet wird, erfolgt der Versuch einer aktiven Kontaktaufnahme. „Aktiv" meint dabei keineswegs ein offensives Zustürmen auf potenzielle Klient*innen. Vielmehr sind darunter kleinste, sensibelste Versuche der Annäherung in Form von non-verbalen, körpersprachlichen Signalen zu verstehen, wie bspw. das Herstellen eines Blickkontakts, ein angedeutetes Nicken, das sich Zuwenden oder bewusste Positionieren im Raum. Dabei gilt es, die Reaktionen des Gegenübers aufmerksam wahrzunehmen und dahingehend zu interpretieren, ob weiterer Kontakt erwünscht und/oder möglich ist. Ablehnung des Kontakts oder eines gesetzten Angebots durch die Klient*innen zu erkennen (beispielsweise durch ein sich Abwenden, Weggehen oder auch verbale

Äußerungen) und im Sinne der Freiwilligkeit des Angebots zu akzeptieren, wird dabei als zentraler Bestandteil der fachlichen Haltung verstanden (Arbeitsprinzip der Freiwilligkeit, vgl. Suchthilfe Wien 2021, 15; vgl. dazu auch Mayrhofer 2012, 173 f.; Haag 2020, 78 ff.).

Sobald es allerdings gelungen ist, einen ersten Kontakt herzustellen und in Beziehung zu treten, geht es darum, weiter im Gespräch und in Beziehung zu bleiben. In der Praxis bedient sich die Mobile Soziale Arbeit hier einer Kommunikationsform, die im Rahmen sozialarbeiterischer Praxis häufig als „zweitklassig" erachtet wird, deren tatsächliche Bedeutung für den Aufbau einer vertrauensvollen Beziehung aber nicht überschätzt werden kann, dem sogenannten Smalltalk. Das Führen zwangloser, alltäglicher Gespräche im Sinne von Beziehungsaufbau und -pflege bildet die am häufigsten dokumentierte Interventionsform der Teams der Mobilen Sozialen Arbeit. Mitarbeiter*innen sehen sich allerdings in diesem Zusammenhang oft mit dem Vorwurf konfrontiert, dass sie nichts anderes machen würden als zu „plaudern", wofür es keine Professionist*innen brauchen würde. „Da könnt' ja jeder kommen", so der Eindruck, und zweifellos ist Smalltalk kein Spezifikum Sozialer Arbeit an sich. Dennoch werden zwanglose, alltägliche Gespräche intensiv eingesetzt, um mit potenziellen Klient*innen im Gespräch zu bleiben und den Beziehungsaufbau zu fördern. Doch wo bleibt dabei die Fachlichkeit?

Ein erster Hinweis darauf, welche Anforderungen an Praktiker*innen in dieser Phase des Beziehungsaufbaus gestellt werden, findet sich bei Stark (2019), der den sozial Arbeitenden in niederschwelligen Settings eine „methodische Zurückhaltung" verschreibt, die er pointiert als „aktives Nichts-Tun" bezeichnet:

> „Eine Haltung, die es aushält, das professionelle Methodenset hintanzuhalten und z.B. Allerweltsgespräche mit KlientInnen zu führen. [...] Dieses aktive Nichts-Tun impliziert höchste Aufmerksamkeit und Präsenz von Seiten der MitarbeiterInnen, um latenten Veränderungswillen bei KlientInnen zu erkennen und anzusprechen [...]." (Stark 2019, 202).

Differenzierter finden sich die Bedeutung und Gestaltung zwangloser Gespräche für den Beziehungsaufbau mit potenziellen Klient*innen bei Mayrhofer reflektiert, wenn sie festhält, dass sich niederschwellige Soziale Arbeit in dieser Phase familiärer bzw. intimer Kommunikation bedient:

> „Sie lässt vor allem dort, wo die Inklusion in das Hilfesystem [...] ungesichert ist, die gesamte Person relevant werden und nutzt die persönliche und hochgradig unspezifische Kommunikation zunächst zum Vertrauensaufbau und zur Beobachtung der Kommunikationsinhalte auf mögliche Problemlagen hin [...]." (Mayrhofer 2012, 185).

Die Mobile Soziale Arbeit setzt also in der Phase des Kontakt- und Beziehungsaufbaus auf Smalltalk als notwendiges Mittel zum Zweck, um selbst zu jenen Menschen Zugang zu finden, die (bisher oder derzeit) nicht über sozialarbeiterische Kommunikation, das heißt bestehende Angebote Sozialer Arbeit, erreicht wurden. Smalltalk kann somit als Hilfsmittel verstanden werden, das zwar nicht dem ursprünglich fachlichen Methodenrepertoire Sozialer Arbeit entspringt, das aber solange eingesetzt wird bzw. werden muss, bis Anschlussoptionen an ausdrücklich fachliche Kommunikation, bspw. in Form eines Informations- oder Beratungsgesprächs möglich sind. Es zeigt sich, dass für Kontakt- und Beziehungsaufbau bewusst auf den Einsatz spezifisch sozialarbeiterischer Kommunikation verzichtet und stattdessen eine persönliche, höchst unspezifische Form des Gesprächs angeboten wird, die an familiäre oder freundschaftliche Beziehungen erinnert. In diesem Gespräch kann und soll „alles" Thema sein, die Kommunikation findet „von Person zu Person" statt, ohne dass – zumindest von Seiten der Sozialen Arbeit – bereits rollentypische Erwartungen gestellt werden.[3] Für Praktiker*innen werden somit unausweichlich Fragen nach dem Umgang mit Nähe und Distanz (wie viel bzw. was „von mir" stelle ich zur Verfügung) sowie Fragen des beruflichen Selbstverständnisses (verstehe ich mich auch ohne den permanenten Einsatz von

---

[3] An dieser Stelle muss einschränkend darauf hingewiesen werden, dass die Mitarbeiter*innen der Mobilen Sozialen Arbeit durch ihre Dienstkleidung deutlich in ihrer Funktion erkennbar werden und insofern davon auszugehen ist, dass bereits dadurch sehr wohl Rollenerwartungen an sie herangetragen werden.

Expert*innen-Wissen und methodischem Können ganz als Professionist*in) relevant. Dabei müssen Gesprächssituationen und -inhalte laufend dahingehend überprüft werden, ob Anschlussfähigkeit an spezifische, sozialarbeiterische Kommunikation gegeben ist (vgl. Lindner 2008, 581 ff.; vgl. Mayrhofer 2012, 184 ff.).

Die fachliche Herausforderung im Zuge des Kontakt- und Beziehungsaufbaus kann in einem ersten Schritt also genau darin gesehen werden, auf eben diese Fachlichkeit bewusst zu verzichten bzw. sie zugunsten einer unspezifischen Kommunikation zurückzuhalten, die das In-Kontakt-Kommen vor allem mit jenen Personen wahrscheinlicher macht, die nicht über sozialarbeiterische Kommunikation erreicht werden. Gleichzeitig gilt es, die so entstandenen Gesprächssituationen fortlaufend zu prüfen, ob sie sich für einen Wechsel in eine weiterführende, sozialarbeiterische Kommunikation eignen. Konkret gilt es, oft anhand von Nuancen situativ darüber zu entscheiden, wann von einem zwanglosen Gespräch in ein Informations- oder Beratungsgespräch, in eine Begleitung oder andere sozialarbeiterische Interventionen übergegangen werden kann. In der Praxis kann dies zwar auch an mehr oder weniger deutlichen Signalen der Klient*innen festgemacht werden (wie bspw. ein bewusstes sich Zu- oder Abwenden), meist scheinen Praktiker*innen hier allerdings „das richtige Gefühl" für den passenden Moment entwickelt zu haben, in dem alltägliche in beratende Gespräche überführt werden können.

Beraten und Begleiten

Unbestritten ist, dass Beratung als wesentliche sozialarbeiterische Tätigkeit gilt, die über alle Handlungsfelder hinweg zum Einsatz kommt (beispielsweise vgl. Berufsbild der Sozialarbeit, OBDS; Belardi 2017; Galuske 2013; Otto/Thiersch et al 2018). Auch im Konzept der Mobilen Sozialen Arbeit im öffentlichen Raum der Suchthilfe Wien wird Beratung als Angebot bzw. Leistung vorgestellt, die der Bearbeitung individueller Problemlagen oder konkreter Fragestellungen dient (vgl. Suchthilfe Wien 2021, 19). Aber wie sieht Beratung im niederschwelligen Setting aus? Braucht ein Gespräch einen eingegrenzten zeitlichen, örtlichen oder inhaltlichen Rahmen, um ein Beratungsgespräch zu sein? Braucht es einen klaren Auftrag seitens der Klient*innen, klare Zielformulierungen als Ergebnis oder konkrete Arbeitsaufträge? Wie werden Beratungssituationen[4] in der Mobilen Sozialen Arbeit im öffentlichen Raum gestaltet, wenn zugunsten der Zugänglichkeit des (beratenden) Angebots möglichst auf formalisierende Kriterien verzichtet wird?

Anders als spezialisierte Beratungsstellen, die jeweils ausgewählte Themen bearbeiten (beispielsweise Schuldner*innen-Beratung, Familienberatung etc.), ist die Beratungstätigkeit der Mobilen Sozialen Arbeit als psychosoziale, funktionale Beratung zu verstehen. Sie ist durch ihre inhaltliche Offenheit und ihre Nähe zur Lebenswelt der zu beratenden Menschen gekennzeichnet und hat zudem den Anspruch, bei Bedarf konkrete Hilfen zu vermitteln oder zu organisieren (dazu Wild 2020, 87 f. unter Hinweis auf Belardi 2017 und Galuske 2013). Diesem Verständnis von Beratung folgend, kann auch das Begleiten zu weiterführenden Einrichtungen im Sinne der Ressourcenerschließung der Beratungstätigkeit zugeordnet werden:

> „Beratungssituationen und Begleitungsprozesse sind also miteinander verschränkt und stellen eine Brücke in den Bereich der richtigen Zuständigkeit dar, um in der Vermittlungsfunktion sicherzustellen, dass die Adressat*innen auch wirklich dort ankommen, wo sie Ansprüche geltend machen können bzw. Unterstützung erfahren." (Wild 2020, 94).

Die inhaltliche Offenheit stellt zuallererst hohe Anforderungen an die Vielfalt des fachlichen Wissens und Könnens der Praktiker*innen, da in Beratungssituationen thematisch „alles" relevant werden kann (vom Wissen über sozialrechtliche Ansprüche über die Kenntnis von Angeboten der Hilfelandschaft verschiedener Handlungsfelder bis hin zu Methoden der Gesprächsführung bei psychosozialen Notlagen). Kennzeichnend für die Praxis der Mobilen Sozialen Arbeit ist auch, dass Hilfebedarf von Klient*innen häufig gar nicht oder nicht direkt angesprochen wird. Welche Praktiker*in der niederschwelligen, aufsuchenden Arbeit kennt nicht die Situation,

---

[4]   Mit Rückgriff auf die Bestimmung von Beratungen in Tür-und-Angel-Situationen bei Hollstein-Brinkmann (2016) wird im Folgenden der Begriff der Beratungssituation verwendet.

von Menschen mit aus ihrer Sicht offensichtlichem Hilfebedarf zu hören, es sei alles in Ordnung und sie brauchten nichts?! Oder aber es wird ein Anliegen vorgebracht, allerdings im nächsten Moment wieder fallen gelassen und zu Smalltalk zurückgekehrt. Da auch der Gegenstand eines Beratungsgesprächs nicht bereits vorab klar eingegrenzt ist, muss er mit den Klient*innen erst verhandelt werden. Für Beratungen in unbestimmten Settings benennt Hollstein-Brinkmann (2016) das von Klient*innen vorgebrachte Anliegen als inhaltlichen Ausgangspunkt der Beratungssituation. Mit der bloßen Weitergabe von (Expert*innen-)Wissen ist es allerdings noch nicht getan. Seinen Ausführungen folgend, zeichnet sich Beratung durch einen reflexiven Modus der Kommunikation aus, bspw. indem mit Klient*innen verschiedene Optionen gegeneinander abgewogen werden oder sie ihre Bedenken bei der Inanspruchnahme gewisser Leistungen mit den Mitarbeiter*innen reflektieren. Dabei ist es Aufgabe der Praktiker*innen, diesen Reflexionsprozess mit entsprechenden Fragen, dem Rückmelden der eigenen Wahrnehmung etc. zu unterstützen, also die Prozesssteuerung zu übernehmen (vgl. Hollstein-Brinkmann 2016, 30; vgl. auch Wild 2020, 90).

Auch auf zeitlicher Ebene sind Beratungssituationen in der Mobilen Sozialen Arbeit durch die maximale Abwesenheit formeller Strukturen gekennzeichnet. Häufig geht ihnen weder ein Termin voraus noch ist klar, in welcher Häufigkeit sie passieren. Viele Beratungsgespräche entstehen daher scheinbar spontan und aus alltäglichen Gesprächen heraus. Dass dieses spontane Entstehen von Beratungssituationen auch als Ergebnis einer vorangegangenen, gelungenen Kommunikation und als Entscheidung über den richtigen Zeitpunkt verstanden werden kann, wurde bereits angedeutet. Auch gibt es kein vorgegebenes Zeitfenster, wie lange die Beratungssituation dauert, sodass auch hier unter besonderer Würdigung der eigenen sowie der Aufmerksamkeit der Klient*innen jeweils in der Situation entschieden werden muss, wann ein Beratungsgespräch beendet wird. Durch das Arbeiten im Zweier-Team muss diese Entscheidung zudem gemeinsam, das heißt in Abstimmung mit dem bzw. der Tandem-Partner*in getroffen werden, was ein ausgeprägtes Maß an Teamarbeit erfordert (vgl. dazu auch Haag 2020, 81; Wild 2020, 89).

Nicht zuletzt gilt es den öffentlichen Raum zu berücksichtigen, und zwar mit allem, was dieser an Dynamik zu bieten hat. Von der angenehmen, geschützten, ruhigen Umgebung eines üblichen Beratungssettings sind Praktiker*innen und Klient*innen weit entfernt und auch Vertraulichkeit kann nur eingeschränkt geboten werden (immerhin sind die Mitarbeiter*innen der Mobilen Sozialen Arbeit in ihrer Dienstkleidung als Berater*innen im öffentlichen Raum erkennbar). Da kein vordefinierter, physischer Raum für Beratungsgespräche zur Verfügung steht, muss der „Beratungsraum" von den Mitarbeiter*innen erst hergestellt, die Beratungssituation erst geschaffen werden (vgl. Hollstein-Brinkmann 2016). Das kann z.B. heißen, sich mit der zu beratenden Person von einer Gruppe zu entfernen, um eine intimere, ruhigere Umgebung zu schaffen, oder den bzw. die Tandem-Partner*in zu bitten, ungebetene Zuhörer*innen abzulenken. Es kann mit Klient*innen bewusst ein geeigneter Ort wie eine Parkbank aufgesucht werden, die auch physisch Augenhöhe herstellt oder als Schreibunterlage dienen kann.

In dieser Phase werden Praktiker*innen in einer ihrer Kernkompetenzen, der Beratungstätigkeit, angesprochen. Da die Mobile Soziale Arbeit auf vorab definierte Rahmenbedingungen üblicher Beratungssettings (Termin, Beratungsräumlichkeiten etc.) verzichtet, müssen Beratungssituationen von den Mitarbeiter*innen erst erkannt und hergestellt werden. Neben dem grundsätzlich für beratende Tätigkeiten erforderlichen beruflichem Wissen und Können sind sie in einem dynamischen Umfeld wie dem öffentlichen Raum und in der aufsuchenden, niederschwelligen Arbeit gefordert, die Beratungssituationen in räumlicher, zeitlicher und inhaltlich-sachlicher Hinsicht zu strukturieren. Das lässt sich als ein Treffen vieler einzelner Entscheidungen beschreiben, die im Idealfall eine weitere Kommunikation und damit eine Anbindung an weiterführende Angebote möglich machen.

Schnitt- oder Bruchstelle: Vermittlung zu höherschwelligen Angeboten

„Bei einer Vermittlung wird z.B. dem Klienten bzw. der Klientin eine konkrete Leistung einer anderen Einrichtung zugänglich gemacht. Dabei kann es sich um die Unterstützung bei der Kontaktaufnahme handeln, oder um eine Terminvereinbarung für einen (Erst-)Kontakt." (Suchthilfe Wien 2021, 20).

Der tatsächliche Übergang vom niederschwelligen Setting „auf der Straße" zu höherschwelligen Angeboten, das eigentliche Ziel der Vermittlung an passende Hilfeeinrichtungen, erweist sich in der Praxis der Mobilen Sozialen Arbeit als höchst kritischer Moment. Sinnbildlich wird hier die „Schwelle" sichtbar, die von Klient*innen überwunden werden muss, um an den Stellen der richtigen Zuständigkeit „anzudocken". Diese Übergänge sind beispielsweise dadurch gekennzeichnet, dass Klient*innen nach langer Vorbereitung und Planung trotzdem nicht zum vereinbarten Termin für eine Begleitung erscheinen, oder zwar zum Termin kommen, im Zuge der Begleitung diese aber auf eigenen Wunsch abbrechen. Oder die Begleitung findet zwar statt und die Klient*innen kommen in der entsprechenden weiterführenden Einrichtung an, werden allerdings am nächsten Tag mit der selben Problemlage und dem selben Hilfebedarf erneut im öffentlichen Raum angetroffen, weil sie das weiterführende Angebot nicht längerfristig in Anspruch nehmen wollten oder konnten. Zurück bleiben fragende Praktiker*innen: Was ist passiert? Was macht diesen Übergang so brüchig? Und wie kann die Vermittlung und Anbindung an weiterführende Hilfeangebote beim nächsten Mal gelingen?

Eine erste naheliegende Erklärung des prekären Übergangs zu höherschwelligen Angeboten (vgl. dazu Mayrhofer 2012, 191 ff.) liefert schlicht der Umstand, dass ihre Nutzung an höhere Erwartungen wie das Einhalten von Verhaltensnormen und Regeln gekoppelt ist, beispielsweise in Form von Hausordnungen in Notquartieren, begrenzten Öffnungszeiten einer Behörde oder der Erfordernis, einen Termin zu vereinbaren und wahrzunehmen. Anders als noch in zwanglosen Gesprächen im Sinne der Beziehungspflege werden mit der Notwendigkeit, die Regeln und Normen der höherschwelligen Einrichtungen einzuhalten, konkrete Erwartungen an das Verhalten der Klient*innen gestellt. Mit dem Angebot der Vermittlung an weiterführende Hilfeeinrichtungen werden Klient*innen also nicht mehr vordergründig, wie im Zuge des Kontakt- und Beziehungsaufbaus, als „ganze Personen" angesprochen, sondern in ihrer Rolle als Klient*innen Sozialer Arbeit adressiert, ebenso wie sich die Praktiker*innen in ihrer spezifischen beruflichen Rolle zur Verfügung stellen:

> „Ein Übergang von alltäglicher zu fallspezifischer, also sozial-arbeiterischer Kommunikation löst die anfängliche Uneindeu-tigkeit der Situation auf und ist genau deshalb besonders ris-kant für die Fortsetzung der Kommunikation auf Seiten der zunächst diffus bzw. persönlich-privat Adressierten. Informa-tion und (Erst-)Beratung bilden oft die einleitenden rollenspezi-fischeren Interventionen. Sie lassen sich als ‚sanftere' Inter-ventionen charakterisieren, die den Klient*innen zunächst noch wenig Kooperation und Veränderungsbereitschaft abverlangen." (Mayrhofer 2012, 191).

Konnte also in der Phase des Kontakt- und Beziehungsaufbaus der von Mitarbeiter*innen beobachtete Hilfebedarf, z.B. Wohnungs-losigkeit, von Klient*innen noch ausgespart bzw. im Rahmen von Beratungsgesprächen latent gehalten werden, wird mit der Ver-mittlung zu weiterführenden, sozialarbeiterischen Angeboten die Klient*innen-Rolle manifest und Bereitschaft zur Veränderung und Kooperation der Klient*innen werden erforderlich. Spätestens hier braucht es den Willen der Klient*innen, etwas an ihrer Situation zu verändern. Sich allerdings bei Nicht-Gelingen von Vermittlung auf das Arbeitsprinzip der Freiwilligkeit zurückzuziehen und zu argu-mentieren, Klient*innen seien eben nicht motiviert und wollten ein-fach keine Angebote annehmen, scheint jedoch zu kurz gegriffen. Im Sinne einer akzeptierenden Haltung darf Motivation nicht als Voraussetzung, als „Bringschuld" der Klient*innen, sondern als ein Ziel des Beziehungs- und Beratungsprozesses verstanden werden (vgl. Wild 2020, 95 mit Hinweis auf Miller/Rollnick 1999).

Da die Mobile Soziale Arbeit ausschließlich im öffentlichen Raum tätig ist und nicht über eigene, weiterführende Angebote verfügt,[5]

---

[5] Mayrhofer weist auf die Tendenz innerhalb niederschwelliger Einrichtun-gen hin, weiterführende Hilfeangebote, wie zum Beispiel eine Anlaufstelle/ Tageszentrum, in das eigene, aufsuchende Angebot zu integrieren, womit die persönliche Vertrauensbeziehung direkt für den Übergang zum höher-schwelligen Angebot genutzt werden kann (Mayrhofer 2012, 191 f.).

gestaltet sich der Übergang an zu vermittelnde Einrichtungen zudem als Übergang zu anderen, nicht vertrauten Mitarbeiter*innen und meist auch zu einer anderen Organisation. Das aufgebaute Vertrauen in die Praktiker*innen als Personen einerseits und das im Idealfall über diese Beziehung entwickelte Vertrauen in die helfende Organisation andererseits läuft somit Gefahr, verloren zu werden, da sich „Beziehungen nicht ohne weiteres vermitteln lassen." (Wild 2020, 94). Das Vertrauen kann für den gelingenden Übergang zu weiterführenden Angeboten daher nur soweit genutzt werden, wie es gelungen ist, die Vertrauensbeziehung in die Person des bzw. der Sozialarbeiter*in bzw. in die Organisation in ein generelles Vertrauen in das Hilfesystem zu überführen.

Deutlich wird, dass Übergänge an höherschwellige Einrichtungen oder an die richtige Zuständigkeit von den Praktiker*innen bewusst gestaltet, das heißt vorbereitet und begleitet werden müssen. In diesem Sinn ist es nicht damit getan, eine wohnungslose Klientin vor dem Notquartier oder im Wartebereich einer medizinischen Einrichtung „abzustellen", um von Vermittlung, Anbindung und Integration in das Gesundheits- und Sozialsystem sprechen zu können. Vielmehr braucht es konkrete Strategien, die Klient*innen beim Überschreiten der Schwelle unterstützen, um die Chancen einer gesicherten Anbindung an weiterführende Angebote zu erhöhen. In der Praxis der Mobilen Sozialen Arbeit erweisen sich hier alle Maßnahmen als hilfreich, die den ersten Kontakt der Klient*innen mit der weiterführenden Einrichtung unterstützen. Das kann heißen, Klient*innen konkrete Ansprechpersonen in der Einrichtung zu nennen, sie auf zu erwartenden Verhaltensanforderungen vorzubereiten (beispielsweise Klient*innen mit der Hausordnung eines Wohnplatzes vertraut machen), im Beisein der Klient*innen mit der weiterführenden Einrichtung Kontakt aufzunehmen und ihr Kommen anzukündigen bis hin zu Begleitungen in die Einrichtung bzw. zu den ersten Terminen selbst (vgl. dazu auch Mayrhofer 2012, 198 ff.; Wild 2020, 94).

Spätestens an den Schnittstellen zu weiterführenden Einrichtungen zeigt sich außerdem die zentrale Bedeutung von Vernetzung und Kooperation für aufsuchende, niederschwellige Arbeit im öffentlichen Raum. Gerade weil die Mobile Soziale Arbeit der Suchthilfe

Wien selbst über keine weiterführenden, ins eigene Angebot integrierten Hilfen verfügt, bedarf es umso mehr der Zusammenarbeit mit eben jenen Einrichtungen, an die vermittelt werden soll oder kann. Passung herzustellen, also Klient*innen an möglichst passgenaue, ihren Bedürfnissen entsprechende Angebote „anzudocken", erfordert neben dem Wissen über die konkreten Bedarfe der Klient*innen auch die genaue Kenntnis der Leistungen des Angebotsspektrums.

Vor diesem Hintergrund zeigt sich, dass Fachkräfte der Mobilen Sozialen Arbeit im öffentlichen Raum für das Gelingen von Vermittlung eine Vielzahl an Faktoren berücksichtigen und die Übergange zu höherschwelligen Angeboten bewusst gestalten müssen, damit aus den Schnittstellen zu weiterführenden Einrichtungen keine Bruchstellen werden. Fachliches Handeln darf sich an dieser Stelle jedoch nicht damit begnügen, das Gelingen bzw. Nicht-Gelingen von Vermittlung ausschließlich an individuellen Fragen wie etwa nach der Motivation oder der vertrauensvollen Beziehung zu Klient*innen festzumachen, sondern ist gefordert, Vermittlungsversuche auch auf struktureller Ebene im Kontext bestehender bzw. fehlender Angebote zu reflektieren.

Vermitteln, aber wohin?
Umgang mit Zugangsbarrieren und Versorgungslücken

Bei allen Faktoren, die das Prekäre des Übergangs zu höherschwelligen Angeboten auf individueller Ebene kennzeichnen, dürfen jene Angebotsstrukturen nicht aus dem Blick geraten, an die vermittelt werden soll. Insbesondere bei auftretenden Schnittstellen- und Anschlussproblemen gilt es zu prüfen, ob Zugangshürden oder -barrieren vorliegen, die das Annehmen durch bestimmte Klient*innen-Gruppen unnötig erschweren oder schlicht nicht möglich machen. So ist beispielsweise eine Beobachtung der Mobilen Sozialen Arbeit im Zuge der Coronavirus-Pandemie, dass durch den Verzicht spezialisierter Beratungsstellen auf persönliche Beratungsgespräche zugunsten von telefonischer oder Online-Beratung das Angebot dieser Einrichtungen plötzlich für jene Menschen zu hochschwellig war, die nicht über die technischen oder sprachlichen Voraussetzungen dafür verfügen. Die Mobile Soziale Arbeit war bzw. ist hier umso mehr gefordert, einerseits den Übergang im Sinne eines Schwellenmanagements zu begleiten, um solche Angebote zumindest theoretisch bzw. unterstützt zugänglich zu halten, andererseits an entsprechende Stellen rückzumelden, dass damit bestimmte Zielgruppen strukturell ausgeschlossen werden. Insbesondere dann, wenn Menschen mit dieser Unterstützung sozialrechtliche Ansprüche geltend machen, kann Mobile Soziale Arbeit auch einen Beitrag zu sozialer Gerechtigkeit leisten (vgl. auch Wild 2020, 96; ausführlich zum Gerechtigkeitspotential von Beratung im offenen Setting Knab 2016).

Neben solchen beobachteten Zugangshürden stößt die Vermittlung bzw. Anbindung marginalisierter Menschen an das soziale Hilfesystem auch dort an ihre Grenzen, wo keine (passgenauen) Angebote für einzelne Bedarfe oder Zielgruppen zur Verfügung stehen. Denn die Mobile Soziale Arbeit im öffentlichen Raum kann nur soweit vermittelnd wirksam werden, wie weiterführende Angebote vorhanden sind. Insbesondere in der Arbeit mit Menschen, die aufgrund fehlender sozialrechtlicher Ansprüche in Wien nur eingeschränkten oder keinen Zugang zu Leistungen des Gesundheitssystems oder der Wiener Wohnungslosenhilfe haben, kann beispielsweise nur an jene karitativen Angebote vermittelt werden, die im Sinne der Akutversorgung auch für diese Menschen offenstehen. Die Zielrichtung der gesicherten Anbindung und Integration in das Gesundheits- und Sozialsystem kann somit nicht verfolgt werden, da auf struktureller Ebene die Anschlussoptionen fehlen. Dies hält in der Praxis ein hohes Frustrationspotenzial bereit, da es die Gefahr birgt, das fachliche Handeln als bloße Verwaltung von Armut und Exklusion zu erleben (vgl. Mayrhofer 2012, 200 ff; Wild 2020, 94).

Umso wichtiger erscheint es, und in diesem Zusammenhang wird gleichzeitig das gesellschaftliche Potenzial niederschwellig konzipierter Angebote sichtbar, konsequent auf fehlende Angebote, Versorgungslücken, bestehende Hilfebedarfe einzelner Klient*innen-Gruppen und Zugangshürden hinzuweisen, um die Schaffung benötigter Angebotsstrukturen voranzutreiben. Dafür hat die Mobile Soziale Arbeit das Wissen um die Bedarfe ihrer Klient*innen ebenso an der Hand wie bestehende Kooperationen auf operativer

Ebene, sodass sie an dieser Schnittstelle nicht nur zur Verbesserung der individuellen Lebenssituation, sondern auch zu sozialer Gerechtigkeit und gesellschaftlicher Teilhabe marginalisierter Menschen beitragen kann.

Abschließend ist mir wichtig, darauf hinzuweisen, dass sich der hier idealtypisch skizzierte Prozess des Ermöglichens bzw. Sicherstellens des Zugangs zu sozialen Hilfe- und Sicherungssystemen insbesondere für schwer erreichbare Klient*innen von Erstkontakt und Beziehungsaufbau, Beratung und Begleitung bis hin zur Vermittlung und damit Anbindung an passende weiterführende Hilfeangebote in der Praxis nicht linear, sondern meist als langwieriger, zirkulärer Prozess gestaltet, der den Mitarbeiter*innen mitunter ein hohes Maß an Geduld, Frustrationstoleranz und Durchhaltevermögen abverlangt. Brüche in der Kommunikation müssen in Kauf genommen, Ablehnung von Angeboten trotz beobachtetem Hilfebedarf akzeptiert und zu weniger voraussetzungsvoller Kommunikation zurückgekehrt werden, um dennoch und trotz allem im Gespräch zu bleiben. Und im zu Gespräch bleiben heißt in diesem Zusammenhang nichts weniger, als weiterhin die Möglichkeit zur gesellschaftlichen Teilhabe offen zu halten.

Conclusio

Fachliches Handeln in der Mobilen Sozialen Arbeit im öffentlichen Raum ist zuallererst durch die vielen Unbestimmtheiten seines Settings geprägt. Für Praktiker*innen ist dabei entscheidend, diese Unbestimmtheiten, Unsicherheiten oder auch „Offenheiten" nicht als Defizit oder Mangel (des Angebots, der Fachlichkeit) zu verstehen, sondern sie als funktional im Sinne der Zugänglichkeit sozialer Hilfesysteme nicht nur auszuhalten, sondern im besten Fall auch anzuerkennen. In diesem offenen, unbestimmten Setting sind Praktiker*innen täglich gefordert, situativ Entscheidungen zu treffen. Dabei ist situativ nicht mit „zufällig" oder „beliebig" gleichzusetzen. Es gilt, diese Entscheidungen (zumindest) der Person, der Rolle, der Beziehung, dem Bedarf und der Verfügbarkeit sozialer Leistungen entsprechend daran auszurichten, dass Kommunikation möglichst aufrecht bleibt und fortgesetzt werden kann. Deutlich wird die

Notwendigkeit einer ausgeprägten fachlichen Haltung, die diese Entscheidungsprozesse stützt und absichert, was ein hohes Maß an Bereitschaft und Fähigkeit zur Reflexion des eigenen beruflichen Handelns voraussetzt.

Hier ist die Suchthilfe Wien als Organisation gefordert, Fachlichkeit gleichsam anzuerkennen wie einzufordern, indem sie all jene Rahmenbedingungen für reflexive Prozesse zur Verfügung stellt, die die Herausbildung einer fachlichen Haltung fördern (zur Bedeutung der Supervision und Reflexion der beruflichen Tätigkeit siehe den Beitrag von Elisabeth Odelga in diesem Band).

Nicht zuletzt gilt es, die Leistungen der Mitarbeiter*innen der Mobilen Sozialen Arbeit im öffentlichen Raum nicht nur auf individueller Ebene, sondern auch vor dem Hintergrund ihres Beitrags zu gesellschaftlicher Teilhabe zu würdigen. Damit die Mobile Soziale Arbeit diesen Anspruch in der Praxis weiterhin verwirklichen kann, sind insbesondere in Zeiten sich stetig wandelnder Angebotsstrukturen und Bedarfslagen auch Suchthilfe Wien und Sucht- und Drogenkoordination Wien gefordert, ihre Schnittstellen auf operativer und strategischer Ebene zu nutzen, um auf Zugangsbarrieren zum sozialen Hilfesystem hinzuweisen, Bedarfe marginalisierter Menschen aufzuzeigen und an der Schaffung benötigter Angebote mitzuwirken.

Biografie

Mag.ª (FH) Julia Staudinger, MA hat Soziale Arbeit studiert (Diplom am FH Campus Wien 2009, Master an der FH St. Pölten 2016) und ist seit 2017 im Bereich der Mobilen Sozialen Arbeit im öffentlichen Raum der Suchthilfe Wien tätig. Seit 2019 leitet sie das Team von sam 2.

Literatur

Arnold, Helmut; Höllmüller, Hubert (Hrsg.). 2017. *Niederschwelligkeit in der Sozialen Arbeit.* Weinheim: Beltz Juventa.

BAWO Bundesarbeitsgemeinschaft Wohnungslosenhilfe. 2009. *Wohnen ist ein Grundrecht. Menschenwürdiges Wohnen für alle!* Grundsatzprogramm der Bundesarbeitsgemeinschaft Wohnungslosenhilfe. Online abrufbar unter: https://bawo.at/fileadmin/user_upload/public/Dokumente/Publikationen/Grundlagen/Grundsatzprogramm_2009_mit_Endnoten.pdf (Zugriff am 20. 9. 2021).

Galuske, Michael. 2013. 10. Auflage. *Methoden der Sozialen Arbeit. Eine Einführung*. Weinheim: Beltz Juventa.

Haag, Carolina. 2020. *Orte und Situationen. Vom Suchen und Kontaktaufbau auf der Straße*. In: Diebäcker, Marc/Wild, Gabriele (Hrsg.). *Streetwork und Aufsuchende Soziale Arbeit im öffentlichen Raum*, S. 73–84.

Hofer, Manuela. 2016. *Niederschwelligkeit und Diskriminierung*. In: Bakic, Josef; Diebäcker, Marc; Hammer, Elisabeth (Hrsg.). 2016. *Aktuelle Leitbegriffe der Sozialen Arbeit. Ein kritisches Handbuch*. Band 3. Wien: Löcker, S. 134–148.

Hollstein-Brinkmann, Heino. 2016. *Herstellung und Definition der Tür-und-Angel-Situation – oder: Wann ist ein Gespräch Beratung?* In: Hollstein-Brinkmann, Heino; Knab, Maria (Hrsg.). *Beratung zwischen Tür und Angel. Professionalisierung von Beratung in offenen Settings*. Wiesbaden: Springer VS, S. 17–47.

Hollstein-Brinkmann, Heino; Knab, Maria. 2016. *Beratung zwischen Tür und Angel. Beiträge zur Professionalisierung von Beratung in offenen Settings*. In: Hollstein-Brinkmann, Heino; Knab, Maria (Hrsg.). *Beratung zwischen Tür und Angel. Professionalisierung von Beratung in offenen Settings*. Wiesbaden: Springer VS, S. 1–14.

Knab, Maria. 2016. *Beratung in offenen Settings in ihrem Gerechtigkeitspotential profilieren – Ein Beitrag zur Weiterentwicklung der fachlichen Kultur Sozialer Arbeit*. In: Hollstein-Brinkmann, Heino; Knab, Maria (Hrsg.). *Beratung zwischen Tür und Angel. Professionalisierung von Beratung in offenen Settings*. Wiesbaden: Springer VS, S. 49–88.

Lindner, Ronny. 2008. *Hauptsache Kopplung. Eine Definition niederschwelliger Sozialarbeit*. In: Neue Praxis, Jg. 38, Heft 6, S. 578–588.

Mayrhofer, Hemma. 2012. *Niederschwelligkeit in der Sozialen Arbeit. Funktionen und Formen aus soziologischer Perspektive*. Wiesbaden: Springer VS.

Otto, Hans-Uwe; Thiersch, Hans; Treptow, Rainer; Ziegler, Holger. 2018. *Handbuch Soziale Arbeit. Grundlagen der Sozialarbeit und Sozialpädagogik*. München: Ernst Reinhardt Verlag.

Stark, Christian. 2019. *Niederschwelligkeit. Methodisches Arbeiten in niederschwelligen Einrichtungen der Wohnungslosenhilfe: Verwahrung von Armut oder professionelle Hilfe zu einem menschenwürdigen Leben?* In: Festschrift 20 Jahre BAWO. *Wohnungslosenhilfe von A bis Z. Bundesarbeitsgemeinschaft Wohnungslosenhilfe*. Online abrufbar unter: https://

bawo.at/101/wp-content/uploads/2019/11/BAWO_Festschrift_Webversion_komplett.pdf (Zugriff am 16. 9. 2021).

Suchthilfe Wien. 2021. *Konzept Mobile Soziale Arbeit im öffentlichen Raum.*

Wild, Gabriele. 2020. *Beratung und Begleitung: Professionelles Arbeiten in ungewissen Settings.* In: Diebäcker, Marc/Wild, Gabriele (Hrsg.): Streetwork und Aufsuchende Soziale Arbeit im öffentlichen Raum, S. 85–100.

Internet

Österreichischer Berufsverband der Sozialen Arbeit. 2017. *Berufsbild der Sozialarbeit.* Online abrufbar unter: https://www.obds.at/wp/wp-content/uploads/2018/05/Berufsbild-Sozialarbeit-2017-06-beschlossen.pdf (Zugriff am 16. 9. 2021).

Theresa Rinner

Ein Blick in die Praxis:
Wie ist das, bei *sam* und *help U* zu arbeiten?

Für diesen Beitrag wurden Mitarbeiter*innen der Teams *sam* und *help U* nach ihren Erfahrungen gefragt. Sie haben erzählt, wie ihr Alltag aussieht, was ihnen Mut macht (und manchmal nimmt), und sie haben verraten, warum auch kleine Erfolge sehr wichtig sind.

Durch eure rote Dienstkleidung, mit der ihr im öffentlichen Raum unterwegs seid, kennen euch mittlerweile viele Stadtbewohner*innen.

Was genau eure Aufgaben sind und für wen ihr da seid, wissen aber nur wenige. Wie sieht ein „klassischer" Arbeitstag aus?

Typisch für unseren Arbeitstag ist, dass es keinen „klassischen" Tag gibt. Wir wissen eigentlich nie, was uns im Laufe des Dienstes erwartet, entsprechend offen und vorbereitet auf alle Eventualitäten gehen wir auf die Straße.

Eine obdachlose Frau sucht einen Platz zum Schlafen, kennt sich aber in Wien nicht aus, ein Trafikant weiß nicht, wie er mit dem schlafenden Bettler vor seinem Geschäft umgehen soll, ein vermutlich psychisch kranker Mann äußert Suizidgedanken und braucht die Rettung, eine ältere Dame ruft an, weil sie am Weg zum Einkaufen eine Spritze findet – das alles und mehr kann uns während eines Dienstes begegnen. Es wird nie eintönig.

Unsere Tätigkeiten reichen von Information, Entlastungs- und Beratungsgesprächen bis hin zu Regelkommunikation, Vermittlungen, Beziehungsaufbau, Krisenintervention, Erste Hilfe und Begleitungen. Zudem machen Dokumentation, Kooperationen und Vernetzungen einen Teil der Arbeit aus. In der Regel dauert ein Dienst zwischen sechs und acht Stunden, den Hauptteil verbringen wir in Zweier-Teams im „Einsatz" auf der Straße. Ausgestattet sind wir mit einem klaren Routenplan und einem gut gefüllten Rucksack (mit z.B. Informationsmaterial, Hygieneartikel, Erste-Hilfe-Paket und einem Spritzenkübel).

Könnt ihr so einen Einsatz genauer schildern?

Gestern Nachmittag hat zum Beispiel eine Frau angerufen, die im 16. Bezirk joggen war und einen offensichtlich obdachlosen Mann schlafend auf einer Bank gesehen hat. Die Frau machte sich Sorgen und kontaktierte uns, weil sie ihm helfen wollte und nicht wusste, wie.

Wir fuhren dorthin und schauten nach, ob der Mann Hilfe braucht. Es handelte sich um einen Klienten – nennen wir ihn Karl S. –, den wir seit einigen Wochen auf unseren Routen treffen. Karl S. ist 60 Jahre alt, verlor aufgrund eines Arbeitsunfalls seinen Job als Bauarbeiter und musste ein halbes Jahr später einen weiteren Schicksalsschlag hinnehmen: Seine Frau starb an Krebs. Seine Trauer betäubte er mit Alkohol.

Seit er dann auch noch seine Wohnung verlor, lebt er fast permanent auf der Straße, schläft je nach Witterung im Park oder unter einem Verschlag und kann seinen Tag ohne Wodka nicht mehr bewältigen. Solche Schicksalsschläge sind nicht untypisch für die Biografie obdachloser Menschen.

Und wie sieht eure Hilfe für Karl S. dann konkret aus?

Unsere Hilfe kann in so einem Fall bedeuten, dass wir Karl S. einfach mit Wasser versorgen, ihn über ein Tageszentrum im Umfeld informieren, oder dass wir ihn motivieren, einmal unverbindlich zu einer Suchtberatung zu gehen. Grundsätzlich gilt: Je höher das Vertrauen in uns, desto höher die Wahrscheinlichkeit, dass Angebote angenommen werden.

Die Anruferin war übrigens erleichtert, als wir ihr berichteten, dass wir uns um den Mann kümmern. Das Beispiel zeigt ganz gut das Wesen der Mobilen Sozialen Arbeit: Wir sind für alle Menschen da, die sich in unseren Einsatzgebieten aufhalten und Unterstützung brauchen – ganz egal, welche das sein mögen.

Was ist das Besondere an eurer Art, Kontakt aufzubauen?

Anders als bei Beratungsstellen, sind wir im öffentlichen Raum präsent und Ansprechpartner*in für alle Menschen, die sich dort aufhalten. Wir kommen zu ihnen, nicht umgekehrt. Das ist sehr niederschwellig, weil wir mit unserem „Hilfspaket" direkt auf die Menschen zugehen und somit viele unterschiedliche Bewohner*innen dieser Stadt erreichen. Somit gibt es im wahrsten Sinne des Wortes keine Schwellen, was insbesondere für kranke oder bewegungsbeeinträchtigte Klient*innen wichtig ist. Wir erreichen damit auch die, die es von selbst nie in eine Beratungsstelle schaffen würden. Oft sind wir erste und einzige Ansprechpersonen im öffentlichen Raum.

Klient*innen, vor allem obdachlose Menschen, wechseln häufig auch Aufenthaltsort und Schlafplatz. Das ist herausfordernd, weil dadurch der professionelle Beziehungsaufbau erschwert wird.

Verschiedene soziale Einrichtungen arbeiten auf der Straße. Wie unterscheidet ihr euch von den anderen aufsuchenden Einrichtungen?

„Anders" ist die Zielgruppenoffenheit – wir sind, wie bereits erwähnt, nicht nur für eine spezifische Klientel da, sondern für alle Menschen in unseren Einsatzgebieten. Das macht auch den Reiz und die Herausforderung der Arbeit aus: Wir kommen mit unterschiedlichsten Stadtbewohner*innen ins Gespräch, hören uns ihre Sorgen an und suchen gute Lösungen. Da wir so gut vernetzt sind, können wir bei Bedarf unkompliziert an andere Stellen vermitteln oder die Klient*innen bei Bedarf dorthin begleiten.

Ihr seid jeden Tag des Jahres auf der Straße unterwegs – egal, ob Sommer oder Winter, Regen oder Hitze, und das in der Öffentlichkeit. Was bedeutet das für euch?

Unser „Büro" ist die Straße, die Parkbank, das Wartehäuschen am Bahnhof. Das hat Vor- und Nachteile. Im öffentlichen Raum zu arbeiten heißt im Scheinwerferlicht zu arbeiten – noch dazu, weil wir durch die Dienstkleidung sichtbar sind. Das ist beabsichtigt und wichtig, weil wir für alle Menschen im öffentlichen Raum leicht erkennbar und ansprechbar sein möchten – es bedeutet aber auch, dass Menschen unterschiedliche Erwartungen haben, wenn sie uns sehen. Manchmal kümmern wir uns etwa um ein*e Klient*in, die bzw. den wir beraten und vermitteln möchten, während uns gleichzeitig ein*e Anrainer*in anspricht und sich über die Lautstärke einer Gruppe Jugendlicher beschwert. Da gilt es zu priorisieren und zu signalisieren, dass wir für beide Anliegen da sind und uns Zeit nehmen.

Sichtbar zu sein, hat übrigens auch Vorzeigewirkung: Wie wir mit Klient*innen umgehen, uns verhalten und kommunizieren, beeinflusst andere Menschen im öffentlichen Raum – idealerweise in Richtung Akzeptanz und Toleranz.

Gibt es Unterschiede je nach Jahreszeit?

Es gibt etwas andere Schwerpunkte, in der kalten Jahreszeit vermitteln wir z.B. in Notquartiere, damit niemand auf der Straße erfrieren muss. Im Sommer wiederum geht es stärker darum, die Regeln, die für ein funktionierendes Nebeneinander im öffentlichen Raum erforderlich sind, in Erinnerung zu rufen, weil sich bei warmem Wetter generell mehr Menschen im öffentlichen Raum aufhalten. Je mehr Menschen und je kleiner der Ort, desto eher kommt es zu Nutzungskonflikten.

Was bedeuten Nutzungskonflikte konkret in der Praxis?

Ein Beispiel: Wir beobachten in einem kleinen Park in 2. Bezirk, dass Person A in Ruhe ein Buch lesen will, Person B offensichtlich psychisch krank ist und andere durch Schreien irritiert, Jugendliche laut Musik hören, eine Gruppe Alkoholkonsument*innen gemütlich ihr Bier trinkt, während Kleinkinder mit ihren Eltern auf der Wiese spielen möchten. Jede*r hat unterschiedliche Vorstellungen darüber, was sich gerade „angenehm" anfühlt und wie man diesen Park für sich nutzen möchte. Wir sind dazu da, ein gutes Nebeneinander durch Sensibilisierungsgespräche zu unterstützen: Zum Beispiel führen wir Gespräche über unterschiedliche Bedürfnisse, motivieren zum Austausch untereinander und zur gegenseitigen Rücksichtnahme oder weisen im Anlassfall auf ganz konkrete Dinge hin, wie beispielsweise das WC zu nutzen statt in die Wiese zu urinieren oder den eigenen Müll mitzunehmen.

Wem „gehört" der öffentliche Raum?

Am Papier gehört er „allen", in der Realität zeigen sich auch Ausgrenzungstendenzen und Diskriminierungen. Im Rahmen unserer Einsätze sprechen uns häufig Menschen an, weil sich Obdachlose oder Suchtkranke an öffentlichen Plätzen aufhalten und deren Anblick sie verstört. Oder Passant*innen haben beim Vorbeigehen Angst. Da hören wir zu und versuchen gemeinsam zu konkretisieren: Was genau macht Angst? Welche Annahmen hat man über diese Menschen? Hat man schlechte Erfahrungen gemacht? Oft zeigt sich, dass es bisher noch gar keine persönlichen Erfahrungen mit obdachlosen Menschen gab. Im nächsten Schritt geht es dann darum, die eigene Angst zu reflektieren und wir versuchen, mehr Verständnis zu schaffen – indem wir z.B. mehr über die Lebenswelt von marginalisierten Menschen erzählen.

Um das zu veranschaulichen: Ein Lokalbesitzer im 8. Bezirk klagte letztes Jahr mehrfach bei uns, dass zwei obdachlose Menschen schon frühmorgens vor seinem Lokal Alkohol trinken und Dosen hinterlassen würden, und dass sie – diplomatisch ausgedrückt – „streng riechen" würden. Er meinte, sie sollten sich „nicht so gehen lassen", das sei doch einfach ein Fall von „Willensschwäche" oder sogar bewusste Provokation ihm gegenüber. In so einem Fall weisen wir auf den Krankheitsaspekt hin: dass Alkoholsucht und andere psychische Erkrankungen manchmal zur Vernachlässigung der eigenen Hygiene und Selbstfürsorge führen und dass sich die die beiden deshalb auf der Straße aufhalten, weil sie wohnungslos sind und auf konsumpflichtfreie Plätze im öffentlichen Raum angewiesen sind. Und dass sie auch Menschen sind, die versuchen, ihr Leben „auf die Reihe zu kriegen".

Unsere Erfahrungen zeigen, dass diese Gespräche die Kompetenz der Menschen im Umgang mit Phänomenen wie Obdachlosigkeit stärken und sie sich dadurch bei Begegnungen oft weniger unsicher fühlen und mehr Verständnis haben. Natürlich auch, weil Vorurteile und falsche Bilder in den Gesprächen zurechtgerückt werden können.

Es gibt viele Vorurteile beim Thema Obdachlosigkeit – etwa, dass Menschen es bevorzugen, im Freien zu nächtigen, obwohl es doch so viele Plätze zum Schlafen in Österreich gibt.

Auch wir bekommen immer wieder mit, dass sich Menschen über schlafende Personen im öffentlichen Raum ärgern. „In Österreich muss niemand auf der Straße schlafen", heißt es dann. Das stimmt so nicht ganz, denn speziell im Sommer reichen die Angebote nicht aus. Im Gegensatz zur kalten Jahreszeit, in der es in Wien das „Winterpaket"[1] gibt, haben viele obdachlose Menschen im Sommer oft gar keine andere Möglichkeit als im öffentlichen Raum zu schlafen.

Und selbst wenn Angebote zum Schlafen vorhanden sind, ist der Weg, bis diese angenommen werden (können), oft ein langer: Viele Menschen, die von Obdachlosigkeit betroffen sind, schämen sich sehr. Für manche ist es schwer, Hilfe anzunehmen, für manche ist es schwer, sich einzugestehen, dass sie Hilfe benötigen. Manchen misstrauen uns auch, weil sie schlechte Erfahrungen mit Behörden gemacht haben. Einige lehnen Notquartiere auch ab, weil sie die Enge und die fehlende Privatsphäre nicht ertragen.

Erwähnt werden muss in diesem Zusammenhang auch, dass viele Obdachlose und Suchtkranke sehr traumatische Erlebnisse erfahren haben und so etwas wie einen geschützten Raum, ein Zuhause oder gar Geborgenheit gar nicht kennen. Entsprechend schwierig ist es für uns zu vermitteln, dass es Alternativen zur Straße gibt und geschützte Schlaforte, an denen man sich sicher fühlen kann.

---

[1] Hier ist das Winterpaket des Fonds Soziales Wien gemeint. Die Wiener Wohnungslosenhilfe erweitert im Winter ihr Platzangebot. Von Anfang November bis Ende April stehen hunderte zusätzliche Plätze in Notquartieren sowie Wärmestuben zur Verfügung (mehr unter: https://www.fsw.at/p/winterangebote).

Gibt es in eurer Arbeit etwas,
das euch manchmal mutlos werden lässt?

Als Mitarbeiter*in merkt man sehr bald, dass es Grenzen des Helfens gibt. Wir können nur im Rahmen unseres Auftrags und im Rahmen der Gesetze agieren. Konkret heißt das, dass abseits von Akuthilfe manchmal keine Unterstützungsleistungen, die eine nachhaltige Verbesserung der Lebenssituation bringen würden, möglich sind. Das betrifft vor allem obdachlose Menschen ohne gesetzliche Ansprüche auf Sozialleistungen in Österreich. Diese haben kaum Chancen auf wirkliche Lebensverbesserung.

So z.B. der 21-jährige Piotr S. (Name geändert), den wir seit circa eineinhalb Jahren begleiten. 2019 verließ er sein Heimatland, einen östlichen EU-Staat, weil es für ihn dort trotz universitärer Ausbildung keine berufliche Perspektive gab. Die Tatsache, dass Piotr offen homosexuell ist, hatte zudem zur Folge, dass er in seiner kleinen Gemeinde zusehends angefeindet, bedroht und stigmatisiert wurde. Auf der Suche nach einem besseren Leben kam er nach Wien, weil er von Bekannten gehört hatte, dass es hier bessere wirtschaftliche Perspektiven und mehr Toleranz für Menschen einer anderen als heterosexuellen Orientierung gabe. Die Ankunft in Österreich hat für Piotr aber bald zu einer bitteren Erkenntnis geführt: Auch hier ist er nicht erwünscht und findet keinen Job, auch hier lebt er am Rand der Gesellschaft.

Bei unserer ersten Begegnung lag Piotr schlafend auf einer Parkbank und hatte außer einem kleinen Rucksack und einer Winterjacke nichts dabei. Von Beginn an zeigt er sich dankbar für alle Angebote, die wir setzen, ist immer gepflegt und höflich. Unentwegt spricht er davon, dass er gerne Deutsch lernen und arbeiten würde, sich im „Bürokratiedschungel" aber nicht zurechtfände. Es zeigte sich aber bald, dass das Hauptproblem nicht die Bürokratie ist, sondern die Rechtslage: EU- bzw. EWR-Bürger*innen haben in Österreich nur dann Anspruch auf Sozialhilfe, wenn sie Arbeiternehmer*in sind oder schon länger als fünf Jahre ihren festen Wohnsitz in Österreich haben. Aber wie soll jemand wie Piotr einen Job finden, wenn er keine Wohnung hat? Und wie soll er sich umgekehrt eine Wohnung leisten, wenn er keinen Job hat und Geld verdienen kann? Die Chancen ein erfolgreiches und abgesichertes Leben zu führen sind für Piotr gering. Wir sehen zwar Potenzial, aber auch, dass unsere Möglichkeiten endlich sind.

Ein anderes Beispiel: Eine kognitiv stark beeinträchtigte ältere Frau – ebenfalls aus einem EU- Nachbarstaat – hätte dringenden Bedarf an einem betreuten Wohnplatz, aber keine realistische Aussicht darauf. Es handelt sich konkret um Milena A. (Name geändert), die wir bereits seit sieben Jahren kennen, und deren schleichendem Verfall auf der Straße wir zusehen mussten: Um für ihre Familie zuhause etwas Geld zu erbetteln, kam sie einst nach Wien. Sie ist uns als humorvolle, ältere Dame mit unaufhörlichem Optimismus und zahnlosem Lächeln bekannt. Über die Jahre wurde Milena körperlich und psychisch immer kränker – einerseits wegen des Lebens auf der Straße, andererseits wegen ihres fortschreitenden Alters. Für Milena gibt es momentan keinerlei Aussicht auf pflegerische Unterstützung und einen Wohnplatz, weil sie nicht versichert ist. Besonders traurig ist, dass sie sich durch die Demenz nichts mehr merken kann und Wege zu sozialen Einrichtungen nicht mehr selbst findet – ihre Selbstständigkeit ist also stark eingeschränkt. Mittlerweile erkennt sie nicht einmal mehr uns Mitarbeiter*innen, obwohl sie uns früher oft schon von Weitem zugewunken hat. Entsprechend schwierig ist es, ihr nachhaltige Unterstützung zukommen zu lassen.

Wir wissen, dass unsere Arbeit in diesen Fällen nur ein Tropfen auf dem heißen Stein ist. Das soll aber nicht heißen, dass unsere Hilfe hier vernachlässigbar wäre, im Gegenteil: Oft sind wir die einzigen Ansprechpersonen, die verlässlich „da sind", Mut machen oder zuhören, karitative Einrichtungen vorstellen und dorthin begleiten; die einzigen die Menschen ins Krankenhaus bringen.

Viele obdachlose Menschen scheinen die Rückkehr in ein „bürgerliches Leben" nicht zu schaffen.
Wie ist es, wenn ihr trotz aller Bemühungen seht, dass manche nie mehr von der Straße wegkommen?

Viele von uns haben auf Grund solcher Erfahrungen die persönlichen Erfolgsziele neu gesteckt, illusionäre Erwartungen heruntergeschraubt und an die Realität angepasst. Erfolg kann heißen: Eine 18-jährige Frau, die von Kindesbeinen an Gewalt im Elternhaus erlebt hat, hat endlich genug Vertrauen gefasst, dass sie nun manchmal im Notquartier nächtigt und so besser vor Übergriffen auf der Straße geschützt ist. Erfolg kann sein, dass ein Klient endlich eine neue Hose annimmt und sich duscht. Oder eine psychisch kranke Frau, die uns regelmäßig an einem Bahnhof in Wien mit offenen Wunden begegnet ist, nimmt nach langer Motivationsarbeit endlich medizinische Hilfe an. Kleine Erfolgserlebnisse haben wir auch, wenn Klient*innen plötzlich selbstständig zu Einrichtungen fahren und uns immer weniger brauchen. Wenn diese „Hilfe zur Selbsthilfe" gelingt, freuen wir uns ganz besonders. Wir wissen, dass der geduldige Beziehungs- und Vertrauensaufbau sowie Motivationsarbeit der Hauptteil unserer Arbeit sind. Manchmal braucht es eben Monate oder Jahre, bis es endlich „Klick" macht und etwas angenommen wird – das ist dann ein Erfolg.

Aber natürlich gibt es sie auch – die „großen" Erfolge. Etwa bei Klient*innen, die über die Zwischenstation eines Kurzzeitwohnens eine langfristige Unterkunft erlangen, die ihre Sucht in den Griff bekommen und sogar eine Beschäftigung finden.

Was meint ihr, wie sich der öffentliche Raum in den nächsten Jahren entwickeln wird? Gibt es „Trends"?

Früher war es so, dass wir überwiegend obdachlose Männer auf der Straße sahen, mittlerweile begegnen uns bei unseren Runden täglich Frauen. Viele von ihnen sind in einem sehr schlechten psychischen Zustand, was uns herausfordert. Psychisch kranke Menschen sind in der Regel schwerer dazu zu motivieren, Angebote anzunehmen. Das wäre aber wichtig, denn gerade Frauen sind besonders den Gefahren auf der Straße ausgesetzt. Sie werden z.B. eher Opfer von sexualisierter Gewalt.

Wir nehmen auch mehr Jugendliche und junge Erwachsene wahr, die zwar meist wohnversorgt sind, aber auf Grund fehlender finanzieller Ressourcen und/oder Arbeitslosigkeit ihre gesamte Tagesfreizeit und die Nacht im öffentlichen Raum verbringen. Einige davon sind Flüchtlinge, die auf ihren Aufenthaltsstatus warten und nicht arbeiten dürfen. Bei Letzteren nehmen wir zunehmende Perspektivlosigkeit und Verzweiflung wahr, was sich negativ auf die psychische Gesundheit niederschlägt.

Kritisch sehen wir auch die Tendenz, dass es zunehmend den Anspruch zu geben scheint, obdachlose oder suchtkranke Menschen im öffentlichen Raum „unsichtbar" zu machen. Als „Leistungsgesellschaft" tun wir uns offenkundig schwer damit, Begegnungen mit diesen Menschen auszuhalten.

Gibt es auch positive Trends?
Wie seht ihr eure Rolle im öffentlichen Raum für die Zukunft?

Wenn wir uns die Entwicklung der sozialen Landschaft in Wien in den letzten Jahren ansehen, sind wir positiv gestimmt. Wir nehmen wahr, dass es mehr Angebote gibt – speziell jene für Menschen, die besonders auf den öffentlichen Raum als Aufenthaltsort angewiesen sind – und diese sich qualitativ verbessern. Früher gab es zum Beispiel kein Kältetelefon oder Winterpaket. Auch wir hinterfragen uns in den Teams immer wieder selbst, evaluieren, passen an und schauen, was die Menschen im öffentlichen Raum brauchen, denn dieser verändert sich ständig und ist hoch dynamisch.

Wir gehen auch davon aus, dass wir quantitativ als Bereich der Mobilen Sozialen Arbeit weiterwachsen werden und auch in Zukunft sicher, aktiv und mobil die Stadt mitgestalten können.

Elisabeth Odelga

Selbstreflexion und ihre Bedeutung für die Mobile Soziale Arbeit im öffentlichen Raum

Einleitung

Selbstreflexion gilt als fester Bestandteil Sozialer Arbeit, die Qualitätsansprüche an sich stellt. Die Fähigkeit zur Selbstreflexion ist also eine Schlüsselkompetenz für in der Sozialen Arbeit Tätige. Warum dann also ein Beitrag zur Bedeutung der Selbstreflexion in der Mobilen Sozialen Arbeit, wenn ihre Notwendigkeit ohnehin außer Frage zu stehen scheint?

Die folgenden Ausführungen beschäftigen sich mit einer exemplarischen Auswahl von Herausforderungen, mit denen die Mitarbeitenden der Mobilen Sozialen Arbeit im öffentlichen Raum auf allen Organisationsebenen konfrontiert sind. So ist es für die meisten Sozialarbeitenden ungewöhnlich, den öffentlichen Raum als Arbeitsplatz zu bezeichnen, ebenso mehrere Zielgruppen zu adressieren. Die Mobile Soziale Arbeit arbeitet an bestimmten öffentlichen Orten in Wien, mit allen Menschen, die diese für sich nutzen, mit dem Ziel marginalisierten Menschen[1] Unterstützungsleistungen zugänglich zu machen und zu einem respektvollen Mit- und Nebeneinander in dieser Stadt beizutragen. Das Konzept der Mobilen Sozialen Arbeit im öffentlichen Raum der Suchthilfe Wien gGmbH wird an anderer Stelle in diesem Band genauer vorgestellt.

Selbstreflexion in der Sozialen Arbeit ist für mich unabdingbar. Im Folgenden soll daher versucht werden, ihre spezifische Bedeutung

---

[1] Als marginalisiert werden Menschen mit eingeschränkten Ressourcen bezeichnet, deren gesellschaftliche Teilhabe erschwert bzw. verunmöglicht ist oder wird. Darunter fallen von Armut betroffene Menschen mit sozialen und/oder gesundheitlichen Problemlagen wie z.B. suchtkranke Menschen, die legale und/oder illegalisierte Substanzen konsumieren, obdach- oder wohnungslose Menschen, Menschen, die betteln, psychisch kranke Menschen u.a.

gerade für die Mobile Soziale Arbeit im öffentlichen Raum entlang der Herausforderungen herauszuarbeiten, die sich in der täglichen Arbeit an in diesem Feld Tätige stellen. In diesem Bestreben werden manche vielschichtigen Aspekte vereinfacht skizziert und es wird sich an mancher Stelle einer plakativen Beschreibung bedient.

Zu Beginn stehen Überlegungen zu verschiedenen Themen, die als Herausforderungen für die Mitarbeitenden der Mobilen Sozialen Arbeit beleuchtet werden. Dabei werden der öffentliche Raum, die Individualisierung von Armut, der Arbeitsansatz der Wechselnden Parteilichkeit und Erwartungen, mit denen die umsetzende Organisation konfrontiert ist, betrachtet. Daran schließen Ausführungen zum Thema Selbstreflexion für in der Sozialen Arbeit auf verschiedenen Organisationsebenen Tätige an. Dabei wird auch ein kurzer Seitenblick auf den Aspekt der Unterscheidung von Funktionen und Rollen in Organisationen gerichtet. Abschließend werden die Überlegungen zusammengeführt und jene Aspekte benannt, die auch zukünftig dazu beitragen sollen, den Weg der ständigen Weiterentwicklung der Mobilen Sozialen Arbeit unter der Prämisse der Fachlichkeit in der Sozialen Arbeit fortzusetzen.

Herausforderungen

Herausforderung: Öffentlicher Raum

Für die meisten im Sozialbereich Tätigen findet der Arbeitsalltag in geschlossenen Räumlichkeiten statt. Hilfe wird in entsprechenden Einrichtungen angeboten, Beratungsgespräche werden in Büros geführt. Den öffentlichen Raum als Arbeitsort zu betrachten ist eine Besonderheit. Welche Herausforderungen darin liegen, soll mit der Betrachtung gesellschaftlicher Phänomene, die sich im öffentlichen Raum widerspiegeln, und den Dynamiken, denen dieser unterliegt, herausgearbeitet werden.

Öffentlicher Raum ist Teil jeder Stadt. In ihm findet städtisches Leben statt. Menschen verschiedener Bevölkerungsschichten treffen hier aufeinander. Er ist Spiegelbild der Gesellschaft. Als „öffentlicher Raum" werden alle Orte einer Stadt bezeichnet, die für alle frei zugänglich sind (Goffmann 2009, 1963). Dieses Verständnis wird von der Stadtsoziologie auch als utopisch bezeichnet (Wildner/ Berger 2018). Mit Bezug auf Siebel (2006) führen sie aus, dass der öffentliche Raum immer schon auch ein exklusiver Raum war, in dem in der Geschichte verschiedene Personengruppen unerwünscht waren. Heute führen vor allem auf wirtschaftliches Wachstum ausgerichtete Tendenzen zu einer Ausgrenzung und einer selektiven Zugänglichkeit (Reutlinger 2013). Deutlich wird das in gentrifizierten Stadtteilen, die durch Investitionen aufgewertet werden, und deren Erscheinungsbild attraktiv gestaltet wird. Ihre Infrastruktur und Verkehrsanbindung werden verbessert, Häuser renoviert und neue Geschäfte und Lokale angesiedelt (Verlič 2020). Zu einer mit solchem Aufwand verschönerten Szenerie passt Verwahrlosung in Form von sichtbarer Armut nicht dazu, sie stört.

Die Ökonomisierung des öffentlichen Raums zeigt sich auch in einer Entwicklung, die die Stadtforschung als „Eventisierung" oder „Festivalisierung" bezeichnet (Michel 2018). Die Stadt denkt dabei unternehmerisch und organisiert Veranstaltungen, um zahlendes Publikum anzuziehen. Öffentliche Orte werden dafür genutzt und so für finanzschwache Menschen, die daran nicht zahlend teilnehmen können, unzugänglich. Orte, an denen sich Menschen ohne Konsumationszwang aufhalten können, werden dadurch knapper. Die Kommerzialisierung des öffentlichen Raums zeigt sich auch in seiner Nutzung durch die Gastronomie. Die Zunahme von „Schanigärten" verringert die frei zugängliche Fläche für alle. Mit dieser Verknappung werden öffentlich zugängliche Orte zugleich aber auch stärker frequentiert und Personengruppen, die an diesen Orten als störend erlebt werden, geraten umso mehr in den Fokus.

Welche Herausforderungen ergeben sich nun für die Mobile Soziale Arbeit durch den öffentlichen Raum als Arbeitsort? Sie muss mit den darin vorhandenen Widersprüchen umgehen. Ein solcher Widerspruch ergibt sich durch ihre Grundhaltung, die im Konzept der Mobile Soziale Arbeit im öffentlichen Raum der *Suchthilfe Wien* als Präambel verankert ist: „Der öffentliche Raum ist für alle da!" Die Realität sieht allerdings vielerorts anders aus. Durch kommerzielle Nutzungsinteressen sind Teile des öffentlichen Raums nicht für alle, sondern nur für zahlendes Publikum da. Von Armut betroffene Menschen können daran nicht teilhaben. Und ist Armut sichtbar, werden davon betroffene Menschen als der kommerziellen Nutzung hinderlich und somit als Störung betrachtet (Wiesböck 2020).

Für die Mobile Soziale Arbeit ist das an mehreren Orten in Wien wahrnehmbar, an denen der Aufenthalt marginalisierter Menschen von anderen Personengruppen, wie Anrainer*innen oder Geschäftstreibenden als störend beschrieben wird. Vor allem die Sichtbarkeit von Armut und Krankheit stört, besonders dann, wenn sie Nahe an der eigenen Lebenswelt liegt. Oft wird dann die Sorge angeführt, dass Eigentum in Form von Wohnungen oder eines Geschäftsbetriebs an Wert verlieren könnte.

Herausforderung: Individualisierung von Armut

Verstärkt werden diese Exklusionsmechanismen im öffentlichen Raum durch die Sichtweise, Armut nicht als gesamtgesellschaftliches Phänomen zu betrachten, sondern als individuelles Versagen (Baumann 2016). Diese Sichtweise führt grundsätzlich zu einer Entsolidarisierung, die den gesellschaftlichen Zusammenhalt schwächt und den Ausschluss einzelner – auch aus dem öffentlichen Raum – erleichtert. Mit der Individualisierung von Armut und der Ausgrenzung von von Armut betroffenen Menschen wird eine weitere grundlegende Herausforderung für die Mobile Soziale Arbeit deutlich. Sie tritt für gesellschaftlichen Zusammenhalt ein und ist zeitgleich mit Ausgrenzung und ihren Auswirkungen konfrontiert. Dieses Spannungsfeld ist Sozialer Arbeit bekannt. Sie wird beauftragt, gesellschaftliche Widersprüche zu bearbeiten. Mit diesem Auftrag werden „gesellschaftliche Problemlagen (…) in individuelle Fälle umgewandelt." (von Spiegel 2013, 26). Diese Widersprüchlichkeit bringt der dafür verwendete Begriff *doppeltes Mandat* zum Ausdruck, der das Vorhandensein der beiden auftraggebenden Seiten, die des Staates und die der Betroffenen, benennt (ebd.). Staub-Bernasconi (2007) erweitert dieses Spannungsfeld, in dem sich Soziale Arbeit bewegt, mit dem Begriff *Tripelmandat*. Damit wird zusätzlich der eigenen Profession und ihren Grundsätzen und Wertehaltungen Beachtung geschenkt. Diese Begriffe lösen zwar die Konflikte der Praxis für die im Feld der Sozialen Arbeit Tätigen nicht auf, die Benennung macht aber ihr Vorhandensein sichtbar und ermöglicht eine Betrachtung auf theoretischer Ebene (ebd.).

Das sind zwei knapp umrissene Spannungsfelder, in denen sich die Mobile Soziale Arbeit im öffentlichen Raum in Wien bewegt – das zwischen freier Zugänglichkeit des öffentlichen Raums und seiner kommerziellen Nutzung und jenes zwischen Individualisierung von Armut und gesellschaftlichem Zusammenhalt. Darin enthaltene Widersprüche lassen die Herausforderungen für die Mitarbeitenden erkennen. Hinzu kommt, dass das Konzept weitere Herausforderungen bereithält.

Herausforderung: Wechselnde Parteilichkeit als Arbeitsprinzip

Die *Wechselnde Parteilichkeit* ist als Arbeitsprinzip im Konzept der Mobilen Sozialen Arbeit verankert. Dort heißt es, dass dieses Prinzip den Mitarbeiter*innen *ermöglicht, in der Arbeit mit den verschiedenen Zielgruppen situativ angepasst unterschiedliche Perspektiven einzunehmen und so zwischen den vielfältigen Bedürfnissen bei der Nutzung des öffentlichen Raums vermitteln zu können.* Diese Formulierung lässt dieses Prinzip leicht umsetzbar erscheinen, mit ihm sind aber wesentliche Herausforderungen verbunden.

Die *Wechselnde Parteilichkeit* oder auch situativ reflexive Parteilichkeit ist ein Ansatz, der in neueren Konzepten für Soziale Arbeit im öffentlichen Raum Einzug gehalten hat. Er ergibt sich aus der zugrundeliegenden Sozialraumorientierung, einem theoretischen Grundkonzept Sozialer Arbeit (Hinte 2014), das sich auf ein Gebiet bezieht und dort alle Personengruppen adressiert. Im Gegensatz zu klassischen zielgruppenbezogenen Konzepten der Straßensozialarbeit (z.B. Streetwork für die Zielgruppen wohnungslose Menschen oder Drogenkonsumierende), die eindeutig für „ihre" Zielgruppe positioniert und parteilich sind, bringt die zielgruppenoffene und wechselnd parteiliche aufsuchende Soziale Arbeit die Uneindeutigkeit mit sich, auf wen der Fokus gerichtet werden soll. Je nach Situation soll für die jeweils schwächere bzw. geschwächte Position Partei ergriffen und so Kommunikation auf gleicher Ebene ermöglicht werden.

Die Mobile Soziale Arbeit im öffentlichen Raum adressiert verschiedene Zielgruppen: marginalisierte Menschen, Geschäftsreibende, Fahrgäste, Anrainer*innen und andere Akteur*innen im öffentlichen

Raum. Naheliegend ist, dass zahlreiche Anliegen an die Mitarbeiter*innen herangetragen werden. Ein wohnungsloser Mann, der Unterstützung bei der Schlafplatzsuche braucht. Eine suchtkranke Frau, die seit Kurzem nicht mehr versichert ist und medizinisch versorgt werden muss. Ein Geschäftstreibender, der sich über den Uringestank in der Umgebung beschweren will. Eine Mutter, die verärgert ist, dass sie zuerst für ihr Kind gefährlichen Müll vom Spielplatz beseitigen muss, bevor sie es ruhigen Gewissens darin spielen lassen kann. Ein Anrainer, der um eine von Armut betroffene Frau besorgt ist, der es gesundheitlich schlecht geht, und diese behandelt wissen will. Eine Mitarbeiterin einer Sicherheitsfirma, die Fragen zur Lebenssituation suchtkranker Menschen hat. Soweit eine kurze Auswahl an Anliegen, die formuliert werden können.

Solange diese Anliegen einzeln und nacheinander an die Mitarbeiter*innen herangetragen werden, ist deren Bearbeitung, vereinfacht betrachtet, machbar. Mit „vereinfacht" ist gemeint, dass verursachende Gesellschaftsstrukturen vorerst unberücksichtigt bleiben. Komplexer gestalten sich allerdings Situationen, in die mehrere Personen, mit unterschiedlichen Erwartungen an die Mitarbeiter*innen, involviert sind. Sie sollten besonders in einen gesellschaftlichen Zusammenhang gesetzt werden, z.B. in einer Parkanlage, die drei obdachlose Männer zum Aufenthalt nutzen, die aber von anderen Parknutzer*innen als störend erlebt werden. Ziel ist es in einer solchen Situation zum einen, mit den obdachlosen Menschen in Kontakt und Beziehung zu treten, um ihren Hilfsbedarf zu klären und sie zu unterstützen, zum anderen dem Störungsempfinden der anderen Nutzer*innen Aufmerksamkeit zu schenken, um zu klären, worin diese Störung konkret liegt und wie ein Umgang damit gefunden werden kann. In dieser Abklärung sollten die unterschiedlichen Bedingungen der beiden „Gruppen" berücksichtigt werden. Menschen ohne eigene Wohnung sind besonders auf den öffentlichen Raum als Aufenthaltsort angewiesen. Diese soziale Ungleichheit gilt es im Kontakt mit den beiden Nutzer*innengruppen auch sichtbar und bewusst zu machen.

Welche Herausforderungen ergeben sich nun für die Mobile Soziale Arbeit durch das Arbeitsprinzip der *Wechselnden Parteilichkeit*? Sie ist herausgefordert, Situationen möglichst schnell zu erfassen, verschiedene Bedürfnisse zu erkennen und in einen gesellschaftlichen Zusammenhang zu setzen. Erst wenn eine Situation umfassend wahrgenommen wird, können auch verschiedene Perspektiven eingenommen werden. Da es mehrere Zielgruppen gibt, muss zudem immer wieder aufs Neue beurteilt werden, für wen in der jeweiligen Situation Partei zu ergreifen ist. Insbesondere in Situationen, in die mehrere Personen involviert sind, gilt es zu beurteilen, wessen Position geschwächt ist, um diese stärken zu können. Wieder sind es Widersprüche, mit denen ein Umgang gefunden werden muss, diesmal in Form widersprüchlicher Erwartungen, die an die Mitarbeiter*innen herangetragen werden.

Herausforderung: Erwartungen, wohin man schaut

„Erwartungen treffen auf Haltungen", unter diesem Titel wurde das zehnjährige Jubiläum der *sam*[2]-Teams der Mobilen Sozialen Arbeit im öffentlichen Raum gefeiert. Er macht deutlich, dass es einerseits Erwartungen gibt, die an die Mobile Soziale Arbeit gerichtet werden, und andererseits, dass überprüft werden muss, ob sie mit den Haltungen vereinbar sind.

Wer hat Erwartungen und an wen werden sie gerichtet? Die meisten Erwartungen werden von Menschen, die im öffentlichen Raum angetroffen werden, mit den jeweiligen Anliegen direkt an die Mitarbeiter*innen gerichtet. Manchmal werden sie explizit ausgesprochen, zumeist bleiben sie aber unausgesprochen. In dem zuvor erwähnten Beispiel des wohnungslosen Mannes, der Unterstützung bei der Schlafplatzsuche braucht, liegt nahe: Die Erwartung des Mannes an die Mitarbeiter*innen ist, dass sie bei der Schlafplatzsuche unterstützen. Welche Erwartung haben aber in dem danach angeführten Beispiel, die Parknutzer*innen, die die drei obdachlosen Männer als störend erleben? Hier können sehr unterschiedliche Erwartungen vorliegen. Die Bandbreite reicht dabei von der Erwartung, dass diesen Menschen geholfen wird, bis zu der Erwartung, dass sie sich nicht mehr in diesem Park aufhalten.

---

[2]   *sam* steht für *sozial, sicher, aktiv, mobil*, unter diesem Namen arbeiten mehrere Teams in festgelegten Gebieten in der Stadt Wien.

Das Tragen von Dienstkleidung erleichtert, dass die verschiedenen Zielgruppen ihre Anliegen an die Mitarbeitenden richten können. Das ist auch das Ziel bei der Verwendung von Dienstkleidung, gut erkennbar und leicht ansprechbar zu sein. Allerdings bringt diese Erkennbarkeit eine weitere Herausforderung für die Mitarbeitenden mit sich: Es sind alle Interventionen sichtbar. Gleich ob Erste Hilfe geleistet, eine Begleitung mit einer Klientin durchgeführt, ein Streit geschlichtet oder ein Beratungsgespräch mit einem Anrainer geführt wird. Die Tätigkeit der Mitarbeitenden ist immer für alle Umstehenden sichtbar und eröffnet weitere Erwartungen an ihre Durchführung.

Erwartungen werden aber auch an die Führungsebenen gerichtet. So kann, wie bei den Herausforderungen im öffentlichen Raum ausgeführt, der Aufenthalt von sichtbar von Armut betroffenen Menschen als für wirtschaftliche Interessen hinderlich betrachtet werden. Wenn diese Sorgen z.B. um Wertverlust von Wohnungen oder Geschäftsbetrieben als Beschwerden an die Politik gerichtet werden oder Medien einen solchen Ort durch ihre Berichterstattung in den Fokus rücken, kann eine Folge sein, dass die Mobile Soziale Arbeit beauftragt wird, diesen Ort aufzusuchen. Auch in diesem Fall kann eine große Bandbreite unterschiedlicher Erwartungen vorliegen, die ebenfalls von der Hilfeleistung für von Armut betroffenen Menschen bis zu deren Verdrängung reichen kann. Manchmal entsteht für die Mobile Soziale Arbeit der Eindruck, es bestehe die Erwartung an sie, großstädtische Phänomene aus der Welt bzw. aus der Stadt zu schaffen und soziale Probleme aufzulösen.

Zu diesen Erwartungen von außen, die manchmal ausgesprochen werden und öfters unausgesprochen bleiben, kommen Erwartungen, die von innen gestellt werden. So stellen auch die Mitarbeitenden Erwartungen an sich selbst, in Form von Ansprüchen an das eigene fachliche Handeln. Aber auch die Organisation hat ihr Selbstverständnis und eigene Erwartungen bzw. Ansprüche an sich und ihre Mitarbeiter*innen. Ein Organisations-Leitbild macht in der Formulierung von gemeinsamen Werten und Haltungen manche dieser Erwartungen sichtbar (Buber/Fasching 1999). Dennoch bleiben auch die Erwartungen innerhalb einer Organisation zumeist unausgesprochen.

Welche Herausforderungen ergeben sich durch die an sie gerichteten Erwartungen für die Mobile Soziale Arbeit? Die erste Herausforderung besteht darin, vorhandene Erwartungen zu erkennen. Die zweite Herausforderung kann darin liegen, unausgesprochene Erwartungen zu thematisieren. Die dritte Herausforderung birgt die Überprüfung, ob die entsprechende Erwartung mit den eigenen Werten und Haltungen vereinbar ist. Die vierte Herausforderung ist, Erwartungen zu hinterfragen und darüber Diskurs zu führen. Und nicht zuletzt steht die Herausforderung, in der Fülle der Erwartungen Überblick zu bewahren und sich zu positionieren.

Jedes Mal aufs Neue gilt es die Frage zu klären, welche Erwartungen vorhanden sind und ob diesen Erwartungen nachgekommen werden soll, kann oder muss – oder auch nicht. Liegt die Erfüllung der Erwartung innerhalb des Auftrags der Mobilen Sozialen Arbeit? Werden die fachlichen Standards, die im Konzept beschrieben sind, eingehalten? Ist der Auftrag mit den Werten und Haltungen der Organisation vereinbar? Von außen an die Organisation gerichtete Erwartungen kommen einerseits von den verschiedenen Zielgruppen, die die Mobile Soziale Arbeit im öffentlichen Raum adressiert. Andererseits kommen sie von fördergebender Seite, d.h. im Eigentlichen vom Staat bzw. im Fall der Mobilen Sozialen Arbeit im öffentlichen Raum von der Stadt als gesellschaftlicher Auftraggeberin.

Fazit Herausforderungen

Die Betrachtungen zum öffentlichen Raum, zur Individualisierung von Armut, zum Arbeitsprinzip der Wechselnden Parteilichkeit und zu den unterschiedlichen Erwartungen haben viele Herausforderungen für die Mobile Soziale Arbeit deutlich gemacht. Gemeinsam ist ihnen, dass sie einen Umgang mit Widersprüchen fordern. Und dass sie einer gewissen Dynamik unterliegen. Damit ist gemeint, dass sie stetiger Veränderung unterliegen und situationsabhängig sind.

Der Blick auf den öffentlichen Raum und die verschiedenen sich darin bewegenden Personengruppen macht aber auch deutlich, dass diese Widersprüche unweigerlich vorhanden sind. Und damit ist die Besonderheit der Mobilen Sozialen Arbeit im öffentlichen Raum gut erkennbar. Sie widmet sich den gegebenen Spannungsfeldern. Sie nimmt sich den im öffentlichen Raum stattfindenden Konflikten um seine Nutzung an. Mehr noch, sie unterstützt darin geschwächte Positionen und begleitet diese Aushandlungsprozesse.

Dabei ist sie gefordert, sich in diesen Widersprüchen zurecht zu finden und ihr fachliches Handeln darin zu verorten. Wie kann das gelingen? Die Mobile Soziale Arbeit im öffentlichen Raum muss sich als „kritisch-reflexive Soziale Arbeit (...) selbstreflexiv in Bezug auf ihre Funktion und Rolle verhalten, um die Reproduktion von Ungleichheiten zumindest thematisieren und möglichst auch durchbrechen zu können." (Stoik 2013, 103). Ein Ansatzpunkt wird in dieser Aufforderung zur Verfügung gestellt. Es ist der der Selbstreflexion. Eine selbstreflexive Haltung durch Abstand einzunehmen, ermöglicht es Widersprüche zu erkennen, um sie „zumindest thematisieren" und in weiterer Folge „möglichst auch durchbrechen zu können." Und es wird zugleich ein Auftrag an die Soziale Arbeit gerichtet, „die Reproduktion von Ungleichheiten zu thematisieren." Ein Auftrag, der der Sozialen Arbeit immanent ist, für gesellschaftlichen Wandel einzutreten und sozialpolitisch anstoßend zu agieren (OBDS 2017).

Welche Möglichkeiten es für die Mobile Soziale Arbeit gibt, Abstand einzunehmen und wer aufgefordert ist, sich „selbstreflexiv zu verhalten" soll hier weiter ausgeführt werden.

Selbstreflexion

Den weiteren Ausführungen soll eine kurze Begriffsklärung vorangestellt werden. Der Duden hält für den Begriff der Reflexion folgendes fest: „das Nachdenken; Überlegung, prüfende Betrachtung". Und weiter ist Selbstreflexion wie folgt erklärt: „Reflexion der eigenen Person". Daran anknüpfend wird in weiterer Folge Selbstreflexion als prüfende Betrachtung des eigenen Handelns verstanden. „Im Reflexionsprozess werden konkrete Situationen aus den professionellen Arbeitszusammenhängen rückblickend analysiert." (Ebert 2012, 39).

Selbstreflexion scheint eine passende Antwort auf die ausgeführten Herausforderungen zu bieten. Sie ist in der Sozialen Arbeit tief verwurzelt (Busse 2021; Geißler-Plitz et al. 2017; Kühl 2008). Probleme wie Armut, Wohnungs- und Obdachlosigkeit, psychische Erkrankungen, Traumatisierungen, Arbeitslosigkeit bringen für die Betroffenen, aber auch für helfende Berufe enorme psychische Belastungen mit sich. Mitarbeiter*innen sozialer Berufe sind in Form von „Gefühlen wie Angst, Schmerz, Druck, Trauer oder Wut damit konfrontiert." (Zito/Martin 2021, 27). Um davon nicht selbst anhaltend belastet zu werden, ist es erforderlich, Distanz einnehmen zu können. Selbstreflexion ist dafür ein wesentliches Instrument und wird als wesentliche Schlüsselkompetenz für in der Sozialen Arbeit Tätige erachtet (Ebert 2012; von Spiegel 2013).

Die zuvor beleuchteten Herausforderungen zeigen für die Mobile Soziale Arbeit im öffentlichen Raum die unbedingte Notwendigkeit zur Selbstreflexion auf, weil sie sich innerhalb der vorhandenen Widersprüche orientieren und handlungsfähig bleiben muss. Neben den operativ Mitarbeitenden sind auch die Führungsebenen und somit die gesamte Organisation gefordert, mit den Widersprüchen umzugehen. Denn es geht neben der Reflexion des individuellen Handelns auch um die Reflexion des organisationalen Wirkens. Wozu trägt die Mobile Soziale Arbeit im öffentlichen Raum bei? Soziale Arbeit wird immer dort beauftragt, wo soziale Ungleichheit vorhanden ist, insofern besteht auch das Risiko an deren Festschreibung mitzuwirken. Denn der Umkehrschluss ist: Dort, wo Soziale Arbeit tätig ist, gibt es soziale Probleme (Stoik 2008). Insofern ist eine kritische Auseinandersetzung auf allen Ebenen der Organisation wichtig, um Risiken der Reproduktion sozialer Ungleichheiten zu erkennen und ihnen entgegenwirken zu können. Um es an einem Beispiel konkret zu machen: Die Verwendung von gut erkennbarer Dienstkleidung muss unter diesem Aspekt kritisch betrachtet werden. Weil sie durch ihre Sichtbarkeit soziale Problemlagen an einem Ort festschreiben und sich dort aufhaltende Menschen stigmatisieren kann. Auf der anderen Seite stehen die Sichtbarkeit und somit Ansprechbarkeit für die verschiedenen Zielgruppen, die sie ermöglicht. Zwischen diesen Vor- und Nachteilen gilt es abzuwägen. Im Optimalfall liefert die Grundlage für diese Abwägung kritische Selbstreflexion.

Damit Selbstreflexion in einer Organisation stattfinden kann, braucht es geeignete Rahmenbedingungen bestehend aus ausreichend zeitlichen Ressourcen und einem passenden Setting, das im besten Fall dabei unterstützt, den nötigen Abstand und eine Außenperspektive einnehmen zu können.

Selbstreflexion auf Ebene der operativ Mitarbeitenden

In der Dynamik konkreter Situationen ist es unmöglich, alle Handlungsoptionen zu analysieren und abzuwägen, um sich für die bestgeeignete zu entscheiden. Erst mit etwas Abstand ist es möglich, weitere Perspektiven einzunehmen und dahinterliegende Zusammenhänge zu erkennen.

Welche Rahmen stehen für selbstreflexive Auseinandersetzung auf Ebene der operativen Mitarbeiter*innen zur Verfügung? Die Praxis bietet eine Vielzahl an Möglichkeiten, wie z.B. Dienstbesprechungen, Teamsitzungen, kollegiale Beratungen, Team- und Einzelsupervision. Am häufigsten findet wohl informeller Austausch unter der Kollegschaft statt. Allen diesen Formaten ist gemeinsam, dass eigene Erfahrungen oder Erlebnisse von Kolleg*innen nachbesprochen werden können.

Einen wesentlichen Rahmen für Reflexion schafft Supervision sowohl für Einzelpersonen als auch für Teams, die sich durch einen professionellen Außenblick einer Supervisorin oder eines Supervisors begleiten lassen. Denn neben dem Rahmen, der zuvor mit ausreichend zeitlichen Ressourcen und passendem Setting umrissen wurde, muss auch die Fähigkeit für Selbstreflexion vorhanden sein. Hierfür ist Supervision prädestiniert, deren Aufgabe als „berufliche Beratung es ist, Einzelne oder Teams zu individueller und sozialer Selbstreflexion zu befähigen." (Rappe-Giesecke 2009, 3). Dabei bildet Supervision ein eigenständiges System abseits des Arbeitsalltages (ebd.). Durch die kontinuierliche Reflexion mit externer Begleitung wird z.B. dem Team als Gruppe die Möglichkeit zum Austausch, Hinterfragen von Rollenerwartungen, Hilfestellungen im Umgang mit Widersprüchen, aber auch Erkennen von unauflösbaren Dilemmata ermöglicht (Wegge/Kemter-Hofmann 2018).

Supervision ist somit grundlegend, um die notwendigen Prozesse der Selbstreflexion zu unterstützen. Reflexive Prozesse lassen sich aber nicht auf dieses Format begrenzen. Der meiste Austausch in der Mobilen Sozialen Arbeit findet wohl im Zweierteam statt, das miteinander im öffentlichen Raum unterwegs ist. Das Arbeiten zu zweit ermöglicht nicht nur, sich in akuten Situationen zu beraten und Interventionen kurzfristig abzustimmen. Es ermöglicht auch, eine zweite und oft andere Sichtweise auf Situationen als die eigene zur Verfügung zu haben. D.h. nach einer erfolgten Intervention ist es möglich, diese gemeinsam zu reflektieren und den Blick im nachträglichen Austausch auf während des Handelns nicht Wahrgenommenes zu richten. Darüber hinaus bilden Dienstbesprechungen zu Beginn und am Ende jedes Dienstes den Rahmen, den Arbeitstag gemeinsam zu planen und abschließend zu analysieren. In den wöchentlichen Teamsitzungen werden gemeinsam mit der nächsten Leitungsebene Vorgehensweisen abgestimmt und Fallbesprechungen durchgeführt.

Selbstreflexion auf Führungsebenen

Aber auch die Führungsebenen der Organisation sind zur Selbstreflexion aufgefordert. Auch hier besteht im Alltag die Tendenz, größere Zusammenhänge aus den Augen zu verlieren. Wozu tragen wir mit unseren Angeboten bei? Wohin richten wir die Kenntnis über fehlende Unterstützungsangebote für bestimmte Personengruppen? Gibt es vielleicht auch eine unbeabsichtigte Wirkung unserer Angebote? Sich diese Fragen auch auf höheren Organisationsebenen regelmäßig und selbstkritisch zu stellen, sich auf Antwortsuche zu begeben und Handlungsoptionen abzuleiten, ist vor allem deshalb erforderlich, weil die Umsetzung des Konzepts der Mobilen Sozialen Arbeit im öffentlichen Raum nicht losgelöst von Gesellschaftsphänomenen erfolgt und regelmäßig in einen gesellschaftlichen Kontext gesetzt werden muss.

Das Reflexionserfordernis besteht somit auch für die Mitarbeitenden der Führungsebenen, auch wenn aufgrund der fehlenden Fallarbeit im engeren Sinne (mit den damit verbundenen Belastungen), die Notwendigkeit erst auf den zweiten Blick ersichtlich wird. Auch werden auf höheren hierarchischen Ebenen die gleichrangigen Ansprechpartner*innen als Gegenüber weniger. Dennoch sind die Formate, in denen Selbstreflexion stattfinden kann, ähnlich wie auf operativer Ebene. Es gibt die Möglichkeit der Supervision, wenngleich das Format auf Führungsebenen meist als Coaching bezeichnet wird, und diverse Besprechungsformate. Wesentlich erscheint jedoch, dass die grundlegenden Fragestellungen auf Ebene der operativ Mitarbeitenden und auf Führungsebenen gleich sind. Neben der individuellen Selbstreflexion und der Reflexion der Kooperationsbeziehungen in Einzel- und Teamsupervisionen muss der Blick auch auf konzeptionelle, organisationale und gesellschaftliche Aspekte gerichtet werden (Greif/Rauen 2018). Insofern gilt es, die auf verschiedenen Ebenen stattfindende Selbstreflexion aus organisationaler Sicht zu verbinden. Heiner (2004) benennt dieses Verbinden als „institutionelle Reflexionskultur", und beschreibt diesen Begriff damit, dass Leitung kritische Auseinandersetzung über die institutionellen Rahmenbedingungen fördert und die daraus erzielten Erkenntnisse sich in fachlichen Standards innerhalb der Organisation wiederfinden.

Bevor im Fazit die Ausführungen zur Selbstreflexion zusammengefasst werden, wird der Blick noch einmal auf die als wesentlich erachtete Aufforderung Stoiks (2013) gerichtet, „Soziale Arbeit (…) müsse sich selbstreflexiv in Bezug auf ihre Funktion und Rolle verhalten." Die Beschäftigung mit der jeweiligen Funktion und ihrer Rollengestaltung ist fester Bestandteil beruflicher Reflexion, doch was ist damit gemeint?

Funktion und Rolle

Funktion und Rolle sind Begriffe, die häufig und selbstverständlich verwendet, dabei aber oft vermengt werden. Wie unterscheiden sich die beiden Begriffe Funktion und Rolle? Die Funktion beinhaltet konkrete Anforderungen und Aufgaben, die die Organisation an die Mitarbeitenden stellt (Pechtl 1995). So kann in dem Versuch, die Unterscheidung einfach zu halten, gesagt werden: Mit der Funktion ist das *Was* gemeint. Was sind die zu erfüllenden Aufgaben und geforderten Tätigkeiten? Die Funktion ist somit sehr konkret zu beschreiben und die geforderten Tätigkeiten zu definieren, zumeist bildet das eine Stellen- oder Funktionsbeschreibung ab. Im Unterschied dazu, ist mit dem Begriff der Rolle das *Wie* gemeint. Wie werden die Aufgaben und Tätigkeiten durchgeführt? Die Rolle wird als Schnittstelle zwischen Person und Organisation verstanden, in der sich die persönlichen Ansprüche mit den Erwartungen von außen treffen (ebd.).

Für die Gestaltung dieser Schnittstelle ist es erforderlich, für sich zu klären, wie diese Rolle angelegt werden soll. „Unter einer Rolle versteht man ein Bündel von Erwartungen, die sich an das Verhalten (...) knüpfen." (Kühl 2018, 496 f.; Dahrendorf 1965, 26). Sich selbstreflexiv mit eigenen Rollen zu beschäftigen ist somit ein hilfreicher Ansatz, sich eigener Ansprüche und äußerer Erwartungen bewusst zu werden. Um einen Umgang mit den zuvor als herausfordernd beschriebenen Erwartungen zu finden, können Rollen unterschiedlich gestaltet werden. Durch die Betrachtung von Funktionen und Rollen wird automatisch eine nicht alltägliche Perspektive eingenommen und somit Abstand zur eigenen Person und zur unmittelbaren Situation gewonnen. Dieser Abstand erleichtert einen Umgang mit den beschriebenen Herausforderungen, da er Überblick verschafft und Orientierung in vorhandenen Spannungsfeldern ermöglicht. Ein reflektiertes Funktionsverständnis und Rollenbewusstsein erhöht auf allen Organisationsebenen die Sicherheit mit Paradoxien, z.B. in Form widersprüchlicher Erwartungen, umzugehen und sich innerhalb dieser Widersprüche zu positionieren.

Fazit Selbstreflexion

Selbstreflexion ist fester Bestandteil für die Soziale Arbeit. Sie ermöglicht es, Abstand zu belastenden Situationen einnehmen zu können und systemische Zusammenhänge und Widersprüche zu erkennen, und dient so der einzelnen Person zur Entlastung. Damit Reflexion in passendem Rahmen stattfinden kann, müssen ausreichend Ressourcen zur Verfügung gestellt werden, soweit ein erstes Fazit. Diese „Investition" wird in der Sozialen Arbeit als unerlässlicher Standard gesehen, um die Qualität des jeweiligen Angebots sichern zu können. Denn erst Reflexionszeiten ermöglichen es, alternative Handlungsoptionen zu sehen und in weiterer Folge zu teilen und sich diese im Kollektiv eines Teams auch anzueignen bzw. Hindernisse sichtbar machen zu können.

In der Zusammenführung der Erkenntnisse der verschiedenen Organisationsebenen liegt die Möglichkeit Widersprüche, in denen sich die Mobile Soziale Arbeit bewegt, zu thematisieren. Denn die gesamte Mobile Soziale Arbeit ist aufgefordert, „sich selbstreflexiv zu verhalten" und somit den Fokus regelmäßig auf den Kontext zu richten, in dem ihr fachliches Handeln eingebettet ist. Insofern kann als weiteres Ergebnis festgehalten werden, dass Selbstreflexion sowohl auf der Ebene der operativ Mitarbeitenden, aber auch auf den Führungsebenen stattfinden, und in weiterer Folge als Organisationssicht zusammengeführt werden muss. Für Selbstreflexion braucht es Zeit und Raum. Dort, wo die Organisation den operativ tätigen, aber auch den planenden und steuernden Mitarbeitenden strukturell dafür Ressourcen einräumt, wird dies auch eher passieren. Die Mobile Soziale Arbeit im öffentlichen Raum muss sich also fragen, welche Strukturen für die Zusammenführung der Erkenntnisse auf den verschiedenen Organisationsebenen bereits vorhanden sind und welchen Entwicklungsbedarf sie diesbezüglich hat.

Doch was passiert mit den durch Selbstreflexion gewonnenen Erkenntnissen? Sie erleichtern, sich in komplexen Situationen zu orientieren und einen Umgang mit vorhandenen Widersprüchen zu finden. Doch ist es damit für die Mobile Soziale Arbeit im öffentlichen Raum getan? Mit wem gilt es in weiterer Folge, Erkenntnisse über Ungleichheiten zu thematisieren, um diese „möglichst auch durchbrechen zu können"? Dies gilt es noch zu beantworten.

Conclusio

Die Mobile Soziale Arbeit bewegt sich in verschiedenen Spannungsfeldern im öffentlichen Raum und ist mit herausfordernden Situationen konfrontiert. Sie ist aufgefordert, „sich in Bezug auf Funktion und Rolle selbstreflexiv zu verhalten", um zunächst innerhalb der vorhandenen Widersprüche Orientierung zu finden. Selbstreflexion unterstützt es, Abstand zu unübersichtlichen und herausfordernden Situationen zu gewinnen, indem z.B. durch das Einnehmen anderer Perspektiven Distanz zur eigenen Sichtweise entsteht. Theoretische Überlegungen, wie z.B. das Modell der Unterscheidung von Funktion und Rolle, die Personen als Mitarbeitende einnehmen, aber auch das Konstrukt des *Doppelten* bzw. *Tripel-Mandats*, um das Spannungsfeld für die Soziale Arbeit zu beschreiben, können diesen Perspektivenwechsel erleichtern. Derlei theoretische Überlegungen und Modelle bieten die Möglichkeit, die gleiche Situation aus einem anderen Blickwinkel zu betrachten. Damit wird eine Parallele zur unmittelbaren Tätigkeit der Mobilen Sozialen Arbeit im öffentlichen Raum sichtbar: Sie muss verschiedene Perspektiven[3] der unterschiedlichen Nutzer*innengruppen einnehmen, um Aushandlungsprozesse betreffend die Nutzung des öffentlichen Raums begleiten zu können.

Dabei reicht es nicht aus, Selbstreflexion auf die Ebene der operativ Mitarbeitenden zu begrenzen. Sie muss auf allen Organisationsebenen stattfinden und zusammengeführt werden. Dafür muss die Organisation ausreichend Ressourcen und adäquate Strukturen zur Verfügung stellen. Wichtig ist, in weiterer Folge Erkenntnisse über Ungleichheiten dorthin zu richten, wo Änderungen initiiert werden können. Probleme, die sich auf individueller Ebene zeigen, stehen in Zusammenhang mit sozialen Systemen unserer Gesellschaft und müssen von der Sozialen Arbeit auch in diesen Zusammenhängen betrachtet werden. „Psychosoziale Beeinträchtigungen lassen sich (…) nicht aus den zugehörigen gesellschaftlichen Bedingtheiten lösen, und psychosoziale Hilfe lässt sich nicht isoliert davon leisten." (Gahleitner et al. 2021, 9).

Ein Effekt von Reflexionsprozessen ist also, zu erkennen, wo Änderungen beginnen müssten, damit Problemursachen behandelt werden können. Diese Erkenntnis ist wesentlich für den gesellschaftlichen Auftrag sozialer Organisationen. Denn es ist das eine, im Sinne einer Symptombehandlung akute Versorgungslücken zu schließen, indem in einem einfachen Beispiel mehr Schlafplätze für obdachlose Menschen im Winter zur Verfügung gestellt werden. Das andere ist es jedoch, für gesellschaftlichen Wandel einzutreten. Eine weitere Aufgabe der Sozialen Arbeit, deren Ziel es auch ist, sozialpolitisch anstoßend zu agieren (OBDS 2017). Hier sind soziale

---

[3] Diese Mehrperspektivität wird u.a. durch die Diversitätsorientierung in der Teamzusammensetzung unterstützt (siehe auch Konzeptvorstellung in diesem Band).

Organisationen gefragt, ihr Wissen der Gesellschaft als ihrer Auftraggeberin zur Verfügung zu stellen.

Doch wer ist das Gegenüber der Mobilen Sozialen Arbeit im öffentlichen Raum, um Ungleichheiten zu thematisieren und möglichst auch durchbrechen zu können? Ein Gegenüber wird in Auftragssituationen konkret: „(...) an Arbeitsaufträgen konkretisieren sich verschiedene, einander auch widersprechende Erwartungen." (von Spiegel 2013, 141). Aufträge an die Mobile Soziale Arbeit bieten sich an, diese zu analysieren, indem sie mit konzeptionellen Fragen abgestimmt und explizite und implizite Erwartungen geklärt werden. Denn wenn auf Seiten der Mobilen Sozialen Arbeit der Eindruck entsteht, es werde von ihr erwartet, großstädtische Phänomene aus der Welt bzw. aus der Stadt zu schaffen und soziale Probleme aufzulösen, dann gilt es, diesen Eindruck zu hinterfragen. Gesellschaftliche Auftraggeberin für die Mobile Soziale Arbeit im öffentlichen Raum ist die *Sucht- und Drogenkoordination Wien*, mit ihr wird dieser Klärungsprozess regelmäßig geführt und muss auch in Zukunft weiterhin geführt werden.

In dieser Auftragsklärung finden sich ebenso Parallelen zu den Aushandlungsprozessen verschiedener Nutzer*innengruppen um die Nutzung des öffentlichen Raums, die die Mobile Soziale Arbeit begleitet und darin geschwächte Positionen stärkt. Insofern gilt es auch im Zuge der Auftragsklärung, den Aushandlungsprozess betreffend Erwartungen und Haltungen gleichwertig zu gestalten. Im Bestreben, „Ungleichheiten zu thematisieren und zu durchbrechen", sind die Mobile Soziale Arbeit im öffentlichen Raum der *Suchthilfe Wien* und ihr konkretes Gegenüber der *Sucht- und Drogenkoordination Wien* – beziehungsweise dahinterstehende politische Entscheidungsträger*innen – laufend gefordert, eine kritische Auseinandersetzung zu führen. Dabei gilt es, die Funktionen der jeweiligen Organisation, also die jeweiligen Organisationszwecke, zugrundeliegenden Grundsätze und fachlichen Standards zu respektieren und zu berücksichtigen. So kann die kontinuierliche Weiterentwicklung der Mobilen Sozialen Arbeit im öffentlichen Raum unter der Prämisse der Fachlichkeit der Sozialen Arbeit in einem widersprüchlichen und dynamischen Handlungsfeld selbstreflexiv fortgeführt werden.

Biografie

Elisabeth Odelga, MSc MBA hat 2001 die Akademie für Sozialarbeit in St. Pölten abgeschlossen. Sie arbeitete als Sozialarbeiterin in der aufsuchenden Jugendarbeit, im Sozialen Dienst einer Justizanstalt und in einer Drogenberatungsstelle. 2012 schloss sie den Masterlehrgang Suchtberatung und -prävention an der Fachhochschule St. Pölten ab. Seit 2012 ist sie in Leitungsfunktion tätig. 2015 bis 2017 absolvierte sie den Masterlehrgang Sozialmanagement an der Executive Academy der Wirtschaftsuniversität Wien. Seit 2017 bis heute ist sie Bereichsleiterin der Mobilen Sozialen Arbeit im öffentlichen Raum der Suchthilfe Wien gGmbH. Aktuell befindet sie sich in Ausbildung zur Supervisorin und Coach.

Literatur

Baumann, Zygmunt. 2016. *Die Angst vor den anderen. Ein Essay über Migration und Panikmache.*

Buber, Renate; Fasching, Harald. 1999. *Leitbilder in Nonprofit Organisationen. Entwicklung und Umsetzung.*

Ebert, Jürgen. 2012. *Reflexion als Schlüsselkategorie professionellen Handelns in der sozialen Arbeit.*

Gahleitner, Silke; Reichel, Renè; Schigl, Brigitte; Leitner, Anton. 2014. *Einleitung.* In: Gahleitner, Silke; Reichel, Renè; Schigl, Brigitte; Leitner, Anton (Hrsg.): *Wann sind wir gut genug? Selbstreflexion, Selbsterfahrung und Selbstsorge in Psychotherapie, Beratung und Supervision.*

Geißler-Plitz, Brigitte; Gschosmann, Adalbert; Sanz, Andrea. 2017. *Editorial.* In: *supervision - Mensch, Arbeit, Organisation. Die Zeitschrift für Beraterinnen und Berater.* S. 2.

Goffmann, Erving. 2009. *Interaktion im öffentlichen Raum.*

Greif, Siegfried; Rauen, Christopher. 2018. *Selbstreflexion im Coaching.* In: Greif, Siegfried; Möller, Heidi; Scholl, Wolfgang (Hrsg.): *Handbuch Schlüsselkonzepte im Coaching.*

Heiner, Maja. 2004. *Professionalität in der sozialen Arbeit. Theoretische Konzepte, Modelle und empirische Perspektiven.*

Hinte, Wolfgang. 2014. *Das Fachkonzept „Sozialraumorientierung" – Grundlage und Herausforderung für professionelles Handeln.* In: Fürst, Roland; Hinte, Wolfgang (Hrsg.) *Sozialraumorientierung.*

Kühl, Stefan. 2008. *Coaching und Supervision. Zur personenzentrierten Beratung in Organisationen.*

Kühl, Stefan. 2018. *Rollen als Grundlagenthema im Coaching.* In: Greif, Siegfried; Möller, Heidi; Scholl, Wolfgang (Hrsg.): *Handbuch Schlüsselkonzepte im Coaching.*

Pechtl, Waldefried. 1995. *Zwischen Organismus und Organisation, Wegweiser und Modelle für Berater und Führungskräfte.*

Rappe-Giesecke, Kornelia. 2009. *Supervision für Gruppen und Teams.*

Reutlinger, Christian. 2013. *Stadt und Aneignung.* In: Bakic, Josef; Diebäcker, Marc; Hammer, Elisabet (Hrsg.): *Aktuelle Leitbegriffe der Sozialen Arbeit. Ein kritisches Handbuch, Band 2.*

Staub-Bernasconi, Silvia. 2007. *Vom beruflichen Doppel- zum professionellen Tripelmandat. Wissenschaft und Menschenrechte als Begründungsbasis der Profession Soziale Arbeit.* In: *SiO. Sozialarbeit in Österreich, Zeitschrift für Soziale Arbeit, Bildung und Politik, 02-2007.*

Stoik, Christoph. 2013. *Gemeinwesen und Parteilichkeit.* In: Bakic, Josef; Diebäcker, Marc; Hammer, Elisabet (Hrsg.): *Aktuelle Leitbegriffe der Sozialen Arbeit. Ein kritisches Handbuch, Band 2.*

Verlič, Mara. 2020. *Gentrifizierung im öffentlichen Raum. Aufwertung und Verdrängung als Prozesse urbaner Ungleichheit.* In: Armutskonferenz (Hrsg.): *Stimmen gegen Armut.*

von Spiegel, Hiltrud. 2013. *Methodisches Handeln in der Sozialen Arbeit.*

Wegge, Jürgen; Kemter-Hofmann, Petra. 2018. *Probleme der Teamarbeit als Thema im Coaching.* In: Greif, Siegfried; Möller, Heidi; Scholl, Wolfgang (Hrsg.): *Handbuch Schlüsselkonzepte im Coaching.*

Wiesböck, Laura. 2020. *Armut als Störfaktor. Die Entwertung von Betroffenen.* In: Armutskonferenz (Hrsg.): *Stimmen gegen die Armut.*

Zito, Dima; Martin, Ernest. 2021. *Selbstfürsorge und Schutz vor eigenen Belastungen für Soziale Berufe.*

Internet

Busse, Stefan. 2021. *Supervision und Soziale Arbeit – historisch verwandt, praktisch verbunden, konzeptuell entfernt.* https://link.springer.com/content/pdf/10.1007/s11613-021-00701-y.pdf (Zugriff am 5. 10. 2021).

Michel, Boris. 2018. *Privatisierung, Kommerzialisierung, Festivalisierung. Diagnosen zur Ökonomisierung des öffentlichen Raums.* https://www.bpb.de/politik/innenpolitik/stadt-und-gesellschaft/216875/oekonomisierung-des-oeffentlichen-raums (Zugriff am 28. 9. 2021).

OBDS (Österreichischer Berufsverband der Sozialen Arbeit). *Internationale Definition der Sozialen Arbeit.* https://www.obds.at/wp/wp-content/uploads/2018/05/Berufsbild-Sozialarbeit-2017-06-beschlossen.pdf (Zugriff am 19. 10. 2021).

Stoik, Christoph. 2008. *Herausbildung von „schlechten Vierteln" als Ausdruck zunehmender sozialer Ungleichheit.* https://www.armutskonferenz.at/files/stoik_schlechte_vierteln_soziale_ungleichheit-2008.pdf (Zugriff am 7. 10. 2021).

Wildner, Kathrin; Berger, Hilke. 2018. *Das Prinzip des öffentlichen Raums.* https://www.bpb.de/politik/innenpolitik/stadt-und-gesellschaft/216873/prinzip-des-oeffentlichen-raums (Zugriff am 28. 9. 2021).

Martin Tiefenthaler

Die Mobile Soziale Arbeit im öffentlichen Raum der Suchthilfe Wien als Ergänzung zu zielgruppenspezifischen aufsuchenden Angeboten

In den letzten Jahrzehnten hat sich das Arbeitsfeld der aufsuchenden Sozialen Arbeit im öffentlichen Raum mitunter massiv erweitert. Dies ist in Zusammenhang mit den in diesem Sammelband angeschnittenen Entwicklungen gesellschaftlicher Rahmenbedingungen und auch der damit einhergehenden Transformation öffentlicher Räume (vgl. dazu Diebäcker 2020, 23–36) zu denken. Dabei kommen vermehrt Projekte zum Einsatz, welche – vom traditionellen Konzept von Streetwork abweichend – verstärkt Aspekte der Gemeinwesenarbeit[1] integrieren und nicht nur „klassische" Zielgruppen[2] der Sozialen Arbeit, sondern alle Nutzer*innen des öffentlichen Raums als Adressat*innen erschließen. Neben sozialarbeiterischen Interventionen mit klassischen Zielgruppen sollen (Nutzungs-)Konflikte sowie Irritationen im öffentlichen Raum gemeinsam mit weiteren relevanten Akteur*innen (z.B. Polizei, Wiener Linien, andere Einrichtungen des Gesundheits- und Sozialbereichs, diverse Magistratsabteilungen) einer Bearbeitung zugeführt und minimiert werden. Dass sich damit das Potenzial für das Aufbrechen klassischer sozialarbeiterischer Ambivalenzen (Hilfe vs. Kontrolle) und somit für das In-Konflikt-treten mit eigenen Arbeitsprinzipien erhöht, liegt auf der Hand und wird in der Fachschaft immer wieder kritisch thematisiert.[3] Diese kritischen Betrachtungen

---

[1] Zu Grundlagen und Standards der Gemeinwesenarbeit siehe den Sammelband, herausgegeben von Hinte et al. (2007).

[2] Als klassische Zielgruppen der Sozialen Arbeit verstehe ich Menschen mit psychischen, physischen und/oder sozialen Problemlagen, oftmals auch als marginalisierte Menschen bezeichnet, welche „am Rande der Gesellschaft" stehen.

[3] Siehe dazu beispielsweise Beiträge verschiedener Autor*innen im Sammelband von Diebäcker & Wild (2020) sowie eine detaillierte Auseinander-

erfolgen v.a. auf der programmatisch-konzeptuellen Ebene und sind essenzieller Bestandteil einer fachlichen und kritisch-reflexiven (Weiter-)Entwicklung. An dieser Stelle möchte ich den Blick jedoch auf die Arbeitspraxis der Projekte sam und help U des Bereichs „Mobile Soziale Arbeit im öffentlichen Raum" der Suchthilfe Wien lenken und so aus Sicht eines Berufsausübenden ein Beispiel vorstellen, wie sich rezentere Konzepte der aufsuchenden Sozialen Arbeit im öffentlichen Raum in der Praxis gestalten können und warum ich sie als sinnvolle Entwicklung erachte. Ich bewege mich in den Schilderungen entlang der wichtigsten Unterschiede zu klassischen Streetwork-Konzepten sowie einiger Kritikpunkte an aufsuchender Sozialer Arbeit im öffentlichen Raum im Generellen sowie an den rezenteren Formen im Speziellen. Ich möchte festhalten, dass dieser Beitrag weniger als wissenschaftliche Auseinandersetzung, denn als Meinung, Kommentar, Erzählung oder auch Plädoyer eines Berufsausübenden zu verstehen ist, der davon überzeugt ist, dass aufsuchende Soziale Arbeit im öffentlichen Raum einen wichtigen Beitrag zur Bearbeitung von sozialen Problemlagen in modernen urbanen Räumen und daraus resultierender Irritationen oder auch Konflikte innerhalb der städtischen Bevölkerung leisten kann und soll.

Die rezenteren Konzepte der aufsuchenden Sozialen Arbeit im öffentlichen Raum integrieren Aspekte der Gemeinwesenarbeit und verstärken den Fokus der Bearbeitung auf die Ebene des gesellschaftlichen Zusammenlebens (vgl. dazu die Vorstellung des Konzepts der Mobilen Sozialen Arbeit im öffentlichen Raum der Suchthilfe Wien von Odelga in diesem Sammelband). Zum Einsatz kommen entsprechende Projekte v.a. in öffentlichen urbanen Räumen, in denen durch Aufenthalt marginalisierter Menschen Verunsicherungen und Störungsphänomene für andere Nutzer*innen auftreten und mitunter entsprechende Konflikte aufbrechen. Neben dem originären Ansatz der Sozialen Arbeit, der auf die Verbesserung von individuellen Lebenssituationen abzielt, beinhaltet dieser

---

setzung mit Theorie, Praxis und gesellschaftlicher Rahmung rezenter Entwicklungen im Bereich der aufsuchenden Sozialen Arbeit im öffentlichen Raum in Diebäcker (2014).

Zugang verstärkt die Bearbeitung der Schnittstellen der Menschen mit ihrer (sozialen) Umwelt, also der Beziehungen zwischen den Menschen, die an den Einsatzorten aufeinandertreffen (siehe Abb. 1).

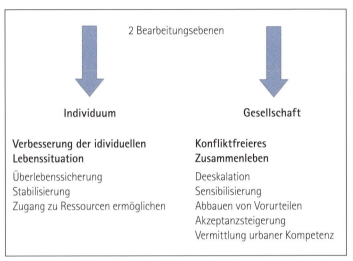

Abbildung 1: Zwei Bearbeitungsebenen der Mobilen Sozialen Arbeit im öffentlichen Raum.

Das Angebot der Mobilen Sozialen Arbeit im öffentlichen Raum der Suchthilfe Wien ist als Ergänzung zu zielgruppenspezifischen, parteiisch agierenden Projekten zu verstehen – so zum Beispiel das ebenfalls von der Suchthilfe betriebene Streetwork, dessen Angebot ganz klar auf Konsument*innen illegalisierter Substanzen abzielt. In meinem Verständnis sollen und können zielgruppenoffene die zielgruppenspezifischen Ansätze nicht ersetzen, sondern sind als Antwort auf eine gesellschaftliche Entwicklung zu verstehen, in der die klassischen Zielgruppen der Sozialen Arbeit vermehrt problematisiert werden und der moderne, urbane öffentliche Raum mehr und mehr zu einer „umkämpften Zone" geworden ist, in der die Menschen mit ohnehin verringerter Möglichkeit zur Teilhabe noch weiter an den Rand gedrängt zu werden drohen. In der Praxis bedeutet das aber nicht nur das Intervenieren bei Konflikten zwischen Nutzer*innen des öffentlichen Raums, sondern auch Unterstützung und Hilfestellung bei Sorgen und Unsicherheiten von Menschen in der Begegnung mit anderen, ihren eigenen Lebensrealitäten fremden und damit für sie oftmals nicht erklärbaren Lebenswelten.

Im Zusammenhang mit der Bearbeitungsebene des gesellschaftlichen Zusammenlebens erklären sich auch die Unterschiede zum klassischen Streetwork in der Zielgruppendefinition und in der Parteilichkeit. Während klassische Ansätze zum Zwecke der Verbesserung individueller Lebenssituationen bestimmter, fest abgegrenzter Zielgruppen (z.B. Drogenkonsument*innen) klar parteilich für ihre Adressat*innen agieren, werden von der Mobilen Sozialen Arbeit grundsätzlich alle Nutzer*innen eines abgegrenzten öffentlichen Raums (des Einsatzgebietes) als Adressat*innen betrachtet. Bei Interventionen im Bereich der Mediations- und Konfliktarbeit bedient man sich dabei einer wechselnden Parteilichkeit (auch situativ reflexive Parteilichkeit; siehe Konzeptvorstellung von Odelga in diesem Sammelband). So wird versucht, die Interessen und Anliegen der jeweiligen Konfliktparteien dem Gegenüber verständlich zu machen und im besten Fall über das Erwirken von Verständnis und Akzeptanz zu einer Auflösung zu kommen. Von den Berufsausübenden auf der Straße erfordert dies ein sehr hohes Maß an Einfühlungsvermögen, Geduld, Flexibilität und Anpassungsleistung, muss man sich doch immer wieder auf die unterschiedlichsten Interventionspartner*innen und deren Lebenswelten (inklusive der darin etablierten Kommunikationsformen und Ausdrucksweisen) einstellen. Ziel dieser mitunter erheblichen Mühen ist es, möglichst viele Nutzer*innen des öffentlichen Raumes in der Gestaltung und Ausformung des Mit- oder Nebeneinanders miteinzubeziehen, gegenseitige Rücksichtnahme zu fördern und so auch die Akzeptanz für alle Anwesenden zu erhöhen. In weiterer Folge – so die Annahme – bedeutet dies eine Steigerung der Lebensqualität für alle Nutzer*innen des Raums. In meiner Erfahrung reicht es dabei nicht aus, von Menschen, welche sich durch Verhalten anderer Menschen oder spezifischer Folgen des Aufenthalts bestimmter Nutzer*innengruppen gestört oder auch in ihrer Sicherheit beeinträchtigt fühlen, Akzeptanz einzufordern, ohne auf ihre damit verbundenen Sorgen einzugehen. Der akzeptierende Umgang mit anderen Lebensentwürfen bzw. -realitäten fällt vor allem dann schwer, wenn man von deren Auswirkungen im eigenen Lebensalltag direkt betroffen ist oder sich zumindest betroffen fühlt. So wenden sich beispielsweise Anrainer*innen an uns, wenn sie in Parks oder auch Stiegenhäusern Spritzen oder sonstige Spuren von Drogenkonsum finden. Die allermeisten davon zeigen Verständnis für die Situation von suchtkranken Menschen, sind aber verunsichert oder verängstigt aufgrund einer potenziellen, oftmals für sie selbst schwer einschätzbaren Gefahr für sich oder ihre Kinder. Mitunter geht es so weit, dass sich diese Menschen in ihrem direkten Wohnumfeld (im Extremfall sogar im Stiegenhaus vor ihrer Wohnungstüre) nicht mehr sicher fühlen und ihre Lebensqualität entsprechend beeinträchtigt ist. Immer wieder erleben wir Resignation und auch Ärger, weil sich manche von den Behörden und Institutionen mit der Problematik allein gelassen fühlen. Meist stauen sich dann über die Zeit die Gefühle auf, analog dazu verringert sich oftmals die Akzeptanz gegenüber den „Auslösern" der Thematik.

Wenn Kolleg*innen von sam oder help U mit diesen Menschen in Kontakt stehen, erleben sie oftmals Dankbarkeit und Erleichterung, weil die Betroffenen Ansprechpersonen haben, mit denen sie über diese Sorgen und Ängste sprechen können und sie das Gefühl haben, ernst genommen zu werden. Das ist aus meiner Sicht die Basis für eine Verlagerung der Thematik von der oftmals zu Beginn überwiegenden emotionalen Ebene hin zu einer rationalen Bearbeitungsebene. Es werden Informationen geteilt, um ein objektiveres Einschätzen von Situationen zu erlauben und konkrete Handlungsmöglichkeiten aufgezeigt, um damit umzugehen. Hintergründe und Erklärungen werden angeboten (kein Mensch konsumiert aus Spaß im Park oder einem Stiegenhaus, warum passiert das also?) und so die Lebenswelt von Menschen mit psychischen, physischen und sozialen Problemlagen etwas nähergebracht, ich nenne dies gerne „Entmystifizierung". Das Gegenüber ernst nehmen, Information, Wissenstransfer und Handlungsoptionen bzw. Ressourcen zur Verfügung stellen – in meinem Verständnis Kernthemen Sozialer Arbeit. Die Menschen werden dabei möglichst in ihren Lebenswelten wahrgenommen und nicht nur in ihren offensichtlichen Funktionen, in denen sie augenscheinlich auftreten.

Warum aber soll sich Soziale Arbeit überhaupt für Menschen zuständig sehen, welche abseits der klassischen Zielgruppen stehen und als nicht in besonderem Maße vulnerabel oder marginalisiert gelten? Diese Frage beantworte ich mir selbst unter anderem mit der Erkenntnis, dass sich alle Menschen in einem sozialräumlichen Umfeld bewegen, welches sich aus dem physischen Raum und sozialen Akteur*innen zusammensetzt (vgl. Löw et al. 2008, 63–66). Die Nutzer*innen eines Ortes wirken in vielfältiger Art und Weise mit- und aufeinander (und auch darauf, wie der Ort als Ganzes wahrgenommen wird), ob beabsichtigt oder nicht. Diese Wechselwirkungen, v.a. zwischen den sozialen Akteur*innen, machen es meines Erachtens in der praktischen Umsetzung von Sozialer Arbeit im öffentlichen Raum notwendig, auch die Akteur*innen abseits der klassischen Klient*innen, für die es zielgruppenspezifische Angebote gibt und auch braucht, mitzudenken und sich bei Bedarf auch diesen Nutzer*innen des öffentlichen Raums als Ansprechpartner*innen zur Verfügung zu stellen. Genau jene „Schnittstellen" zwischen klassischen Zielgruppen und ihrer sozialen Umwelt ist für mich ein besonders wichtiger Bearbeitungspunkt, sind sie doch wesentliche „Scharniere" für eine gelingende Inklusion sowie bedeutend in ihrer Wirkung auf das individuelle Wohlbefinden der darüber miteinander in Kontakt stehenden Menschen. An dieser Stelle möchte ich festhalten, dass die Trennlinien zwischen „marginalisierten" und „nicht marginalisierten" Menschen in der Praxis nicht so klar und scharf verlaufen, wie es die Betrachtungen auf analytischer Ebene vielleicht suggerieren. Kategorisierung – so grundlegend dieser Mechanismus auf kognitiver Ebene auch sein mag – ist Informationsreduktion und somit immer eine Vereinfachung. Gerade in der Praxis, im Fall der Sozialen Arbeit ist das basal gesprochen die Auseinandersetzung mit Lebenswelten von Menschen, wird eine Vereinfachung der Realität niemals gerecht. So zeigen einige Beziehungsverläufe zu Klient*innen in meiner Vergangenheit, dass diese sich beispielsweise als Anrainer*innen oder Geschäftstreibende an uns gewandt hatten und im Laufe der Zeit dann persönliche und klassische sozialarbeiterische Bearbeitungsthemen (z.B. eigene Suchterkrankungen) abseits des ursprünglichen Anliegens eröffneten. Diese Menschen hätten sich (zumindest zu den Zeitpunkten, an denen sie mit uns Kontakt aufnahmen) wohl kaum an spezifische sozialarbeiterische Angebote gewandt.

Die Inklusion von Menschen mit psychischen, physischen und sozialen Problemlagen ist ein wesentliches Anliegen der Sozialen Arbeit, muss aber als gesamtgesellschaftliche Aufgabe gesehen und somit von den Mitgliedern einer Gesellschaft getragen werden. Sie kann nur gelingen, wenn möglichst viele Menschen dabei mitgenommen werden – und da sehe ich die Soziale Arbeit als Expert*in durchaus in der Pflicht. So akzeptierend, lebensweltorientiert und offen Sozialarbeiter*innen ihren Klient*innen oftmals begegnen, so sehr erlebe ich immer wieder Akzeptanzlosigkeit und Unverständnis gegenüber Menschen, welche nicht als vulnerabel oder hilfsbedürftig wahrgenommen werden und in Konflikt mit der eigenen Zielgruppe treten. Diese Menschen nicht zu beachten, ihnen kein Gehör zu schenken oder sie im Extremfall als unverbesserliche Sympathisant*innen rechter Ideologien abzutun, genügt meinen eigenen Ansprüchen an einen menschlichen und fachlichen Zugang zu der Problematik nicht und trägt wohl auch nichts zu einem entspannten Umgang miteinander bei, sondern forciert in meinem Empfinden ein Verhärten der Fronten und Verfestigen von Widerständen. Viele Menschen benötigen Unterstützung, um sich in der Vielfalt demokratischer Gesellschaften zurechtzufinden und mit den immer rasanter werdenden Entwicklungen Schritt zu halten, ohne das Gefühl zu entwickeln, „abgehängt" zu sein. Für mich sind Streetworker*innen bildlich gesprochen die verlängerten Arme einer Gesellschaft, welche den am Rande stehenden Menschen die Hände reichen und sagen „Wir haben euch nicht vergessen!". Zugegebenermaßen mag dieses Bild idealistisch und kitschig wirken, aber das darf bei aller Professionalität auch mal so stehen bleiben – wie ich finde. Im Angesicht dieses Bildes erklärt sich vielleicht auch meine Leidenschaft für zielgruppenoffene Ansätze. Menschen, die mal eine ausgestreckte Hand benötigen, um sich nicht zurückgelassen zu fühlen, finden sich nicht nur in der klassischen Zielgruppe der Sozialen Arbeit, sondern in modernen urbanen Räumen an allen Ecken und Enden – zumindest kann man den Eindruck bekommen, wenn man sich die Sorgen vieler Menschen anhört.

Damit meine ich aber nicht, das möchte ich an dieser Stelle explizit festhalten, dass es keine besondere Parteilichkeit für die klassischen Zielgruppen der Sozialen Arbeit braucht. Natürlich bedarf es besonderer Aufmerksamkeit und Unterstützung für besonders vulnerable Menschen mit physischen, psychischen und/oder sozialen Problemlagen, die sich im öffentlichen Raum aufhalten – und zwar in Form von klassischen, zielgruppenspezifischen und parteilichen Streetwork-Angeboten wie auch im Selbstverständnis aller sozialarbeiterischen Projekte, auch derer, welche mit rezenteren zielgruppenofferen Ansätzen operieren. Aber für mich ist ganz klar, die Soziale Arbeit darf sich der Sorgen und Ängste von Menschen in der Begegnung mit ihren klassischen Zielgruppen nicht verschließen, es braucht Gesprächs- und Aufklärungsangebote sowie Wertschätzung, Verständnis und Akzeptanz, ganz so wie Sozialarbeiter*innen es tagtäglich im Umgang mit ihren Klient*innen leben. Nur dann kann es gelingen, diese Menschen bei der konstruktiven Bearbeitung der gesamtgesellschaftlichen Herausforderungen, welche sich in modernen urbanen Räumen zeigen, mitzunehmen.[4]

In der Praxis entfällt der Großteil der aktiven Kontaktaufnahmen von sam- und help U-Mitarbeiter*innen auf klassische Zielgruppen wie obdachlose und/oder suchtkranke Menschen. Der Kontakt zu anderen Nutzer*innen des öffentlichen Raums entsteht meist, weil Anliegen in Bezug auf Begegnungen mit marginalisierten Menschen über E-Mail, Telefon oder direkte Ansprache im Einsatzgebiet an die Mitarbeiter*innen herangetragen werden. Durch eine regelmäßige Präsenz an Örtlichkeiten, an denen sich klassische Zielgruppen im öffentlichen Raum aufhalten, können Beziehungen über längere Zeit sowohl zu den marginalisierten Menschen als auch zu Anrainer*innen, Geschäftstreibenden und Passant*innen entstehen. Gerade im Hinblick auf Sensibilisierungsarbeit und Akzeptanzaufbau sind prozesshafte Begleitungen über längere Zeiträume essenziell. Durch das Kennenlernen des lokalen Raums und der sozialen

---

4   Zu den gesellschaftlichen Entwicklungen und Rahmenbedingungen, welche die Etablierung von Konzepten der zielgruppenoffenen aufsuchenden Sozialen Arbeit forciert haben, siehe beispielsweise die Beiträge von Diebäcker, Reutlinger und Bareis in Diebäcker/Wild (2020).

Beziehungen darin können die Mitarbeiter*innen den involvierten Akteur*innen Hilfestellungen in der Gestaltung ihres Sozialraums anbieten, um sie beispielsweise zu ermächtigen, Netzwerke und informelle Arrangements zu etablieren, welche in weiterer Folge ohne (bzw. mit weniger) Zutun von Professionalist*innen weitergetragen werden können. Basis dafür ist aus meiner Sicht ein Verständnis über die Lebenswelten der jeweils anderen und die Bereitschaft, offen aufeinander zu zugehen. Da dies einen entsprechenden Zugang aller Beteiligten voraussetzt, werden Sensibilisierung und Akzeptanzsteigerung in Richtung aller involvierten Akteur*innen betrieben. Das heißt, einerseits werden beispielsweise Anrainer*innen über Hintergründe zu Sucht und Obdachlosigkeit und Lebenswelten der betroffenen Menschen aufgeklärt sowie dargelegt, warum der öffentliche Raum für diese Menschen in besonderem Maße wichtig ist. Auch werden mit klassischen Zielgruppen die Interessen der anderen Nutzer*innen des öffentlichen Raums thematisiert. Mit allen Akteur*innen werden dabei, wenn nötig, Möglichkeiten zur Konfliktminimierung besprochen. Ziel ist, Verständnis und Akzeptanz für jeweils alle Nutzer*innen zu erhöhen und Handlungsoptionen zur Konfliktvermeidung und zur Steigerung des eigenen Wohlbefindens zu vermitteln. Wichtig dabei ist zu betonen, dass in direkten Interessenkonflikten die Mitarbeiter*innen von sam und help U natürlich Augenmerk darauf legen, dass die Rechte der beteiligten Menschen gewahrt bleiben – und hier sind es oftmals die klassischen Zielgruppen der Sozialen Arbeit, welche in besonderem Maße Rückhalt benötigen. Den Mitarbeiter*innen gelingt es dabei meist recht gut, in konkreten Konfliktsituationen parteiisch für marginalisierte Menschen zu intervenieren und trotzdem Verständnis für die Anliegen von anderen Nutzer*innen zu zeigen, sofern diese als berechtigt und wertschätzend kommuniziert erlebt werden. Natürlich hat dieses Verständnis dort Grenzen, wo andere Menschen in ihrer Menschenwürde angegriffen oder ihre Rechte nicht wahrgenommen werden.

Neben der Möglichkeit, die gesellschaftliche Ebene des Zusammenlebens als Bearbeitungsfokus zu eröffnen, bringt der zielgruppenoffene Ansatz auch mit sich, dass sich die Kolleg*innen auf der Straße nicht nur für einen Ausschnitt der klassischen Zielgruppen der Sozialen Arbeit zuständig fühlen. Dadurch kann man sich in einem Einsatzgebiet sehr breit aufstellen und meiner Erfahrung nach sinkt auch bei einigen Menschen die Hemmschwelle, mit Sozialarbeiter*innen in Kontakt zu treten, da man dafür keine explizite Problematik vorweisen „muss" und man somit nicht sofort mit einer Etikettierung konfrontiert ist. Bedarf es dann spezifischer Angebote, werden die betroffenen Menschen vermittelt und auch begleitet, damit sie bei den passenden Angeboten andocken und gemäß der zu bearbeitenden Problemlage vertiefend beraten und betreut werden können. Auch „neu auftauchende" Klient*innengruppen können so von Anfang an Angebote der aufsuchenden Sozialen Arbeit in Anspruch nehmen, fehlende spezifische Angebote können sichtbar gemacht, Bedarfe formuliert und thematisiert werden. So gab es beispielsweise rund um die Flüchtlingskrise 2015 viele geflüchtete Menschen, welche sich im öffentlichen Raum aufgehalten haben und von diversen, unbearbeiteten Problemlagen betroffen waren – viele davon schlecht oder gar nicht an bestehende stationäre Angebote angedockt. Es gab auch kein aufsuchendes Angebot, welches speziell auf diese Zielgruppe ausgelegt war, zielgruppenoffene Projekte wie sam und help U konnten sich aber aufgrund ihres Ansatzes für die betroffenen Menschen im öffentlichen Raum zuständig fühlen.

Die Expertise, welche sich zielgruppenoffene, aufsuchende Projekte im Hinblick auf Nutzungen des öffentlichen Raums, Konfliktentstehung und -bearbeitung sowie der zugrundeliegenden Erwartungshaltungen, Interessen und Bedürfnisse der unterschiedlichen Nutzer*innen aneignen, ist vermehrt in der Planung und Gestaltung des öffentlichen Raums gefragt. So wird der Bereich der Mobilen Sozialen Arbeit im öffentlichen Raum der Suchthilfe Wien regelmäßig zur Teilnahme an entsprechenden Planungs- und Steuerungsgruppen eingeladen und kann dort auch die Interessen jener platzieren, welche sonst in diesen Gremien keine Stimme haben. Das heißt natürlich nicht, dass alle Vorschläge der Sozialen Arbeit umgesetzt werden, gerade aber in Bezug auf Erhalt und Gestaltung von konsumfreien Aufenthaltsräumen konnten dabei in der Vergangenheit immer wieder Ideen eingebracht werden, welche auch aufgegriffen und umgesetzt wurden. So beispielsweise auch öffentliche Toilettenanlagen, welche von Armut betroffene Menschen auch kostenlos (mittels Jetons, welche von sam und help U verteilt werden) nutzen können. Einerseits konnte man dadurch in einigen Einsatzgebieten, in denen entsprechende Vorschläge umgesetzt wurden, eine für die betroffenen Menschen unwürdige Situation, in der sie mangels finanzieller Mittel gezwungen waren, im öffentlichen Raum zu urinieren und defäkieren, aufgelöst und andererseits für andere Nutzer*innen unangenehme, störende und verunsichernde Situationen (entsprechende Verschmutzungen, aber auch das Mitansehen, wenn sich jemand im öffentlichen Raum „erleichtert") reduziert werden.

Das Arbeiten in diesem fordernden und dynamischen Feld verschiedenster Interessen und ungleich verteilter Möglichkeiten, diese Interessen zu platzieren und durchzusetzen, erfordert ein hohes Maß an Reflexion unter anderem hinsichtlich der eigenen Rolle in der Reproduktion von Herrschaftsverhältnissen, in der Herstellung von „Normalität" sowie betreffend der Einordnung des eigenen Tuns im Rahmen von Bearbeitungsarrangements öffentlicher Räume, welche oftmals von sicherheits- und ordnungspolitischen Überlegungen getragen werden. Die Rahmenbedingungen dafür sehe ich im Bereich der Mobilen Sozialen Arbeit im öffentlichen Raum der Suchthilfe Wien als gegeben an (siehe dazu den Beitrag zur Selbstreflexion von Odelga in diesem Sammelband), und trotzdem wird man meiner Meinung nach nie an einen Punkt kommen, an dem „ausreichend" reflektiert wurde und man die Widersprüchlichkeiten und Ambivalenzen des eigenen Tuns in diesem dynamischen Setting auflösen konnte. Interviews mit am Wiener Westbahnhof eingesetzten Sozialarbeiter*innen ließen für die Forschenden den Schluss zu, dass „sich die Professionist*innen der eigenen regulierenden Funktion ihrer Tätigkeit bewusst" (Brock et al. 2010, 9) waren, während bei einer anderen Untersuchung den Berufsausübenden zwar „deutliche Parteilichkeit" (Diebäcker 2014, 232) für die klassischen Zielgruppen der Sozialen Arbeit attestiert wurde, aber eben auch eine „ungenügende Reflexion der eigenen kontrollierenden und normierenden Elemente." (ebd.). Mir ist durchaus bewusst, dass es bei den zielgruppenoffenen Ansätzen der aufsuchenden Sozialen Arbeit aufgrund der Herangehensweise, des Settings und der Vielschichtigkeit der Problemlagen, Interessen und Erwartungshaltungen, mit denen man konfrontiert wird, ein besonders hohes Maß an Reflexion benötigt, um den Ansprüchen einer fachlich fundierten und von sozialarbeiterischen Prinzipien geleiteten Professionalität gerecht zu werden. Gerade bei der Bearbeitung von Nutzungskonflikten müssen die eigenen Interventionen immer hinsichtlich ihrer kontrollierenden und normierenden Effekte hinterfragt werden. Als Schablone für Reflexionsprozesse sind kritische Literaturbeiträge essenziell und wichtig, um die eigene Praxis immer wieder überprüfen zu können. Ich habe in den hier vorliegenden Seiten versucht, aus meiner Sicht dazulegen, warum ich diesen Ansatz – trotz aller ihm inhärenten Widersprüche (welche übrigens die Soziale Arbeit als Ganzes betreffen) – im Kontext eines modernen, dynamischen urbanen Raums für wichtig erachte. Und ich möchte auch festhalten, dass mich als Berufsausübender eine Form von Kritik schmerzt, welche unterstellt, dass „Streetworker*innen, die sich den diskreditierenden Beschwerden von Anrainer*innen und Passant*innen über marginalisierte Personengruppen widmen, [...] im Namen der Förderung ‚der Ambiguitätstoleranz' ihre kritisch-reflexive Orientierung längst verloren" (Diebäcker 2020, 35) haben. Der Großteil der Anliegen und Beschwerden von Anrainer*innen, Passant*innen und Geschäftstreibenden ist durchaus in wertschätzendem, zumindest aber nicht in diskreditierendem Ton formuliert. Und wenn doch, ist dies aus meiner Sicht oftmals ein Ausdruck von Hilflosigkeit, welcher in vielen Fällen bei entsprechender Bereitschaft der Sozialarbeiter*innen durchaus aufgegriffen und bearbeitet werden kann. Und schlussendlich kommt man in der Auseinandersetzung dann oftmals zurück zu „jener Frage, die uns Menschen am wichtigsten ist: der Frage nach dem guten Leben – und der Frage danach, warum wir eigentlich kein gutes Leben haben." (Rosa 2016, 7). Die Kolleg*innen werden in den vielen Gesprächen im Rahmen der Bearbeitung von Nutzungskonflikten bzw. Beschwerden niemals müde, Erklärungen und Hintergründe anzubieten und für Akzeptanz und Verständnis einzutreten. Und natürlich wird kommuniziert, wenn Grenzen hinsichtlich Wertschätzung anderer Menschen überschritten werden und ein abwertender Sprachgebrauch verwendet oder diskriminierende Haltungen und Weltanschauungen offenbart werden. Gesprächsabbrüche sind dabei ein letztes Mittel, das angewandt wird, wenn bei den Kolleg*innen der Eindruck entsteht, dass eine wertschätzende und auf faktischen Argumentationen aufgebaute Kommunikationsweise nicht möglich ist. Ich sehe darin aber per se keinerlei Grund, den Berufsausübenden in Projekten der aufsuchenden Sozialen Arbeit mit zielgruppenoffenem Ansatz eine kritisch-reflexive Orientierung und somit auch einen professionellen sozialarbeiterischen Zugang abzusprechen. Vielmehr würde ich mir ein geeintes Auftreten der Fachschaft wünschen – von Praktiker*innen an der Basis über die operativen Führungs- und strategischen Managementebenen verschiedenster zielgruppenspezifischer und zielgruppenoffener Projekte bis hin zu den in der Wissenschaft tätigen Kolleg*innen – um das Potenzial zweier sich gut ergänzender Ansätze der aufsuchenden Sozialen Arbeit auszuschöpfen und die sich rasant ändernden gesellschaftlichen Rahmenbedingungen und transformierenden urbanen Räume mitgestalten zu können.

Literatur

Brock, Lukas; Formanek, Katrin; Reismüller, Irene; Shams-Ghamari, Samira-Mehrnaz. 2010. *Transformation innerstädtischer Räume im Rahmen von Ordnungs- und Sicherheitspolitiken und Auswirkungen auf die Soziale Arbeit am Beispiel des „Wiener Westbahnhofes".* soziales_kapital, 6/2010. https://soziales-kapital.at/index.php/sozialeskapital/article/view/192/303 (letzter Zugriff: 15. 10. 2021).

Diebäcker, Marc. 2014. *Soziale Arbeit als staatliche Praxis im städtischen Raum.* Sozialraumforschung und Sozialraumarbeit Band 13, Wiesbaden: Springer VS.

Diebäcker, Marc. 2020. *Städtewachstum und Gentrifizierung: Die Verräumlichung sozialer Ungleichheit und die Transformation öffentlicher Räume.* In: Diebäcker, Marc; Wild, Gabriele (Hrsg.). 2020. *Streetwork und aufsuchende Soziale Arbeit im öffentlichen Raum.* Wiesbaden: Springer VS, S. 23–38.

Diebäcker, Marc; Wild, Gabriele (Hrsg.). 2020. *Streetwork und aufsuchende Soziale Arbeit im öffentlichen Raum.* Wiesbaden: Springer VS.

Hinte, Wolfgang; Lüttringhaus, Maria; Oelschlägel, Dieter. 2007. *Grundlagen und Standards der Gemeinwesenarbeit. Ein Reader zu Entwicklungslinien und Perspektiven.* Weinheim und Münster: Juventa Verlag.

Löw, Martina; Steets, Silke; Stoetzer, Sergej. 2008. Einführung in die Stadt- und Raumsoziologie. Opladen & Farmington Hills: Verlag Barbara Budrich.

Rosa, Hartmut. 2016. *Beschleunigung und Entfremdung.* Berlin: Suhrkamp Verlag.

Christoph Stoik

Gemeinwesenorientierte Ansätze in der aufsuchenden Sozialen Arbeit in einer Welt der Ungleichheiten?

Einleitung

In Wien hat die Gemeinwesenarbeit (GWA) seit den 1990er-Jahren eine neue Konjunktur erfahren. Sie wurde nicht nur von Fachkreisen wie z.B. in der Vernetzung des Wiener „Vernetzungsfrühstücks für Gemeinwesenarbeit" (Stoik 2009), diskutiert, befördert und deren Ausbau gefordert, sondern sie wurde auch politisch entdeckt. Der darauffolgende intensive Ausbau von gemeinwesenorientierten Einrichtungen und Angeboten in Wien, wie *„sam – sozial, sicher, aktiv mobil" im Suchthilfebereich,*[1] *wohnpartner* im kommunalen Wohnbau[2] und den *Fair-Play-Teams* im Bildungs- und Jugendbereich,[3] führte auch zu Widersprüchen in der Zielausrichtung von Gemeinwesenarbeit. Das sogenannte doppelte Mandat (Böhnisch/Lösch 1973, zit. nach Spiegel 2006, 37) – das in der Sozialen Arbeit immanent bestehende Spannungsfeld zwischen sozialer Kontrolle, Befriedung, Schaffung von gesellschaftlicher Ordnung einerseits und Unterstützung von Menschen, die von sozialer Ungleichheit und gesellschaftlicher Diskriminierung und Marginalisierung betroffen sind, andererseits – wirken in die Praxen der gemeinwesenorientierte Angebote und Einrichtungen – so auch auf *sam*. Der Diskurs um das doppelte Mandat dient weniger der Auflösung dieser Zieldifferenzen, was in kapitalistischen Herrschaftssystemen illusionär wäre, sondern dafür, die systemerhaltende, unterdrückende und diskriminierende Funktion Sozialer Arbeit zu erkennen, zu reflektieren, zu kritisieren und eine fachliche, ethisch begründete Position dagegen zu finden und diese zu stärken (siehe Trippel-Mandatierung nach Staub-Bernasconi 2018). In diesem Beitrag

---

[1]   https://www.suchthilfe.wien/2/sam-sozial-sicher-aktiv-mobil/#.
[2]   https://wohnpartner-wien.at/.
[3]   https://www.wien.gv.at/freizeit/bildungjugend/fair-play/.

wird daher auf fachliche – insbesondere emanzipatorische – Positionen der GWA geblickt, die es ermöglichen, Menschen zu unterstützen, die von sozialen Ungleichheiten, Diskriminierung und Marginalisierung betroffen sind.

Am Beginn des Beitrags wird die Definition von Gemeinwesenarbeit in unterschiedlicher konzeptioneller Ausprägung überblicksartig betrachtet, danach die Entwicklung der Gemeinwesenarbeit in Wien sowie deren kommunalpolitischen Entdeckung. Nach einer kurzen gesellschaftlichen Analyse zu Ungleichheitsphänomenen in einer wachsenden Stadt im Kapitalismus endet der Artikel mit fachlichen Konsequenzen für eine emanzipatorisch gedachte Soziale Arbeit. Dabei wird im Beitrag weniger das Handeln im Rahmen der aufsuchenden Sozialen Arbeit bzw. des Streetworks insgesamt behandelt (siehe dazu Diebäcker/Wild 2020 und andere Beiträge im vorliegenden Buch), sondern ein gemeinwesenorientiertes professionelles Handeln in den Vordergrund gestellt.

Emanzipatorische Ursprünge und Ausrichtungen der GWA

Das Konzept Gemeinwesenarbeit hat ihre Ursprünge v.a. im angloamerikanischen Raum (um 1900 Settlementbewegung in Chicago unter Jane Adam [1910] u.a., Saul Alinskys [1984] Community Organizing in Chicago ab den 1930er-Jahren) und wurde insbesondere in Folge der Studentenbewegung 1968 in Deutschland diskutiert und eingeführt. In den 1970er-Jahren wurde GWA in Deutschland als eine Antwort einer politischen Sozialen Arbeit auf die Kritik der Systemerhaltung und Manifestierung von sozialen Ungleichheiten gesehen [Galuske 2013, 115 ff; Müller 2013, 236 ff]).

GWA ist aber nicht per se emanzipatorisch – also kritisch zu vorherrschenden und unterdrückenden Gesellschaftssystemen. Vielmehr hat sich eine Vielzahl von Konzepten entwickelt, die sich zwischen den Polen „wohlfahrtstaatlich/integrative" und „konfliktorientiert, gesellschaftskritisch und emanzipatorisch" einordnen lässt (Stövesand/Stoik/Troxler 2013). Wohlfahrtstaatlich integrative Konzepte sind darauf ausgerichtet, dass soziale Dienstleistungen den Bedürfnissen von Menschen angepasst werden. Das bedeutet fürs professionelle Handeln, dass Bedürfnisse von Menschen erhoben werden, soziale Angebote neu geschaffen bzw. diesen Bedürfnissen angepasst werden (vgl. Ross 1971; Hinte/Karas 1989).

Konfliktorientierte Konzepte setzen eine kritische Gesellschaftsanalyse voraus. Es werden nicht nur die Bedürfnisse von Menschen betrachtet, sondern auch strukturelle Diskriminierungs- und Unterdrückungsformen. Wohnungslosigkeit wird beispielsweise dann nicht nur aus der Perspektive der betroffenen Menschen betrachtet, sondern als Form von gesellschaftlichem Ausschluss von Wohnungsmärkten und -versorgung. In der Folge werden Handlungsmöglichkeiten und Strategien entwickelt, die auf diese Ausschlüsse hinweisen – die Soziale Arbeit wird sozusagen „politischer". Emanzipatorische Konzepte gehen da dann noch einige Schritte weiter, indem sie mit den Menschen so arbeiten, dass diese für ihre Interessen selbst aktiv werden.

Diese emanzipatorischen Prozesse stellen Bildungsprozesse dar (Stoik 2021). Die Gesellschaftsanalyse wird mit den Menschen gemeinsam vorgenommen sowie die Entwicklung von Handlungsstrategien – siehe dazu z.B. CO-Strategien von Alinsky (1984), Boulet/Krauss/Oelschlägel (1980), Michael Mays (2017) und Sabine Stövesands (2007) Arbeiten, aber auch antipädagogische Zugänge von Hinte (1991).

Eine kurze Geschichte der Gemeinwesenorientierung in Wien

Während in Deutschland die Praxis der GWA davon geprägt war, dass sie seit 1968 als gesellschaftskritisches Konzept verstanden wurde, spielte sie in Österreich eine eher untergeordnete Rolle. Die „Eigenständige Regionalentwicklung" der 1970er- und 1980er-Jahre u.a. in Niederösterreich, Oberösterreich und Salzburg knüpfte zwar an emanzipatorische Konzepte an, u.a. auch an Paulo Freires Educacion Popular aus Lateinamerika (Rohrmoser 2004), in Wien blieb die Verbindung zwischen sozialen Bewegungen und emanzipatorischen GWA-Konzepten aber eher ein Randthema. Gemeinwesenarbeit wurde meist mit einem wohlfahrtstaatlich integrativen Konzept umgesetzt, das Nachbarschaft fördern soll (z.B. Nachbarschaftszentren des Wiener Hilfswerks[4]), oder eine sanfte Stadt-erneuerung zwischen Hauseigentümer*innen, Bewohner*innen und städtischen Strukturen moderieren soll (Gebietsbetreuungen[5]). Das Stadtteilzentrum Bassena am Schöpfwerk muss dabei eher als sin-guläres Ereignis einer emanzipatorischen GWA verstanden werden.

Mit dem Wiener Vernetzungsfrühstück für Gemeinwesenarbeit wurde in den 1990er-Jahren versucht, die fachliche Ausrichtung der GWA in Wien zu reflektieren und zu diskutieren (Stoik 2009). Dabei wurde festgestellt, dass viele Wiener Einrichtungen, insbe-sondere in der offenen Kinder- und Jugendarbeit mit „gemein-wesenorientierten" Ansätzen arbeiteten. Sie verwendeten zwar den Begriff „Gemeinwesenarbeit" oft nicht, aber wesentliche Aspekte der GWA kamen in der Praxis zur Anwendung: Die konkrete Arbeit orientiert sich an den Bedürfnissen und Interessen der Adressat*in-nen. Das professionelle Handeln ist nicht in erster Linie nur auf die Verhaltungsänderung von Adressat*innen ausgerichtet, sondern richtet sich besonders auch an andere Akteur*innen, wie andere Einrichtungen, die Verwaltung, politische Vertreter*innen und der Ökonomie. Die Situation der Adressat*innen sollte sich verbessern, indem auf diese Akteur*innen und letztlich auf die Rahmendbedin-gungen eingewirkt wird, in denen Menschen leben. Und schließlich werden Adressat*innen unterstützt, Interessen selbst einzubringen, und diese auch kollektiviert zu vertreten[6].

Die Diskussion, dass „Gemeinwesenorientierung" nur Teilaspekte der GWA umsetzte, während nur „die Gemeinwesenarbeit" die eigentlich vollständige und richtige Umsetzung darstellen würde, griff dabei zu kurz. Vielmehr geht es um die Reflexion und Schär-fung der fachlichen Konzeption, egal ob von „Gemeinwesenorien-tierung" oder „Gemeinwesenarbeit" gesprochen wird.

---

[4] https://www.hilfswerk.at/wien/nachbarschaftszentren/ueber-die-nachbar schaftszentren/.

[5] https://www.gbstern.at/.

[6] Zur Definition von Gemeinwesenarbeit siehe u.a. Stövesand/Stoik 2013.

Die Entdeckung der GWA als politisches Steuerungsinstrument

Mit Ende der 1990er-Jahren wurde die Gemeinwesenarbeit in Wien stark ausgebaut. Neben der Etablierung von *sam* mit unterschiedlichen Gebietszuständigkeiten, wurde *wohnpartner* im Gemeindebau und die *Fair-Play-Teams* für die Soziale Arbeit im öffentlichen Raum gegründet. Dieser Ausbau von Einrichtungen in ganz Wien mit starkem Zuwachs von Mitarbeiter*innen in diesen Einrichtungen kann als Reaktion auf die Rede über subjektive Unsicherheiten verstanden werden.

So wie in anderen westlichen Städten auch wurde das Sicherheitsdispositiv als neue Grundlage einer Sicherheits- und Ordnungspolitik herangezogen. Entgegen der empirisch-evidenten Situation, dass die Sicherheit in öffentlichen Räumen in Wien kaum jemals zuvor höher war als aktuell, wurde die mediale und politische Rede über die vermeintlichen Unsicherheiten zu einem wichtigen Faktor von Kommunalpolitik. Diese Politik erfasst auch die gemeinwesenorientierte Soziale Arbeit. Einrichtungen wie *wohnpartner* oder *sam* sowie die *Fair-Play-Teams* werden eingesetzt, um der herbeigeredeten subjektiven Unsicherheiten etwas entgegen zu setzen (vgl. dazu Diebäcker 2014; Reutlinger 2015; Pollak/Stoik 2016). Die GWA wird so zu einem Instrument gemacht, das der Kommunalpolitik ermöglicht, Präsenz zu zeigen. Mit der GWA macht die Kommunalpolitik auf Bezirks- und auf Stadtebene öffentlich sichtbar, dass sie sich den medial repräsentierten Sorgen der Bürger*innen annimmt. Die Gemeinwesenarbeit ist aber nicht nur ein Instrument für eine mediale (Stadtteil-)Öffentlichkeit. Sie dient auch als Sensor bzw. als Überwachungsinstrument. Über sozialräumliche Analysen, gerne auch „Monitoring" genannt, steht der Kommunalpolitik Daten über die reale Situation in den öffentlichen Räumen zur Verfügung (vgl. dazu Stoik 2020).

Angesicht dieses ordnungspolitischen Hintergrunds stellt sich die Frage nach einer gesellschaftskritischen emanzipatorischen fachlichen Positionierung einerseits umso dringender, andererseits ist diese durch die starke politische Einflussnahme auf diese Einrichtungen aber auch besonders herausfordernd (Stoik 2018a). Die seit den späten 1990er-Jahren gegründete GWA in Wien kann nicht auf eine fachliche Tradition zurückgreifen, die sich auf gesellschaftskritische Konzepte bezieht und sie ist auch nicht aus sozialen Bewegungen heraus entstanden, wie das in Deutschland der Fall ist. Eine fachliche Positionierung benötigt jedenfalls zuallererst eine gesellschaftliche Analyse, die im folgenden Kapitel erfolgt.

Wien als wachsende Stadt im globalisierten Kapitalismus

Ausgehend von der Rede von sogenannten „subjektiver Unsicherheiten" und Konflikten im öffentlichen Raum, ist die Frage zu betrachten, was hinter diesen öffentlich geführten Auseinandersetzungen steht: Zur Einordnung hilft es, den wissenschaftlichen Diskurs über internationale Städtekonkurrenz – dem global City-Diskurs (Sassen 1997), heranzuziehen. Tatsächlich ist Wien eine wachsende Stadt, die sich in einer internationalen Konkurrenz um Investitionen und Arbeitsplätze befindet. Trotz einer relativ starken staatlichen – in Wien insbesondere städtischen – Regulierung (v.a. in Bezug auf den Wohnungsmarkt), wurde auch Wien von der Entwicklung sozialräumlicher Ungleichheiten erfasst. Sichtbar wird diese v.a. in demographischen Veränderungen (u.a. Migration von billigen Arbeitskräften).

Seit 1990 wird Wien internationaler. Armutsbetroffene Menschen auch aus der Europäischen Union zieht es in die wohlhabenden Städte wie Wien. Billige Arbeitskräfte sind willkommen, leben aber häufig in prekären Wohnverhältnissen. Gleichzeitig steigen die Wohnungskosten in der wachsenden Stadt massiv an, die Anzahl leistbarer Wohnungen wird verhältnismäßig geringer. Der kommunale Wohnungssektor schließt Menschen aus, die keinen festen und kontinuierlichen Wohnsitz nachweisen können. Der private Wohnungsmarkt wird knapper und teurer. Der gemeinnützige Wohnungssektor hingegen schließt aufgrund hoher Einstiegskosten (Eigenmittelanteile) einkommensschwache Gruppen aus (Reinprecht 2013; Diebäcker/Glogar/Stoik 2018; Diebäcker 2019; Kadi/Verlic 2019; Diebäcker 2020). Menschen müssen in prekären Wohnverhältnisse wohnen, sind wohnungs- oder obdachlos und verstärkt auf den öffentlichen Raum angewiesen. Die Wohnungslosenhilfe in Wien ist in den letzten Jahren zwar stark ausgebaut worden, aber sie ist nicht für alle gleichermaßen zugänglich.

Sogenannte „Nichtanspruchsberechtigte" wurden und werden teilweise nur über den Winter wohnversorgt. Diese Menschen sind auf den öffentlichen Raum besonders angewiesen, nicht nur als Ort zum Übernachten, sondern auch als Aufenthaltsort. Insbesondere Notquartiere bieten nur eingeschränkt Aufenthaltsmöglichkeiten untertags. Aber auch die Nutzung von Tageseinrichtungen können nicht alle Bedürfnisse von wohnungslosen Menschen abdecken, obwohl sie äußerst wichtige Schutzräume darstellen. Öffentliche Räume aber bieten notwendige Rückzugsräume, um privater sein zu können. Sie bieten die Möglichkeit, der Normierung und Kontrolle durch die Einrichtungen und die dort anwesenden Menschen zu entfliehen. Menschen in engen Wohnverhältnissen außerhalb der Wohnungslosenhilfe brauchen den öffentlichen Raum, um eben diesen zumindest zeitweise entkommen zu können Der öffentliche Raum ist also nicht nur Aufenthaltsort, sondern Überlebensraum. Er ist aber nicht nur Raum des Lebens – bei aller Widersprüchlichkeit, dass Menschen auf ihn angewiesen sind und über keine anderen privaten und freien Räume sowie Schutzräumen verfügen – sondern auch Raum der Sicherheit, des Sichtbarmachens von Notlagen, quasi der Veröffentlichung derselben. Er ist Ort dafür, dass Soziale Arbeit – aber auch andere gesellschaftliche Akteur*innen – Notlagen aufgreifen und Unterstützung anbieten können.

Gleichzeitig wird auch der öffentliche Raum immer mehr zum knappen Gut gemacht. Er dient nicht nur einer Kommerzialisierung, sondern ist Gegenstand von Aufwertungsprozessen, an denen die Immobilienwirtschaft Interesse hat. Aufgrund dieser kommerziellen Interessen entsteht Druck auf Menschen, die diesen Interessen entgegenstehen und sie werden zum Gegenstand von repressiver Ordnungspolitik und Verdrängung. Die Ansprüche von durchsetzungskräftigen Bevölkerungsgruppen werden zum Instrument, um kommerzielle Interessen durchzusetzen. In Wien wurden von Armut betroffene Menschen von den verschiedensten Orten verdrängt, vom Karlsplatz bis zum Praterstern (Belina 2011; Diebäcker 2014; Stoik 2018b; Reutlinger 2020).

Die Hinwendung der Kommunalpolitik zum Sicherheits- und Ordnungsparadigma ist aber nicht nur mit ökonomischen Interessen verbunden, sondern auch mit politischen. Über politisches Handeln, das sich auf die vermeintliche subjektive Sicherheit einer angenommenen bzw. medial hergestellten Öffentlichkeit bezieht, können Kommunalpolitiker*innen sichtbar machen, dass sie politisch handlungsfähig seien, obwohl ihnen diese in der Bekämpfung der international produzierten Ungleichheits- und Armutsphänomenen anscheinend abhandengekommen ist. Fabian Kessel und Christian Reutlinger (2008) nennen diese Vorgänge „Territorialisierung" und „Responsibilisierung". Diese Verlagerung des politischen Handelns wird dabei jedoch nicht nur den tatsächlichen Ursachen der Phänomene nicht gerecht, die sich in den öffentlichen Räumen zeigen, sondern sie manifestieren die Situation von marginalisierten Menschen noch mehr und missachten die Bedürfnisse dieser Menschen. Deren „subjektive Sicherheit" und soziale Sicherheit gerät vielmehr aus dem Blick. Kommunale Politik macht sich so gleichzeitig zum Instrument von ökonomischen und medialen Interessen, wobei Boulevardmedien Phänomene in öffentlichen Räumen nutzen, um billig Schlagzeilen zu produzierten (siehe dazu auch Kirsch/Stoik 2021).

Aus dieser Analyse ergeben sich einige Konsequenzen für eine fachlich orientierte Gemeinwesen- und Soziale Arbeit, die wie folgt beschrieben werden.

Fachliche Konsequenzen für eine gemeinwesenorientierte aufsuchende Soziale Arbeit

Reflexive Parteilichkeit

Aus einer gesellschaftskritischen Analyse mit einer Ungleichheitsperspektive wird deutlich, dass neben einem reflexiven Ansatz eine fachliche Positionierung nötig ist. In Wien wurde die auf einer allgemeinen Ebene durch das Mission Statement und dem Glossar für „Soziale Arbeit im öffentlichen Raum" (Beratungsgruppe Soziale Arbeit im öffentlichen Raum 2011) manifestiert. In dieser Positionierung, die seitens der damals zuständigen Stadträt*innen unterschrieben wurde, wird deutlich gemacht, dass Soziale Arbeit die Aufgabe hat, Menschen zu unterstützen, die von Marginalisierung betroffen sind. Diese städtischen Papiere sind als fachlich begründeter öffentlicher Auftrag zu lesen und bindend für die Soziale Arbeit, die sich mit öffentlichen Räumen auseinandersetzt. Sie waren in Folge Grundlage für eine Spezifizierung der fachlichen Positionierungen unterschiedlicher Einrichtungen in mehreren Geschäftsgruppen der Stadt Wien und auch auf unterschiedlichen Ebenen (Konzepte von Organisationen bis zu kleinräumigen Jahreskonzepten).

Sam hat das Konzept der „wechselnden Parteilichkeit" entwickelt, das grundsätzlich der reflexiven bzw. kritischen Parteilichkeit entspricht (vgl. Stoik 2013). „Wechselnde Parteilichkeit", wie sie bei *sam* verwendet wird, bedeutet demzufolge nicht, dass die fachliche Positionierung beliebig sein kann. Sie trägt der Erkenntnis Rechnung, dass sich Machtverhältnisse im sozialen Raum verschieben können. Eine klare Positionierung für Menschen, die gesellschaftlich marginalisiert werden, muss daher die Folge sein (siehe dazu auch Fischlmayr 2020).

Es ist zu unterscheiden zwischen einer konzeptionellen Parteilichkeit und dem Handeln vor Ort. Konzeptionell muss das Handeln darauf ausgerichtet sein, dass gesellschaftlich marginalisierte Menschen, wie wohnungslose Menschen oder Suchtmittelkonsument*innen im öffentlichen Raum – Menschen, die auf öffentliche Räume angewiesen sind –, unterstützt und vor Verdrängung geschützt werden. „Wechselnde Parteilichkeit" heißt aber nicht – ähnlich wie es im Fachdiskurs zu kritischer bzw. reflexiver Parteilichkeit diskutiert wurde –, dass im Handeln und der Kommunikation mit Menschen nicht auch das Verhalten von Menschen, die von Marginalisierung betroffen sind, reflektiert bzw. auf dieses eingewirkt werden kann – trotzdem muss alles Handeln darauf ausgerichtet sein, dass Menschen nicht noch mehr marginalisiert werden.

Marc Diebäcker hat eindrücklich gezeigt, dass Soziale Arbeit – sogar bei einer konzeptionellen parteilichen Positionierung zum Instrument von Verdrängung werden kann (2014). Eine Anwesenheit und ein Einwirken in die Lebenswelten von Menschen kann – selbst bei professionell begründeten Absichten, Unterstützung anzubieten – zu Verdrängung führen. Daher ist es von großer Bedeutung, dass ausreichend Reflexionszeit für Fachkräfte zur Verfügung steht, um das tägliche professionelle Handeln verändern zu können.

Gemeinwesenorientiertes Handeln mit vielen Interessengruppen auf Seiten von gesellschaftlich marginalisierten Menschen

Soziale Arbeit im öffentlichen Raum steht dabei im Spannungsfeld zwischen unterschiedlichen Anspruchsgruppen: Menschen, die von gesellschaftlicher Marginalisierung betroffen sind, andere Nutzer*innen von öffentlichen Räumen, die aber keineswegs homogene Interessen haben, Menschen, die öffentliche Räume für die Fortbewegung nutzen, Anwohner*innen, wieder mit sehr heterogenen Interessen, Geschäftsleute, die Gewinne über öffentliche Räume erwirtschaften wollen, wie Lokalbetreiber*innen, aber auch die Immobilienwirtschaft, die öffentliche Räume für die Aufwertung von Immobilien nutzen kann. Auf diesen Handlungsebenen der mehr oder weniger sichtbaren Akteur*innen stoßen unterschiedliche Interessen aufeinander. Eine Machtanalyse und ständige Reflexionen müssen Grundlage für das professionelle Handeln sein. Auch wenn viele der Interessen nachvollziehbar sind und diese in Gesprächen auch anerkannt werden können, muss Soziale Arbeit im öffentlichen Raum das Handeln darauf ausrichten, dass die Menschen, die gesellschaftlich über wenig Macht verfügen, unterstützt werden. Soziale Arbeit kann zwar eine vermittelnde Rolle einnehmen, sogar eine entlastende, wenn sie Menschen zuhört, die Ärger über die Anwesenheit und das Verhalten anderer Menschen ausdrücken. Aber letztendlich wird sie Interventionen setzen müssen, die Verständnis für Menschen schaffen, die auf öffentliche Räume angewiesen sind. Gemeinwesenorientiertes Arbeiten bedeutet in diesem Zusammenhang zum einen das Führen von (entlastenden) Gesprächen mit vielen Interessengruppen, die Vernetzung unterschiedlicher Interessengruppen und Einrichtungen im Sinne der fachlichen Positionierung, um Lösungen zu erarbeiten, die die Verdrängung von Menschen verhindert, das Vermitteln zwischen unterschiedlichen Interessengruppen, aber v.a. auch die Schaffung von Bildungsräumen, in denen Verständnis für Menschen entwickelt werden, aber auch Lobbying für die Interessen der von Verdrängung bedrohten Menschen. Dieses Lobbying sollte zumindest unter Einbindung der betroffenen Menschen gestaltet sein. Ziel sollte aber sein, dass Modelle der Selbstvertretungen entwickelt werden.

Gemeinwesenorientiertes Handeln in medialen und politischen Räumen

Wie in der Analyse gezeigt, stehen hinter der Verdrängung von Menschen aus öffentlichen Räumen politische und ökonomische Interessen. Auf diesen Handlungseben bzw. -räumen ist Soziale Arbeit gefordert, Aufklärungsarbeit zu leisten und politische Entscheidungsträger*innen zu beraten. Grundlage für dieses Handeln sind wieder sozialräumliche Analysen – also das Wissen darüber, wie sich Konflikte und Interessenslagen in öffentlichen Räumen darstellen. Dabei kann es nicht um „das Monitoring von Straßenszenen" gehen, in dem Sinn, dass es zum Ziel hat, Menschen in öffentlichen Räumen zu steuern, sie zu verlagern bzw. zu verdrängen – das würde den fachlichen Positionierungen wie im Mission Statement für Soziale Arbeit im öffentlichen Raum widersprechen (siehe dazu die Kritik an einem so verstandenen Monitoring von mir, Stoik 2020). Es muss viel mehr darum gehen, dass Soziale Arbeit die Lebenslagen und -situationen von Menschen an Entscheidungsträger vermittelt, um Verständnis für diese zu schaffen.

Lobbyingarbeit kann auch bedeuten, dass Einfluss auf öffentliche Diskurse genommen wird. Die Veröffentlichung und Skandalisierung von Marginalisierung muss dabei so gestaltet sein, dass dies nicht zu weiteren Verdrängungsmaßnahmen führt. Lobbying bedeutet aber auch, dass Bedürfnisse von Menschen, die von gesellschaftlicher Marginalisierung betroffen sind, aufgenommen werden, dass Angebote weiterentwickelt und geschaffen werden, um Menschen gesellschaftliche Teilhabe zu ermöglichen. Das betrifft die Wohnversorgung, den Zugang zum Gesundheits- und Sozialsystem sowie zu Bildung und Erwerbsarbeit. Hier kann der Forderung nach gesellschaftlicher Teilhabe für alle Menschen, die in einer Stadt leben, wie dies z.B. unter „solidarische Stadt" (Krenn/Morawek

2017; Aigner/Kummer 2018; Schilliger 2018) artikuliert wird, gefolgt werden. Eine Zusammenarbeit mit sozialen Bewegungen, die eine Stadt für alle fordern, würde einer fachlichen Positionierung in konsequenter Art und Weise folgen.

Auch die Arbeit mit der Polizei sowie Sicherheits- und Wachdienste muss darauf ausgerichtet sein, Menschen, die von Verdrängung betroffen sind, zu schützen – dies geschieht nicht nur im Gespräch vor Ort, sondern besonders auch auf politischen und Leitungsebenen, in denen Aufklärung der Polizei und Sicherheitsdienste über Lebenslagen und -situationen entwickelt werden, bis hin zu Entwicklung von Kontrollmechanismen gegenüber der Polizei und Sicherheitsdiensten, um Ethnic- und Social-Profiling entgegen zu wirken.

Diskursives Klima als Grundlage und Ziel

Eine fachliche Positionierung, die einer Gesellschaftsanalyse und menschlichen Werten und Rechten von Menschen folgt, verlangt nach einem diskursiven gesellschaftlichen Klima. Es braucht gleichermaßen ein Klima der Verständigung und des Austausches, so wie es durch fachliche Diskussionen und Einmischungen in Diskurse dieses auch gleich mitbefördert. Diese zutiefst demokratiepolitische Funktion des Diskurses und der Verständigung, die Minderheiten und ausgegrenzte Personen integriert, stellt sich gegen autoritäre Entwicklungen in Gesellschaft und Politik.

Eine faktenbasierte und auf Werte orientierte Auseinandersetzung braucht es nicht nur auf gesellschaftspolitischer Ebene, sondern auch in Organisationen. Es braucht ein Klima, in dem sich Mitarbeiter*innen mit ihren Beobachtungen und mit ihren fachlichen Positionierungen einbringen können – und es braucht Reflexionsräume, in denen unterschiedliche Positionen diskutiert werden können. Schließlich braucht es eine fachliche Autonomie, in denen es zur Selbstverständlichkeit wird, dass „Fachkräfte" fachliche Positionen auch öffentlich vertreten – ganz im Sinne einer demokratischen Entwicklung von Gesellschaft.

Biografie

Christoph Stoik, Sozialarbeiter, Studium des Community Developments, lehrt und forscht auf der FH Campus Wien im Master-Studiengang „Sozialraumorientierte und Klinische Soziale Arbeit" und im Bachelor-Studiengang „Soziale Arbeit", koordiniert inhaltlich den Vertiefungszweig Sozialraumorientierung am Masterstudiengang. Lehr- und Forschungsschwerpunkte sind: Gemeinwesenarbeit, sozialräumliche Soziale Arbeit, Sozialraumanalysen, Soziale Arbeit im öffentlichen Raum, im sozialen Wohnbau und in der Stadtentwicklung.

Literatur

Addams, Jane. 1910. *Twenty Years at Hull-House*. New York: Macmillan.

Aigner, Heidrun; Kumnig, Sarah (Hrsg.). 2018. *Stadt für Alle! Analysen und Aneignungen*. Wien: Mandelbaum Verlag.

Alinsky, Saul D. 1984. *Anleitung zum Mächtigsein*, Göttingen: Lamuv.

Belina, Bernd. 2011. *Raum, Überwachung, Kontrolle. Vom staatlichen Zugriff auf städtische Bevölkerung*. Münster: Westfälisches Dampfboot.

Beratungsgruppe Soziale Arbeit im öffentlichen Raum. 2011. *Mission Statement und Glossar „Soziale Arbeit im öffentlichen Raum"*. Online: https://www.wien.gv.at/gesellschaft/soziale-arbeit/index.html (Zugriff am 2. 11. 2021).

Boulet, Jaak; Krauss, Jürgen; Oelschlägel, Dieter. 1980. *Gemeinwesenarbeit als Arbeitsprinzip. Eine Grundlegung*. Bielefeld: AJZ-Druck & Verlag.

Diebäcker, Marc. 2014. *Soziale Arbeit als staatliche Praxis im städtischen Raum*. Wiesbaden. Springer.

Diebäcker, Marc. 2019. *Gentrifizierung und öffentliche Räume. Über das Zusammenspiel von Aufwertung, Sicherheit und Ordnung an urbanen Plätzen*. In: Kadi Justin, Verlič Mara (Hrsg.): *Gentrifizierung in Wien. Perspektiven aus Wissenschaft, Politik und Praxis*. Wien: AK Wien. S. 141–151.

Diebäcker, Marc; Glogar, Isabell; Stoik, Christoph et al. 2018. *Working Class Districts. Urban Transformations and Qualities of Life in the Growing City*. Book of Abstracts. Vienna.

Diebäcker, Marc. 2020. *Städtewachstum und Gentrifizierung: Die Verräumlichung sozialer Ungleichheit und die Transformation öffentlicher Räume*. In: Diebäcker Marc; Wild Gabriele (Hrsg.): *Streetwork und Aufsuchende Soziale Arbeit im öffentlichen Raum*. Wiesbaden: Springer Fachmedien.

Diebäcker, Marc; Wild, Gabriele (Hrsg.). 2020. *Streetwork und Aufsuchende Soziale Arbeit im öffentlichen Raum.* Wiesbaden: Springer Fachmedien

Fischlmayr, Anna. 2020. *Gemeinwesen und Konflikte: Widersprüche (all)parteilicher Arbeitsansätze.* In: Diebäcker Marc; Wild Gabriele (Hrsg.): *Streetwork und Aufsuchende Soziale Arbeit im öffentlichen Raum.* Wiesbaden: Springer Fachmedien.

Galuske, Michael. 2013. *Methoden der Sozialen Arbeit: Eine Einführung.* Weinheim und Basel: Beltz Juventa.

Hinte, Wolfgang. 1991. *Stadtteilbezogene Soziale Arbeit und soziale Dienste – Lebensweltbezug statt Pädagogisierung.* In: Claus Mühlfeld (Hrsg.): Sozialarbeit deutsch-deutsch. Brennpunkte sozialer Arbeit, Neuwied: Luchterhand, S. 59–65.

Hinte, Wolfgang; Karas, Fritz. 1989. Studien*buch Gruppen- und Gemeinwesenarbeit. Eine Einführung für Ausbildung und Praxis.* Frankfurt: Luchterhand.

Kadi, Justin; Verlič, Mara (Hrsg.). 2019. *Gentrifizierung in Wien. Perspektiven aus Wissenschaft, Politik und Praxis.* Kammer für Arbeiter und Angestellte für Wien.

Kessl, Fabian; Reutlinger, Christian. 2007. *Sozialraum. Eine Einführung.* Wiesbaden: VS Verlag.

Kirsch-Soriano da Silva, Katharina; Stoik, Christoph (erscheint 2021): *Die Rolle von Sozialer Arbeit beim Gestalten von Räumen für marginalisierte Gruppen in der Stadt anhand von zwei Wiener Fallbeispielen.* In: Janett, Sandra; Oehler, Patrick (Hrsg.): Soziale Arbeit, Marginalisierung und Stadt.

Krenn, Martin; Morawek, Katharina. 2017. U*rban Citizenship. Democratising Democracy.* Für den Verein Shedhalle, Zürich. Wien: Verlag für moderne Kunst.

May, Michael. 2017. *Soziale Arbeit als Arbeit am Gemeinwesen.* Opladen, Berlin und Toronto: Verlag Barbara Budrich.

Müller, Carl Wolfgang. 2013. *Wie Helfen zum Beruf wurde: Eine Methodengeschichte der Sozialen Arbeit.* Weinheim/Basel: Beltz Juventa.

Pollak, Julia; Stoik, Christoph. 2016. *FAIR-PLAY-TEAM – Soziale Arbeit gegen die ordnungspolitische Transformation von öffentlichen Räumen in Wien.* Eine praxisbezogene kritische Reflexion. In: sozialraum.de (8) Ausgabe 1/2016. URL: http://3.www.sozialraum.de/fair-play-team.php (Zugriff am 12. 7. 2017).

Reinprecht, Christoph. 2013. *Ausgrenzung durch sozialräumliche Segregation: Soziologische Betrachtungen zur Verräumlichung sozialer Ungleichheiten.* In: Ataç Ilker, Rosenberger Sieglinde (Hrsg.): Politik der Inklusion und Exklusion. Göttingen: V & R unipress. S. 53–70.

Reutlinger, Christian. 2015. *Der öffentliche Raum: (k)ein Problem?!* Sozialräumliche Gedanken zu 5 Jahren FAIR-PLAY-TEAM Wien. In: soziales_kapital 14, 14, S. 340–350.

Reutlinger, Christian. 2020. *Sicherheiten und Sichtbarkeiten: Ordnungspolitiken in öffentlichen Räumen und die Verdrängung der problematisierten Anderen.* In: Diebäcker Marc; Wild Gabriele (Hrsg.): *Streetwork und Aufsuchende Soziale Arbeit im öffentlichen Raum.* Wiesbaden: Springer Fachmedien.

Rohrmoser, Anton (Hrsg.). 2004. *GemeinWesenArbeit im ländlichen Raum. Zeitgeschichtliche und aktuelle Modelle aus den Bereichen Bildung, Kultur, Sozialarbeit und Regionalentwicklung.* Innsbruck: Studien Verlag.

Ross, Murray G.; Lappin, Ben W. 1971. *Gemeinwesenarbeit. Theorie, Prinzipien, Praxis.* Freiburg im Breisgau: Lambertus.

Sassen, Saskia. 1997. *Metropolen Des Weltmarkts: Die Neue Rolle Der Global Cities.* 2. Aufl. ed. 1997. Frankfurt, Main (u.a.): Campus-Verlag.

Schilliger, Sarah. 2018. *Urban Citizenship. Teilhabe für alle – da, wo wir leben.* In: Heidrun Aigner; Sarah Kumnig (Hrsg.): Stadt für alle! Analysen und Aneignungen. Wien: Mandelbaum Verlag. S. 14–35.

Spiegel, Hiltrud von. 2006. *Methodisches Handeln in der Sozialen Arbeit: Grundlagen und Arbeitshilfen für die Praxis.* München: UTB.

Staub-Bernasconi, Silvia. 2018. *Soziale Arbeit als Handlungswissenschaft: Auf dem Weg zu kritischer Professionalität.* Opladen und Toronto: Verlag Barbara Budrich.

Stövesand, Sabine. 2007. *Mit Sicherheit Sozialarbeit! Gemeinwesenarbeit als innovativer Ansatz zur Prävention und Reduktion der Gewalt im Geschlechterverhältnis.* Münster: LIT-Verlag.

Stoik, Christoph. 2009. *Wiener Gemeinwesenarbeit am Scheideweg. Wiener Ausprägungen zwischen Emanzipation und lokaler Steuerung.* In: Sing, Eva; Heimgartner, Arno: Gemeinwesenarbeit in Österreich. Graz.

Stoik, Christoph. 2013. *Gemeinwesen und Parteilichkeit.* In: Bakic, Josef; Diebäcker, Marc; Hammer, Elisabeth (Hrsg.): *Aktuelle Leitbegriffe der Sozialen Arbeit. Ein kritisches Handbuch.* Band 2. Wien: Löcker.

Stoik, Christoph. 2018a. *Auf einer Spurensuche nach einer emanzipatorischen Gemeinwesenarbeit in Wien.* Ein Thesenpapier. In: soziales_kapital 19/2018. https://soziales-kapital.at/index.php/sozialeskapital/article/view/571/ 1029 (Zugriff am 26. 11. 2018).

Stoik, Christoph. 2018b. *Populistisches Alkoholverbot am Praterstern kommt doch?.* Online: https://sozialerraum.wordpress.com/2018/04/22/populistisches-alkoholverbot-am-praterstern-kommt-doch/ (Zugriff am 26. 11. 2018).

117

Stoik Christoph. 2020. *Sozialraumanalyse und Monitoring: Wissensproduktion in öffentlichen Räumen im Spannungsfeld zwischen Profession und Herrschaft.* In: Diebäcker Marc; Wild Gabriele (Hrsg.): *Streetwork und Aufsuchende Soziale Arbeit im öffentlichen Raum.* Wiesbaden: Springer Fachmedien.

Stoik, Christoph. 2021. *Sozialräumliche Soziale Arbeit als emanzipatorische Praxis.* In: Kogler, Raphaela; Hamedinger, Alexander (Hrsg.): *Interdisziplinäre Stadtforschung.* Bielefeld: transcript-Verlag.

Sonja Grabenhofer/Theresa Rinner

Warum stören uns marginalisierte[1] Menschen im öffentlichen Raum eigentlich so?

Oder: Warum ein Vorurteil schwerer
zu zertrümmern ist als ein Atom
(Albert Einstein)

Einleitung

„Die Stadt Wien verfolgt, was die sozialen Aspekte des Zusammenlebens anbetrifft, traditionell eine Politik der Toleranz. Integration, Inklusion und Prävention sind dafür grundlegend. (…) Das bedeutet, dass alle Menschen, auch jene, deren Handlungsoptionen durch soziale Ungleichheiten eingeschränkt sind, bei der Teilhabe unterstützt werden.

(…) Öffentliche Räume sind für alle Personen zugänglich.

(…) Der öffentliche Raum steht allen gleichermaßen zur Mitgestaltung offen."

Stadt Wien
(Mission Statement Soziale Arbeit im öffentlichen Raum)

Diese Kernaussage des Mission Statements der Stadt Wien deckt sich mit der Grundhaltung der Mobilen Sozialen Arbeit im öffentlichen Raum. Jede*r darf sich im öffentlichen Raum aufhalten, ihn

---

[1] In diesem Artikel wird der Begriff „marginalisierte Menschen" für jene verwendet, die von Obdachlosigkeit, sichtbarer Armut, Suchtkrankheit oder einer anderen psychischen Erkrankung betroffen sind und umgangssprachlich gerne als „Randgruppen" bezeichnet werden. Von letzterem Begriff wird Abstand genommen, da deutlich gemacht werden soll, dass marginalisierte Gruppen nicht am figurativen „Rand der Gesellschaft" stehen, sondern ein Bestandteil derselben sind. Zusätzlich soll mit dem Begriff marginalisiert „der von außen gesteuerte und intentionale Charakter der Verdrängungsprozesse" betont werden (Wolf 2016, 1).

nutzen und mitgestalten – die meisten von uns würden das wohl unterschreiben. Soweit die Theorie. Und in der Praxis? Hier scheint die Toleranz nicht immer den Worten am Papier zu folgen. Anders ist es nicht zu erklären, dass bei Organisationen der Stadt regelmäßig Beschwerden einlangen, die zum Ziel haben, gewisse Menschen aus dem öffentlichen Raum zu verdrängen oder gar zu „entfernen". Nicht allein das Verhalten dieser Menschen wird als störend empfunden, sondern ihre bloße Anwesenheit reicht. Die Rede ist von jenen, die wir unter den Begriff „marginalisierte Menschen" subsumieren und bei denen wir sofort unzählige Vorurteile im Kopf haben, wenn sie uns auf der Straße begegnen: den „Alkis" und Obdachlosen, den „Junkies", rumänischen Zeitungsverkäufer*innen, die höchstwahrscheinlich „einer ganzen Bettelmafia" angehören, den offensichtlich psychisch Kranken usw. Alle haben sie gemeinsam, dass wir ihre Anwesenheit als unangenehm empfinden und sie als irgendwie bedrohlich wahrnehmen, alle haben sie gemeinsam, dass wir ihr „Dasein" maximal tolerieren, nie aber akzeptieren.

Vielleicht sind Sie an dieser Stelle mit dem Verwenden des Begriffs „wir" nicht einverstanden und denken sich: „Andere mögen solche Vorurteile haben, aber ich doch nicht!" Dennoch werden die Autorinnen an der weiteren Verwendung des „Wir"-Begriffs festhalten, da er die gesellschaftliche Realität auf dem Papier spiegelt: Wir *alle* sind von stigmatisierenden Gedanken, Handlungen, Distanzierungstendenzen und Ängsten begleitet – wenn auch in unterschiedlichem Ausmaß bzw. mit unterschiedlichem Fokus.

Also zurück zur Ausgangsfrage: Woher kommt es, dass wir manche Gruppen im öffentlichen Raum als so störend empfinden, dass es uns am liebsten wäre, sie seien gar nicht da? Um uns einer Antwort zu nähern, müssen wir zunächst mit den „Bildern im Kopf" beginnen, den Vorurteilen und Stereotypen, ohne die wir unseren komplexen Alltag gar nicht bewältigen könnten und gegen die keiner von uns ganz immun ist. Als Nächstes werden wir erfahren, wozu Vorurteile und unhinterfragte Bilder führen können: nämlich zur Stigmatisierung, Exklusion und Diskriminierung ganzer Gruppen, was wiederum deren Teilhabe am gesellschaftlichen Leben verhindert. Und wir werden die Frage erörtern, ob das nicht sogar – unbewusst – beabsichtigt ist. Den Kern dieses Artikels bilden Gedanken auf die Frage, warum wir überhaupt exkludieren, und warum die Mobile Soziale Arbeit im öffentlichen Raum einen wichtigen Beitrag leistet, diesen Tendenzen entgegenzuwirken.

„Obdachlose sind betrunken und aggressiv …"

Vieles, das wir täglich in unserem Alltag tun, basiert nicht auf bewussten Entscheidungen, die wir bis ins letzte Detail durchdenken, sondern ist die Folge unbewusster Routinehandlungen. Ob wir etwa einen Kaffee oder Tee zum Frühstück trinken, ist genauso wenig das Ergebnis eines „rationalen Reflexionsprozesses wie die Wahl unserer Zahncreme. (…) Wenn wir über all dies nachdenken müssten, kämen wir vermutlich morgens gar nicht erst aus dem Bett. Wir schaden damit auch niemandem. Wir erleichtern damit unser Alltagsleben." (Finzen 2013, 28). Auch unsere Bewertungen und Urteile sind meist reflexartig. Innerhalb von Sekunden ordnen wir Menschen und Ereignisse ein und schieben sie in Schubladen, sofort tauchen vorgefertigte Bilder auf, wenn wir einen Begriff hören.

Diese vorgefertigten Bilder werden auch „Stereotype" genannt, sie sind feste Bestandteile unserer täglichen Automechanismen. Per Definition ist ein Stereotyp ein übervereinfachtes Bild von Personen, Institutionen oder Ereignissen, das in seinen wesentlichen Merkmalen von einer großen Zahl von Personen geteilt wird (Stangl 2021). Sie stellen keine objektive Wahrheit über jemanden oder etwas dar, sondern sind Alltagstheorien bzw. feste Vorstellungen über Eigenschaften oder Verhaltensweisen, die Menschen besitzen (sollen), weil sie einer bestimmten Gruppe zugeschrieben werden (Möller-Leimkühler 2005, 46).

Eine Folgeerscheinung von Stereotypen können Vorurteile (Stangl 2021) sein. Obwohl beide Begriffe oft synonym verwendet werden, soll hier auf den Unterschied aufmerksam gemacht werden. Gemeinsam haben ein Stereotyp und ein Vorurteil, dass sie generalisieren und Urteile über Menschen aufgrund ihrer Gruppenzugehörigkeit treffen. Vorurteile sind aber meist viel emotionaler besetzt als Stereotype (Möller-Leimkühler 2005, 46) und stimmen ihrer „typisierten Meinung" aktiv zu. Vorurteile definieren sich darüber hinaus durch ein – meist negatives – Werturteil. Als Veranschauli-

121

chung der beiden Begriffe: Ein Beispiel für ein *Stereotyp* betreffend Obdachlose wäre etwa, dass in uns das Bild eines „Mannes" auftaucht, der „ungepflegt" ist und „auf der Straße schläft" und „Alkohol trinkt". Ein gängiges *Vorurteil* wäre, dass Obdachlose „betrunken und aggressiv" sind und man sich vor ihnen „fürchten muss, weil sie unberechenbar sind". Im Vorurteil ist eine negative und emotionale Wertung enthalten. In Abgrenzung dazu gelten Stereotype langläufig als „kognitive" Komponente des Vorurteils (Thomas 2006, 7).

In Enzyklopädien werden Vorurteile definiert als „Einstellungs- und Beurteilungsmuster, bestehend aus einem vorgefassten, emotional gefärbten, durch neue Erfahrungen oder Informationen schwer veränderbaren und für allgemeingültig und wahrhaftig erachteten, generalisierten Urteil über soziale Sachverhalte, das ohne differenzierende Begründung als gegeben betrachtet wird." (Thomas 2006, 2). Einer der bekanntesten Forscher zu diesem Thema, Gordon Allport, sieht die Komponenten Einstellung und Überzeugung als die beiden Bestandteile von Vorurteilen (Allport 1971). Er beschrieb Vorurteile „als Antipathie, die sich auf eine fehlerhafte und starre Verallgemeinerung gründet. Sie kann ausgedrückt oder auch nur gefühlt werden. Sie kann sich gegen eine Gruppe als Ganze richten oder gegen ein Individuum, weil es Mitglied einer solchen Gruppe ist." (Allport 1971, 23).

Wie Stereotypen haben auch Vorurteile die Funktion, Ordnung in einer komplexen Welt zu schaffen, uns Handlungssicherheit zu geben und uns kognitive Effizienz zu ermöglichen (Möller-Leimkühler 2005, 46). Dadurch, dass wir auf vorgefertigte Meinungen und Bilder zurückgreifen, meinen wir, uns die Auseinandersetzung mit komplexen Details zu ersparen. Und das ist kein Phänomen der modernen Gesellschaft. Seit jeher nutzen wir Menschen Vorurteile und blitzschnelle Kategorisierungen, um in unberechenbaren Situationen handlungsfähig zu bleiben: So haben sich schon unsere Vorfahren in der Steinzeit nicht lange damit auseinandergesetzt, ob es sich beim Säbelzahntiger vor ihnen um ein besonders gefährliches oder außergewöhnlich freundliches Exemplar handelt. Stereotypisierung und Vorurteile schützen uns also vor Reizüberflutung (Finzen 2013, 28), indem wir uns anhand von Urteilssimplifizierungen eines quasi-ökonomischen Sparsamkeitsprinzips bedienen (Stangl 2021). Sie sind aber auch – evolutionär bedingt – überlebenswichtig. Zusammengefasst lässt sich feststellen, dass Vorurteile und Stereotypen wichtige Funktionen im Rahmen der sozialen Wahrnehmung erfüllen.

Meist richten sich Vorurteile gegen Minderheiten in einer Gesellschaft bzw. gegen alles, was wir als „fremd" oder „normabweichend" empfinden, wie etwa Ausländer*innen, Obdachlose, Menschen anderer religiöser Herkunft, psychisch kranke Menschen, Suchtkranke, Geflüchtete etc. (Finzen 2013, 29).[2] Ganze Menschengruppen können durch Vorurteile pauschalisiert werden, und Mitglieder dieser Gruppe nicht mehr als Individuen wahrgenommen werden (Mathiesen 2017). Gefährlich wird es, wenn Vorurteile dazu führen, dass ganze Gruppen unhinterfragt negativ bewertet werden und es auf Basis von Vorurteilen zu Handlungen kommt. Dann sprechen wir von Diskriminierung.

Laut einer gängigen Definition ist Diskriminierung *(von lat. Discriminare = unterscheiden)* „Ungleichbehandlung, im soziologischen Sinne ungleiche, herabsetzende Behandlung anderer Menschen nach Maßgabe bestimmter Wertvorstellungen oder aufgrund unreflektierter, zum Teil auch unbewusster Einstellungen, Vorurteile und Gefühlslagen." (Hillmann 2007, 155). Diskriminierung bedeutet also, dass wir ein Gegenüber abwertend und herabsetzend betrachten und behandeln, weil wir unbewusst oder unreflektiert Vorurteile hinsichtlich des Gegenübers haben. Zudem impliziert Diskriminierung ein Werturteil, nämlich der Diskriminierenden, und die Benachteiligung der Diskriminierten (Markefka 1995, 43). Meist geht es dabei gar nicht um eine individuelle Eigenschaft oder Leistung der diskriminierten Person oder Gruppe, sondern um eine zugeschriebene Kategorie-Zugehörigkeit (Mathiesen 2017).

---

[2]   In fünf „Eskalationsstufen" hat Allport in seiner gleichnamigen Skala (1954) die schrittweise Folge von Vorurteilen in der Gesellschaft ausdifferenziert: Zunächst werden auf Grund von Vorurteilen abschätzige Bemerkungen (Verleumdung) gegenüber der jeweiligen Gruppe gemacht, danach folgen Vermeidung, Diskriminierung, körperliche Gewalt und schließlich ihre Vernichtung.

„Nicht das Merkmal an sich ist negativ, sondern was wir damit verbinden ...“

Häufig in Verbindung mit Vorurteilen und Diskriminierung genannt wird der Begriff „Stigma". In der ursprünglichen Wortbedeutung war unter Stigma vor allem ein körperliches Merkmal gemeint:

„Die Griechen schufen den Begriff des Stigmas als Verweis auf körperliche Zeichen, die dazu bestimmt waren, etwas Ungewöhnliches oder Schlechtes über den moralischen Zustand des Zeichenträgers zu offenbaren. Die Zeichen wurden in den Körper geschnitten oder gebrannt und taten öffentlich kund, dass der Träger ein Sklave, ein Verbrecher oder ein Verräter war – eine gebrandmarkte, rituell für unrein erklärte Person, die gemieden werden sollte, vor allem auf öffentlichen Plätzen (...)." (Goffman 2020, 9).

Anders als in der Antike und in vergangenen Jahrhunderten, als Randgruppen oder Außenseiter sichtbar durch Einbrennen, Einritzen oder dem Halten von Symbolen gekennzeichnet wurden,[3] werden Stigmen mittlerweile eher „gedacht" und metaphorisch verwendet. Sie deuten immer auf eine Unehrenhaftigkeit oder Entehrung (Goffman 2020, 9) der Stigmaträger*innen hin. Das Zeichen oder Merkmal der Unehrenhaftigkeit wird (in der Regel) aber nicht am Körper, sondern an der stigmatisierten Person selbst wahrgenommen (Kimmich/Schahadat 2016, 13). In der Soziologie wird ein Stigma definiert als „physisches oder soziales Merkmal, durch das eine Person sich von allen übrigen Mitgliedern einer Gruppe (oder Gesellschaft) negativ unterscheidet und aufgrund dessen ihr soziale Deklassierung, Isolation oder sogar allgemeine Verachtung droht." (Hillman 2007, 864).

In seinem Standardwerk macht Goffman drei unterschiedliche Arten von Stigma aus: 1) physische Deformationen, 2) „individuelle Charakterfehler" (etwa Willensschwäche, Unehrenhaftigkeit, unnatürliche Leidenschaften), die sich äußern können als z.B. Sucht, Homosexualität, Arbeitslosigkeit u.Ä. sowie 3) phylogenetische

---

[3]   So mussten Leprakranke etwa durch eine „Leprarassel" ihr Kommen ankündigen, Sklav*innen wurden mit Brandmalen gekennzeichnet u.Ä.

Stigmata wie Ethnie, Nation und Religion (Goffman 2020, 12 f). Anhand dieser Merkmale erkennen wir Menschen, die in „unerwünschter Weise anders (sind) oder handeln, als wir es antizipiert hätten." (ebd., 13). Dabei ist nicht das Merkmal per se negativ, sondern wird dadurch zum Stigma, dass es von der Mehrheitsgesellschaft als Normabweichung interpretiert wird.

Das Stigma, so Jürgen Hohmeier, wird zum „master status" einer Person deklariert, das sich so stark wie kein anderes Merkmal auf den Umgang der Gesellschaft mit den Betroffenen auswirkt (Hohmeier 1975, 7f). Alle anderen Eigenschaften des Menschen treten durch das Stigma in den Hintergrund.

„... letztlich wird der gesamte Mensch abgewertet und diskreditiert!"

Stigmatisierung nennt man den Prozess, „durch den Individuen oder Gruppen andere Individuen oder Gruppen in Kategorien einordnen, was durch Zuschreibung von Merkmalen und Eigenschaften, durch Diskreditierung von Merkmalen und Eigenschaften, und durch Diskreditierung vorhandener, sichtbarer Merkmale und Eigenschaften geschieht." (Stangl, 2021). Sobald also ein Merkmal einer Person als „normabweichend" bzw. negativ bewertet wird (Stigma), werden ihr weitere negative Eigenschaften zugeschrieben, bis letztendlich der gesamte Mensch abgewertet und diskreditiert wird (Goffman 2020, 10f). Um dies zu verdeutlichen: Ein Mensch verliert seinen Job und wird arbeitslos. Stigmatisierung ist der Prozess, im Rahmen dessen die Mehrheitsgesellschaft zum Merkmal „arbeitslos" negative Charaktereigenschaften und Vorurteile hinzuschreibt, wie „alle Arbeitslosen sind faul und arbeitsunwillig und beuten das System aus", und somit arbeitslose Menschen als Ganzes abwerten.

Die Frage, *warum* es zur Stigmatisierung kommt, beschäftigt viele Sozialwissenschaftler*innen. Neben einer „Realitätsvereinfachung", die wir durch Zuschreibungen erreichen, weil wir uns nicht mit Details auseinandersetzen müssen und meinen, unser Gegenüber sofort einordnen zu können, ist eine Hauptthese, dass sich Gruppen innerhalb einer Gesellschaft vom „Anderen" abgrenzen, um sich zu organisieren. Jede Gruppe schafft sich ihre eigenen Normen und

Regeln und legt fest, was „erlaubt" ist und was nicht. Sobald sich eine Person nicht an die Normen hält, wird sie sanktioniert.

> „Wie immer eine gesellschaftliche Gruppierung sich organisiert, eines ihrer wichtigsten Elemente sind ihre Grenzen. Innerhalb dieser gelten bestimmte Normen und Werte, die nicht ohne Strafe verletzt werden. Sie regeln die Qualifikation für die Mitgliedschaft. (...) Wie immer eine solche gesellschaftliche Gruppierung aussieht, ihre Mitglieder müssen im Stande sein Regeln, Normen und Werte zu erkennen und einzuhalten. Es ist eine Grundvoraussetzung menschlichen Zusammenlebens, dass die Mitglieder einer Gruppe sich auf die Berechenbarkeit des Verhaltens der übrigen Mitglieder verlassen können. Deswegen wird abweichendes Verhalten mit Sanktionen belegt, gleichgültig ob es beabsichtigt oder unabsichtlich ist. Stigmatisierung hat sehr viel mit Sicherung und Sichtbarmachung von Grenzen zu tun." (Finzen 2013, 49).

Stigmatisieren heißt also auch sich „abgrenzen" und deutlich machen, dass der*die Stigmatisierte „ganz anders" ist als man selbst (von Kardoff 2010, 4). Unter der Prämisse, dass stigmatisierte Personen nicht ganz der Norm entsprechen üben wir eine Vielzahl von Diskriminationen (sic) „aus, durch die wir ihre Lebenschancen (*Anm.: der Stigmatisierten*) wirksam, wenn auch gedankenlos, reduzieren." (Goffmann 2020, 13).

Betroffene selbst nehmen Stigmatisierung als äußerst kränkend wahr (von Kardoff 2010, 4). Für sie bedeutet Stigmatisierung tiefgreifende Konsequenzen, auch weil sie auf die psychische Ebene einwirkt (Kimmich/Schahadat 2016, 13) und die eigene Identität betrifft:

> „Für sie geht es um die Frage der sozialen und personalen Identität und darum, wie diese in das konkrete soziale Umfeld eingebracht werden kann – um nichts weniger als das eigene Leben in der komplexen Lebenswelt einer größeren sozialen Gemeinschaft." (Finzen 2013, 38).

Anders als Diskriminierung bleibt Stigmatisierung für Betroffene der unausweichliche „Normalfall" (von Kardoff 2010, 6), denn ihre „normative Kraft (entfaltet Stigmatisierung) vor dem Hintergrund der gesellschaftlich durchgesetzten, stillschweigend akzeptierten und sanktionierten Normalitätsstandards." (ebd., 4). Stigmatisierung bildet also das Fundament bzw. den Ausgangspunkt für vielfältige Formen von gesellschaftlicher Ausgrenzung mit all ihren Folgen.

Nun wollen wir in die Praxis blicken und Gedanken anstellen, warum bestimmte Menschen(gruppen) im öffentlichen Raum besonders zu stören scheinen. Unser Zugang in diesem Artikel ist es, „Meinungen", mit denen die Mobile Soziale Arbeit in der Praxis (v.a. im Beschwerdemanagement) konfrontiert ist, herauszugreifen und zu überprüfen, ob es sich hierbei um Einzelstimmen handelt, oder ob es sich um breitere, gesellschaftlich verfestigte Sichtweisen handelt. Hier wird freilich kein Anspruch auf Exhaustivität erhoben, sondern es handelt sich vielmehr um die Auseinandersetzung mit ausgewählten Phänomenen aus der Praxis.

„... vom Ungleichen zum Ungleichwertigen!"

Natürlich wissen wir, dass Stigmatisierung und Diskriminierung grundsätzlich falsch sind und theoretisch alle Menschen gleichberechtigt und gleichwertig sind. Die Gleichwertigkeit aller ist sogar ein ganz grundlegender Gedanke der Aufklärung und auch in der Allgemeinen Erklärung der Menschenrechte fest verankert. Doch leben wir dieses Ideal auch im Alltag? Empfinden wir alle als gleich viel wert, auch die, die ganz anders sind als wir selbst? Für eine Antwort nehmen wir Sie mit in den öffentlichen Raum.

Gerade hier werden nämlich jene sichtbar, die wir als „anders" empfinden, Menschen, die von der „Norm" abweichen – etwa Obdachlose, Suchtkranke, körperlich Beeinträchtigte, von Armut Betroffene etc. Wie bereits im Teil über Stigmatisierung beschrieben, ist für uns alles, was von der Norm abweicht, „fremd" oder „unnormal" und gehört nicht zu „unserer" Gruppe. Diese Markierung kann zur Folge haben, dass wir das „Andere, Fremde" nicht nur als „ungleich", sondern als „ungleichwertig" bewerten. (Heitmeyer 2016, 36).

In Folge der Transformation zur Ungleichwertigkeit kommt es zu wertenden Kategorisierungen von Menschen, die eine „Gruppenbezogene Menschenfeindlichkeit" zur Folge trägt. Laut Heitmeyer

(2016, 20 f) handelt es sich hierbei um ein Syndrom, das zehn Kategorien[4] umfasst, denen wir besonders viel abwertende Aufmerksamkeit schenken, darunter Obdachlose und Langzeitarbeitslose – also Menschen, die stark auf den öffentlichen Raum angewiesen sind, weil sie keine Wohnung haben, keiner Erwerbtätigkeit nachgehen (können) oder keine ausreichenden finanziellen Ressourcen haben. Menschen, die sozial schlechter gestellt sind, sind demnach besonders Ziel von Abwertung (Heitmeyer 2016, 20 ff) und Exklusion.

„... nur wer etwas leistet, ist etwas wert!"

Der abwertenden Art über „Schwächere" zu denken liegt ein gesellschaftliches Verständnis zugrunde, das Menschen in „nützlich" und „überflüssig" einteilt (Heitmeyer/Endrikat 2016, 55 f). So betrachten wir Menschen, die zur materiellen Prosperität etwas beitragen, als „nützlich" und im Umkehrschluss Menschen, denen dies nicht gelingt – also die nicht arbeiten oder konsumieren können – als „überflüssig" (Takahashi 1996, 300 f). Erschwerend hinzukommen weit verbreitete Ansichten, dass „Nichtleistungsträger*innen" ja gar nicht nützlich sein *wollen*. Bestätigt wird das in einer deutschen, breit angelegten Studie aus dem Jahr 2007, in der 33 Prozent der befragten Personen meinen, dass obdachlose Menschen arbeitsscheu wären und Langzeitarbeitslose nicht daran interessiert sind, einen Job zu finden (48 Prozent). In dieser Studie empören sich 61 Prozent der Befragten, dass sich Langzeitarbeitslose ein bequemes Leben auf Kosten der Gesellschaft machen (Heitmeyer 2016, 28 f). Zusammengefasst: Diese Menschen leisten nicht nur nichts, sie verursachen darüber hinaus auch noch Kosten.

Verstärkt wird diese Haltung dadurch, dass in einer Gesellschaft, in der ökonomische Kriterien wie Effizienz, Nützlichkeit, Verwertbarkeit, Funktionsfähigkeit, Rentabilität etc. einen hohen Stellenwert

---

[4]   Die zehn Kategorien: Abwertung von Langzeitarbeitslosen, Abwertung von Behinderten, Abwertung von Obdachlosen, Islamophobie, Sexismus, Etabliertenvorrechte, Homophobie, Antisemitismus, Fremdenfeindlichkeit, Rassismus (Heitmeyer 2016, 21).

haben, Werte wie Moral und Ethik demgegenüber eine deutlich untergeordnete Rolle spielen (Mansel/Endrikat 2007, 165). So zeigen Befragungsergebnisse aus dem Jahr 2007, dass über ein Drittel der Befragten meint, dass „sich eine Gesellschaft wenig nützliche Menschen und menschliche Fehler nicht (mehr) leisten kann". 40 Prozent sind der Ansicht, dass „in unserer Gesellschaft zu viel Rücksicht auf Versager genommen wird", 44 Prozent finden, dass „zu viel Nachsicht mit solchen Personen unangebracht ist", und etwa ein Viertel meint, dass „moralisches Verhalten (...) ein Luxus (ist), den wir uns nicht mehr leisten können" (Mansel/Endrikat 2007, 169).

Wenn wir tatsächlich den Wert eines Menschen daran festmachen, wieviel er ökonomisch beiträgt bzw. „bringt", ist es dann verwunderlich, dass wir unbewusst die Haltung vertreten, „Schwache" hätten nicht dieselben Rechte wie wir – etwa was die Nutzung und Gestaltung „unseres" öffentlichen Raums angeht?

„... wenn du nur wolltest!"

Spinnen wir vielleicht noch den Gedanken, dass Langzeitarbeitslose oder Obdachlose *„gar nicht wollen"* weiter. Bedeutet es dann: Wer arbeiten will, findet Arbeit, wer eine Wohnung möchte, bekommt auch eine, und wer Hilfe braucht, dem wird geholfen, und wenn es nicht funktioniert, ist man eben selber schuld?

Tatsächlich kennen wir aus der Praxis, dass Stadtbewohner*innen meinen, marginalisierte Menschen seien selbstverschuldet in die Situation geraten: „Junkies" und „Alkis" wären einfach willensschwach, Arbeitslose und Obdachlose faul – alle haben sie gemeinsam, dass sie nicht in der Situation stecken *müssten*. Diese weit verbreitete Meinung wird von Wolf/Kunz (2017, 115) als augenscheinlich hohes Vertrauen in den Sozialstaat begründet: Das Vertrauen in die Unerschütterlichkeit des sozialen Netzes sei ein wichtiger Grund, warum wir denken, dass marginalisierte Menschen selbst verantwortlich für ihrer „Misere" sind, weil wir doch gut vor Obdachlosigkeit oder Arbeitslosigkeit oder anderen derartigen Unglücken geschützt wären. Ergo: „Sie wollen einfach nicht!"

Im Zusammenhang mit dem „Selbstverschulden" werden Menschen, die eine psychische Erkrankung haben, besonders stigmatisiert – und hier allen voran jene, die eine Abhängigkeit von Alkohol oder illegalisierten Substanzen aufweisen. Untermauert wird dies in der Übersichtsarbeit von Schomerus et al. (2010), die zeigt, dass die Mehrheitsbevölkerung alkoholkranken Menschen die Schuld für ihre Erkrankung zuschreibt. Darüber hinaus belegen internationale Bevölkerungsstudien, dass Suchtkranken im Vergleich zu anderen psychischen Erkrankten noch viel stärker zugeschrieben wird, „selbst schuld zu sein", und dass die Tatsache, dass es sich bei einer Sucht um eine Krankheit handelt, wenig Akzeptanz findet.

Mag sein, dass der offenbar schwer auszurottende Gedanke des „Selbstverschuldens" einer Suchterkrankung oder Obdachlosigkeit ein Mitgrund ist, wieso es uns so ärgert, wenn wir im öffentlichen Raum auf eben diese Menschen treffen. Denn wie passen diese zu „uns", in eine Gesellschaft, in der ständig postuliert wird, dass „alles möglich ist, wenn man sich nur genug anstrengen würde, dass man alles schaffen könne, wenn man nur genug wollte"?

„... du machst mir Angst!"

Neben dem Vorurteil der Charakter- bzw. Willensschwäche werden psychisch kranken Menschen in der Regel zahlreiche weitere negative Charaktereigenschaften zugeschrieben, etwa dass sie unberechenbar, gefährlich oder gewalttätig wären (vgl. z.B. Lauber/Sartorius 2007). In einer Bevölkerungsstudie in Österreich (Grausgruber et al. 2018) wurde nachgewiesen, dass lediglich 12 Prozent der Befragten es dulden würden, wenn eine an Schizophrenie erkrankte Person die eigenen Kinder beaufsichtigen würde. Bei Alkoholkranken sind es lediglich 10 Prozent der Befragten. „In die Familie einheiraten lassen" würden nur 27 Prozent jemanden, der alkoholkrank ist bzw. 37 Prozent jemanden, der an Schizophrenie erkrankt ist. Dass psychisch Kranke langläufig als „unberechenbar", „gefährlich" oder „unbeherrscht" (ebd., 80f) eingeschätzt werden, bewirkt offenbar, dass ihnen tendenziell mit Ablehnung, Angst oder Distanziertheit begegnet wird – wobei diese Distanzierungstendenz im Fall von Schizophrenie, Alkoholismus und Abhängigkeit von illegalisierten Substanzen besonders stark ist (Angermeyer/Dietrich 2006).

Letztgenannten, also den Abhängigen von illegalisierten Substanzen, wird neben dem Label „unberechenbar" und „gefährlich" von der Gesellschaft üblicherweise das Etikett „kriminell" umgehängt (Aydin/Fritsch 2015, 248). Da es sich um eine Abhängigkeit von Substanzen handelt, die verboten sind, müssten Menschen sich diese auf kriminellem Wege besorgen, was im Umkehrschluss bedeutet, dass es sich hierbei um Kriminelle handeln muss. Dies führt nach Gölz (2004, 168) augenblicklich zur Festschreibung weiterer stigmatisierender Merkmale wie Prostitution, Obdachlosigkeit, Begleiterkrankungen, Beschaffungskriminalität und Verwahrlosung. Es scheint naheliegend, dass wir aufgrund dieser Zuschreibungen Angst bekommen können. Die Tatsache, dass sich viele dieser Menschen in einer (legalen) Substitutionsbehandlung befinden, bzw. dass eine hohe Heterogenität innerhalb der Gruppe der Abhängigen besteht, wird dabei außer Acht gelassen.

Das Bild des klapprigen „Junkies" mit der gemeingefährlichen Spritze scheint auch in den Köpfen vieler Stadtbewohner*innen hierorts fest verankert zu sein. Sozialarbeiter*innen, die auf der Straße tätig sind, können bestätigen, dass „Sichtungen" von mutmaßlich suchtkranken Menschen ausreichen, um manche Bürger*innen in Aufruhr zu versetzen: Meist stört dabei gar nicht das *Verhalten* dieser Menschen an sich, sondern die alleinige Anwesenheit impliziert, dass hier gleich ein krimineller Akt geschehen wird – und das irritiert. Natürlich handelt es sich bei dieser ablehnenden Haltung gegenüber Suchtkranken nicht um eine Wiener Eigenheit, sondern sie ist überall auf der Welt zu finden. So wiesen Beck et al. (2005) in einer Repräsentativerhebung in Deutschland nach, dass Abhängige von illegalisierten Suchtmitteln die zweitunbeliebteste Nachbarschaftsgruppe sind – und zwar nach Rechtsextremen!

Der Vollständigkeit halber wird angemerkt, dass auch andere marginalisierte Gruppen wie z.B. Alkoholkranke (60,4 Prozent) und Schizophrene (36,6 Prozent) genannt wurden, die man lieber nicht als Nachbar*innen möchte (ebd.).

Deutlich wird, dass psychisch Kranke – allen voran Suchtkranke – unbeliebte Stadtmitbewohner*innen sind, ganz gleich ob als Nachbar*innen oder ob wir ihnen im öffentlichen Raum begegnen. Liegt das daran, dass wir wahrgenommene Merkmale nicht als das sehen, was sie sind (nämlich Hinweise auf eine Krankheit), sondern augenblicklich weitere Zuschreibungen treffen, wie „unberechenbar" und „gefährlich", und diese in den Vordergrund rücken? Und wenn ja, wundert es dann, dass wir einen „Kriminellen" nicht im Haus haben wollen oder uns fürchten, wenn wir einen augenscheinlich psychisch Kranken im Park sehen?

„... dein Elend macht mir Angst!

Wir haben bereits die Bedeutung des Leistungspostulats in Bezug auf unsere Bilder zu finanziell schwachen Menschen – und die daraus resultierende Bewertung in „nützlich" und „überflüssig" – erörtert. Es lohnt sich, hier noch ein wenig genauer hinzuschauen, speziell vor dem Hintergrund, dass immer mehr erwerbstätige Menschen von Armut betroffen sind. Vor allem weniger qualifizierte Arbeitskräfte verfügen trotz Erwerbsarbeit über ein Einkommen unter der Armutsgrenze (SOCIUS Österreich 2021).

Diese Entwicklungen passieren trotz eines gesamtwirtschaftlichen Wachstums und Fortschritts und haben eine wachsende soziale Ungleichheit zur Folge. Diese soziale Ungleichheit verstärkt Ausgrenzungs- und gesellschaftliche Spaltungstendenzen (Wacquant 2006, 23). Otto und Ziegler gehen noch ein Stück weiter und sprechen in diesem Kontext nicht nur von einer Spaltung zwischen „Nützlichen" und „Überflüssigen", sondern verengen die Spannungsverhältnisse auf „Verlierer" und „Überflüssige" (Otto/Ziegler 2005, 131).

Diese „Verlierer" können also Menschen sein, die trotz „Anstrengung" von drohender oder beginnender Armut oder Arbeitslosigkeit betroffen sind. Eine mögliche Reaktion auf das daraus resultierende Unterlegenheitsgefühl und ihre Zukunftsängste kann die Kompensation durch Abreagieren an noch Schwächeren sein.

„Man muss davon ausgehen, dass mit niedriger Soziallage das Bedürfnis wächst, sich von Personen am untersten Rand der Sozialhierarchie abzugrenzen, indem man diesen eine negative-re Arbeitshaltung zuschreibt als sich selbst." (Heitmeyer/Endrikat 2016, 66).

Es kommt aber nicht nur zum „Abgrenzen", sondern zu einem Wechsel von der Opfer- in die Täter*innenrolle, da „in der Rollen-umkehr schlagartig die Möglichkeit aufblitzt, die Opfergeschichte zu beenden und zu einem neuen Selbstverständnis zu gelangen." (Veiel 2008, 143).

Es scheint, dass die Angst vor der eigenen Betroffenheit von Ar-beitslosigkeit „zu einer Furcht vor Arbeitslosen" mutiert (Minkmar 2006, 28). Die Angst davor, *selbst marginalisiert* zu werden, ver-wandelt sich also in Angst vor *marginalisierten Menschen.* In die-sem erweiterten Gedanken handelt es sich nicht nur um ein Phäno-men, das ausschließlich bei Menschen mit „niedriger Soziallage" auftritt (und die etwa besonders große Angst vor einem Jobverlust haben), sondern kann jede*n betreffen: Die Angst vor einer Sucht-erkrankung wird zur Angst vor Suchtkranken transformiert, die Angst vor Obdachlosigkeit zur Angst vor Obdachlosen usw.

Ist es also unsere eigene Angst, dass uns das Gleiche passieren könnte? Schreckt es uns, wenn wir sehen, welche Konsequenzen Armut, Arbeitslosigkeit oder Krankheit haben können? Werden diese Menschen nur deshalb als so störend im öffentlichen Raum empfunden, weil wir ihnen – und somit unseren eigenen Ängsten – dort so schwer aus dem Weg gehen können?

„... wir müssen uns Sisyphos als einen glücklichen Menschen vorstellen!"

Die Autorinnen sind davon überzeugt, dass die hier abgehandelten Phänomene eng miteinander verwoben sind und teilweise auf-einander aufbauen. So kann die Angst vor dem eigenen Abstieg dazu führen, die Ursache von Problemen nicht in widrigen Umstän-den, sondern bei der betroffenen Person selbst zu suchen („das kann mir nicht passieren, das kann nur jemandem passieren, der eigentlich gar nichts leisten will") und infolgedessen die Person als Ganzes abzuwerten („sie ist völlig anders als ich, nicht nur faul, sondern auch unberechenbar und gefährlich"). In welcher Reihenfolge man die Argumente auch lesen möchte, feststeht, es handelt sich nicht um Einzelmeinungen, sondern um gesellschaftlich verankerte – und tief menschliche – Glaubenssätze, die wir alle in unterschiedlichen Facetten und Schattierungen uns tragen.

Beim Ausüben der Tätigkeit der Mobilen Sozialen Arbeit ist daher die Reflexion *eigener* Vorurteile und möglicher Stigmatisierungen zentraler Bestandteil. Aber Achtung: Dies bezieht sich natürlich nicht ausschließlich auf die Arbeit mit marginalisierten Menschen, sondern auf *alle* Dialogpartner*innen im öffentlichen Raum: So können beispielsweise auch Vorurteile und eine Abwehrhaltung gegenüber Beschwerdeführer*innen auftauchen, wenn diese artikulieren, dass sie sich durch marginalisierte Menschen gestört fühlen. Schnell kann da das Bild „der Reichen" vor dem inneren Auge auftauchen, die keinerlei Empathie gegenüber „den Armen" aufbringen. Wenn wir in diese Falle tappen, hätte dies zur Folge, letztlich die Stigmatisierer*innen zu stigmatisieren und damit den Dialog abzubrechen – zumindest aber zu erschweren – oder gar die Vorurteile des Gegenübers zu festigen.

Insofern ist es notwendig – um im Dialog zu bleiben – die *eigenen* Bilder stetig zu reflektieren, aber vor allem auch Bilder und Ängste der *anderen* zu verstehen und ernst zu nehmen, Irritationen zu besprechen, sie zu hinterfragen und im Idealfall gemeinsam abzubauen.

Dass Vorurteile nicht nur notwendig sind, weil sie unseren komplexen Alltag erst bewältigbar machen, sondern dass sie so tief sitzen und daher so schwer „verrückbar" sind, macht diese Tätigkeit besonders herausfordernd. Im beruflichen Alltag gleicht das manchmal einer anstrengenden Sisyphosarbeit, weil sie Kontinuität und unermüdlichen Einsatz verlangt und die Früchte dieser Arbeit oftmals sehr langsam reifen. Trotzdem – vielleicht auch deshalb – *muss* diese Arbeit getan werden. Stigmatisierung und Ausgrenzung schaden nämlich nicht nur den Betroffenen, sondern auch uns als

Gesellschaft, da sie mit demokratischen Grundgedanken wie Gleichheit, Gleichwertigkeit und Gleichberechtigung nicht vereinbar sind.

Im Wissen um die Wichtigkeit dieser Arbeit auf individueller und gesellschaftlicher Ebene möchten wir uns zu guter Letzt Mut machen: „Der Kampf gegen Gipfel vermag ein Menschenherz auszufüllen. Wir müssen uns Sisyphos als einen glücklichen Menschen vorstellen." (A. Camus).

Biografie

Sonja Grabenhofer, MSc, ist seit 2005 in unterschiedlichen Positionen in der Suchthilfe Wien tätig. Sie hat eine systemische Beratungsausbildung absolviert und Sozialmanagement studiert. Seit 2015 ist sie Teil der Geschäftsführung.

Mag.ª Theresa Rinner, MAIS, hat Politikwissenschaften an der Universität Wien studiert sowie das interdisziplinäre Masterprogramm mit Schwerpunkt „Internationale Beziehungen, Völkerrecht und internationale Wirtschaft" an der Diplomatischen Akademie Wien absolviert. Sie ist seit 2013 in der Suchthilfe Wien tätig und Referentin in der Geschäftsführung.

Literatur

Beck M.; Angermayer M.C.; Brähler E. 2005. *Gibt es einen Zusammenhang zwischen Rechtsextremismus und sozial Distanz gegenüber psychisch Kranken? Ergebnisse einer Repräsentativerhebung bei der Deutschen Allgemeinbevölkerung.* Psychiatrische Praxis (32), S. 68–72.

Allport, G. 1971. *Die Natur des Vorurteils.* Köln: Kiepenheuer und Witsch.

Angermeyer, M.; Dietrich N. 2006. *Public beliefs about and attitudes towards people with mental illness: A review of population studies.* Acta Psychiatrica Scandinavica (113), S. 163–179.

Finzen, A. 2013. *Stigma psychische Krankheit, Zum Umgang mit Vorurteilen, Schuldzuweisungen und Diskriminierung.* Köln: Psychiatrie Verlag GmbH.

Goffman, E. 2020/engl. 1963. *Stigma. Über Techniken der Bewältigung beschädigter Identität.* Frankfurt/Main: Suhrkamp.

Gölz, J. 2004. *Stigmatisierung von Drogenabhängigen.* In: Suchttherapie 5, S. 167–171.

Grausgruber, A.; Moosburger, R.; Hackl, E. 2018. *Monitoring Public Stigma Austria 1998–2018,* MOPUSTIA18. Teilprojekt 1: Repräsentative Umfrage in der Wohnbevölkerung ab 16 Jahren in Österreich, Johannes Kepler Universität Linz.

Heitmeyer, W.; Endrikat, K. 2016. *Die Ökonomisierung des Sozialen. Folgen für „Überflüssige" und „Nutzlose".* In: Deutsche Zustände. Folge 6. Frankfurt/ Main, S. 55–72.

Hillmann, K. 2007. *Wörterbuch der Soziologie*; 5. Auflage, Stuttgart: Alfred Körner Verlag.

Hohmeier, J. 1975. *Stigmatisierung als sozialer Definitionsprozeß.* In: M. Brusten & J. Hohmeier (Hrsg.), Stigmatisierung. Neuwied: Luchterhand, S. 5–24.

Kimmich, D.; Schahadat, S. 2016. *Diskriminierung. Versuch einer Begriffsbestimmung.* In: Zeitschrift für Kulturwissenschaften. Diskriminierungen., JG 10, S. 9–21.

Lauber, C.; Sartorius N. 2007. *At issue: Anti-stigma endeavours.* In: International Review of Psychiatry, 19 (2), S. 103–106.

Mansel, J.; Endrikat, K. 2007. *Die Abwertung von „Überflüssigen" und „Nutzlosen" als Folge der Ökonomisierung der Lebenswelt: Langzeitarbeitslose, Behinderte und Obdachlose als Störfaktor.* Soziale Probleme, 18 (2), S. 163–185.

Markefka, M. 1995. *Vorurteile – Minderheiten – Diskriminierung.* Neuwied: Luchterhand.

Möller-Leimkühler, A. 2005. *Stigmatisierung psychisch Kranker aus der Perspektive sozialpsychologischer Stereotypenforschung.* In: Wolfgang Gaebel, Hans-Möller, J.; Rössler W. (Hrsg.), *Stigma – Diskriminierung – Bewältigung: Der Umgang mit sozialer Ausgrenzung psychisch Kranker,* Stuttgart: W. Kohlhammer GmbH, S. 40–55.

Otto, H.U.; Ziegler, H. 2005. *Sozialraum und sozialer Ausschluss. Die analytische Ordnung neo-sozialer Integrationsrationalitäten in der Sozialen Arbeit.* In: Anhorn, R., Bettinger, F. (Hrsg.): *Sozialer Ausschluss und Soziale Arbeit. Positionsbestimmungen einer kritischen Theorie und Praxis Sozialer Arbeit.* Wiesbaden: VS Verlag für Sozialwissenschaften, S. 129–160.

Schomerus, G.; Bauch, A.; Elger, B.; Evans-Lacko, S.; Frischknecht, U.; Klingemann, H.; Kraus, L.; Kostrzewa, R.; Rheinländer, J.; Rummel, C.; Schneider, W.; Speerforck, S.; Stolzenburg, S.; Sylvester, E.; Tremmel, M.; Vogt, I.; Williamson, L.; Heberlein, A.; Rumpf, J.J. 2017. *Das Stigma von Suchterkrankungen verstehen und überwinden.* In: SUCHT (63), S. 253–259.

Takahashi, L. 1996. *A decade of understanding homelessness in the USA: From characterization to representation.* Progress in Human Geography (20), S.[291–310.

Thomas, A. 2006. *Die Bedeutung von Vorurteil und Stereotyp im interkulturellen Handeln.* Interculture Journal: Online Zeitschrift für interkulturelle Studien, 5(2), S. 3–20.

Von Kardoff, E. 2010. *Stigmatisierung, Diskriminierung und Exklusion psychisch kranker Menschen, Soziologische Anmerkungen zu einer ärgerlichen gesellschaftlichen Tatsache und einem fortlaufenden Skandal.* In: Kerbe – Forum für Sozialpsychiatrie Heft 4/2010, S. 4–7.

Wacquant, L. 2006. *Das Janusgesicht des Ghettos und andere Essays.* Basel, Boston, Berlin: Birkhäuser Verlag für Architektur; Gütersloh: Bauverlag.

Wolf, S.; Kunz, S. 2017. *Die Schuldfrage der Obdachlosigkeit im gesellschaftlichen Diskurs.* In: Hamburger journal für Kulturanthropologie. 6/2017, S. 111–126.

Veiel, A. 2008. *Der Kick. Ein Lehrstück über Gewalt.* Deutsche Verlags-Anstalt.

Internet

Mathiesen, G. 2017. *Das Fremde ist das Schlechte. Wie kommt es zur Diskriminierung? Und wer wird diskriminiert? Über Stereotypen, stigmatisierte Gruppen und Menschenwürde,* https://www.shz.de/deutschland-welt/politik/das-fremde-ist-das-schlechte-id17317006.html (Zugriff am 6. 9. 2021).

Minkmar, N. 2006. *Die Henrisikogesellschaft Nicht nur am Fall des Wiesbadener Hartz-IV-Empfängers sieht man, daß sozial Schwache zunehmend öffentliche Verachtung erfahren.* In: Frankfurter Allgemeine Sonntagszeitung vom 24. Dezember 2006, https://www.genios.de/presse-archiv/artikel/FAS/20061224/die-henrisikogesellschaft-nicht-nur/SD120061224916680.html (Zugriff: 2. 9. 2021).

Stadt Wien: Mission Statement „Soziale Arbeit im öffentlichen Raum",

https://www.wien.gv.at/gesellschaft/soziale-arbeit/mission-statement.html (Zugriff am 6. 9. 2021).

SOCIUS Österreich: *Arm trotz Erwerbsarbeit* (working poor), https://www.socius.at/workingpoor.php (Zugriff am 5. 9. 2021).

Stangl, W. 2021. Stichwort: *„Stereotyp – Online Lexikon für Psychologie und Pädagogik".* Online Lexikon für Psychologie und Pädagogik, https://lexikon.stangl.eu/630/stereotyp/ (Zugriff am 6. 9. 2021).

Wolf, S. 2016. *Über die Wahrnehmung von und den Umgang mit obdachlosen Personen im öffentlichen Raum.* Katholische Arbeitsgemeinschaft Wohnungslosenhilfe, https://www.kagw.de/themen-und-inhalte/wissenswertes/ueber-die-wahrnehmung (Zugriff am 20. 8. 2021).

Annika Rauchberger

Öffentlicher Raum für alle!
Über die Bedeutung des Erhalts nicht-kommerzieller öffentlicher Räume als Orte städtischen Zusammenlebens

Der öffentliche Raum ist ein begehrtes Gut, vor allem in einer so schnell wachsenden Stadt wie Wien. Er bildet die zentrale Voraussetzung städtischen Lebens. Er ist ein Ort des Handelns, der Kommunikation, der Begegnung und für manche sogar Lebensraum. Der öffentliche Raum ist die Visitenkarte einer Stadt, in der sich Reichtum und Armut einer Gesellschaft widerspiegeln. Die Vielfalt seiner Funktionen zeigt deutlich, dass öffentlicher Raum ein elementarer Faktor urbaner Lebensqualität ist und die Nutzbarkeit der Stadt unterstützt (vgl. Bork et al. 2015, 2). Im Idealfall ist der öffentliche Raum ein Sozialraum, der allen Stadtnutzer*innen[1] zur Verfügung steht. Die Coronapandemie hat uns einmal mehr gezeigt, wie wichtig öffentliche und kollektive Infrastrukturen für das alltägliche Leben, die Gesundheit und das Wohnen sind (vgl. Heindl 2020, 9).

Der folgende Beitrag ist eine Auseinandersetzung mit gegenwärtigen Entwicklungen, die den öffentlichen Raum unter Druck setzen. Unter Trends wie der zunehmenden Kommerzialisierung von öffentlichen Räumen leiden besonders jene Menschen, die am wenigsten Ressourcen haben und am meisten auf ihn angewiesen sind (vgl. Ritt 2017, 66).

Einleitend wird der Begriff des öffentlichen Raumes diskutiert. Anschließend werden aktuelle Trends und Entwicklungen festgehalten und erläutert, welche Rolle diese für den Zugang für alle Nutzer*innen spielen. Kurz wird auf die Bedeutung des öffentlichen Raumes

---

[1] Auf den Begriff des Bürgers oder der Bürgerin wird in diesem Beitrag bewusst verzichtet, da die formaljuristische Verwendung zu kurz greift und viele Menschen, etwa Personen mit unklarem Aufenthaltsstatus, Menschen ohne Ausweispapiere etc., ausschließt.

für die unterschiedlichen Bevölkerungsgruppen eingegangen. Da manche Menschen den Raum „nur" temporär nutzen, andere aber auf ihn als Lebensmittelpunkt angewiesen sind, richtet sich ein Fokus des Beitrags auf die Bedeutung des öffentlichen Raumes für marginalisierte Menschen. Die Frage, welche Rolle dieser im Hinblick auf die soziale Teilhabe in der Stadt spielt, legt dieser Blickwinkel besonders offen.

Der Schussteil befasst sich mit gegenwärtigen und künftigen Herausforderungen, die den öffentlichen Raum und seine Nutzer*innen betreffen und welche Maßnahmen die Stadtplanung, etwa mit dem *Fachkonzept Step 2025 Öffentlicher Raum* bietet, um den Erhalt und die Gestaltung nicht-kommerzieller öffentlicher Räume zu fördern.

Der öffentliche Raum – eine kurze Definition

In der Stadtplanung und den raumbezogenen Sozialwissenschaften werden Räume von einer Hierarchisierung von Teilräumen geprägt (vgl. Bahrdt 1961, zit. in Dangschat 2006, 21). Es wird unterschieden zwischen privaten (Wohnung), halböffentlichen (Stiegenhäuser, Durchgänge, Höfe, Bahnhöfe, Einkaufszentren, U-Bahnstationen) und öffentlichen Räumen. Sie haben verschiedene Aufenthaltsmöglichkeiten und Zugangsbeschränkungen (vgl. Dangschat 2006, 21).

Da unterschiedliche Professionen ganz verschiedene Theorien und Sichtweisen auf den öffentlichen Raum entwickelt haben, wird hier auf den Raum durch die „stadtsoziologische Brille" geschaut. Dies empfiehlt sich insofern, da Räume stark in gesellschaftlichen Prozessen verankert sind und stets Zentren von Auseinandersetzungen und Veränderungen bilden.

Räume sind keine statischen Konstrukte, die einfach nur existieren. Daher hat sich in der raumbezogenen Stadtforschung der relationale Raumbegriff etabliert. Das bedeutet, dass Räume mehrdimensional gedacht werden. Der Begriff relational verweist auf die Wechselwirkungen und Gleichzeitigkeit von Platzierungen (vgl. Hammer 2016, 69).

Löw spricht von einer Dualität der Räume, das bedeutet, dass Räume im Handeln geschaffen werden und dass räumliche Strukturen, eingelagert in Institutionen, Handlungen beeinflussen können. Neben politischen, ökonomischen und rechtlichen Strukturen existieren auch räumliche und zeitliche Strukturen, die im Handeln verwirklicht werden und Handeln beeinflussen (vgl. Löw et al. 2008, 63).

Demnach können Räume für gesellschaftliche Gruppen unterschiedliche Bedeutungen haben. Sie unterscheiden sich in ihren Erfahrungen, Zugängen und Ausschlüssen. Somit ist Raum immer auch ein Auseinandersetzungsfeld im Kampf um Anerkennung (ebd.). Um Raum zu analysieren und zu beschreiben, müssen Menschen, die sich im Raum aufhalten und ihn nutzen, immer mitgedacht werden (Löw 2001, 155).

In diesem Kontext ist auch der öffentliche Raum zu betrachten. Der deutsche Sozialwissenschaftler Andrej Holm benennt vier Dimensionen, die dieser in der Geschichte der Stadtentwicklung angenommen hat. Er ist eine (1) nutzungsoffene, gestaltete Freifläche, eine (2) kollektive Infrastruktur der sozialen Interaktion und Begegnung, ein (3) Ort der voraussetzungslosen, diskriminierungsfreien und unbeschränkten Zugänglichkeit sowie eine (4) Manifestation einer gesellschaftlichen Öffentlichkeit. Der öffentliche Raum, hält er fest, ist nur öffentlich, solange er offen ist (vgl. Holm 2016, 4).

Die Wichtigkeit der Offenheit und der Zugänglichkeit der Räume ist auch ein zentraler Kernsatz im Wiener Leitbild für den öffentlichen Raum *freiraum.stadtraum.wien* (Leitbild Öffentlicher Raum 2009, 5). Im Wesentlichen sind urban geprägte, öffentliche Freiräume im öffentlichen Eigentum. Diese haben multifunktionale Eigenschaften. Sie können Plätze, Parks, Straßenräume oder etwa zugängliche Freiräume von öffentlichen Gebäuden sein.

In den vergangenen Jahrzehnten wurde der öffentliche Raum vielfach nur in seiner Verkehrsfunktion wahrgenommen. Heute kommt dem öffentlichen Raum mehr Aufmerksamkeit zu (Step2025 Fachkonzept öffentlicher Raum 2018, 15). Dies liegt vor allem daran, dass immer mehr Leute den öffentlichen Raum nutzen. Er ist eine Begegnungsstätte von Menschen aus allen Gesellschaftsschichten und damit per se ein Ort gesellschaftlicher Auseinandersetzung – nicht zuletzt, weil sich unterschiedlichste Gruppen mit ihren verschiedenen Bedürfnissen, die von Erholung bis hin zur politischen Tätigkeit reichen, den oft knappen Stadtraum teilen. Konflikte gehören zum städtischen Alltag dazu. Gerade weil die Gesellschaft ausdifferenzierter wird, ist es eine Herausforderung, Regelungen und Bedingungen des Zusammenlebens zu entwickeln (Bukow et al. 2001, 17).

Der öffentliche Raum bildet das soziale und strukturelle „Rückgrat" der Quartiersentwicklung. Weil in ihm vielfältige Bedürfnisse Platz finden, leistet er einen enormen Beitrag zur Lebensqualität in der Stadt für alle (Häberlin 2019, 11). Er bietet die Möglichkeit, anonym in der Masse zu verschwinden, aber auch zur Identifikation mit einer Gruppe. Im Zusammentreffen von Fremden oder Gleichgesinnten zeigt sich ein zentrales Prinzip des öffentlichen Raumes: Er hat etwas Gemeinschaftliches und wird von einem Kollektiv getragen oder genutzt (Fraser 1999).

Rechtlich spielen in Wien unterschiedliche Gesetzesmaterien eine wesentliche Rolle im öffentlichen Raum. Sie geben den Rahmen der möglichen Gestaltung und erlaubten Handlungsweisen vor. Mit einem komplexen Netz an Zuständigkeiten überzieht die Wiener Stadtverwaltung den öffentlichen Raum: Rund 25 Magistratsabteilungen und Dienststellen sind direkt oder indirekt, strategisch oder operativ mit dem öffentlichen Raum befasst (vgl. MA 18 2018, 56 f). Der Austausch, die Vernetzung und Abstimmung der unterschiedlichen Dienststellen sind essenziell für einen qualitativ hochwertigen und nutzbaren öffentlichen Raum (Hammer/Witterich 2019, 125). Wo verdichtete Unterschiedlichkeiten aufeinandertreffen, ist es von Vorteil, wenn sich verschiedene Akteur*innen aus Verwaltung, Zivilgesellschaft sowie Expert*innen aus der Praxis und Wissenschaft austauschen, um qualitätsorientierte Lösungen für den öffentlichen Raum zu finden. Um etwa schneller auf Entwicklungen im öffentlichen Raum agieren zu können, wurde in Zusammenarbeit der TU Wien mit der Stadt Wien das „Wissensnetzwerk öffentlicher Raum" errichtet. Neben der Stiftungsgastprofessur „Stadtkultur und öffentlicher Raum" hat die Fakultät für Architektur und Raumplanung im Rahmen ihrer *future.lab*-Plattform einen zusätzlichen inhaltlichen Fokus auf das Arbeitsfeld des öffentlichen Raumes gelegt. Dieses Netzwerk soll den Dialog zwischen der Technischen Universität und der Stadtverwaltung, zwischen Wissenschaft und Praxis, fördern, damit Impulse und Anregungen für den Umgang mit konkreten Problemstellungen in den öffentlichen Räumen Wiens entstehen können (vgl. Kakalanova/Scheuvens 2017, 9).

Zusammengefasst hängt das Verständnis zum öffentlichen Raum von seiner kulturellen Einbettung und der jeweiligen Gesellschaft ab (vgl. Wencke 2010, 89 zit. nach Breitfuss et al. 2006, 22). Das bedeutet, dass sich demnach Machtverhältnisse ebenso widerspiegeln, wie die jeweiligen gruppenspezifischen Konstruktionen über den öffentlichen Raum. Diese bestimmen wiederum die Art der Nutzungen und Aneignungen. Kurz, der öffentliche Raum kann immer als eine Synthese städtebaulicher, physischer Strukturen mit Prozessen des sozialen Handelns und Verhaltens der Akteur*innen, den draus resultierenden Machtansprüchen sowie erlernten Formen des Umgangs miteinander verstanden werden (vgl. Wencke 2010, 89 zit. nach Berking; Neckel 1990).

Der öffentliche Raum im Zentrum von gesellschaftlichen Entwicklungsprozessen

Die Stadt des 21. Jahrhunderts wird durch den ökonomischen, sozialen und kulturellen Wandel und einer zunehmend sozialräumlich ausdifferenzierenden Gesellschaft[2] vor große Herausforderungen gestellt. Politische Ziele, gesellschaftliche Leitbilder, das Stadtmarketing und nicht zuletzt auch die Diskussionen um Sicherheit haben einen direkten Einfluss auf den öffentlichen Raum. Wien verändert sich und alle diese Transformationsprozesse sind im öffentlichen Raum ablesbar (Kokalanova/Scheuvens 2017, 8). Im folgenden Kapitel werden einige der prägnantesten Veränderungen und Trends kurz skizziert. Nicht alle Aspekte und Entwicklungen finden hier

---

[2] Sozial differenzierend bedeutet in diesem Zusammenhang die Entstehung von sozialen, kulturellen und wirtschaftlichen Unterschieden innerhalb der Stadt und innerhalb von städtischen Teilgebieten, wie etwa dem Grätzl.

Platz, so fehlt etwa die steigende Inanspruchnahme des öffentlichen Raumes durch den motorisierten Individualverkehr und die dringende Frage der Raumgerechtigkeit.

Wiens Bevölkerung wächst rasant, bereits im Laufe des Jahres 2027 könnte die Stadt wieder zur Zwei-Millionen-Metropole werden (wien.gv.at). Der Anteil der älteren Menschen und Kinder in der Gesamtbevölkerung steigt. Da ebenso die Anzahl der Personen, die älter als 75 Jahre alt sind, zunimmt, steigen auch die Anforderungen an die Barrierefreiheit. Außerdem steigt die Bevölkerungsheterogenität an. So werden beispielsweise die Lebensstile differenzierter (Step2025 Fachkonzept öffentlicher Raum 2018, 15). Der öffentliche Raum offenbart den Blick auf jene Menschen, die von Armut betroffen sind. Von Armut betroffen ist, wer ein geringes Einkommen hat, keine oder eine sehr geringe Erwerbsintensität hat und wer zu zentralen Lebensbereichen, wie etwa Bildung, Gesundheit, Ernährung oder angemessenem Wohnraum, nur eingeschränkt Zugang hat. Als Einkommensarmutsgrenze werden 60 Prozent des mittleren Pro-Kopf-Haushaltseinkommens definiert (vgl. Armutskonferenz 2015, 5).

Die Anzahl obdachloser Menschen im öffentlichen Raum mag zwar aufgrund der steigenden Angebote im Bereich der Wiener Wohnungslosenhilfe gesunken sein, dennoch steigt die Zahl derer, die keinen Anspruch auf Hilfe nach dem Wiener Sozialhilfegesetz haben, wie etwa (bettelnde) Menschen aus anderen Ländern der Europäischen Union. Es sind besonders jene, deren Anwesenheit im öffentlichen Raum von vielen Teilen der Bevölkerung problematisiert wird. Sichtbare Armut wird zunehmend als störend empfunden, da das Thema Armutsbetroffenheit immer stärker zu einer moralischen Wertigkeitsprüfung tendiert. Das meritokratische Prinzip möchte uns glauben machen, dass jede Person den Status hat, den sie verdient. Das bedeutet, der jeweilige Status widerspiegelt die Leistung der Menschen; wer sich besonders anstrengt, kann es auch schaffen (Wiesböck 2020, 20). Demnach werden obdachlose, suchtkranke und bettelnde Menschen von manchen Menschen als mutwillig untätig angesehen, die sich auf Kosten der Gesellschaft ein „bequemes Leben" in der „sozialen Hängematte" machen (ebd.). Diese Sichtweise trennt die Gesellschaft und fördert die Entsolidarisierung innerhalb der Gesellschaft. Dem gegenüber steht die positive Entwicklung, dass das zivilgesellschaftliche Engagement der Wiener*innen zugenommen hat. Immer mehr Menschen sind bereit, sich einzubringen und wollen aktiv ihr Wohnumfeld gestalten und Verantwortung übernehmen, wie etwa bei dem Projekt „Grätzloasen". Dieses Projekt dient dazu, die Straßen zu beleben, Initiativen zu unterstützen und den Austausch auf der Straße zu fördern. Dadurch identifizieren sich die Menschen stärker mit ihrem lokalen Freiraum und seinen diversen Nutzer*innen (ebd.). Das Austarieren zwischen Entsolidarisierung, Solidarisierung, Aneignung und Verdrängung auf öffentlichen Plätzen ist eine wichtige Aufgabe für die Gebietsbetreuung. Die Gebietsbetreuung bietet nicht nur professionelle Begleitung in der Entstehung neuer Stadtteile an, sondern fördert die Partizipation von allen Menschen in ihrer Wohnumgebung, um den Zusammenhalt und das Verständnis für die Bedürfnisse aller zu stärken (www.gbstern.at).

Die Aktivtäten im öffentlichen Raum haben in den vergangenen Jahren deutlich zugenommen und „(...) das Leben auf Wiens Straßen und Plätzen ist lebendiger und vielfältiger geworden." (Step 2025 Stadtentwicklungsplan 2014, 114). Die Nutzung beschränkt sich mittlerweile nicht mehr auf eine bestimmte Tages- oder Jahreszeit. Vor allem die immer stärkere Kommerzialisierung des öffentlichen Raumes in den zentralen Lagen Wiens, etwa durch Schanigärten, diverse Großveranstaltungen, wie Oster- und Adventmärkte und Konzerte, lässt den öffentlichen Raum für alle kleiner werden. Dabei fällt die Bewertung von kommerzieller Nutzung durchaus ambivalent aus. Denn kommerzielle Veranstaltungen können einerseits zu Verdrängungen und Raumverlust für Gemeinwohlinteressen führen. Gleichzeitig wird auch der belebende Effekt für manche öffentlichen Räume begrüßt. Gerade Wien belebt seine Bezirke durch zahlreiche Gratiskulturangebote, wie etwa Freiluftkinos und Konzerte. Belebte Straßen und die Besucher*innen von diversen Veranstaltungen bezeugen, dass das Angebot von den Menschen gerne angenommen wird (Bork et al. 2015, 10). Kostenlose Veranstaltungen von kulturellen bis hin zu sportlichen Aktivitäten sind wichtig für die Stadt. Dennoch ist es notwendig, sich die Veranstaltungsorte genau anzuschauen und abzuwägen, ob diese zur Verdrängung führen können, oder ob es nicht alternative Orte gibt, um die Events zu veranstalten.

Public-Private-Partnerships (PPP) oder völlige Privatisierungen spielen bei städtischen Projekten seit den 1990er-Jahren eine zunehmend wichtige Rolle. Dies ist zwar kurzfristig, im Sinne einer ausgeglichenen Budgetbilanz, nützlich, führt aber langfristig dazu, dass im ehemals halb-öffentlichen Raum vermehrt private Hausordnungen und enge Verhaltenskodizes gelten. So könnte etwa das Museumsquartier ein idealer öffentlicher Raum sein, doch wird dieser von einer privaten Firma (MQ GesmbH) betrieben, die eine eigene Hausordnung für das Areal festgesetzt hat. Die Firma ist beispielsweise berechtig, bis auf Widerruf die öffentlichen Zugänge zu sperren. Ein Sicherheitsdienst überwacht die Einhaltung der Hausordnung (www.mqw.at).

Ein weiteres Beispiel ist das Goldene Quartier in Wien, das von der Signa Holding betrieben wird. Das im ersten Bezirk gelegene Gebiet gleicht einer „Enklave gehobenen Konsums" (Hamedinger 2005, 552). Zwar sind die dazugehörenden Gassen (Bognergasse, Tuchlauben, Tuchlaubenhof und Seitzergasse) frei zugänglich, es gibt jedoch keine konsumfreien Sitzgelegenheiten und private Sicherheitsfirmen verhindern den Aufenthalt von Straßenzeitungsverkäufer*innen und bettelnden Menschen. Die Umfunktionierung der Innenstadt zu Konsumzonen und die Privatisierung öffentlicher Räume, die rigiden Sicherheitskontrollen ausgesetzt sind, dienen dazu, das an solchen Orten zusammenkommende ökonomische, soziale, kulturelle und symbolische Kapital der Eigentümer*innen und ihrer Klientel zu maximieren und fördert, dass diese unter sich bleiben können und finanzschwache Menschen bewusst ausgeschlossen werden (ebd.).

Ein weiterer Trend, der den öffentlichen Raum betrifft, ist die hohe Regulierungsdichte. In Wien hat die Normenvielfalt bei der Gestaltung des öffentlichen Raumes insgesamt zugenommen. Für die Umsetzung von Barrierefreiheit hat dies zwar positive Auswirkungen (wie etwa ein Leitliniensystem für sehbehinderte Menschen an Kreuzungen und Haltestellen), aber erschwert auch innovative Gestaltungen. Zusätzlich ist das Bedürfnis der Verwaltung gestiegen, sich bei Haftungsfragen abzusichern. So können etwa keine Spiel- und Bewegungsanreize abseits von Spielplätzen errichtet werden, auch wenn vielen Verantwortlichen die positiven Effekte bewusst sind, weil es die aktuelle Rechtslage nicht gewährt (Step 2025 Fach-konzept öffentlicher Raum 2018, 16).

Die jedoch größte Herausforderung wird, wie eingangs kurz er-wähnt, das Stadtwachstum sein. Die Einwohner*innenzahl wird die Zwei-Millionen-Marke überschreiten, gleichzeitig wächst der öf-fentliche Raum nicht mit. Da der Nutzungsdruck steigen wird, ist es unerlässlich darüber nachzudenken, ob nicht doch bestimmte Flä-chen für die öffentliche Nutzung geöffnet werden können. So wird seit Jahrzehnten von der außerschulischen Jugendarbeit gefordert, die Sportflächen der Stadt Wien sowie auch Schulsporthallen und Sportplätze nach dem Unterricht für private Nutzer*innen zu öff-nen. Auch die Soziologin Katharina Hammer schlägt eine Öffnung dieser räumlichen Schulressourcen vor, um künftig ungenutzte Mikrofreiräume sinnvoll zu gestalten (augustin.or.at).[3] Öffentliche Räume bergen das große Potenzial, dass sich die unterschiedlichen Vielen als Gleiche begegnen (Lanz 2016, 52). Dafür ist eine offene und solidarische Politik notwendig, die nicht nur von oben kommt, sondern inklusiv ist und alle Menschen, die den öffentlichen Raum nutzen, miteinbezieht.

Gentrifizierung und der Einfluss auf den öffentlichen Raum

Ein zentraler Stadtentwicklungsprozess, der nicht unerwähnt blei-ben darf, ist jener der Gentrifizierung. Welche Bedeutungen und Auswirkungen diese auf marginalisierte Menschen im öffentlichen Raum hat, hat in der Fachliteratur noch nicht viel Eingang gefun-den (vgl. Diebäcker 2019, 142).

Der Begriff Gentrifizierung stammt ursprünglich aus der wissen-schaftlichen Stadtforschung und wurde durch Ruth Glass in den

---

[3] Im Regierungsabkommen der pink-roten Koalition ist in den Klimazielen beispielsweise eine Mehrfachnutzung von ungenutzten Flächen festge-schrieben (Regierungsabkommen 2020, 66).

1960er-Jahren geprägt, die die Verdrängung von Bewohner*innen von Londoner Arbeiter*innenbezirken erforscht hat. In diesem Kontext wird der Begriff vor allem als Phänomen von Verdrängung von Personen mit niedrigem Einkommen verstanden, aufgrund von Investitionen, Aufwertung und Zuzug von Menschen mit höherem Einkommen (vgl. Verlič 2020, 184). Die Stadtsoziologin Mara Verlič benennt vier Aspekte von Gentrifizierung, die sich auch auf den öffentlichen Raum anwenden lassen und die wesentlich zur Verdrängung bestimmter Personengruppen beitragen: Erstens die Investition von Kapital im öffentlichen Raum. Dies können zunächst auch öffentliche Investitionen sein (etwa der U- Bahnbau, Begrünungen, Verkehrsberuhigungen). Diese dienen privaten Investor*innen häufig zur Profitmaximierung, indem sie die Mieten mit einem Lagezuschlag erhöhen. Einen zweiten Aspekt benennt Verlič mit dem Zuzug hochpreisiger Gewerbe- und Gastronomieangebote, die zwar nicht unmittelbar zum öffentlichen Raum gehören, aber maßgeblich zur Aufwertung eines Viertels beitragen. Ein dritter Punkt, der die Gentrifizierung des öffentlichen Raumes betrifft, ist die Kontrolle beziehungsweise das Verbot unerwünschten Verhaltens. Die Normen, wie Raum genutzt wird, bestimmt weitgehend die Mittel- und Oberschicht (Verlič 2020, 187 f). Als vierten Aspekt gibt Verlič die Verdrängung von bestimmten Personengruppen an. Dies kann eine direkte Verdrängung von Menschen aus den Räumen bedeuten, aber auch eine Verdrängung aus dem Lebensstil des Viertels (ebd.).

Durch Aufwertung und Verdrängung wird soziale Ungleichheit räumlich sichtbar, beispielsweise durch neue „In-Lokale" oder durch das veränderte Publikum, das sich im öffentlichen Raum aufhält. Es ändern sich die Verfügbarkeit und die Nutzungsformen durch die neu ansässigen Bewohner*innen (Hammer/Witterich 2019, 126). In der wettbewerbsorientierten Großstadt ist der öffentliche Raum, besonders in zentralen Lagen, eine Projektionsfläche für eine wachsende globale Stadt. Die Wiener Innenstadt beispielsweise, transformiert hin zur einer Erlebniszone, in der sich ökonomische und Profit- und Mehrwert-Orientierung ausdrückt. Menschen mit niedriger Kaufkraft, vor allem jene in prekären Lebenssituationen, deren sichtbare Armut nicht den erwünschten Verhaltens- und Konsumnormen entsprechen, werden stillschweigend verdrängt (Diebäcker 2020, 27). Bei der Attraktivierung von öffentlichen Räumen sind es Normen des „Schönen", des „Normalen", des „moralisch Richtigen", die über die soziale Ausschließung entscheiden. Diejenigen, die mit ihrer bloßen Anwesenheit oder ihrem Verhalten den Erwartungsanforderungen nicht entsprechen, werden als Störung der sozialen Ordnung betrachtet (ebd.).

Im Kontext invasiver Konsumstrukturen scheinen besonders marginalisierte Menschen und Gruppen, die wenig Verhandlungsmacht und Interessenvertretung besitzen, insbesondere obdachlose, wohnungslose und suchtkranke Menschen, von Verdrängung bedroht. Nutzer*innen und Nutzungsformen, die nicht in die Konsumstrukturen eingewoben sind, müssen um ihr Recht auf Anwesenheit ringen, wie sich entlang der verschwindenden Sitzgelegenheiten zeigt (Witterich/Hammer 2019, 139f).

Da nicht alle Nutzer*nnengruppen im öffentlichen Raum dieselben Möglichkeiten haben, wenn es darum geht, ihre Interessen zu wahren oder einzubringen, ist es unabdingbar, auch schwächere Interessen stärker zu vertreten (ebd.). Hier kann Mobile Soziale Arbeit einen wichtigen Beitrag leisten. Anzumerken ist, dass hier die eigene Rolle in den räumlichen Ordnungsverhältnissen immer kritisch mitreflektiert werden muss. Denn die Mobile Soziale Arbeit beeinflusst über ihre Machtbeziehungen zu den Adressat*innen nicht nur die Wahrnehmungen und Deutungen von Raum, sondern bewegt und fixiert die Anordnungen von und zwischen Subjekten und sozialen Gütern (vgl. Diebäcker 2014, 118 zit. nach Reutliner 2020, 40).

Im Zusammenhang zwischen städtischen Aufwertungspolitiken und urbanen Sicherheits- und Ordnungspolitiken wäre es wichtig, dass nicht nur die Verdrängung der Wohnbevölkerung beforscht wird, sondern auch die Verdrängung marginalisierter Menschen (vgl. Diebäcker 2019, 142). Gentrifizierung verändert das Gesicht und den Charakter eines Vierteles und damit auch den öffentlichen Raum. Daher ist es unerlässlich, im Stadtplanungsdiskurs nicht nur von Aufwertung und sanfter Erneuerung zu sprechen. Das Fachkonzept Öffentlicher Raum benennt zwar Trends wie Kommerzialisierung des öffentlichen Raumes und die Phänomene der Verdrängung. Eine explizite Auseinandersetzung mit der Thematik und Problematik der Gentrifizierung fehlt jedoch (Step 2025 Fachkonzept öffentlicher Raum 2018, 16). Gerade beliebte Plätze der Stadt, die für Investor*innen besondere ökonomische Verwertbarkeit versprechen, brauchen besondere Schutzmechanismen, damit es ein Platz für alle Nutzer*innen bleiben kann (vgl. Hammer/Witterich 2019, 136).

Die Notwendigkeit eines konsumfreien öffentlichen Raumes

Wiens Bevölkerung wächst und damit auch die Anzahl jener Menschen, die den öffentlichen Raum als Aufenthaltsraum nutzen. Prekäre Arbeitsverhältnisse und steigende Arbeitslosigkeit führen zur Zunahme von Tagesfreizeit und erhöhen die Aufenthaltsdauer im öffentlichen Raum (Zech 2016, 82). Neben Kindern, Jugendlichen, alten Menschen, Menschen mit eingeschränkter Mobilität und einkommensschwachen Familien mit kleinen Kindern, sind das auch Obdachlose (vgl. Ritt 2017, 67). Die Sommer werden heißer, Straßen, Parks und Plätze werden als erweiterter Wohnraum genutzt. Das Alter, das Geschlecht, kulturelle Sozialisation, all das spielt eine Rolle im Nutzungsverhalten. Besonders aber spielt der sozioökonomische Status eine Rolle. Bewohner*innen einer großen Wohnung mit Freifläche haben mitunter weniger den Drang, ihre Freizeit draußen zu verbringen, als Menschen in überbelegten Wohnungen. In dicht verbauten Gebieten erhöht sich der Nutzungsdruck noch zusätzlich (Hammer 2016, 73).

Kinder und Jugendliche brauchen ganz besonders in ihrem Wohnumfeld Spiel- und Freiräume, in denen sie sich gemeinsam bewegen, spielen und treffen können. Jugendliche haben zwar einen größeren Aktionsradius als Kinder, aber auch für sie gilt, dass es wichtig ist, kostenlose und barrierefreie Zugänge vorzufinden, um sich mit ihren Freund*innen treffen zu können. Besonders sie nutzen öffentliche Räume vielfältig. Sie haben weniger Geld zur Verfügung und brauchen Freiflächen für den Austausch, Aufenthalt und ihre Identitätsentwicklung. Auch ältere Menschen haben ganz spezielle Anforderungen an öffentliche Räume. Da ihre Mobilität mitunter nachlässt, sind sie besonders auf fußläufige Angebote angewiesen. Diese sollten Verweilplätze anbieten, um rasten zu können (Hammer 2016, 73f). Beispielsweise rangierte der Wunsch nach mehr Sitzplätzen ganz oben bei der Bürger*innenbefragung betreffend die Umgestaltung der Thaliastraße in Ottakring (kurier.at).

Trotz der Nutzungsvielfalt gibt es einige gemeinsame Grundbedürfnisse, die benannt werden können. Dazu zählt vor allem ein uneingeschränkter Zugang, Platz haben und der konsumfreie Aufenthalt. Die Aufenthaltsqualität zeigt sich in der Gestaltung des Ortes, etwa durch ausreichende Sitzgelegenheiten, Schatten, Trinkwasser und öffentliche Toiletten. Darüber hinaus bemisst sich diese aus diversen Angeboten, zum Beispiel Ruhe, Sport, Kommunikation, autonomes Bewegen und letztendlich auch in der Erreichbarkeit (vgl. Bork et al. 2015, 5). Alle Bedürfnisse „unter einen Hut zu bringen" ist nicht leicht, aber diese bilden die Grundlage, um einen qualitätsvollen öffentlichen Raum zu gestalten.

Dass der öffentliche Raum noch viel mehr sein kann als ein Aufenthaltsraum, zeigt sich anhand einer ganz anderen Entwicklung.

> „Die systemische Integrationsleistung, die zuvor der nationale Arbeitsmarkt geleistet hat, soll infolge der europäischen Öffnung der Arbeitsmärkte nun durch sozialräumliche Integration in den Stadtquartieren geleistet werden." (Knierbein 2016, 50).

Auch der Wohnungsmarkt, der in Wien eine große Bedeutung für die Integration[4] hat, ist zunehmend von Segregation (nach Alter, Einkommen, Haushaltstyp) geprägt und macht eine Integration in die Stadtgesellschaft für einkommensschwächere Personen schwieriger (Dangschat 2006, 30).

Der Fokus der Integrationspolitik verschiebt sich damit von der österreichischen Arbeitsmarktpolitik auf die lokale Ebene der Stadt-

---

[4]   Integration: Die Einbeziehung unterschiedlicher Gruppen in eine Gesamtgesellschaft. Ein öffentlicher Ort ist dann integrationsfördernd, wenn an ihm die unterschiedlichen Nutzungsansprüche weitgehend befriedigt werden können und wenn die verschiedenen Gruppen die Chance haben, Nähe und Distanz zu anderen Gruppen in gewissem Ausmaß selbst zu bestimmen und zu regulieren (Dangschat 2006, 31).

quartiere und damit auf der Stadtpolitik in Wien. Öffentliche Räume spielen seit circa zwanzig Jahren eine wichtige Rolle für soziale Integration (ebd.). Einen wesentlichen Beitrag leistet der öffentliche Raum auf der kommunikativ-interaktiven Ebene. Mit dem Zugang zum öffentlichen Raum können Menschen an öffentlichen Angelegenheiten teilhaben (vgl. Dangschat 2000, 96). Darüber hinaus fungiert der öffentliche Raum als Bühne für die Nachbarschaft. Wechselseitig können Nutzer*innen kulturelle Muster, Lebensweisen und unterschiedliche Wertvorstellungen kennenlernen. Für neuzugezogene Bewohner*innen eines Viertels bedeutet „Integration" die Möglichkeit, im eigenen Wohnumfeld handeln und mitsprechen zu können (vgl. Joye & Compagnon 2001, 123, zit. nach Dangschat et al. 2006, 17). Teilhabe, Akzeptanz und Zugang zum öffentlichen Raum hängt jedoch von der (strukturellen) Zusammensetzung der Wohnbevölkerung und deren sozialem, kulturellem und ökonomischem Kapital ab. Dangschat beschreibt in der Studie „Integration im öffentlichen Raum" zwei idealtypische Modelle der sozialräumlichen Integration: das „salad-bowl"- Modell, dass das Leben in getrennten Räumen und Akzeptanz (die Nutzer*innen haben untereinander kaum Kontakt) eines gewissen Ausmaßes an Segregation beschreibt, und das „melting-pot"-Modell, dass das Leben in gemeinsamen Räumen mit dem Ziel der Verhinderung von Segregation beschreibt. Letzteres verlangt ein hohes Maß an sozialer Kompetenz und benötigt mitunter professionelle Unterstützung (Dangschat 2006, 18).

Auch wenn öffentliche Orte nur einen eingeschränkten Einfluss auf die Gesamtintegration haben, zeigt sich an ihnen die Qualität der Integration in einer Gesellschaft. Sichtbar und spürbar werden in ihnen die Auswirkungen mangelnder System-, Individual- und Sozialintegration (ebd.).

Innerhalb von Wohnquartieren hat der öffentliche Raum ein hohes Potenzial. Er ist ein Ort, an dem Gemeinschaften entstehen können; Gemeinschaft in dem Sinn, dass Menschen einen gemeinsamen Ort teilen und sich unterschiedliche soziale Gruppen in toleranter Weise begegnen können.

> „In diesem Kontext gewinnt der quartiersbezogene öffentliche Raum als Ort der Begegnung, des sozialen Austauschs, des wech-

selseitigen Wahrnehmens und Lernens, aber auch als Ort an Bedeutung, an dem hegemoniale Ansprüche der Inbesitznahme und Nutzung ausgetragen werden." (Dangschat 2006, 21).

Öffentliche Räume sind die zentrale soziale Ressource in der Stadt. Die freie und gleiche Zugänglichkeit gehört unabdingbar zur städtischen Öffentlichkeit und Vielfalt. Um dies zu erhalten, muss ein Aufenthalt und die Nutzung dauerhaft konsumfrei bleiben, ohne Ausschluss bestimmter Menschen und Gruppen (Hammer 2016, 77 f). Im wachsenden Wien braucht es eine klare Prioritätensetzung für die größer werdenden Gruppen, die auf den öffentlichen Raum angewiesen sind (Wittrich 2016, 127).

Nicht alle Menschen nutzen öffentliche Räume in gleicher Weise. Es gibt Gruppen, die den öffentlichen Raum nutzen und andere, die auf den öffentlichen Raum angewiesen sind (Hammer 2016, 76 f). Im Folgenden soll der Bedeutung öffentlicher Räume für marginalisierte Menschen nachgegangen werden.

Soziale Bedeutung öffentlicher Räume für marginalisierte[5] Menschen

In breiten Teilen der erwerbstätigen Bevölkerung herrscht die Vorstellung, dass der öffentliche Raum als Erholungsort, zum Flanieren, Verweilen und Konsumieren dient. Andere Nutzungsweisen und Sichtweisen gleichen einer Abweichung dieser Norm (vgl. Hammer 2016, 75). Armutsbetroffene, die den öffentlichen Raum ganztägig nützen und nicht dem Prinzip der Leistungsgesellschaft entsprechen, wird unterstellt, dass sie mutwillig untätig seien. Sie werden leicht zum Objekt kollektiver Abwertung (Wiesböck 2020, 21).

Wohnungslose, obdachlose, suchtkranke und bettelnde Menschen sind jedoch in ganz besonderer Weise auf den öffentlichen Raum

---

[5] Marginalisiert: Menschen werden aufgrund von Herkunft, Alter, Geschlecht, sozio-ökonomischer Situation oder gesundheitlicher Verfassung vom wirtschaftlichen, kulturellen und politischen Leben einer Gesellschaft ausgeschlossen (vgl. Hammer 2016, 74).

angewiesen. Im öffentlichen Raum haben armutsbetroffene, arbeitslose und finanzschwache Menschen die Möglichkeit, sich zu treffen, frei von Konsumation. Für obdachlose Menschen ist der öffentliche Raum umso bedeutender, da sie über kaum Rückzugsmöglichkeiten (außer Tageszentren oder Wärmestuben der Wiener Wohnungslosenhilfe) oder über keine privaten Räume verfügen. Damit erfüllt der öffentliche Raum wesentliche soziale Funktionen für diese Menschen. Er ist in erster Linie ein Treffpunkt mit anderen, er bietet Raum für Vernetzung und Austausch. Manche nutzen diesen auch, um dort zu nächtigen. Da sich wohnungslose und obdachlose Menschen sehr viel im öffentlichen Raum aufhalten, sind sie besonders stark von Gestaltung, Regulierung und Veränderungen im öffentlichen Raum betroffen (vgl. Hammer 2016, 75).

In den letzten Jahren zeigen sich zwei Tendenzen in Wien: Einerseits wächst die Gruppe von wohnungslosen Menschen an, andererseits werden öffentliche Räume knapper (vgl. Hammer 2016, zit. nach Station Josefstädterstraße 2011, 8). Mit ein Grund dafür sind auch die gestiegenen Ansprüche an den halböffentlichen Raum. Deutlich lässt sich dies bei Bahnhöfen feststellen. Bahnhöfe haben immer schon eine wichtige Rolle als Treffpunkt und Aufenthaltsort marginalisierter Menschen dargestellt. Das Vorhandensein von Plätzen, öffentlich zugänglichen Toilettenanlagen, Sitzmöglichkeiten sowie nahegelegenen Supermärkten bietet eine gute Infrastruktur an. Darüber hinaus finden die Menschen immer wieder Unterstützung durch Passant*innen und Sozialarbeiter*innen, die auf dem Bahnhof tätig sind (Utz 2019, 18).

Die Zunahme von wohnungslosen Menschen ist nicht nur in Wien zu beobachten, sondern stellt eine EU-weite Entwicklung dar. In der gesamten Europäischen Union zeigt sich eine einkommensbedingte Zunahme von sozialen Ungleichheiten. Bewohner*innen von Städten sind stärker von Arbeitslosigkeit, sozialer Ausgrenzung und Armut betroffen. In Europa leben siebzig Prozent der Europäer*innen in Städten (Drilling 2019, 28).

Im Bereich der niederschwelligen ambulanten Einrichtungen der Wohnungslosenhilfe in Österreich ist ein verstärktes Auftreten von obdachlosen EU-Bürger*innen ohne Ansprüche auf Unterbringung innerhalb der Wohnungslosenhilfe zu beobachten.[6]

„Das Auftreten dieses Phänomens ergibt sich auf einer Makro-ebene aus einer zunehmenden innereuropäischen Migration infolge von Armut und Arbeitslosigkeit in den Herkunftsländern. Auf struktureller Ebene kann das Phänomen durch die innereuropäischen Freizügigkeitsregelungen (Reise- u. Niederlassungsfreiheit), dem Schengener Abkommen sowie mit den EU-Erweiterungsrunden 2004 und 2007, mitsamt der anschließenden ganzen oder teilweisen Arbeitsmarktöffnung erklärt werden (…)." (Chwistek/Krivda 2018, 1).

Zu ergänzen ist, dass die soziale und gesundheitliche Versorgung in einigen Herkunftsländern (z.B. Rumänien, Slowakei, Ungarn) aufgrund von Diskriminierung nicht gegeben ist und die Menschen in Folge von mangelnden Perspektiven emigrieren (vgl. Rauchberger 2016, 15 f). Auch die Folgen der Zunahme von Repression gegenüber von Armut Betroffenen in Ungarn lassen sich in Wien beobachten. In Ungarn ist es wohnungslosen Menschen seit 2018 nicht mehr erlaubt, auf öffentlichen Plätzen zu nächtigen. Diese Form von Kriminalisierung der Armut veranlasst die Betroffenen, nach Wien zu kommen (diepresse.com).

Obdachlose und wohnungslose Unionsbürger*innen, die mitunter schon einige Jahre in Wien leben, können nicht auf das Hilfesystem zurückgreifen, da ihnen häufig Meldezettel und Versicherung fehlen. Diese Hürde gilt auch für den Zugang zu sozialem Wohnbau. Da die Zugänge zu legalem und leistbarem Wohnraum, zum Arbeitsmarkt oder sozialem Hilfesystem für armutsbetroffene und obdachlose Unionsbürger*innen kaum zu erreichen sind, ist für diese Gruppe der öffentliche Raum existenziell. Öffentlicher Raum kann dabei zur Ressource für die „Sicherung der materiellen Existenz und die Teilhabe am gesellschaftlichen Leben werden. Insbesondere benachteiligte Gruppen sind auf diese Angebote angewiesen." (Holm 2016, 6). Der öffentliche Raum ist aber nicht nur wichtig als Ort der Existenzsicherung, wie etwa durch die Tätigkeit des Bet-

---

[6]   Mit Ausnahme des Wiener Winterpakets zwischen November und April.

telns oder des Straßenzeitungsverkaufes, sondern auch, um Sozialbeziehungen zu pflegen. Dies schützt Menschen ohne festen Wohnsitz vor möglicher Isolation und Resignation (vgl. Wolf/Kunz 2017, 122).

Der öffentliche Raum kann nicht die Armutslage der Menschen ändern, aber in ihm wird sichtbar, dass nicht alle Menschen in gleicher Weise von dem Wohlstand in Österreich profitieren. Wer in welcher Form den Raum wie nutzt, ist eine gute Leitlinie zur Berücksichtigung und Sichtbarmachung von ungleichen Verhältnissen (Hammer 2016, 77). Sich ohne Kosten und ohne Ausgrenzung im öffentlichen Raum aufhalten zu können, ist für marginalisierte Menschen oft die einzige Möglichkeit, um überhaupt, wenn auch nur sehr basal, an der Stadtgesellschaft teilhaben zu können. Er bildet eine wichtige zentrale soziale Ressource innerhalb der Stadt, solange dieser für alle fei und offen zugänglich ist. Weil marginalisierte Menschen, insbesondere obdachlose und wohnungslose, ganz besonders auf den öffentlichen Raum angewiesen sind, gilt es ihre Position im öffentlichen Raum zu stärken und die Akzeptanz in der Bevölkerung gegenüber armutsbetroffenen Personen zu erhöhen. Das bedeutet, dass der Stadtraum gegenwärtig und auch in Zukunft für Gruppen ohne Lobby spezielle Nutzungen und Raumqualitäten (auch Kinder, ältere Personen, Menschen mit Beeinträchtigungen) bereithalten muss, damit der Zugang für alle gewahrt bleibt (Häberlin 2019, 24).

Gegenwärtige und künftige Herausforderungen für die Stadt und Stadtplanung

Öffentliche Räume sind zentrale Begegnungsstätten in der Stadt. Menschen aus allen Gesellschaftsschichten, unterschiedlichsten Alters, Herkunft und Geschlechts treffen hier aufeinander. Die Menschen der Stadt nutzen den öffentlichen Raum sehr vielfältig. Er kann Raum des Austausches und der sozialen Begegnung sein, Ort für Arbeit, Konsum, Kultur, politische Aktionen, Freizeit, Bewegung und Transport. Für manche Menschen ist er aber mehr, er ist ihr zentraler Lebensraum und ihre Existenzgrundlage. Gerade die Coronapandemie hat die prekären Lebensumstände von suchterkrankten, bettelnden, wohnungslosen und obdachlosen Menschen noch deutlicher aufgezeigt. Zudem haben öffentliche Räume für ausgegrenzte, diskriminierte und illegalisierte Gruppen in der Gesellschaft eine besondere Bedeutung, da nur dort eine demonstrative Repräsentation den Anspruch auf eine gesellschaftliche Anerkennung sichtbar machen kann. Hier wird die Wechselwirkung von öffentlichen Räumen und gesellschaftlichen Verhältnissen deutlich. Es ist nicht die Struktur der Räume, sondern die gesellschaftlichen Exklusions- und Inklusionspraktiken, die sich im öffentlichen Raum äußern (vgl. Holm 2016, 6).

In einer wachsenden Stadt, vor allem in dicht bebauten Gebieten ist der Nutzungsdruck auf öffentliche Freiflächen sehr groß. Die unterschiedlichen Nutzungsansprüche verschiedenster Gruppen können mitunter zu Konflikten führen (vgl. Witterich 2016, 117). Zudem sind sie Kristallisationspunkte gesellschaftlicher Probleme und sozialer Ungleichheiten.

Der öffentliche Raum macht die Stadt erst zur Stadt, seine Zugänglichkeit für alle ist ein wesentliches Qualitätsmerkmal einer Stadt. Um den Raum für alle gewährleisten zu können, müssen die Rechte benachteiligter Minderheiten (ob ethisch, geschlechtlich, religiös oder anders konstruiert), die über keine Lobby verfügen, gestärkt werden. Da der öffentliche Raum nicht frei von Machtverhältnissen ist, ist es eine Herausforderung für die Stadtplanung, nicht nur zum Wohlergehen der Mehrheitsgesellschaft zu planen, sondern alle Menschen miteinzubeziehen (vgl. Heindl 2016, 102). Empfehlungen in diese Richtung gibt das Fachkonzept *Step 2025 Öffentlicher Raum* der Stadt Wien vor: Kommerzielle Nutzer*innen dürfen demnach nicht gleichauf mit anderen Gruppen gestellt werden, sondern „schwächere" müssen mehr Unterstützung erfahren (vgl. Fachkonzept Öffentlicher Raum 2018, 89).

Da der öffentliche Raum insgesamt knapper wird, muss der öffentliche Raum mehr denn je als wertvolles Gut behandelt werden. Das bedeutet, dass neue Lösungen und Investitionen gefragt sind, Räume zu verbessern und umzuverteilen, ohne dass diese privatisiert werden. Die Ansprüche der Nutzer*innen müssen im Mittelpunkt stehen und sind wichtiger zu behandeln als private und kommerzielle Interessensträger*innen (vgl. Ritt 2017, 67).

Die Wiener Stadtregierung ist sich dieser Entwicklungen und Bedeutungen des öffentlichen Raumes durchaus bewusst und hat hierzu wichtige Maßnahmen geschaffen, etwa mit dem Wiener Stadtentwicklungsplan Step2025. Dieser wurde von der Magistratsabteilung für Stadtentwicklung und Stadtplanung (MA 18) verfasst und 2014 vom Gemeinderat beschlossen. Hierin bekennt sich die Stadtregierung strategisch zu einer qualitätsvollen und partizipativen Stadtentwicklung und Stadtplanung. Ziel ist eine sozial gerechte, inklusive Stadt (vgl. Stadtentwicklungsplan 2014, 9). Auch mit dem Fachkonzept Öffentlicher Raum entstand erstmals ein Konzept, das sich intensiv mit dem öffentlichen Raum auseinandersetzt. Dieses wurde 2018 im Wiener Gemeinderat beschlossen und von der Magistratsabteilung für Architektur und Stadtgestaltung (MA 19) verfasst. Dieses ist eine Teilstrategie des Stadtentwicklungsplans, der die Richtung der Stadtentwicklung bis 2025 vorgibt. Die Herausforderung ist dabei, dass die Stadt die formulierten Ziele umsetzt und die Konzepte mit Leben füllt.

Die Stadtplanung kann nicht immer durch physisch-materielle Voraussetzungen planen, denn der öffentliche Raum bleibt letzten Endes als sozialer Raum nicht planbar (vgl. Hamedinger 2013, 125). Aufgrund vielfältiger Interessen, besonders aber aufgrund ungleicher Machtverhältnisse sowie ungerechter Geschlechterverhältnisse, sind der Zugang und die Nutzung von öffentlichem Raum nicht immer für alle in gleicher Weise möglich (vgl. Stoik 2015, 6). Hier kann die Soziale Arbeit im öffentlichen Raum einen wichtigen Beitrag leisten zwischen professioneller Begleitung, Beratung und Konfliktvermittlung vor Ort. Sie kann mitunter kommunikative Prozesse zwischen den Gruppen fördern und die Selbstorganisationsfähigkeit der Bewohner*innen unterstützen.

Mit den Konzepten zur Stadtentwicklung und zum öffentlichen Raum hat die Stadt einen wichtigen Schritt in die richtige Richtung getan. Sie bekennt sich zu damit zum öffentlichen Raum als Ort der Teilhabe und des Miteinanders. Mitunter würde es sich etwa lohnen, einen Prozess wie die *Wiener Charta* regelmäßig durchzuführen und auch wieder alle Nutzer*innengruppen, wie marginalisierte Menschen, miteinzubeziehen, da diese sich auch ständig verändern.

2012 startete in Wien unter der Leitung der MA 17 (Magistrats-abteilung für Integration und Diversität) eines der größten Partizi-pationsprojekte in der Geschichte der Stadt. Auf einer Online-Platt-form und in zahlreichen Gesprächsrunden vor Ort, den „Charta-Gesprächen", hatten Wiener*innen die Möglichkeit, sich aktiv ein-zubringen und Fragen des Zusammenlebens miteinander zu disku-tieren und auszuarbeiten (partizipation.at).

Auch Aktionen wie *komm raus – Forum öffentlicher Raum* (komm-raus.wien), bei denen Wiener*innen die Stadt neu erkunden können und auch die Gelegenheit bekommen, etwa mit obdachlosen Men-schen ins Gespräch zu kommen, fördert den Abbau von Ängsten und Vorurteilen und verstärkt das Verständnis untereinander. Öf-fentliche Räume bleiben lebendig, wenn alle Nutzer*innen ihren Platz finden. Hierbei gilt es immer zu berücksichtigen, dass sozial und ökonomisch benachteiligte Menschen stärker auf den öffent-lichen Raum angewiesen sind als andere.

Fazit

Die Entwicklung des öffentlichen Raumes kann nie abgeschlossen sein, da sich die Stadt in einem permanenten Wandel befindet. Es wird eine enorme Herausforderung bleiben, allen Ansprüchen sei-ner Nutzer*innen gerecht zu werden, vor allem unter den Bedin-gungen gesellschaftlicher, wirtschaftlicher und klimatischer Ein-flüsse.

Umso wichtiger ist es, den Dialog zwischen den Schnittstellen innerhalb der Verwaltung, der lokalen Politik, zwischen den Ak-teur*innen und allen Nutzer*innen des öffentlichen Raumes weiter zu fördern und weniger laute Stimmen hörbar zu machen. Ziel soll-te es sein, eine richtige Balance zwischen nichtkommerziellen und kommerziellen Nutzungen zu finden. Im Zweifel sollten gemeinnüt-zige Interessen immer Vorrang haben, um die Nutzbarkeit für alle nicht zu gefährden. Die Oberhoheit des öffentlichen Raumes darf nicht in private Hände fallen, sondern muss eine öffentliche Auf-gabe bleiben (vgl. Ritt 2016, 31).

Die Stadt und die Bezirke sollten es als großen Gewinn betrachten, dass immer mehr Menschen den öffentlichen Raum nicht nur nutzen, sondern auch aktiv mitgestalten wollen. Die Politik kann die Menschen bei der Umsetzung ihrer Bedürfnisse und Wünsche unterstützen. Damit die öffentlichen Räume auch für alle zugänglich und nutzbar bleiben, müssen die Anforderungen von gesellschaftlichen Minderheiten Zugang und Gehör bei partizipativen Projekten finden.

Biografie

Annika Rauchberger hat Soziale Arbeit in St. Pölten und Soziologie an der Universität Wien studiert. Seit Dezember 2021 arbeitet sie als Sozialreferentin bei der Sucht- und Drogenkoordination im Bereich Öffentlicher Raum und Sicherheit. Davor war sie einige Jahre als Straßensozialarbeiterin bei der Suchthilfe Wien tätig. In ihrer Freizeit engagiert sie sich bei der BettelLobby Wien und setzt sich mit der Thematik öffentlicher Raum und Stadt für alle auseinander.

Literatur

Bautz, Georg; Bistricky, Doris; Leydet Zoe; Rode Julia; Rode, Philipp. 2016. *Identität und Raum. Beiträge des öffentlichen Freiraums zu Prozessen*. Werkstattbericht 161. Wien: MA 18.

Belina, Bernd. 2006. Raum Überwachung Kontrolle. *Vom staatlichen Zugriff auf städtische Bevölkerung*. Münster: Westfälisches Dampfboot.

Berking, Helmuth; Neckel, Sieghard. 1990. *Die Politik der Lebensstile in einem Berliner Bezirk. Zu einigen Formen nachtraditionaler Vergemeinschaftungen*. In: Berger, Peter; Hradil, Stefan (Hrsg.): Soziale Welt, Sonderband 7 „Lebenslagen, Lebensläufe, Lebensstile". Göttingen, Schwartz, S. 481–500.

Bork, Herbert; Klinger, Stefan; Zech, Sibylla. 2015. *Kommerzielle und nichtkommerzielle Nutzung im öffentlichen Raum*. Stadtpunkte 16. Wien: Arbeiterkammer Wien.

Bourdieu, Pierre. 1992. *Die verborgenen Mechanismen der Macht*. In: Margareta Steinrücke (Hrsg.): *Schriften zu Politik & Kultur*. Hamburg: VSA-Verlag.

Breitfuss, Andrea; Dangschat, Jens S; Gruber, Sabine; Gstöttner, Sabine; Witthöft, Gesa. 2006. *Integration im öffentlichen Raum*. Wien: Gutachten im Auftrag der MA 18 – Stadt Wien.

Bukow, Wolf-Dietrich; Nikodem, Claudia; Schulze, Erika; Yildiz, Erol. 2001. *Die multikulturelle Stadt. Von der Selbstverständlichkeit im städtischen Alltag.* Wiesbaden: Springer Verlag.

Dangschat, Jens S. 2000. *Integration – Eine Figuration voller Probleme. Warum die Integration von Migrant/innen so schwierig ist.* In: Klein, Gabriele; Treibel, Anette (Hrsg.): *Skepsis und Engagement.* Hamburg: Lit-Verlag, S. 185–208.

Diebäcker, Marc. 2020. *Städtewachstum und Gentrifizierung: Die Verräumlichung sozialer Ungleichheit und die Transformation öffentlicher Räume.* In: Diebäcker, Marc; Wild, Gabriele (Hrsg.): *Streetwork und aufsuchende Soziale Arbeit im öffentlichen Raum.* Wiesbaden: Springer SV, S. 23–38.

Diebäcker, Marc. 2019. *Gentrifizierung und öffentliche Räume. Über das Zusammenspiel von Aufwertung, Sicherheit und Ordnung an urbanen Plätzen.* In: Kadi, Justin; Verlič, Mara (Hrsg.): *Gentrifizierung in Wien. Perspektiven aus Wissenschaft, Politik und Praxis.* Stadtpunkte Nr. 27. Wien: Arbeiterkammer Wien, S. 141–152.

Diebäcker, Marc. 2014. *Soziale Arbeit als städtische Praxis im städtischen Raum.* Wiesbaden: Springer SV.

Drilling, Matthias. 2019. *Mit sozialer Nachhaltigkeit gegen die Polarisierung?* In: Hammer, Katharina (Hrsg.): *Wien wächst – soziale Stadt. Zwischen Vielfalt und Ausgrenzung.* Stadtpunkte Nr. 28. Wien: Arbeiterkammer Wien.

Fraser, Nancy. 1999. *Rethinking the Public Sphere: A Contribution to the Critique of Actually Existing Democracy.* In: Calhoun, Craig (Hrsg.): *Habermas and the Public Sphere.* Cambridge: MIT Press, S. 109–142.

Heindl, Gabu. 2020. *Stadtkonflikte. Radikale Demokratie in Architektur und Stadtplanung.* Wien: Mandelbaumverlag.

Heindl, Gabu. 2016. Öffentlicher Raum als Testfall für die Stadtplanung. In: Prenner, Peter (Hrsg.): *Wien wächst* – öffentlicher Raum. Die Stadt als Verteilungsfrage. Stadtpunkte Nr. 19. Wien: Arbeiterkammer, S. 102–116.

Hamedinger, Alexander. 2013. *Das Recht auf Stadt. Öffentliche Räume und Mitbestimmung.* In: Armutskonferenz (Hrsg.): *Was allen gehört. Commons – Neue Perspektiven in der Armutsbekämpfung.* Wien: ÖGB Verlag, S. 123–134.

Hammer, Katharina; Witterich, Judith. 2019: *Gentrifizierungsprozesse im öffentlichen Raum. Grenzziehungen und Exklusionsmechanismen.* In: Kadi, Justin; Verlič, Mara (Hrsg.): *Gentrifizierung in Wien. Perspektiven aus Wissenschaft, Politik und Praxis.* Stadtpunkte Nr. 27. Wien: Arbeiterkammer Wien, S. 125–140.

Hammer, Katharina. 2016. *Nutzung und Konflikte.* In: Prenner, Peter (Hrsg.): *Wien wächst* – öffentlicher Raum. Die Stadt als Verteilungsfrage. Stadtpunkte Nr. 19. Wien: Arbeiterkammer Wien, S. 67–81.

Holm, Andrej. 2016. Öffentlicher Raum in der sozialen Stadt. In: Prenner, Peter (Hrsg.): *Wien wächst – öffentlicher Raum. Stadt als Verteilungsfrage.* Stadtpunkte Nr. 19. Wien: Arbeiterkammer Wien, S. 1–8.

Holm, Andrej. 2010. *Gentrification und Kultur: Zur Logik kulturell vermittelter Aufwertungsprozesse.* In: Christine Hannemann et al. (Hrsg.) Jahrbuch Stadtregion 2009/10. Opladen: Verlag Barbara Budrich, S. 64–82.

Joye, Dominique; Compagnon, Anne. 2001. *Urban Places and Urbanness.* In: Andersson, Harri; Jørgensen, Gertrud, Joye, Dominique; Ostendorf, Wim (Hrsg.): *Change and Stability in Urban Europe. Form, Quality and Governance.* London: Routedge, S. 123–149.

Kadi, Justin; Verlič, Mara (Hrsg.): *Gentrifizierung in Wien. Perspektiven aus Wissenschaft, Politik und Praxis.* Stadtpunkte Nr. 27. Wien: Arbeiterkammer Wien.

Kokalanova, Anna; Scheuvens, Rudolf. 2017. *Die Herausforderung öffentlicher Raum.* In: MA 18 Werkstattbericht 172. Öffentlicher Raum. Transformationen im Städtischen. Wien: MA 18 Stadtentwicklung und Stadtplanung, S. 8–12.

Kreppenhofer, Andrea; Hofkirchner, Lena. 2009. *Freiraum. Stadtraum. Wien. Vorsorge, Gestaltung, Management. Das Wiener Leitbild für den öffentlichen Raum.* Wien: MA 19.

Lanz, Stephan. 2016. *Politik zwischen Polizei und Post-Politik: Überlegungen zu „urbanen Pionieren" einer politisierten Stadt am Beispiel von Berlin.* In: Behrens, Melanie; Bukow, Wolf-Dietrich; Cudak, Karin; Strünck, Christoph (Hrsg.): *Inclusive City Überlegungen zum gegenwärtigen Verhältnis von Mobilität und Diversität in der Stadtgesellschaft.* Wiesbaden: VS Verlag, S. 43–62.

Löw, Martina; Steets, Silke; Stoetzer, Sergej. 2008. *Einführung in die Stadt- und Raumsoziologie.* 2. Auflage, Opladen & Framington Hills: Verlag Barbara Budrich.

Löw, Martina. 2019 (2001). *Raumsoziologie.* 10. Auflage. Frankfurt am Main: Suhrkamp.

Madanipour, Ali. 2015. *Urban Design and Public Space.* In: Wright, D. James (Hrsg.): *International Encyclopedia of the Social & Behavioral Sciences.* Amsterdam, Boston, Heidelberg, u.a.: Elsevier Ltd., S. 789–794.

Mara, Verlič, 2020. *Gentrifizierung im öffentlichen Raum. Aufwertung und Verdrängung als Prozesse urbaner Ungleichheit.* In: Armutskonferenz (Hrsg.): *Stimmen gegen Armut. Weil soziale Ungleichheit und Ausgrenzung Demokratie gefährden.* Norderstedt: Books on Demand, S. 183–191.

Reutlinger, Christian. 2020. *Sicherheiten und Sichtbarkeiten: Ordnungspolitiken in öffentlichen Räumen und die Verdrängung der problematisierten Anderen.* In: Diebäcker, Marc; Wild, Gabriele (Hrsg.): *Streetwork und auf-*

suchende Soziale Arbeit im öffentlichen Raum. Wiesbaden: Springer SV, S. 39–44.

Ritt, Thomas. 2017. *Gutes Leben für alle braucht öffentlichen Raum für die Schwächsten.* In: *Gutes Leben für alle braucht eine andere Globalisierung. Herausforderungen und Gestaltungsräume für Städte und Regionen.* Werkstattbericht der Stadtentwicklung Wien, Nummer 173, MA 18 Stadtentwicklung und Stadtplanung, S. 66–68.

Wiesböck, Laura. 2020. *Armut als Störfaktor Die Entwertung von Betroffenen.* In: Die Armutskonferenz et al. (Hrsg.): *Stimmen gegen die Armut.* Norderstedt: BoD-Verlag, S. 19–25.

Wittrich, Judith. 2016. Öffentlicher Raum und gerechte Verteilung. Prenner, Peter (Hrsg.): *Wien wächst* – öffentlicher Raum. Die Stadt als Verteilungsfrage. Stadtpunkte 19. Wien: Arbeiterkammer Wien, S. 117–128.

Wolf, Sandra; Kunz, Stefan. 2017. *Die Schuldfrage der Obdachlosigkeit im gesellschaftlichen Diskurs.* In: Hamburger Journal für Kulturanthropologie. 2017/6, S. 111–126.

Internet

Bevölkerungsprognose Wien https://www.wien.gv.at/statistik/bevoelkerung/prognose/ (Zugegriffen am 19. 2. 2021).

Beteiligung und Masterplan für partizipative Stadtentwicklung https://www.wien.gv.at/stadtentwicklung/partizipation/masterplan/ (Zugegriffen am 31. 3. 2021).

Gebietsbetreuung Wien https://www.gbstern.at/ (Zugegriffen am 26. 5. 2021).

Hamedinger, Alexander. 2005. *Privatisierung und soziale Kontrolle öffentlicher Räume in „sicheren Städten"* In https://www.corp.at/archive/CORP2005_HAMEDINGER.pdf (Zugegriffen am 26. 5. 2021).

Hammer, Katharina. 2017. Öffnen könnte man doch viele Räume. Interview auf https://augustin.or.at/oeffnen-koennte-man-noch-viele-raeume/ (Zugegriffen am 26. 5. 2021).

Hausordnung Museumsquartier Wien https://www.mqw.at/hausordnung#popup (Zugegriffen am 2. 6. 2021).

Kadi, Justin. 2016. *Drei populäre Mythen zu Gentrifizierung in Wien.* https://urbanizm.net/4890279/drei-populare-mythen-zu-gentrifizierung-wien/ (Zugegriffen am 3. 3. 2021).

Komm raus Wien https://www.kommraus.wien/#programm (Zugegriffen am 31. 3. 2021).

Kurier https://kurier.at/chronik/wien/thaliastrasse-neu-tempo-30-mehr-gruen-mehr-platz-fuer-fussgaenger/401330199 (Zugegriffen am 5. 5. 2021).

Ludwig will Schanigärten öffnen https://www.heute.at/s/ludwig-will-schanigaerten-oeffnen-unter-einer-bedingung-100130104 (Zugegriffen am 1. 3. 2021).

Mission Statement *Soziale Arbeit im öffentlichen Raum*, https://www.wien.gv.at/gesellschaft/soziale-arbeit/mission-statement.html (Zugegriffen am 4. 2. 2021).

Museumsquartier Wien https://www.mqw.at/hausordnung#popup (Zugegriffen am 26. 5. 2021).

ORF Nachrichten https://orf.at/stories/3211142/ (Zugegriffen am 5. 5. 2021).

Regierungsabkommen 2020 https://www.wien.gv.at/regierungsabkommen2020/files/Koalitionsabkommen_Master_FINAL.pdf (Zugegriffen am 9. 6. 2021).

Stoik, Christoph. 2015. *Fair-Play-Team. Soziale Arbeit im öffentlichen Raum*, https://www.wien.gv.at/freizeit/bildungjugend/pdf/rahmenkonzept.pdf (Zugegriffen am 18. 2. 2021).

Ungarn: Hartes Gesetz gegen Obdachlose https://www.diepresse.com/5513772/ungarn-hartes-gesetz-gegen-obdachlose (Zugegriffen am 24. 3. 2021).

Wencke, Hertzsch. 2010. *Wie kann mit Planung den Integrations-anforderungen im öffentlichen Raum begegnet werden?* https://www.vhw.de/fileadmin/user_upload/08_publikationen/verbandszeitschrift/2000_2014/PDF_Dokumente/2010/FWS_2_2010/FWS_2_2010_Hertzsch.pdf (Zugegriffen am 12. 2. 2021).

Wiener Charta https://www.wien.gv.at/menschen/integration/pdf/charta.pdf (Zugegriffen am 1. 6. 2021).

Sonstige

Armutskonferenz. 2015: *Was heißt hier arm? Armut und Armutsbekämpfung in Österreich.* Wien: Die Armutskonferenz.

Häberlin, Udo. 2019. *Die Bedeutung öffentlicher Räume als Ort der Teilhabe in benachteiligten Quartieren. Beitrag aus der Wiener Planungspraxis zu mehr Resilienz in der Stadt.* 5. Internationalen Tagung „Soziale Arbeit und Stadtentwicklung" an der Fachhochschule Nordwestschweiz Muttenz am 21. 6. 2019.

Hamedinger, Alexander. 2005. *Privatisierung und soziale Kontrolle öffentlicher Räume in „sicheren Städten".*

Rauchberger, Annika, 2016. *Im Ghetto leben. Eine Analyse der Strukturen und Folgen zugespitzter Marginalisierung, am Beispiel einer ehemaligen Romasiedlung im Dorf Nou in Siebenbürgen.* Masterarbeit. Universität Wien.

STEP 2025. 2018. Fachkonzept öffentlicher Raum. Wien: MA 19 – Architektur und Stadtgestaltung.

Stefan Dobias

Der öffentliche Raum – (K)ein Rechtsbegriff?

Der Begriff „öffentlicher Raum" kommt in Österreich als Rechtsbegriff nur ganz vereinzelt vor, und auch dann nur in eher neueren Vorschriften, die die hier bearbeitete Thematik nur am Rande betreffen (z.B. datenschutzrechtliche Regelungen über Videoüberwachungen des öffentlichen Raums – § 12 Datenschutzgesetz).

Dennoch lassen sich unter dem Begriff „öffentlicher Raum" diverse Rechtsvorschriften identifizieren, die – auch wenn der Begriff des öffentlichen Raums sich darin nicht genau in dieser Diktion wiederfindet – im Rahmen dieses Buches relevant sind. Dieser Beitrag bietet daher einen kurzen Überblick über jene Regelungen bzw. Regelungsthemen, die erfahrungsgemäß in der Sozialen Arbeit im öffentlichen Raum die größte Rolle spielen und spezifisch mit dem Aufenthalt im bzw. der Nutzung des öffentlichen Raums zusammenhängen.

Wenn der Begriff „öffentlich" bzw. „Öffentlichkeit" inhaltliches Merkmal einer Rechtsvorschrift ist, setzt das meist zumindest eine räumliche Komponente („öffentlicher Ort") voraus, mitunter zusätzlich eine personelle Komponente (Personen, die von einer bestimmten Situation an einem öffentlichen Ort tangiert sind). Einige Regelungen, die hier angesprochen werden, sind aber schon aus ihrem Zusammenhang heraus mit dem Begriff der Öffentlichkeit verknüpft, etwa Regelungen der Straßenverkehrsordnung, weil sie das Verhalten von Menschen als Teilnehmer*innen am Straßenverkehr regeln, also im öffentlichen Raum.

Da keine allgemeine, juristische Definition des öffentlichen Raums existiert, gibt es ebenso wenig eine Definition des sogenannten halb-öffentlichen Raums. Die Feststellung, ob damit auf eine Situation im halb-öffentlichen Raum (Einkaufszentren etc.) das Merkmal „öffentlich" oder „öffentlicher Ort" zutrifft, kann daher auch nur anhand der konkreten Vorschrift getroffen werden: nach dem Wortlaut, dem Zweck der Vorschrift und der bisherigen Auslegungs- bzw. Entscheidungspraxis durch – zumeist – Gerichte.

Hinzu kommt, dass immer wieder Teile des (halb-)öffentlichen Raums, die zuvor als allgemein zugänglicher Ort jedem Menschen zur Verfügung standen und von öffentlichen Stellen (Amt, Dienststelle) verwaltet und betreut wurden, an Private übergeben oder bestimmte Aufgaben in Bezug auf einen solchen Ort an Private ausgelagert werden.

Die meisten Regelungen, die sich auf den öffentlichen Raum beziehen, sind öffentlich-rechtlicher Natur; mit anderen Worten könnte man sie auch „staatlich" nennen bzw. in Form eines Gesetzes oder einer Verordnung erlassen. Damit wird das Verhältnis Staat – Bürger*in angesprochen, womit gleichzeitig grundsätzlich rechtsstaatliche Garantien greifen. Der Staat und seine Organe dürfen Befugnisse nur aufgrund von (möglichst konkreten) Gesetzen oder Verordnungen ausüben (Legalitätsprinzip). Damit ist grundsätzlich Bürger*innen auch alles erlaubt, was nicht verboten ist. Gegen (rechts-)grundlose, ungerechtfertigte oder überschießende Eingriffe staatlicher Organe können wir uns im Rechtsstaat durch die Anrufung von Gerichten zur Wehr setzen, die die Rechtmäßigkeit von staatlichen Eingriffen, aber auch die Rechtmäßigkeit von erlassenen Vorschriften (gemessen an übergeordneten Normen der Verfassung bzw. von Grundrechten) überprüfen können und die Bürger*innen vor rechtswidrigen oder gar willkürlichen Handlungen staatlicher Stellen schützen sollen.

Die Übertragung von Aufgaben in Bezug auf den öffentlichen Raum an Private, noch mehr freilich die Übertragung von Teilen öffentlichen Raums an Private kann damit einhergehen, dass auf diese Teile des öffentlichen Raums nicht mehr öffentlich-rechtliche Vorschriften zutreffen oder nicht mehr nur diese, sondern auch oder nur mehr privatrechtliche Vorschriften (Hausordnungen etc.). Umso mehr gilt das in Bezug auf (halb-)öffentliche Räume (z.B. Einkaufszentren). Im Unterschied zu staatlichen Normen bzw. Regeln, bei denen eine (gerichtliche) Kontrolle der Rechtmäßigkeit dieser Normen und darauf gestützter staatlicher Maßnahmen (Strafen usw.) möglich ist, und solche Verfahren regelmäßig mit eher geringen Kosten verbunden sind, ist das Vorgehen gegen Nutzungsvorgaben Privater bzw. Eingriffe durch sie (Platzverweis, Hinauswurf etc.) aufwändiger und birgt bei Verlust eines Gerichtsverfahrens ein deutlich höheres Kostenrisiko.

Einige Regelungen, die das Verhalten von Menschen im öffentlichen Raum betreffen, sind im Besonderen dadurch gekennzeichnet, dass sie zum Teil recht abstrakt sind (Störung der öffentlichen Ordnung), sich mitunter überschneiden und nicht immer klar voneinander abgrenzbar sind (Störung der öffentlichen Ordnung versus Anstandsverletzung).

Einleitend soll kurz der erklärt werden, welche allgemeinen, rechtstheoretischen Grundlagen für die meisten später erläuterten Regelungen prägend sind. Die Kenntnis dieser Grundlagen kann für das Verständnis und die Auslegung der Rechtsnormen hilfreich sein.

Die Polizei –
und wo man sie nicht unbedingt erwartet

Die in diesem Beitrag dargestellten Normen sind durchwegs – juristisch betrachtet – Regelungen des Polizeirechts. Polizei ist dabei nicht im Sinn einer (uniformierten) staatlichen Exekutivorganisation zu verstehen. Der Begriff „Polizei" im rechtlichen Sinn umfasst primär all jene Vorschriften, die der vorbeugenden Gefahrenabwehr dienen (ausführlich zu den verschiedenen Polizeibegriffen: Adamovich et al., 2017).

Hier kann man wiederum unterscheiden, ob es sich um die Abwehr allgemeiner Gefahren handelt und die Aufrechterhaltung der öffentlichen Ordnung, Ruhe und Sicherheit Ziel der Regelungen ist – dabei handelt es sich um die sogenannte Sicherheitspolizei. Zuständig für die Regelung von Angelegenheiten der Sicherheitspolizei ist einerseits der Bund (allgemeine Sicherheitspolizei), andererseits die Länder (Gesetzgebung in Bezug auf die örtliche Sicherheitspolizei); die Setzung von Maßnahmen im Rahmen der örtlichen Sicherheitspolizei und Umsetzung von Landesgesetzen auf diesem Gebiet kommt den Gemeinden zu. Die Mittel, mit denen Bund, Länder bzw. Gemeinden Regelungen im Bereich der Sicherheitspolizei erlassen können, sind dabei im Fall des Bundes und der Länder Gesetze und diese Gesetze ausführende Verordnungen (ganz zentral das Sicher-

167

heitspolizeigesetz – SPG und dazu erlassene Verordnungen), im Fall der Gemeinden stehen diesen hauptsächlich sogenannte ortspolizeiliche Verordnungen zur Verfügung, die Gemeinden grundsätzlich in eigener Autonomie beschließen können. Welche Angelegenheiten nun der Bund regeln darf, welche die Länder und welche die Gemeinden, soll nur kurz der Vollständigkeit halber erwähnt werden: Der Bund ist grundsätzlich zuständig für alle gesetzliche Regelungen der (allgemeinen) Sicherheitspolizei (Beispiel: Terrorismusabwehr), die nicht in den Bereich der örtlichen Sicherheitspolizei fallen. Örtliche Sicherheitspolizei, das ist der Teil der Sicherheitspolizei, der im ausschließlichen oder überwiegenden Interesse der in der Gemeinde verkörperten örtlichen Gemeinschaft gelegen und geeignet ist, durch die Gemeinschaft innerhalb ihrer örtlichen Grenzen besorgt zu werden, wie die Wahrung des öffentlichen Anstandes und die Abwehr ungebührlicher Weise hervorgerufenen störenden Lärmes (Artikel 15 Absatz 2 Bundes-Verfassungsgesetz). Alle Bundesländer haben Gesetze zum Schutz des öffentlichen Anstands und vor Lärmerregung erlassen (z.B. Wiener Landes-Sicherheitsgesetz – WLSG oder Oö. Polizeistrafgesetz). Gemeinden können mittels ortspolizeilicher Verordnungen weitere Vorschriften im Rahmen der (örtlichen) Sicherheitspolizei erlassen; diese Verordnungen dürfen aber nicht gegen Vorschriften des Bundes oder des jeweiligen Bundeslandes verstoßen. Als Beispiel seien hier Alkoholkonsumverbotsverordnungen genannt, die von einigen österreichischen Gemeinden erlassen wurden. Und anhand dieses Beispiels kann auch schon auf die Problematik bei der Darstellung von Alkoholkonsumverboten hingewiesen werden: Die Verordnungen betreffen zwar den gleichen Regelungsgegenstand, unterscheiden sich aber dennoch mehr oder weniger voneinander, je nachdem, welche Lösungsansätze im Detail gewählt wurden und wie weitreichend die Regelungen sind.

Diese Abgrenzung zwischen allgemeiner Sicherheitspolizei (Bundeskompetenz) und örtlicher Sicherheitspolizei (Gemeindekompetenz) ist jedoch erkennbar nicht eindeutig. In der Praxis führt das dazu, dass vor allem ortspolizeiliche Verordnungen der Gemeinden immer wieder Gegenstand von Diskussionen über deren Rechtmäßigkeit und Angemessenheit sind oder gar zu Verfahren vor dem Verfassungsgerichtshof führen. Von einer ortspolizeilichen Verordnung betroffene Personen (insbesondere Personen, die wegen Übertretung einer bestimmten ortspolizeilichen Verordnung bestraft wurden), können mit einer Beschwerde den Verfassungsgerichtshof anrufen, welcher dann entscheidet, ob die angefochtene ortspolizeiliche Verordnung den Vorgaben der Bundesverfassung entspricht oder die Gemeinde ihre Kompetenz überschritten hat.

Ein weiterer Polizeibegriff soll hier noch kurz vorgestellt werden, der vom Begriff der Sicherheitspolizei (Abwehr allgemeiner Gefahren) gut abgrenzbar ist. Es handelt sich um die sogenannte Verwaltungspolizei. Darunter versteht man alle Regelungen, die zur Abwehr spezieller Gefahren getroffen sind, die zu einem bestimmten Aufgabengebiet gehören. Die polizeilichen Regelungen sind dabei jene Regelungen in einzelnen Gesetzen, die der jeweiligen Behörde Möglichkeiten geben, rasch, zum Teil vorläufig, und ohne Einhaltung langwieriger Verfahren Anordnungen zu treffen, um drohende Gefahren zu beseitigen.

Vielen ist sicher der in Wien verbreitete Begriffe der „Baupolizei" geläufig, worunter man die Baubehörde versteht. Dass die Baubehörde nicht durch uniformierte Beamt*innen in Erscheinung tritt, dürfte bekannt sein. Der Begriff Baupolizei – als Bezeichnung für bestimmte Aufgaben bzw. Kompetenzen zur Gefahrenabwehr – hat sich dabei sogar für die ganze Behörde eingebürgert, auch wenn die Aufgaben der Baubehörde nicht ausschließlich polizeilicher Art sind, sondern zum Teil einfach nur eine Ordnungsfunktion ausüben.

Am Beispiel der Baupolizei zeigt sich, dass der Begriff Polizei hier nicht im Sinne einer uniformierten Gruppe staatlicher Organe in Erscheinung tritt, sondern Baupolizei steht hierbei für die Aufgabe einer Behörde, jenen Gefahren vorzubeugen, die durch eine unsachgemäße Bauführung oder den mangelhaften Zustand eines Bauwerks entstehen können, und die Gesundheit, das Leben oder sonstige schützenswerte Güter von Menschen gefährden können. Grundsätzlich sind viele verwaltungspolizeiliche Begriffe denkbar, im (rechtlichen) Sprachgebrauch verbreitet sind noch die Feuerpolizei (Verhinderung von Bränden durch Missachtung feuerpolizeilicher Vorschriften) sowie die Straßenpolizei (Maßnahmen zur Verhinderung von Gefahren im Straßenverkehr, z.B. Entfernung verkehrsbehindernder Fahrzeuge).

Nach diesen rechtstheoretischen Ausführungen in die verschiedenen Aspekte des Begriffs „Polizei" werden jetzt die konkreten Vorschriften vorgestellt, die das Verhalten von Menschen im öffentlichen Raum zum Gegenstand haben.

Bei den folgenden Regelungen ist jeweils angeführt, ob sie bundesweit in ganz Österreich gelten oder nur im Bundesland bzw. der Gemeinde Wien. Die jeweiligen Regelungen der anderen Bundesländer bzw. Gemeinden müssen im Einzelfall gesondert betrachtet werden; dennoch sind sie oft vergleichbar.

Wegweisungen und Betretungsverbote

Eine Wegweisung ist eine sicherheitspolizeiliche Anweisung an einen Menschen, einen Ort (hier: im öffentlichen Raum) und einen bestimmten Umkreis um diesen Ort zu verlassen, meistens verbunden mit einem Rückkehrverbot in bestimmter Dauer, d.h. das Verbot, die Fläche der Wegweisung für eine bestimmte Zeit nicht zu betreten. Die Rückkehr innerhalb der verbotenen Zeit ist nur ausnahmsweise möglich. Diese Definition trifft im Prinzip auch auf Wegweisungen infolge häuslicher Gewalt zu, die hier aber nicht erörtert werden.

Hier relevante Wegweisungen kann die Polizei in folgenden Fällen aussprechen:

a) aus einer polizeilichen Schutzzone, d.h. es muss von der Sicherheitsbehörde eine Schutzzone verordnet sein, mit zeitlichem Betretungsverbot (bundeseinheitliche Rechtsgrundlage),

b) nach Landes-Sicherheitsgesetz bzw. Landes-Polizeistrafgesetz, mit zeitlichem Betretungsverbot, oder

c) wegen Störung der öffentlichen Ordnung durch ein Verhalten, das geeignet ist, berechtigtes Ärgernis zu erregen (ohne zeitliches Rückkehrverbot).

Zu den Wegweisungen im Einzelnen:

a) Wegweisung aus Schutzzone und Betretungsverbot (§ 36a SPG):

Überblick:

Das Sicherheitspolizeigesetz ermöglicht es, das Gebiet rund um bestimmte Orte, wo vorwiegend Kinder und Jugendliche verkehren, für jeweils bis zu 6 Monate zur Schutzzone zu erklären, wenn es dort zur Bedrohung der Kinder oder Jugendlichen durch Straftaten nach dem Strafgesetzbuch (StGB), dem Suchtmittelgesetz (SMG) oder dem Verbotsgesetz (VerbotsG) kommen kann, auch wenn diese Straftaten sich nicht unmittelbar gegen die geschützten Personen richten. Bislang gab es Schutzzonen zum Beispiel in Graz, Linz und Wien, die – zum Teil nach Verlängerung – aber wieder ausgelaufen sind oder aufgehoben wurden. In bestimmten Fällen können Personen aus einer Schutzzone weggewiesen werden.

Voraussetzungen einer Wegweisung:

In einer Schutzzone kann die Polizei Menschen, von denen aus bestimmten Gründen anzunehmen ist, dass sie in der Schutzzone Straftaten (z.B. Eigentums-, Gewalt- oder Drogendelikte, Wiederbetätigung) begehen werden, das Betreten der Schutzzone verbieten und sie gegebenenfalls von dort wegweisen. Bestimmte Gründe für die Annahme möglicher Straftaten sind insbesondere einschlägige Anzeigen bzw. Vorstrafen. So gab es wiederholt Schutzzonen an Orten, wo offener Suchtmittelhandel stattfand, womit etwa auf Menschen, die bereits wegen Suchtmitteldelikten aufgefallen sind, die Voraussetzungen für eine Wegweisung zutreffen.

Rechtsgrundlage:

§ 36a Sicherheitspolizeigesetz ist Rechtsgrundlage der konkreten Schutzzonenverordnung. Sie muss von der jeweiligen Sicherheitsbehörde vor Ort kundgemacht werden (durch Tafeln, Plakate), zum Teil erfolgt zusätzlich eine Kundmachung im Internet.

Räumlicher Umfang:

Die Behörde erlässt eine Verordnung und legt darin das Schutz-objekt (Schule, Kindergarten, Parks etc.) und einen genau definier-ten Umkreis von max. 150 m fest, meistens gibt es dazu auch einen Plan.

Zeitliche Geltung:

Die Geltung der Verordnung ist auf max. 6 Monate beschränkt, eine Verlängerung ist möglich. Ob die Schutzzone rund um die Uhr gilt oder innerhalb der Geltungsdauer die Schutzzone zeitlich unter-brochen ist (z.B. Ferien), ergibt sich aus der konkreten Verordnung.

Wegweisung und Betretungsverbot:

Innerhalb von 48 Stunden muss die Polizeibehörde das Betretungs-verbot überprüfen. Ist der Grund für das Betretungsverbot weg-gefallen, ist es aufzuheben und der betroffenen Person mitzuteilen; wird es nicht aufgehoben, endet es spätestens 30 Tagen nach sei-ner Anordnung. Dem Betroffenen muss die Dauer des Betretungs-verbotes bekannt gegeben werden. Gibt es berechtige Gründe für die Notwendigkeit des Betretens der Schutzzone, ist darauf ent-sprechend Bedacht zu nehmen.

Strafbarkeit bei Verstößen:

Wer trotz eines Betretungsverbotes die Schutzzone betritt, kann mit Geldstrafe bis zu 1.000 Euro, im Wiederholungsfall bis zu 4.600 Euro bestraft werden; die Ersatzfreiheitsstrafe beträgt bis zu vier Wochen (§ 84 Absatz 1 Ziffer 4 SPG und § 36a SPG).

b) Nach Landesrecht am Beispiel von § 3 Wiener Landes-Sicherheitsgesetz (WLSG):

Die Regelung trägt die Überschrift „Abwehr von Belästigungen und Sicherung des Gemeingebrauchs" und beschreibt damit schon grob den Anwendungsbereich. Personen, die andere Person an öffent-lichen Orten

1. in unzumutbarer Weise belästigen, oder

2. beim Zugang zu öffentlichen Einrichtungen behindern, oder

3. beim widmungsgemäßen Gebrauch von öffentlichen Einrichtungen unzumutbar beeinträchtigen,

können von der Polizei angewiesen werden, dieses Verhalten einzustellen. Wenn das nicht „zweckmäßig" ist, kann die Person direkt angewiesen werden, den öffentlichen Ort unverzüglich zu verlassen. Erst wenn trotz Abmahnung der Anweisung nicht Folge geleistet wird, kann eine Wegweisung ausgesprochen werden und auch mit unmittelbarem Zwang durchgesetzt werden (z.B. wegführen, wegtragen), ausdrücklich unter möglichster Schonung der Rechte und schutzwürdigen Interessen der Person. Eine vorhergehende Anweisung bzw. Abmahnung vor der Wegweisung kann ausbleiben, wenn die Person zur Wahrnehmung der Anweisung nicht fähig ist (starker Rauschzustand, nicht ansprechbar). Die Wegweisung kann dann direkt verhängt und durchgeführt werden.

Rechtswirkung und Dauer der Wegweisung:

Die Wegweisung gilt für 12 Stunden und umfasst den Ort der Wegweisung und einen Umkreis von 150 m. Innerhalb der zeitlichen Geltungsdauer der Wegweisung darf nur mit einem rechtfertigenden Grund in das Wegweisungsgebiet zurückgekehrt werden. Das Gesetz nennt hier etwa die kurzfristig notwendige Inanspruchnahme einer Hilfeleistung.

Strafbarkeit:

Die (ungerechtfertigte) Rückkehr in das Wegweisegebiet während der 12 Stunden ist nach dem WLSG mit einer Geldstrafe von bis zu 700 Euro oder einer Ersatzfreiheitsstrafe bis zu einer Woche strafbar. Ebenso strafbar ist es, sich der Zwangsanwendung bei der Wegweisung zu widersetzen. Wird auch aktiv Widerstand geübt (sich Festhaltegriffen von Polizist*innen entziehen bzw. sich daraus befreien, auf Polizist*innen einschlagen oder auch nur deren Hand wegschlagen), kann dies zu einer Anzeige wegen Widerstands gegen die Staatsgewalt nach § 269 StGB führen; damit droht ein Gerichtsverfahren und eine Haftstrafe bis zu 3 Jahren, in schwereren Fällen sogar bis zu 5 Jahren.

c) wegen Störung der öffentlichen Ordnung durch ein Verhalten, das geeignet ist, berechtigtes Ärgernis zu erregen (ohne zeitliches Rückkehrverbot)

Eine Störung der öffentlichen Ordnung (§ 81 SPG), kurz Ordnungsstörung, liegt vor, wenn ein Verhalten, das geeignet ist, berechtigtes Ärgernis zu erregen, die öffentliche Ordnung stört. Es müssen also zwei Elemente vorliegen: erstens, ein Verhalten, das objektiv geeignet ist, Ärgernis zu erregen. Ausschlaggebend dafür ist, wie unbefangene Menschen auf dieses Verhalten reagieren würden. Ein Ärgernis liegt vor, wenn man das Verhalten als unerlaubt und schandhaft ansehen kann. Außerdem muss durch dieses Verhalten die Ordnung an einem öffentlichen Ort tatsächlich gestört worden sein. Das ist dann der Fall, wenn durch das Verhalten ein Zustand geschaffen wurde, der geordneten Verhältnissen an einem öffentlichen Ort widerspricht – anders gesagt: Die gewöhnlichen Verhältnisse am öffentlichen Ort haben sich wahrnehmbar negativ verändert. Es braucht aber kein besonderes Aufsehen oder einen Menschenauflauf. Es reicht, wenn mehrere Menschen das Verhalten als Ärgernis wahrnehmen.

Zur Veranschaulichung zwei Beispiele für Ordnungsstörungen: Eine intensive streithafte Auseinandersetzung im öffentlichen Raum, die einen Polizeieinsatz mit mehreren Streifenwägen inklusive Blaulicht verursachte und bei Passant*innen und den Bewohner*innen der umliegenden Häuser Aufsehen und Ärgernis erregte, wurde vor Gericht ebenso als Ordnungsstörung gewertet wie das Laufen auf das Spielfeld während eines Fußballspiels. Das Gesetz sieht für eine Ordnungsstörung eine Geldstrafe bis zu 500 Euro vor. Anstelle einer Geldstrafe kann aber bei Vorliegen erschwerender Umstände auch eine Freiheitsstrafe bis zu einer Woche verhängt werden – also keine bloße Ersatzfreiheitsstrafe für den Fall, dass die Geldstrafe nicht bezahlt werden kann, sondern – in schwereren Fällen – eine Freiheitsstrafe statt einer Geldstrafe.

Die Wegweisemöglichkeit besteht hier für die Polizei darin, dass bei einer anhaltenden oder wiederholten Gesetzesverletzung grundsätzlich die Möglichkeit gegeben wäre, nach erfolgloser Abmahnung eine Festnahme durchzuführen. Doch muss statt einer Festnahme zunächst eine Wegweisung ausgesprochen werden, wenn sich der ordnungswidrige Zustand damit beseitigen lässt. Die Wegweisung hat hier nur den Zweck, die Ordnungsstörung zu beenden und hat keine Mindestdauer. Bleibt die Wegweisung erfolglos und wird das ordnungsstörende Verhalten aufrechterhalten oder wiederholt, kann trotzdem noch eine Festnahme erfolgen.

Anstandsverletzung und Abgrenzung zur Ordnungsstörung

Nach Landes-Sicherheitsgesetzen bzw. Polizeistrafgesetzen der Länder sind die Verletzung des öffentlichen Anstands (Anstandsverletzung) sowie die Erregung ungebührlichen Lärms strafbar.

Als Beispiel soll hier das Wiener Landes-Sicherheitsgesetz (WLSG) dienen. Nach dessen § 1 macht sich strafbar, wer den öffentlichen Anstand verletzt oder ungebührlicher Weise störenden Lärm erregt und kann mit Geldstrafe bis zu 700 Euro oder einer Ersatzfreiheitsstrafe bis zu einer Woche bestraft werden.

Was ist überhaupt eine Anstandsverletzung?

Die Verletzung des öffentlichen Anstands ist durch ein Verhalten erfüllt, welches nach der Rechtsprechung des Verwaltungsgerichtshofs „mit den allgemeinen Grundsätzen der Schicklichkeit nicht im Einklang steht und das einen groben Verstoß gegen diejenigen Pflichten darstellt, die jedermann in der Öffentlichkeit zu beachten hat." (Frühwirth 2011; VwGH vom 15. 9. 2011, Zl. 2009/09/0154, mit Hinweisen auf Vorjudikatur). Bei der Beurteilung ist ein objektiver Maßstab heranzuziehen, also auf Durchschnittsbürger*innen abzustellen. Beispiele für Anstandsverletzungen sind Schimpfen, rassistische Äußerungen, Spucken und Urinieren, obszöne Zeichen, mitunter auch durch Duzen von Polizist*innen, jeweils wenn diese Handlungen öffentlich getätigt werden. Manche Verhaltensweisen sind weniger eindeutig: Ob etwa Schlafen in der Öffentlichkeit eine Anstandsverletzung darstellt, ist fraglich. Nach einer älteren Entscheidung stellte das „Liegen und Schlafen" in einer dem Fußgängerverkehr dienenden Passage in der Nacht eine Anstandsverletzung dar, weil die Passage auch zur Nachtzeit noch belebt gewesen sei (Unabhängiger Verwaltungssenat Wien vom 15. 7. 1991, GZ 03/20/376/91). Das Schlafen in einer Netzschaukel eines Kinderspielplatzes tagsüber qualifizierte das Landesverwaltungsgericht Wien wiederum nicht als Anstandsverletzung (LVwG Wien vom 28. 12. 2015, GZ VGW-031/016/14783/2015). Es kommt letztendlich immer auf die Begleitumstände an, und es ist davon auszugehen, dass das nächtliche Schlafen wohnungsloser Menschen in der kalten Jahreszeit auch in Fußgängerpassagen heutzutage wohl eher nicht als Anstandsverletzung angesehen werden dürfte, zumindest nicht zu Zeiten, in denen nur eine geringe Publikumsfrequenz besteht.

Wann eine Anstandsverletzung oder Lärmerregung vorliegt, wann aber eine Ordnungsstörung, ist manchmal nicht ganz klar. Grundsätzlich hat aber die Ordnungsstörung eine andere Qualität bzw. kann eine Folge einer Anstandsverletzung oder Lärmerregung sein. Das bloße Urinieren in einem Gebüsch in einem Park wird normalerweise bloß eine Anstandsverletzung darstellen; erleichtert sich dagegen jemand mitten auf einem Bahnhofsvorplatz tagsüber während üblicher Publikumsfrequenz, so wird darin eher eine Ordnungsstörung vorliegen und nur eine Bestrafung wegen Störung der öffentlichen Ordnung in Frage kommen. Spielt jemand am gleichen Ort sehr laute Musik aus einer Musikanlage auf einem Fahrrad und provoziert, nach Eintreffen von Polizist*innen, durch Herumfahren auf dem Fahrrad mit diesen ein Katz- und Maus-Spiel, so wird spätestens durch den Einsatz einer Funkstreife ein derartiges Aufsehen erregt, dass zusätzlich zur Lärmerregung auch eine Bestrafung wegen einer Ordnungsstörung Folge dieses Verhaltens sein wird.

Behinderung des Fußgängerverkehrs auf Gehsteigen und Gehwegen

Die Straßenverkehrsordnung (StVO) verbietet in § 78 die Behinderung des Fußgänger*innenverkehrs auf Gehsteigen und Gehwegen insbesondere durch das Verstellen des Weges oder durch unbegründetes Stehenbleiben.

Das Verbot gilt nur auf Gehsteigen oder Gehwegen. Der Gehsteig ist ein Teil der Straße, der durch Randsteine oder Markierungen von einer Fahrbahn abgegrenzt ist und für den Fußgänger*innenverkehr bestimmt ist. Der Charakter als Gehsteig kann auch dann gegeben sein, wenn es sich um eine größere Fläche handelt, die zwischen einer Grünanlage liegt (z.B. rund um ein Denkmal), solange die Fläche die sonstigen Voraussetzungen erfüllt.

Ein Gehweg ist ein Weg, der nur für Fußgänger bestimmt ist und entsprechend markiert ist (kreisrundes, blaues Verkehrszeichen mit Mann mit Kind an der Hand). Durch die verpflichtende Kennzeichnung ist die Erkennbarkeit eines Weges als Gehweg gegeben.

Fußgängerzonen sind keine Gehwege, sondern eine Verkehrsfläche eigener Art, wobei allerdings Teile von Fußgängerzonen durchaus als Gehsteig gelten können. Hier kommt es auf die konkreten Umstände an und ob ein Teil der Fußgängerzone eine bauliche oder zumindest optische Abgrenzung aufweist (Linien, farbliche Abgrenzung im Straßenbelag), die die Kennzeichnung bzw. Widmung als Gehsteig erkennen lässt. In solchen Fällen ist dieser Teil der Fußgängerzone als Gehsteig anzusehen.

Trotzdem bleiben auch zweifelhafte Situationen über: Sind Haltestelleninseln mit Randsteinen, die sich am Vorplatz von Bahnhöfen befinden, nun Gehsteige oder nicht? Tendenziell handelt es sich nicht um Flächen, die dem Fußgängerverkehr gewidmet sind, sondern dem Ein- oder Aussteigen aus Bus oder (Straßen-)Bahn sowie dem Warten auf das Eintreffen des Verkehrsmittels.

Grundintention dieser Vorschrift als straßenpolizeilicher Regelung ist es, den Straßenverkehr, zu dem auch der Fußgänger*innenverkehr gehört, möglichst flüssig, leicht und gefahrenfrei zu halten. Wie Iris Eisenberger (2003) in ihrem Artikel betont, geht es hier um die Verhinderung spezifisch straßenpolizeilicher Behinderungen, die außerdem eine gewisse Erheblichkeitsschwelle (Grad der Behinderung des Straßenverkehrs) aufweisen muss. Ordnungs- oder sicherheitspolitische Maßnahmen, etwa das Stadtbild störender Personen oder deren Verhalten, dürfen nicht auf § 78 StVO gestützt werden. Sind andere Fußgänger*innen – und nicht bloß einzelne – gezwungen, einen Umweg zu machen, den Gegenverkehr abzuwarten oder gar die Straßenseite zu wechseln, dann wird wohl eine Behinderung vorliegen, wenn das Verstellen des Weges oder das Stehenbleiben offensichtlich unbegründet ist. Ob eine Begründetheit vorliegt, dürfte unterschiedlich beurteilt werden. Für A mag es begründet sein, einen Schluck aus einer Bierdose zu machen und dafür stehen zu bleiben, für B vielleicht nicht. Das allein wird aber auch noch nicht derart störend sein, dass diese Behinderung eine Erheblichkeitsschwelle erreicht. Bleibt A jedoch alle 3 Meter mitten auf einem schmalen Gehsteig stehen und zwingt eine hinter ihm gehende Kolonne immer wieder zum Anhalten oder Ausweichen auf die Fahrbahn, dann kann das dauernde Stehenbleiben auch als unbegründet angesehen werden, da ja der Zweck eines Gehsteigs primär jener einer Verkehrsfläche ist und nicht als Konsumort gedacht ist – zumindest nicht, wenn sich damit eine nicht unerhebliche Behinderung anderer Fußgänger*innen ergibt und ein Alternativverhalten zumutbar ist.

Die StVO sieht als Strafrahmen für Verstöße gegen § 78 StVO eine Geldstrafe bis zu 726 Euro, im Fall der Uneinbringlichkeit eine Freiheitsstrafe bis zu zwei Wochen, vor (§ 99 Absatz 3 litera a StVO). In Wien dürften Übertretungen des § 78 StVO heutzutage seltener sein; wie Eisenberger (ebd.) in ihrem Artikel anführt, scheint die Lage Anfang der 2000er-Jahre anders gewesen zu sein.

Bahnanlagen und öffentliche Verkehrsmittel

Der Betrieb von öffentlichen Verkehrsmitteln unterliegt besonderen Vorschriften, insbesondere der Betrieb von Schienenbahnen. Die Regelungen für „klassische" Eisenbahnen, Straßenbahn oder U-Bahn weichen aber im Detail voneinander ab, aufgrund der Betriebsweise, baulichen Anlage und der damit verbundenen Gefahren. Zusätzlich zu den eisenbahnrechtlichen Verkehrs- und Sicherheitsvorschriften in Gesetzen oder Verordnungen treten hier noch privatrechtliche Regelungen, insbesondere Hausordnungen, wenn es um die Nutzung von Bahnhöfen oder Stationsgebäuden geht. Unklarheiten oder Überschneidungen sollen hier kurz aufgezeigt und praktische Hinweise zum Umgang mit diesen Situationen gegeben werden. Ein Spezifikum des Bahnverkehrs soll hier bereits erwähnt werden: Zur Aufrechterhaltung der Sicherheit des Bahnbetriebs kann das Bahnunternehmen besondere „Eisenbahnaufsichtsorgane" ernennen, die auch besondere Befugnisse haben.

Eisenbahnaufsichtsorgane:

Eisenbahnaufsichtsorgane (EAO) sind Eisenbahnbedienstete, die vom Bahnunternehmen zur Überwachung des Verhaltens von Personen in Eisenbahnanlagen und Bahnfahrzeugen bestellt wurden. Jedes Bahnunternehmen muss Eisenbahnaufsichtsorgane haben, auch Straßenbahn- oder U-Bahnbetriebe sowie private Bahnunternehmen. Im Dienst müssen diese Personen einen Ausweis haben, der die Aufschrift „Eisenbahnaufsichtsorgan" hat; auf der Rückseite des Ausweises sind die gesetzlichen Befugnisse aufgelistet. Bei Einschreiten ist dieser Ausweis dem Betroffenen vorzuzeigen. Die Organe können, müssen aber nicht als solche erkennbar sein, bevor sie in ihrer Eigenschaft tätig werden. Es kann sich um Schaffner*innen in Dienstuniform handeln, Fahrkartenkontrolleur*innen in Zivil, oder sonst – mit oder ohne Dienstkleidung – auftretende Personen. Wenn sie in Zivil auftreten, müssen sie freilich beim Tätigwerden als Aufsichtsorgane erkennbar werden.

Befugnisse von Eisenbahnaufsichtsorganen:

Die Aufgabe liegt in der Gewährleistung der Sicherheit des Eisenbahnverkehrs (inkl. Straßen- und U-Bahn). Ihre Kompetenzen umfassen: die Überwachung des Verhaltens von Personen auf Eisenbahnanlagen, in Schienenfahrzeugen und im Verkehr auf einer Eisenbahn; die Überwachung der Ordnung auf den Bahnhofsvorplätzen; die Erteilung von dienstlichen Anordnungen an Bahnbenützende. Sie dürfen sogar Personen festnehmen, die auf frischer Tat bei einer Übertretung nach dem Eisenbahngesetz (§§ 43 Absatz 1, 46, 47 Absatz 1 und 47b EisbG) betreten wurden, aber nur, wenn alle die Voraussetzungen einer Festnahme nach § 35 Verwaltungsstrafgesetz (VStG) vorliegen. (Die allgemeinen Festnahmevoraussetzungen nach § 35 VStG gelten allgemein auch für die Polizei, sodass Eisenbahnaufsichtsorgane zwar unter den gleichen Bedingungen wie Polizist*innen eine Festnahme durchführen können, aber nur in Bezug auf Übertretungen nach dem Eisenbahngesetz). In der Praxis sind Festnahmen durch Eisenbahnaufsichtsorgane freilich selten, da sie einen kritischen Grundrechtseingriff darstellen, die Voraussetzungen einer Festnahme häufig nicht vorliegen werden, die Erstattung einer Anzeige ausreichen wird, und schließlich ein erhebliches Konfliktpotenzial bergen (Näheres siehe unter: https://www.bmk.gv.at/themen/verkehr/eisenbahn/sicherheit/eao.html).

Die Hausordnung der Wiener Linien enthält dazu folgende Information:

> „Die SicherheitsdienstmitarbeiterInnen und RevisorInnen der Wiener Linien sind vereidigte Eisenbahnaufsichtsorgane gemäß § 30 EisbG 1957. Sie sind somit Organe mit hoheitlichen Befugnissen und für die Einhaltung der Sicherheit und Ordnung des Eisenbahnbetriebes zuständig." (Hausordnung der Wiener Linien GmbH & Co KG, gültig ab 1. September 2019).

Mit dem Hinweis auf die Hausordnung der Wiener Linien ist damit auch ein anderer Aspekt angesprochen: Hausordnungen, d.h. allgemein privatrechtliche Regelungen, die jede*r Eigentümer*in eines Gebäudes für Nutzer*innen vorsehen kann. Im Rahmen des Hausrechts von Eigentümer*innen, womit das Recht über die Bedingungen des Zutritts, der Nutzung und des Aufenthalts zu bestimmten Zeiten gemeint ist, sind in der Hausordnung diese Nutzungsbedingungen allgemein festgelegt. ÖBB, Wiener Linien und andere städtische Verkehrsinfrastrukturbetriebe haben als Eigentümer*innen und Betreiber*innen der Bahninfrastrukturanlagen (Bahnhöfe, Gleisanlagen usw.) Hausordnungen. Die Eigentümer*innen müssen das Hausrecht, also die Durchsetzung der Hausordnung, nicht unbedingt selbst ausüben, sondern können es auch anderen übertragen (z.B. Security-Subunternehmen oder externen Security-Firmen). Ein Aspekt des Hausrechts ist es auch, den Zutritt bestimmten Personen ganz verbieten zu können, also ein Hausverbot auszusprechen. Wer sich nicht an die Hausordnung hält oder ein Hausverbot missachtet könnte – sofern ein Zuwarten auf die Polizei nicht zumutbar oder möglich ist – grundsätzlich sogar mit angemessener Kraftanwendung von der*dem Inhaber*in des Hausrechts aus dem betreffenden Raum bzw. Grundstück entfernt oder am Verlassen des Gebäudes gehindert werden. Auch eine Identitätsfeststellung ist mit angemessenen, offensiven Mitteln grundsätzlich zulässig.

Mitunter berührt sich auch der räumliche Geltungsbereich von Hausordnungen zweier Betreiber*innen, was etwa bei Stationen oder Bahnhöfen sein kann, wo sowohl ÖBB-Anlagen als jene anderer Betreiber*innen vorzufinden sind. In Wien ist das etwa der Fall, wenn Eisenbahn- als auch U-Bahn-Linien aufeinandertreffen. Welche Regelungen in welchen Teilen einer solchen Anlage gelten, kann nur anhand der konkreten Örtlichkeit herausgefunden bzw. einvernehmlich zwischen den Betreiber*innen festgelegt werden. Trotzdem ist zu trennen: Wo gilt welche Hausordnung? Wer darf welche Regelung wo kontrollieren bzw. durchsetzen?

Die ÖBB haben für Bahnhöfe und Haltestellen je nach vorhandenen Sicherheitseinrichtungen (Vorhandensein von Sicherheitslinien etc.) leicht abweichende Hausordnungen. Für Bahnhöfe an Standorten, wo ein behördliches Alkohol(konsum)verbot gilt, gibt es eine eigene Version der Hausordnung, in denen auch der Alkoholkonsum (ausgenommen Gastronomiebetriebe) im Bahnhof verboten ist. Die Hausordnung der Wiener Linien enthält ein generelles Verbot des Konsums alkoholischer Getränke (wieder ausgenommen Gastrobetriebe) in allen Stationen.

Anders als in Deutschland, wo der Verstoß gegen ein Hausverbot dazu führen kann, dass gegen die das Verbot missachtende Person ein Strafverfahren wegen Hausfriedensbruchs geführt werden kann, hat die bloße Missachtung des Hausverbots in Österreich keine strafrechtlichen Folgen.

Suchtgifthandel in der Öffentlichkeit

Die Begriffe Suchtgift und Suchtmittel werden manchmal synonym verwendet, sind aber rechtlich in Österreich nicht ident. Das Suchtmittelgesetz (SMG) unterscheidet zwischen Suchtgiften (dazu gehören z.B. Cannabisprodukte, Kokain, Opiate) und „psychotropen Stoffen" (dazu gehören u.a. die meisten bekannten Benzodiazepine). In beiden Gruppen finden sich verschreibbare Medikamente, die durch Zugehörigkeit zu einer der beiden Kategorien damit auch den jeweiligen Vorschriften für Suchtgifte bzw. psychotrope Stoffe unterliegen. Das Wort „Suchtmittel" bildet den Überbegriff (und daher auch der Titel des Gesetzes). Auch wenn manche Regelungen des SMG für alle Suchtmittel gelten, so sind die Vorschriften in Bezug auf Suchtgifte tendenziell strenger und auch praktisch wichtiger, denn im öffentlichen Raum spielen hauptsächlich Suchtgifte eine Rolle.

Dass die unerlaubte Weitergabe von Suchtmitteln zu strafrechtlichen Folgen führen kann, ist allgemein bekannt. Weder generell verbotene Suchtgifte (z.B. Cannabisprodukte, Kokain) noch grundsätzlich erlaubte, aber zum persönlichen Gebrauch verschriebene, suchtgifthaltige Arzneimittel (z.B. Substitutionsmittel) dürfen anderen weitergegeben werden. Grundsätzlich macht es auch keinen Unterschied, ob es sich um ein „Geschenk" handelt, einen Verkauf (selbst ohne Gewinnerzielung) oder gar wiederholte Verkäufe. Die Weitergabe von Suchtgift (Verkaufen, Verschenken) ist mit max. 1 Jahr Freiheitsstrafe bedroht (§ 27 Absatz 1 und 2 SMG) und fällt in die Strafzuständigkeit von Bezirksgerichten. In den meisten Fällen wird es aber zu keiner Verhandlung kommen, sondern nach den Regelungen „Therapie statt Strafe" eine alternative Erledigung geben und keine Strafe verhängt werden (vorläufige Einstellung – jedenfalls bei Konsument*innen bzw. Erwerber*innen, aber auch in Fällen von Weitergabe möglich).

Um dem (sichtbaren) Suchtgifthandel in der Öffentlichkeit zu begegnen, wurde 2016 eine neue Strafbestimmung eingeführt, die eine höhere Strafdrohung von bis zu 2 Jahren vorsieht, wenn ein Suchtgift „in einem öffentlichen Verkehrsmittel, in einer dem öffentlichen Verkehr dienenden Anlage, auf einer öffentlichen Verkehrsfläche, in einem öffentlichen Gebäude oder sonst an einem allgemein zugänglichen Ort öffentlich oder unter Umständen, unter denen sein Verhalten geeignet ist, durch unmittelbare Wahrnehmung berechtigtes Ärgernis zu erregen" jemandem gegen Bezahlung angeboten, überlassen oder verschafft wird (§ 27 Absatz 2a SMG). Zuständig für Strafverfahren ist das Landesgericht.

Als Begründung wurde im parlamentarischen Prozess u.a. argumentiert, dass bei Kleindealer*innen oft die Gewerbsmäßigkeit nicht nachgewiesen werden könne und infolge der Änderung der Definition der Gewerbsmäßigkeit in § 74 StGB durch das Strafrechtsänderungsgesetz 2015 sich ab 2016 die Situation noch verschlechtern werde, es immer wieder offene Drogenhandelsszenen gäbe, wo besonders auffällig agiert werde und repressive Maßnahmen wenig Wirkung zeigten. So solle die höhere Strafdrohung nicht nur Festnahmen, sondern auch die Verhängung von U-Haft ermöglichen, um die Händler*innen effektiv aus dem Verkehr ziehen zu können. In der Rechtswissenschaft gab es zu dieser Verschärfung durchaus kritische Stimmen, die darin eine Anlassgesetzgebung sehen, die das befürchtete Repressionsdefizit durch die Neudefinition der Gewerbsmäßigkeit antizipiere (Matzka et al., § 27 Rz 70/8; Schwaighofer, § 27 Rz 59/1).

Definition von Öffentlichkeit bezüglich § 27 SMG:

- in einem öffentlichen Verkehrsmittel (Bus, Bahn etc.),

- in einer dem öffentlichen Verkehr dienenden Anlage (Bahnhöfe/ Bahnstationen, Wartebereiche etc.),

- auf einer öffentlichen Verkehrsfläche (Straße, Park etc.),

- in einem öffentlichen Gebäude (Gebäude von Bund, Land oder Gemeinde),

- öffentlich, an einem allgemein zugänglichen Ort (öffentlich bedeutet, dass Außenstehende einen solchen Vorgang direkt mitbekommen können, insbesondere weil sie es sehen können; erfasst sind alle Orte, die alle Menschen ohne Erlaubnis betreten können, sowie solche Orte, die normalerweise alle Menschen besuchen dürfen, die gewisse allgemeine Voraussetzungen erfüllen (Kirchen, Museen, Bibliotheken etc.); private Stiegenhäuser zählen nach der Literatur nicht zu öffentlichen Orten (vgl. Matzka et al. § 27 Rz 70/4; Hinterhofer/Tomasits, § 27 Rz 87) oder

- unter Umständen, bei denen durch direkte Wahrnehmung berechtigtes Ärgernis erregt werden kann (ausschlaggebend ist grundsätzlich, ob Durchschnittsmenschen deren Anstoß nehmen können, und welche sonstigen Umstände vorliegen).

Definition von Handel bezüglich § 27 SMG:

Ein Suchtgift muss gegen Entgelt, also für eine finanzielle Gegenleistung, angeboten, überlassen oder verschafft werden. Es muss daher Geld oder ein geldwerter Vorteil fließen oder jedenfalls beabsichtigt sein („anbieten"), dass der Erwerb der Drogen nur gegen Zahlung stattfindet. Dass die Gegenleistung besonders günstig (Lockpreis etc.) ist oder ob Gewinnabsicht besteht, ist egal. Das kostenlose „Teilen" eines Joints fällt jedenfalls nicht unter diese Bestimmung; andere Fälle, in denen Drogen tatsächlich verschenkt werden, dürften eher selten sein.

Es sind alle Vorgänge erfasst, die eine physische Übergabe von Drogen beinhalten oder auf eine Übergabe hinauslaufen (anbieten oder verschaffen, was etwa auch vermitteln umfasst).

In der Praxis muss jedenfalls damit gerechnet werden, dass öffentlich wahrnehmbarer Drogenhandel, auch als einzelner Vorgang einer Übergabe gegen Bezahlung, dazu führen kann, dass Verkäufer*innen festgenommen werden und – jedenfalls, wenn es sich nicht um die erste polizeilich bekannte Auffälligkeit in diesem Zusammenhang handelt – auch die Verhängung von Untersuchungshaft droht. Besonders bei Menschen ohne festen Wohnsitz, ohne Job, ohne klarem positiven Aufenthaltsstatus oder sonst ohne traditionelle Einbindung in die Gesellschaft (Familienbezug etc.) muss verstärkt damit gerechnet werden, dass sie vorübergehend in Haft genommen werden.

Andere Nutzungsregelungen für den öffentlichen Raum in Wien

Die folgenden Regelungen, die die Nutzung des öffentlichen Raums in Wien betreffen, sind für die Soziale Arbeit ebenfalls von Bedeutung. Auch wenn es in anderen Städten ähnliche Vorschriften geben mag, soll die Kenntnis der spezifischen Regelungen in Wien dabei helfen, Angehörige der betreuten Zielgruppen informieren zu können und so nachteiligen Auswirkungen aufgrund fehlenden Wissens der Rechtslage vorzubeugen.

Reinhaltung öffentlicher Flächen

Das Wiener Reinhaltegesetz verbietet das Verunreinigen von Straßen und öffentlichen Grünflächen.

Wo gilt das Gesetz:

- Alle Straßen mit öffentlichem Verkehr in Wien: Das sind alle dem Verkehr dienenden Grundflächen, sofern sie von jeder Person unter den gleichen Bedingungen benützt werden können. Dazu gehören auch Parkflächen und die im Zuge einer Straße gelegenen Bepflanzungen, Fußgängerzonen, Geh- und Radwege, Tunnel und Unterführungen, Straßengräben und -böschungen, Einlaufschächte in den Kanal sowie befestigtes oder unbefestigtes Stadtmobiliar.

- Öffentlich zugängliche Grünflächen in Wien: Neben öffentlich zugänglichen Parkanlagen sowie anderen öffentlichen Grün- und Pflanzungsflächen, die – ob begrünt, bepflanzt oder nicht – einen Lebensraum für Bäume und Sträucher darstellen, gilt das Gesetz auch für das dortige Stadtmobiliar.

- Auch öffentliche Wasserflächen, also alle öffentlich zugänglichen Oberflächengewässer einschließlich Brunnen und Wasserspielplätze, sind im Geltungsbereich dieses Gesetzes.

Was verboten ist:

Als Verunreinigen gilt das Zurücklassen von Stoffen oder Gegenständen, das Ausbringen von Flüssigkeiten sowie das Aufbringen von färbenden Stoffen oder bei Wasserflächen jeder in das Wasser eingebrachte Gegenstand (solange das Wasser dadurch nicht vergiftet, verseucht o.Ä. wird; dann wäre es nach anderen Vorschriften strenger strafbar). Dazu gehört auch – praktisch häufig – Hundekot, Zigarettenstummel, das Wegwerfen oder Hinterlassen von Speiseresten und Verpackungen. Auch das Hinterlassen menschlicher Ausscheidungen stellt eine Verunreinigung dar und kann gegebenenfalls neben der Bestrafung wegen einer Anstandsverletzung auch zu einer Strafe nach dem Reinhaltegesetz führen.

Kontrollorgane:

In Wien sind die sogenannten „Waste Watcher" unterwegs, die als „Organe der öffentlichen Aufsicht" gelten. Damit haben sie eine amtliche Stellung, können den Auftrag zur Beseitigung einer Verunreinigung erteilen, Organstrafmandate ausstellen und dürfen auch Ausweise verlangen, wenn den Aufträgen nicht nachgekommen wird und sie Anzeige bei der Behörde erstatten müssen. Sie sind mit Dienstkleidung ausgerüstet, aber auch in Zivil unterwegs. Laut Stadt Wien sind sie auch sonn- und feiertags sowie nachts im Dienst (wien.gv.at – Waste Watcher).

Folgen einer Verunreinigung und Strafen:

Wer eine Verunreinigung verursacht, muss sie beseitigen. Schwerpunkte sind Sperrmüll, Hundekot, Zigarettenstummel, Einkaufswagen und das Wegwerfen von Speiseresten.

Die Strafe für Verunreinigungen kann zwischen 50 und 1.000 Euro betragen (oder bis zu 4 Tage Ersatzfreiheitsstrafe). Bis zu 2.000 Euro (oder bis zu 8 Tage Ersatzfreiheitsstrafe) kann es kosten, wenn der Verpflichtung zur Ausweisleistung oder dem Auftrag zur Beseitigung einer Verunreinigung nicht nachgekommen wird.

Die im Gesetz genannte Verpflichtung zur Ausweisleistung kann wohl nicht wörtlich genommen werden, da in Österreich – zumindest für Staatsbürger*innen – überhaupt keine Ausweispflicht besteht. Auch Nicht-Österreicher*innen sind nicht verpflichtet, ständig einen Ausweis bei sich zu haben. Hier wird die Identitätsfeststellung bzw. die Mitwirkung daran die Pflicht zur Ausweisleistung erfüllen.

Schlafen im Freien und Campieren

In allen Bundesländern gibt es Regelungen über das Campieren. In Wien regelt die Kampierverordnung 1985, dass Campieren grundsätzlich nur auf Campingplätzen erlaubt ist. Aber auch für bloße Übernachtungen im öffentlichen Raum im Freien enthält die Verordnung eine Regelung.

Verboten ist an öffentlichen Orten im Freien: das Auflegen und das Benützen von Schlafsäcken, das Aufstellen und das Benützen von Zelten sowie die Benützung von Pkw oder anderen Fahrzeugen zum Schlafen (außer bei genehmigten Veranstaltungen etc.). Umfasst sind damit alle Straßen, Parks, Wälder und sonstige Grünflächen, einschließlich des Wiener Praters und der Donauinsel.

Die Einschränkung auf „im Freien" gelegene öffentliche Orte erfasst damit den Großteil des öffentlichen Raums. Bei Orten, die nicht im Freien liegen (Bahnstationen etc.), wird dem jeweiligen Eigentümer überlassen, wie mit dem Phänomen umgegangen wird. Auch das Campieren an privaten, nicht öffentlichen Orten ist Sache des jeweils Verfügungsberechtigten.

Ob tatsächlich bei einem von der Kampierverordnung erfassten Verhalten polizeilich reagiert wird, hängt in der Praxis von verschiedenen Faktoren ab: Nächtigung einzelner Menschen oder in der Gruppe; Örtlichkeit (z.B. stark frequentierte Parks von touristischem Interesse), Beschwerdelage, Verunreinigungen, Erscheinungsbild (bloße Schlafstelle oder Schlaflager mit Planen und sonstigen Utensilien) sowie auch je nach Möglichkeit der Vermittlung in Not- oder Nächtiger*innenquartiere.

Strafen bei Übertretungen:

Übertretungen des Kampierverbots können mit Geldstrafe bis zu 700 Euro oder Ersatzfreiheitsstrafe von bis zu zwei Wochen bestraft werden. Schlafsäcke, Zelte etc. können auch beschlagnahmt und für verfallen erklärt, also der Vernichtung zugeführt werden.

Benützung von Grünanlagen

Eine weitere Verordnung in Wien beschäftigt sich mit der Nutzung von Grünanlagen: die Grünanlagenverordnung.

Die Verordnung gilt für:

- Öffentlich zugängliche Park- und Grünanlagen, das sind alle der Allgemeinheit ständig oder nur teilweise zugänglichen und gärtnerisch ausgestalteten Flächen, die überwiegend der Erholung dienen, inklusive der darin befindlichen Garten- und Rasenflächen, Baum-, Strauch- und Blumenpflanzungen und der Spielplätze, weiters auf oder neben Verkehrsflächen gelegene Blumen- und Rasenflächen, Strauch- und Baumpflanzungen,

- gekennzeichnete Lagerwiesen.

Explizit nicht unter die Verordnung fallen etwa Park- und Grünanlagen im Bereich von Wohnhausanlagen.

Benützungsregeln und Verbote:

Das bis 2007 in Wien geltende generelle Betretungsverbot der meisten Grün- bzw. Rasenflächen gilt so nicht mehr: Auf Rasenflächen ist das Liegen und Verweilen, und damit auch das Betreten, zum Zwecke der Erholung tagsüber erlaubt, sofern nicht gerade Pflegemaßnahmen stattfinden. Auch dürfen die Flächen mit Rollstühlen oder Kinderwägen zum genannten Zweck benutzt werden, Fahrräder dürfen aber nur geschoben werden. Nach wie vor nicht betreten und benutzt werden dürfen Grün- und Pflanzungsflächen auf für den Verkehr gewidmeten Flächen, also z.B. Grünstreifen neben Straßen bzw. Fahrbahnen, auch wenn sie mit Gras bewachsen sind und auch nicht all jene Teile von Grünanlagen (Parks usw.), die keine Rasenflächen sind. Das Betreten von Rasenflächen durch Hunde ist ausschließlich in entsprechend gekennzeichneten Hundezonen bzw. Hundeauslaufplätzen erlaubt.

In Bundesgärten in Wien (insbesondere Augarten, Burg- und Volksgarten, Schönbrunn) ist auf die entsprechende Beschilderung zu achten. Diese Grünanlagen werden als Kunst- und Kulturstätten angesehen und dienen nicht in vergleichbarer Weise Erholungszwecken wie städtische Parks; das Betreten von Rasenflächen ist vereinzelt erlaubt, wie etwa im Augarten, auch die Regelung der Mitnahme von Hunden wird unterschiedlich gehandhabt.

Generell dürfen durch die Benützung von Grünanlagen andere nicht gefährdet oder unzumutbar belästigt sowie Anlagen, Einrichtungen (wie z.B. Tische, Bänke, Stühle), Spielgeräte und Baulichkeiten nicht beschädigt oder bestiegen (Einrichtungen, Denkmäler, Möblierung) werden. Die Verwendung mitgebrachter Tische, Liegestühle o.Ä. ist nicht erlaubt. Feuerstellen (zum Grillen oder Kochen) dürfen nicht ohne Erlaubnis (also z.B. außerhalb gekennzeichneter Bereiche) angelegt werden und in Wasserflächen (Parkteiche etc.) darf nicht gebadet werden. Auf Wegen innerhalb von Grünanlagen darf nicht Rad gefahren werden.

Strafen bei Übertretungen:

Verstöße gegen die Grünanlagenverordnung können mit einer Geldstrafe bis zu 700 Euro oder Ersatzfreiheitsstrafe von bis zu zwei Wochen bestraft werden.

Damit wären die praktisch wichtigsten Regelungen vorgestellt, die für die Soziale Arbeit mit Menschen, die den öffentlichen Raum als Aufenthaltsort nutzen (müssen), relevant sind. Nicht immer sind Situationen klar von einer Regelung umfasst, mitunter kann auch unklar sein, wo genau welche Regelung gilt. Die beschriebenen Regelungen können aber einerseits dazu dienen, mit den jeweils für die Kontrolle bzw. den Vollzug zuständigen Personen oder Stellen Abklärungen vorzunehmen, andererseits jedoch die betreuten Personen grundsätzlich zu informieren und dafür zu sensibilisieren, welche Handlungen nicht erlaubt sind, und auch erlaubte Verhaltensalternativen aufzuzeigen.

Verschwiegenheit in der Mobilen Sozialen Arbeit

Soziale Arbeit begegnet Menschen im öffentlichen Raum oft ungeplant und ohne, dass ein bestimmtes Anliegen geäußert wird. Zumindest zu Beginn eines Kontakts wird häufig eine lose Beziehung bestehen und eher noch ein Vertrauens- und Beziehungsaufbau im Mittelpunkt der Begegnungen stehen. Die Frage nach Vertraulichkeit stellt sich aber auch schon in dieser Phase, sodass diesem Thema nachfolgend einige Ausführungen gewidmet werden.

In der Mobilen Sozialen Arbeit im öffentlichen Raum ist die Frage von Verschwiegenheitspflichten und Aussageverweigerungsrechten besonders komplex. Ab wann beginnt eine Verschwiegenheitspflicht, auch schon bei einem kurzen Gespräch, das über Begrüßung und sich Vorstellen kaum hinausgeht? Was ist alles von der Verschwiegenheitspflicht umfasst? Grundsätzlich wird man eine Verschwiegenheitspflicht im Zweifel sehr umfassend sehen müssen – also zu einem frühen Stadium einer Beratungs- oder Betreuungsbeziehung beginnend und auch die bloße Tatsache umfassend, dass mit einer Person eine solche Beziehung besteht. Damit ist jedenfalls auch der Name, inkl. Kose- oder Szenename, einer Person erfasst und es wären Fragen, ob mit einer Person ein beruflicher Kontakt bestand oder besteht, als von der Verschwiegenheitspflicht erfasst anzusehen.

Eine ausführliche Auseinandersetzung mit allen Fragen rund um Verschwiegenheitspflichten und Aussageverweigerungsrechte kann im Rahmen dieses Beitrags nicht erfolgen. Eine fundierte Darstellung bietet das Skriptum „Rechte und Pflichten im Zusammenhang mit Verschwiegenheit in sozialen Berufen" (Wehinger 2018), das es zum Download gibt.

Hier werden nur einige Punkte angeführt, die bei der Beschäftigung mit dem Thema beachtet werden sollten. Es ist jedenfalls dringend anzuraten, dass alle Einrichtungen, die Mobile Soziale Arbeit im öffentlichen Raum anbieten, interne Festlegungen zur Verschwiegenheitspflicht, den Umgang mit Informationsanfragen der Polizei und Zeug*innenladungen treffen und auch Ansprechpersonen benennen, die eine Entscheidung mittragen können. In den meisten Fällen wird es ohnehin dem/der Dienstgeber*in bzw. Auftraggeber*in zukommen, zu entscheiden, ob eine Entbindung von der Verschwiegenheitspflicht möglich ist oder nicht.

Verschwiegenheitspflichten finden sich meistens in Berufsgesetzen (z.B. für Krankenpflegepersonal, Rechtsanwält*innen) oder bzw. zusätzlich in Gesetzen, die bestimmte Einrichtungen bzw. Tätigkeiten regeln (z.B. für Mitarbeiter*innen in Krankenanstalten, die administrative Arbeiten verrichten und nicht einem Berufsgesetz unterliegen). Für Bedienstete von Gebietskörperschaften (Bund, Land, Gemeinde) gilt die Amtsverschwiegenheit, auch wenn öffentlich Bedienstete im Bereich Sozialer Arbeit tätig werden. Für die Mobile Soziale Arbeit im öffentlichen Raum gibt es keine umfassende konkrete Regelung, die eine Verschwiegenheitspflicht vorsieht (so auch

Wehinger 2018, 40, Fußnote 116). Trotzdem ist die Vertraulichkeit der Kommunikation zwischen Klient*innen und in der Sozialen Arbeit Tätigen zu schützen.

Wesentliche Punkte betreffend die Verschwiegenheitspflicht für Mobile Soziale Arbeit im öffentlichen Raum:

Die eingesetzten Mitarbeiter*innen sollten jedenfalls auch in ihrem Dienstvertrag das Datengeheimnis bzw. eine Verschwiegenheitspflicht verankert haben. Das ergibt sich schon aus § 6 Datenschutzgesetz (DSG), wonach Mitarbeiter*innen vertraglich zum Datengeheimnis zu verpflichten sind, wenn nicht eine gesetzliche Verpflichtung besteht. Nachdem weitestgehend für die Mobile Soziale Arbeit als solche keine berufsrechtliche Verschwiegenheitspflicht besteht, muss eine entsprechende Klausel im Dienstvertrag bestehen. Sollte das noch nicht der Fall sein, kann jederzeit ein Vertragszusatz vereinbart werden.

Durch die Verschwiegenheitspflicht wäre aber noch nicht gesagt, dass nicht trotzdem eine Pflicht besteht, in bestimmten Situationen Informationen bzw. Geheimnisse beruflicher Art preiszugeben.

Hier kommt – praktisch besonders relevant – das Aussageverweigerungsrecht ins Spiel. Mitarbeiter*innen in der Sozialen Arbeit können in die Situation kommen, dass sie zu Informationen über bzw. von Klient*innen befragt werden sollen. In Frage kommt grundsätzlich eine Zeug*innenaussage in unterschiedlichen Verfahren (z.B. in einem Zivilgerichtsprozess, etwa einer Scheidung, einem Verwaltungs- oder Verwaltungsstrafverfahren oder einem gerichtlichen Strafverfahren, entweder durch die Polizei oder vor Gericht). Bis auf Ermittlungen durch die Polizei, wo es immer wieder vorkommt, dass persönlich oder telefonisch mit Zeug*innen oder Auskunftspersonen Kontakt aufgenommen wird, erfolgen Ladungen vor Gericht bzw. eine Behörde normalerweise schriftlich. Auch von der Polizei kann verlangt werden, dass für eine Aussage eine Ladung geschickt wird oder zumindest ein Termin vereinbart wird, sodass zwischenzeitlich eine interne Klärung mit Vorgesetzten erfolgen kann. Dabei soll geklärt werden, ob ausgesagt werden muss und ob nicht im Vorfeld von Polizei, Gericht bzw. der Behörde auf das Erscheinen verzichtet wird, wenn feststeht, dass von einem Aussageverweigerungsrecht Gebrauch gemacht werden wird bzw. muss.

Grundsätzlich kommt Mitarbeiter*innen anerkannter Einrichtungen zur psychosozialen Beratung über das, was ihnen in dieser Eigenschaft bekannt geworden ist, ein Aussageverweigerungsrecht vor Polizei oder dem Strafgericht zu (§ 157 Absatz 1 Ziffer 3 Strafprozessordnung). Als anerkannt gilt eine Einrichtung jedenfalls dann, wenn sie entweder gesetzlich eingerichtet oder vorgesehen ist, von einer öffentlichen Stelle beauftragt oder gefördert wird. Das Aussageverweigerungsrecht kann selbst dann ausgeübt werden, wenn eine Entbindung durch die Klientin oder den Klienten erfolgt. Das Aussageverweigerungsrecht soll nämlich nicht nur die betreute Person schützen, sondern auch die Betreuer*innen selbst bzw. die Einrichtung, für die sie tätig werden. Die Entscheidung, ob vom Aussageverweigerungsrecht Gebrauch gemacht wird, kann daher in der Regel nicht bloß von den Mitarbeiter*innen getroffen werden, sondern sollte – wie bereits erwähnt – mit Vorgesetzten besprochen werden, und all das anhand einer generellen Vorgabe, die vorhanden sein sollte.

Ausnahmsweise sind Situationen denkbar, in denen es notwendig werden kann, schnell eine Entscheidung darüber zu treffen, ob anvertrautes, grundsätzlich der Verschwiegenheitspflicht unterliegendes Wissen, dennoch etwa der Polizei gegeben werden muss. Die Rechtsordnung verpflichtet jeden Menschen dazu, zumutbare Maßnahmen zu setzen, um eine strafbare Handlung zu verhindern, die entweder schon begonnen wurde oder unmittelbar begangen werden soll. Wer diese Pflicht verletzt, kann selbst bestraft werden (§ 286 StGB: Unterlassung der Verhinderung einer mit Strafe bedrohten Handlung). Eine Handlungspflicht besteht nur, wenn ein Delikt konkret geplant ist und kurz vor der Realisierung steht oder gerade begonnen wird. Welche Mittel zur Verhinderung eingesetzt werden müssen, hängt vom Einzelfall ab. Ist bekannt, dass konkret geplant ist, eine Person zu bestehlen oder berauben, muss die Person entweder gewarnt werden, die Polizei informiert oder sonst Hilfe geholt werden. Das Wissen, dass die Straftat geplant war, kann zwar grundsätzlich von der Verschwiegenheitspflicht umfasst sein, aber in diesen Fällen muss die Information verwendet werden, um die bevorstehende oder begonnene Straftat zu verhindern. Es könnte auch vorkommen, dass die Straftat nicht verhindert werden kann, ohne dass etwa der Polizei der Name der Klientin oder des Klienten verraten wird. Dann muss freilich die Verschwiegenheitspflicht soweit durchbrochen werden und auch die Identität der Klientin oder des Klienten der Polizei bekannt gegeben. In allen anderen Fällen bleibt auch die Identität der Klientin oder des Klienten von der Verschwiegenheitspflicht umfasst und es stellt sich wieder die Frage nach dem Aussageverweigerungsrechts, das nach den allgemeinen Regeln bzw. Überlegungen zu lösen ist.

Fazit

Mobile Soziale Arbeit umfasst auch den öffentlichen Raum als Tätigkeitsort. Besondere Rechte oder Pflichten für die Ausübung der Tätigkeit bestehen nicht, freilich sind auch dabei alle Rechtsvorschriften zu beachten, die für jeden Menschen im öffentlichen Raum gelten. Ein Teil der Arbeit ist es, die Personen, die sich im Einsatzgebiet aufhalten, über bestehende Gesetzeslagen zu informieren, auch über die Konsequenzen bei Nichteinhaltung (z.B. bei Bestehen eines örtlichen Alkoholkonsumverbots). Ziel ist es, Sanktionen, insbesondere Verwaltungsstrafen, zu verhindern und Menschen nicht zu kriminalisieren. Das bedeutet, dass die Mitarbeiter*innen sich auch mit den bestehenden Rechtsvorschriften auseinandersetzen müssen bzw. diese kennen sollten.

In Wien hat es sich bewährt, durch die Kooperation leitender Mitarbeiter*innen der Polizei und jener Einrichtungen, die im öffentlichen Raum sozialarbeiterisch tätig sind, unklare rechtliche Situationen in Bezug auf die Nutzung des öffentlichen Raums zu identifizieren und zu bearbeiten. So widmete man sich unter anderem der Frage, unter welchen Voraussetzung Wegweisungen möglich und notwendig sind, und wie der weitere Ablauf aussieht. Das Durchsetzen von Rechtsvorschriften durch Zwang oder Sanktionen ist grundsätzlich als Mittel der letzten Wahl konzipiert, das nur dann zum Einsatz kommen soll, wenn bisherige Maßnahmen nicht zum Erfolg geführt haben. Als Ergebnis einer solchen kooperativen Befassung mit den Rechtsvorschriften haben einerseits Polizist*innen nun eine genauere Handlungsanweisung, wann eine Wegweisung nötig und möglich ist und welche Auswirkungen das konkret hat, andererseits kann die Soziale Arbeit noch genauer die von ihr betreute Zielgruppe informieren.

Mobile Soziale Arbeit kann dabei helfen, allen Menschen die Nutzung des öffentlichen Raums unter gleichen Bedingungen zu ermöglichen. Solange sich jeder Mensch an jene Regeln hält, die für ein gedeihliches mit- oder nebeneinander bestehen, kann der öffentliche Raum als geteilter Raum auch gleichberechtigt genutzt werden. Die Tendenz zur Privatisierung und Kommerzialisierung öffentlicher Räume wird neue Herausforderungen bringen, wenn wirtschaftliche Interessen noch stärker eine Rolle spielen, aber auch Teile des öffentlichen Raums dann anderen rechtlichen Regelungen unterliegen, die selektiven oder exkludierenden Charakter haben können. Da diese Räume und ihre Nutzungsregelungen der Kontrolle durch Gerichte und andere Prüfinstanzen, einschließlich der Öffentlichkeit, mehr und mehr entzogen werden, wird es umso wichtiger werden, für die diskriminierungsfreie Nutzung des öffentlichen Raums einzutreten und benachteiligende Effekte für jene Menschen, die durch die Kommerzialisierung ausgeschlossen werden, zu thematisieren und dagegen aufzutreten.

Biografie

Stefan Dobias ist Jurist im Büro des Koordinators für Psychiatrie, Sucht- und Drogenfragen der Stadt Wien.

Quellen und Literatur

Adamovich et al., Österreichisches Staatsrecht, Band 4, 2. Auflage, 2017, S. 210 ff.

Eisenberger, § 78 StVO oder was man damit alles machen kann!, juridikum 2003, 73.

Frühwirth, Öffentlicher Anstand, juridikum 2011, 63 ff.

Hinterhofer/Tomasits in Hinterhofer (Hrsg), SMG (Kommentar), 2. Auflage, 2018.

Matzka/Zeder/Rüdisser, SMG (Kurzkommentar), 3. Auflage, 2017.

Schwaighofer in Höpfel/Ratz, Wiener Kommentar zum SMG, 2. Auflage (Stand 1. 8. 2016, rdb.at).

Wehinger, Rechte und Pflichten im Zusammenhang mit Verschwiegenheit in sozialen Berufen, 3. Auflage, 2018, https://www.ifs.at/fileadmin/user_upload/Dokumente/Dokumente_allgemein/Verschwiegenheit_in_sozialen_Berufen.pdf (Zugriff am 1. 10. 2021).

www.wien.gv.at/umwelt/ma48/sauberestadt/strassenreinigung/wastewatcher.html (Zugriff am 1. 10. 2021).

Martin Tiefenthaler/Michael Holzgruber

Polizei und Soziale Arbeit im öffentlichen Raum – Zusammenarbeit im Kontext rezenter gesellschaftlicher Entwicklungen am Beispiel des Wiener Karlsplatzes

Einleitung

Ein Kennenlernen

Ein Besprechungssaal in Wien-Landstraße, ein früher Montagvormittag Ende 2005. Dreißig Personen sind zusammengekommen – zusammengewürfelte Gruppen aus verschiedenen Organisationen: Uniformierte und zivile Polizist*innen, Sozialarbeiter*innen, Bedienstete der Wiener Linien und des Wiener Magistrats. Kurz vor Beginn des Workshops stehen alle grüppchenweise zusammen. Wohlgemerkt in der *eigenen* Gruppe, eine Vermischung ist nicht auszumachen. Aber skeptische Blicke. Auch als der externe Moderator den Workshop beginnt, ist die Stimmung etwas angespannt.

Und ja – auch Vorurteile und Klischees kommen nicht zu kurz. Angesprochen werden sie nur in vereinzelten kleinen Spitzen, aber im Raum schweben sie trotzdem: die ,*links-linken Sozialarbeiter, die den Checkern*[1] *die Mauer machen*[2]' treffen auf die ,*rechts-rechten Kiwara,*[3] *die ohne Rücksicht auf Menschenrechte extrahart einschreiten*' – und alle fühlen sich missverstanden.

Missverständnisse – das Schlagwort zurzeit.

Man kennt einander, aber eigentlich nicht wirklich – eher vom Aneinander-*Vorbei*gehen und vom *Weg*sehen am Karlsplatz. Ein Sozialarbeiter: „Man hat sich bei den Streifen argwöhnisch angeschaut und keiner hat verstanden, was machen die und wieso machen sie das." (IV 2, 3). Ein leitender Polizist ergänzt: „Da war null Verständnis für unsere Tätigkeit und umgekehrt auch." (IV 3, 5).

---

[1] Drogenhändler*innen.
[2] Strafbares Verhalten decken.
[3] Ugs.: Polizist*innen; im Polizeisprachgebrauch: Kriminalbeamt*innen.

Eine ganze Reihe an Workshops wird nötig sein.

Mehr Berührungen zwischen Polizei und Sozialer Arbeit

Trotz vieler traditioneller Gegensätze und Differenzen haben sich die Berührungen von Polizei und Sozialer Arbeit über die letzten Jahrzehnte hinweg intensiviert (vgl. Eisenbach-Stangl et al. 2016, 10; Simon 1999, o. S.[4]). Der moderne städtische Raum ist geprägt von Fremdheit, Unsicherheiten und Irritationen, die dabei problematisierten Gruppen kann man durchaus als klassische Klientel der Sozialen Arbeit bezeichnen (vgl. Wehrheim 2006, 26 ff.). Die Erwartungshaltungen, wie mit diesen sozialen Phänomenen im öffentlichen Raum umzugehen ist, stellen beide Berufsgruppen vor immer größere Herausforderungen und sind allein kaum zu bewältigen. So finden sich beide – v.a. im Kontext der Arbeit im öffentlichen Raum – immer öfter gemeinsam in kooperativen Settings eingebettet, wo soziale Problemlagen und ihre Auswirkungen auf das sozialräumliche Umfeld bearbeitet werden sollen (vgl. Diebäcker 2014, 233 ff.).

Im vorliegenden Artikel beschäftigen sich die Autoren, beide als Berufsausübende in Polizei bzw. Sozialer Arbeit selbst in kooperativen Settings mit der jeweils anderen Berufsgruppe agierend, mit den Hintergründen dieser intensiver werdenden Beziehung. Nach einer Klärung der grundlegenden Funktionen der beiden Berufsgruppen wird ein Überblick über den (gesellschaftlichen) Kontext der Entwicklungen sowie den diesbezüglichen wissenschaftlichen Diskurs angeboten – diese drei Abschnitte wurden zum Teil in abgewandelter Form aus der Masterarbeit von Tiefenthaler (2017) übernommen. In weiterer Folge wird die Betrachtung auf das Beispiel Wiener Karlsplatz gelegt, wo Polizei und (aufsuchende) Soziale Arbeit sich seit Jahrzehnten in ihrem Arbeitsalltag begegnen und aufgrund der Anwesenheit einer offenen Drogenszene der Druck auf beide stieg, ‚Lösungen' für ‚das Problem' zu erarbeiten, bis 2010 schließlich vor dem Hintergrund eines groß angelegten Umbaus, kontinuierlicher Polizeipräsenz und des Ausbaus der Versorgungsstrukturen für suchtkranke Menschen (Tageszentren, Wohnversorgung, Behand-

---

[4]   Es handelt sich um ein Internetdokument ohne Seitenangabe, im Weiteren mit „o. S." gekennzeichnet.

lungsangebote) die Aufenthaltszahlen von Drogenkonsument*innen am Platz gesunken sind.

In die Darstellung der Entwicklungen am Karlsplatz flossen auch Inhalte aus Gesprächen ein, welche die Autoren im Laufe der Erstellung des Artikels mit Polizist*innen und Sozialarbeiter*innen, die am Karlsplatz im Einsatz waren, führten. Die Gespräche wurden aufgrund beschränkter zeitlicher Ressourcen nur zum Teil aufgenommen und transkribiert, abseits davon dienten Gesprächsprotokolle als Basis für die weitere Verwendung der Inhalte.

Gegenüberstellung der Funktionen von Polizei und Sozialer Arbeit

Polizei und Soziale Arbeit sind hinsichtlich ihrer Aufgaben- und Handlungsbereiche sehr divers ausgerichtet (vgl. Bydlinksi 2008, 4 ff.; OBDS 2004, 1 ff.). Die grundlegenden Unterschiede (siehe Tab. 1) zwischen beiden Berufsgruppen spannen sich vor allem im Kontext Kontrolle versus Hilfe und Legalitätsprinzip versus Vertraulichkeit auf (vgl. Püttner 2015a, o. S.).

	Polizei	Soziale Arbeit
Verwaltungtyp	Eingriffsverwaltung	Leistungsverwaltung
Rechtsgrundlage	Strafprozessordnung; Polizeirecht	Sozialgesetzbücher
Bedeutung des Rechts	Befugnis zu Eingriffen	Leistungsanspruch
bedeutendes Prinzip	Legalitätsprinzip	Unterstützungsprinzip
Instrumente	Zwang(sdrohung)	Angebote/Freiwilligkeit
Sanktionen	negative	positive
Perspektive	mit Handlungen verbundene Risiken; Verantwortlichkeit zuschreiben	Chancen für Individuen eröffnen; Persönlichkeit entwickeln
basales Paradigma	Störung	Hilfe und Förderung
Dauer	schnelle Intervention	langfristige Arbeit
Ziel	rechtstreues Verhalten	soziale Integration
zu AdressatInnen	Distanz: Verdächtige/StörerInnen	Vertrauen

Tab. 1: Idealtypische Gegenüberstellung von Polizei und Sozialer Arbeit (nach Püttner 2015a)

Die charakteristische Besonderheit – und als solche ein Alleinstellungsmerkmal der Polizei – ist die Sonderstellung als Vertretung des staatlichen Gewaltmonopols nach innen. Dazu ist sie mit einer Reihe von speziellen Befugnissen, Ressourcen und Werkzeugen ausgestattet, wobei als ultimatives Instrument der Durchsetzung die Anwendung von Gewalt zur Verfügung steht (vgl. Bydlinksi 2008, 4 ff.; Winter 1998, 36–44). Der Gesetzgeber gibt dabei im Sicherheitspolizeigesetz, in der Strafprozessordnung und in Landesgesetzen den Rahmen vor, innerhalb dessen polizeiliches Handeln legitimiert ist (vgl. Eisenbach-Stangl et al. 2016, 28). Historisch betrachtet sind „die kontinentaleuropäischen Polizeien [...] aus einer Tradition der Kriminalitätsbekämpfung und der Aufrechterhaltung der hoheitlich definierten öffentlichen Sicherheit und Ordnung erwachsen." (Kreissl 2017, 179), wobei sich vor allem in den letzten Jahrzehnten im Zuge des gesellschaftlichen und sozialen Wandels (siehe dazu den Abschnitt „Kontext intensivierter Beziehung von Polizei und Sozialer Arbeit" weiter unten im Text) das Anforderungsprofil an die Polizei mitunter bedeutend verändert hat (vgl. Stierle et al. 2017, 3). So positioniert sich die Polizei immer stärker als Dienstleistungsbetrieb für Bürger*innen im Sinne eines „community service" (Kreissl 2017, 180) (vgl. Winter 1998, 463). Diese Entwicklung ist im Zusammenhang mit dem Wandel des Sicherheitsdiskurses zu sehen, welcher seinen Fokus von objektivierbaren Gefahren auf die Bearbeitung subjektiver Verunsicherungphänomene erweitert bzw. verlagert hat (vgl. Wehrheim 2006, 21 ff.). Dabei ist die Vorbeugung von Gefahren im Rahmen von (Kriminalitäts-)Prävention weiter in den Vordergrund gerückt, was einen großen Berührungspunkt mit der Sozialen Arbeit eröffnet beziehungsweise erweitert hat (vgl. DFK 2004, 13).

> „Soziale Arbeit beschreibt organisierte Prozesse einer aktiven Unterstützung und geplanten Beeinflussung von Subjektivierungsweisen, die als sozial problematisch markiert werden." (Kessl/Otto 2012, 1306).

Die Definition dessen, was als sozial problematisch verortet wird, wird durch gesellschaftliche Werte- und Normvorstellungen bestimmt und verändert sich analog zu deren Wandlungen. Somit sieht sich auch die Soziale Arbeit im Fahrwasser der gesellschaftlichen Entwicklungen der letzten Jahrzehnte mit veränderten Anforderungen und Erwartungshaltungen konfrontiert, welche ihren traditionellen Fokus auf Fürsorglichkeit aufzuweichen scheinen. Die seit Langem in der Fachschaft kritisch diskutierten kontrollierenden und normierenden Aspekte sozialarbeiterischer Tätigkeit (vgl. Hammerschmidt 2012, 851 f.) etablieren sich dabei als Qualitäten, die gleichwohl von der Öffentlichkeit als auch von den (politischen) Auftraggeber*innen gutgeheißen und gewünscht werden. Durch sich verfestigende Zuschreibungen störender und/oder gefährlicher Attribute zu klassischen Adressat*innen im öffentlichen Raum kommt die Soziale Arbeit dabei in eine Position, in der sie einerseits eine Chance zur Akquirierung von Ressourcen und zur Etablierung der eigenen Profession und Disziplin verortet, aber andererseits in einen Konflikt mit ihren Grundprinzipien tritt und die ihr als Profession inhärenten Ambivalenzen zwischen Hilfe und Kontrolle befeuert (vgl. Lutz 2010, 15 f., 25–34, 71 ff.).

> „Die bürokratische Organisation der Polizei gründet auf der Typologie legitimer staatlicher Herrschaft, wie sie zuerst von Max Weber beschrieben wurde." (Behr 2008, 62).

Auch die Soziale Arbeit ist vor allem aufgrund rezenter gesellschaftlicher Entwicklungen im Zuge des postfordistischen Wandels[5] verstärkt als staatliche Regulierungspraxis zur Bearbeitung von Norm und Ordnung und damit als staatliches Herrschaftsinstrument zu denken (vgl. Diebäcker 2014, 239–256). Mit Bedacht auf die eben angedeuteten Veränderungen in den Ausrichtungen beider Berufsgruppen kann davon ausgegangen werden, dass die Kluft der idealtypischen Gegenüberstellung durch Entwicklungen der letzten Jahrzehnte kleiner geworden ist.

> "Beide werden als Instanzen der Bearbeitung sozialer Probleme wahrgenommen und gesellschaftlich für die Reduktion soge-

---

[5] Der postfordistische Wandel bezeichnet den Übergang in die postindustrielle Dienstleistungsgesellschaft einhergehend mit der Durchsetzung neoliberaler Positionen (vgl. dazu Wehrheim 2006, 19–30; für eine Betrachtung der Rolle von Sozialer Arbeit im postfordistischen Kontext siehe Diebäcker/Hammer 2009).

nannter sozialer Abweichungen unterschiedlicher Kontur in die Pflicht genommen. Beiden wird die Regulierung von Ordnungsproblemen als Aufgabe zugeschrieben, selbst dort, wo Devianz beziehungsweise Delinquenz noch nicht unbedingt entstanden sind." (Möller 2019, 163 f.).

Püttner (2015b) schreibt in seiner Bibliografie zu Polizei und Sozialer Arbeit von „der helfenden und der strafenden Hand des Staates." (ebd., o. S.). Auch Bourdieu (1992, 1) bezeichnet in einem Interview Sozialarbeiter*innen als linke Hand des Staates, wobei er damit nicht nur im Sinne der Profession ausgebildete Berufsausübende meint, sondern auch beispielsweise Lehrer*innen und einfache Beamt*innen. Diese fasst er zum „niederen Staatsadel" (ebd.) zusammen und stellt sie der rechten Hand des Staates, dem „hohen Staatsadel" (ebd.) gegenüber.

Kontext intensivierter Beziehung von Polizei und Sozialer Arbeit

„Moderne Gesellschaften, die sich in einem fortwährenden Wandlungsprozess befinden, weisen fast zwangsläufig Bruchstellen auf, an denen Konflikte entstehen, aus denen Gewalt, Gesetzesverstöße oder einfach nur ‚Ordnungsstörungen' resultieren. Individualisierungsprozesse, der Rückgang von verbindlichen Beziehungsmustern, Migration, Armut, die Veränderungen der Arbeitsgesellschaft und nicht zuletzt die mediale Berichterstattung verstärken den Ruf nach Instanzen, die ‚regulierend' eingreifen. Klassischerweise waren dies in den letzten Jahrzehnten Sozialarbeit und Polizei, die immer mehr Berührungspunkte entwickelt haben." (Simon 1999, o. S.).

Dieses Mehr an Berührung eröffnete sich über die letzten Jahrzehnte vor dem Hintergrund sich wandelnder ökonomischer, sozialer und kultureller Rahmenbedingungen. Ein Gefühl von sinkender sozialer Sicherheit im postfordistischen Sozialstaat hat eine Kompensation mittels eines erhöhten Bedürfnisses nach Sicherheit im Sinne von körperlicher Unversehrtheit, Schutz von Eigentum, Ordnung und Sauberkeit zur Folge (vgl. Diebäcker 2014, 41–50; Wehrheim 2006, 22 f.). Dies führt einerseits zu einer verstärkten Integration von präventiven und gemeinwesenorientierten Ansätzen in die Polizeiarbeit (zum Beispiel Präventionsbus und Präventionscontainer in Wien [vgl. BMI 2011]; Sicherheitspartnerschaft zwischen Polizei, Fonds Soziales Wien und der Bevölkerung [vgl. Rameder 2005]), andererseits zu einer veränderten Erwartungshaltung an die Soziale Arbeit, welche kontrollierende und normierende Aspekte ihrer Tätigkeit als eine Art ‚sanfter Regulator' verstärkt wahrnehmen soll (vgl. Klose 2012, 2). Dem öffentlichen Raum kommt dabei als Bühne, auf der sich gesellschaftliche Dynamiken zeigen und manifestieren, eine besondere Bedeutung zu. Hier ist es, wo fremde Menschen aufeinandertreffen, wo Aussehen und Verhaltensweisen anderer zu Irritationen und Verunsicherungen führen, wo sich gegensätzliche Interessen manifestieren, wo sich Konflikte aufbauen und entladen können. Genau der öffentliche Raum aber ist es, auf den marginalisierte Menschen mangels Ressourcen in besonderem Maße angewiesen sind und in dem sie auch in besonderem Maße sichtbar sind (vgl. dazu den Beitrag „Öffentlicher Raum für alle!" von Rauchberger in diesem Sammelband). Armut und sozialer Abstieg werden in verstärktem Maße auf individuelle Ursachen zurückgeführt, auch im politischen und medialen Diskurs wird oftmals die individuelle Verantwortung betont, was das Verhältnis von Gesellschaft zu Abweichung und Armut mitprägt. Die „Gefährlichkeit der Armen" (Wehrheim 2006, 40) entsteht durch Furcht vor Kriminalität sowie einer wahrgenommenen Bedrohung des Normen- und Wertesystems der Mehrheitsgesellschaft und rechtfertigt repressive und exkludierende Maßnahmen, selbst wenn keine strafrechtlich relevanten Handlungen getroffen werden.

Die Broken-Windows-These von Kelling und Wilson[6] (1982) kann dabei als Referenzpunkt für das Ansetzen von präventiven Maßnahmen im öffentlichen Raum angesehen werden (vgl. Diebäcker 2012, 43 f.), in der ‚Police Strategy No. 5' (NYCPD 1994) fand diese Logik beispielsweise konkrete Anwendung in verschrifteten Handlungsanweisungen für die New Yorker Polizei. Dabei wird die Ebene

---

[6] Die These postuliert einen Zusammenhang zwischen Verwahrlosungserscheinungen der physischen Umwelt, abweichendem Verhalten und der Entstehung von Kriminalität.

der Bearbeitung für die Polizei von Delinquenz immer weiter auf Devianz ausgedehnt – so soll Kriminalität verhindert werden, noch bevor strafrechtlich relevante Sachverhalte überhaupt entstehen können. Die dabei in den Fokus geratende Zielgruppe ist eine klassische Klientel der Sozialen Arbeit. Zu erkennen ist eine symptomatische Verortung von sozialen Problemlagen, welche im öffentlichen Raum in Erscheinung treten und beispielsweise mit Obdachlosen, Menschen mit Suchtproblematik, Sexarbeiter*innen, Jugendlichen und Menschen mit psychischen Auffälligkeiten konnotiert werden und über einen Mix aus repressiven und präventiven Zugängen bearbeitet werden sollen (vgl. Diebäcker 2012, 43 f.; Wehrheim 2006, 56 ff.; Ziegler 2001, 540 f.).

Das Verknüpfen von sozialen Problemlagen, spezifischen Personengruppen und territorialen Räumen zu Problemzonen oder auch „gefährlichen Orten" (Ullrich & Tullney 2012, o. S.) führt zu einer intensiven Bespielung durch Polizei, Sicherheitsdienste und Soziale Arbeit, wobei die grundlegende Motivation in der Minimierung von Problemlagen und Störungen der Mehrheitsgesellschaft gesucht werden darf. Die dadurch entstehenden sozialarbeiterischen Projekte haben aufgrund des gemeinsamen Einsatzortes sowie einer stärkeren Fokussierung auf kontrollierende beziehungsweise normierende Aspekte Sozialer Arbeit ein höheres Maß an Berührung mit der Polizei und die Projektbeteiligten sind auch als Akteur*innen eines staatlichen Sicherheitsarrangements im öffentlichen Raum zu denken (vgl. Lutz/Ziegler 2005, 123 ff.; Diebäcker 2014, 62-65). So ist beispielsweise in der Wiener Sucht- und Drogenstrategie (2013) festgehalten, dass „objektiven Sicherheitsproblemen [...] durch gezielte Maßnahmen der Polizei und Schwerpunkten der Sozialarbeit begegnet werden" (SDW 2013, 39) muss. Somit treffen sich Polizei und Soziale Arbeit in der gemeinsamen Aufgabe, „den öffentlichen Raum zu gestalten und bei Handlungen, die Sicherheit und Gesundheit gefährden, einzugreifen." (Eisenbach-Stangl et al. 2016, 10).

Simon (1999) sieht dabei Soziale Arbeit und Polizei gleichermaßen instrumentalisiert, um „unangenehmen Belästigungen des öffentlichen Raumes" (ebd., o. S.) entgegenzuwirken. Die „kompatiblen und komplementären Ordnungen" (Eisenbach-Stangl et al. 2016, 67) haben sich in rezenten Kooperationsformen von Polizei und Sozialer Arbeit vor allem im (kriminalitäts)präventiven Kontext im städtischen Raum etabliert. Zugrundeliegend ist die Annahme, dass die polizeilichen Handlungsmöglichkeiten in einer komplexen Industriegesellschaft nicht ausreichen, um die vielfältigen Problemlagen zu bearbeiten (vgl. DFK 2004, 8). Folglich sind sozialarbeiterische Projekte zur Bearbeitung urbaner Sicherheit sowohl in präventiven wie auch in intervenierenden Ansätzen mittlerweile fester Bestandteil in den sich etablierenden Sicherheitsarrangements (vgl. Floeting 2014, 79 ff.). Die „Durchdringung des öffentlichen Raums" (Behr 2008, 81) als elementare polizeiliche Tätigkeit hat sich auch zum Credo neuer Projekte der aufsuchenden Sozialen Arbeit entwickelt, welche sich mit den anderen Akteur*innen als „regulatives Gesamtset im Raum" (Diebäcker 2014, 233) positioniert. Die Begegnung zwischen Polizei und Sozialer Arbeit ist dabei oftmals über eine politische Ebene der Auftraggeber*innen in einen gemeinsamen Kontext eingebettet (vgl. Eisenbach-Stangl et al. 2016, 46), wobei die Zusammenarbeit v.a. auf operativer Ebene oftmals wenig strukturiert und formalisiert scheint. Die teils „losen Arrangement[s; Anm. d. Verf.]" (ebd., 68) und die Ungeklärtheit grundlegender Fragen in Bezug auf Beziehung und Kooperationsmodalitäten (vgl. Püttner 2015b, 1) haben zur Folge, dass die Verantwortung über die Modalitäten und die Gestaltung der Beziehung und einer konkreten Zusammenarbeit auf operativer Ebene oftmals auf die Schultern der Berufsausübenden an der Basis beider Professionen gelegt wird.

Das traditionelle Konfliktpotenzial, welches sich vor allem aus verfestigten wechselseitigen Vorurteilen beider Berufsgruppen ableitet, kann den Verlauf von Begegnungen mitbestimmen. Unterschiedliche Strukturen, Ideologien, Zielsetzungen, Arbeitsweisen, Handlungszwänge und rechtliche Grundlagen erschweren einen Dialog, und die vorgefestigten Bilder und Vorurteile können die Einstellung und das Handeln in beide Richtungen maßgeblich bestimmen (vgl. Alici/Machowetz 2014, 52 f.; Schnabl 2000, 89 f.; Simon 1999, o. S.). Auch darf angenommen werden, dass die klassischen Bilder von Polizei als ‚männlichem' und Sozialarbeit als ‚weiblichem' Beruf einen Einfluss auf das Verhältnis zueinander sowie die Ausgestaltung von Begegnungen beider Berufsgruppen miteinander haben (vgl. Behr 2008, 183–194; Tiefenthaler 2017, 80–83).

Abriss des wissenschaftlichen Diskurses

Gleichsam mit den Veränderungen der Bedingungen für Polizei und Soziale Arbeit finden sich auch im deutschsprachigen Fachdiskurs zur Beziehung beider Berufsgruppen Wandlungen sowohl was den Inhalt als auch das „publizierte Konfliktniveau" (Püttner 2015b, 1) betrifft. So hat vor allem in der antikapitalistischen „wilden Phase" (Vahsen/Mane 2010, 16) der Sozialen Arbeit in den 1970er-Jahren in Deutschland (in Österreich etwas verspätet erst in den 1980ern) ein Abgrenzungsdiskurs die Fachliteratur bestimmt, welcher von ideologisch getragenen Vorurteilen und dementsprechenden Grabenkämpfen geprägt war. Die Auseinandersetzung eröffnete sich vor allem über Einstellungen und Umgangsweisen mit Jugendlichen und ist nicht unabhängig von einer Veränderung des Sicherheitsdiskurses in westlichen Industriestaaten von der sozialen hin zur inneren Sicherheit zu sehen (vgl. Gillich 2009, 19 f.). Normierung und Ordnung spielten dabei als ideologische Ansätze in Bezug auf die Bearbeitung von unerwünschtem devianten Verhalten eine bedeutende Rolle (siehe Broken-Windows-These von Kelling und Wilson (1982)). In Deutschland wurde bereits in den 1960er-Jahren begonnen, speziell auf Jugendliche ausgerichtete Konzepte in der Polizei umzusetzen, welche anfänglich stark kritisiert und wieder verworfen wurden, sich bis heute aber in Form ‚szenekundiger Beamt*innen' durchgesetzt haben, welche in „Auftreten und Umgang Ähnlichkeiten mit SozialarbeiterInnen aufweisen." (Püttner 2015a, o. S.; vgl. Simon 1999, o. S.). Dabei haben sich die betreffenden Polizist*innen in ihrem Selbstverständnis zum Teil auch als (aufsuchende) Sozialarbeiter*innen verstanden, vor allem aufgrund des präventiven Charakters ihrer Arbeit direkt in der Lebenswelt der Jugendlichen sowie des Vertrauensverhältnisses, welches dafür notwendig ist. Somit begann der ideologisch aufgeladene Diskurs mit der Übernahme gewisser Aspekte sozialarbeiterischer Tätigkeiten und Herangehensweisen durch (bestimmte Bereiche) der Polizei vor allem im Kontext der Kriminalprävention. Jedoch war nicht nur in der Sozialen Arbeit, sondern auch innerhalb der Polizei umstritten, ob beziehungsweise inwieweit eine Überlappung beider Berufsgruppen möglich und sinnvoll sei (vgl. Feltes/Schilling 2015, 35 f.). Parallel zur Inkorporation sozialarbeiterischer Aspekte in das eigene polizeiliche Selbstbild hat sich eine Kritik an den professionellen Sozialarbeiter*innen formuliert. Diese kreiste vor allem um ihre Kooperationsunwilligkeit, ihre als bedingungslose Parteilichkeit wahrgenommene Solidarität mit (potenziellen) Straftäter*innen sowie die Tatsache, dass Sozialarbeiter*innen nicht wie die Polizei rund um die Uhr im Einsatz sind und somit nicht immer zur Stelle sein können, wenn sich soziale Probleme manifestieren. Die Sozialarbeiter*innen zeigten sich besorgt um ihr Selbstverständnis als helfende Berufsgruppe und sahen die Gefahr einer Vereinnahmung durch das sich ausweitende Selbstverständnis der Polizei. Der von der Sozialen Arbeit forcierte Abgrenzungsdiskurs, der vor allem eine institutionelle Trennung von Hilfe und Strafe forderte, kam Mitte der 1980er erstmals ins Wanken, als die Rolle Sozialer Arbeit im justiznahen Kontext an Bedeutung gewann (vgl. Püttner 2015a, o. S.). Es begannen verstärkt Verweise auf gemeinsame Adressat*innen, Überlappungen der Aufgaben und die Notwendigkeit einer Annäherung beider Berufsgruppen aufgrund der Veränderungen der Anforderungen im Wandel der Gesellschaft (vgl. Püttner 2015a, o. S.). Seither veränderten sich Inhalte und Charakter des Diskurses. So wurde der „Sachzwang zu kooperativen Kontrollarrangements" (Püttner 2015b, o. S.) von beiden Seiten immer mehr angenommen, der Diskurs gestaltete sich differenzierter und bot Platz, nicht nur die Gefahren, sondern auch die möglichen Vorteile einer Öffnung gegenüber der jeweils anderen Berufsgruppe zu thematisieren. Es kann festgehalten werden, dass sich die Diskussionen speziell über die Bereiche Streetwork und aufsuchende Soziale Arbeit im Jugend-, Straffälligkeits- und Präventionskontext aufgebaut haben und diese auch bis heute die Bereiche mit den größten Berührungen zwischen beiden Berufsgruppen darstellen. Hervorzuheben ist dabei der „enorme Stellenwert, den der Kriminalitäts- und Präventionsdiskurs seit Ende der 1990er Jahre in der Jugendhilfe eingenommen hat." (Lutz/Ziegler 2005, 7).

Die Inhalte und die Art der Diskussionsführung haben sich somit mittlerweile „vom ‚Ideologieverdacht' zum ‚Vernetzungscredo'" entwickelt (Püttner 2015b, 2). Der rezente Diskurs zeichnet sich zwar durchwegs durch Abgrenzungsargumentationen vor allem von sozialarbeiterischer Seite aus (vgl. beispielsweise Simon 2013, 788 f.), jedoch hat sich der Rahmen, in denen sie stattfinden, verändert. So geht es dabei vor allem um die Frage, wie in bestehenden oder künftigen Kooperationen die Rollenverteilung klarer gezeichnet und ein Kompromiss zwischen eigenen Grundprinzipien und geänderten Anforderungen erzielt werden kann. Püttner (2015b, o. S.) verortet, dass die kritischen Stimmen im rezenten Diskurs zur Beziehung beider Berufsgruppen am Verstummen sind (vgl. Diebäcker 2012, 44) und man sich inhaltlich mittlerweile auf einer technischen Ebene der Diskussion befindet, auf der letzte Vorbehalte abgebaut werden sollen und mittels Best-Practice-Beispielen die Annäherung vertieft werden soll. Speziell im Bereich von Streetwork und mobiler Jugendarbeit war jedoch bis in die 1990er-Jahre hinein teilweise eine starke Distanzierung und Ablehnung von kontrollierenden und ordnungspolitischen Aspekten der eigenen Arbeit erkennbar, wohl aus der Tradition eines lebensweltlichen, akzeptierenden und parteilichen Zugangs zu den Adressat*innen. Ein Aufeinandertreffen von Sozialarbeiter*innen und Polizist*innen passierte in diesem Bereich so gut wie immer anlassbezogen und in Form von nicht formalisierten, persönlichen Begegnungen. Dabei war es relativ leicht, sich einer Annäherung zu verschließen (vgl. Klose 2009, 30 f.). Mit der Akzeptanz der Notwendigkeit einer Öffnung gegenüber der jeweils anderen Berufsgruppe entwickelten sich auch Kanäle für einen regelmäßigen und formalisierten Austausch auf höheren Ebenen, was vor allem den Präventionsbereich zu einem gemeinsamen Arbeitsfeld erwachsen ließ (vgl. Feltes/Schilling 2015, 36 ff.). Im Zuge dessen hat sich die „Kooperation von Sozialer Arbeit und Polizei [...] in den letzten 10 Jahren nicht nur entfaltet, sie hat auch zu kompatiblen und komplementären Orientierungen der beiden Berufsgruppen geführt." (Eisenbach-Stangl et al. 2016, 67).

Entwicklungen in Wien am Beispiel des Karlsplatzes

Ausgangslage – Entwicklungen bis 2005

Der Karlsplatz ist einer der größten Knotenpunkte Wiens, der an der Oberfläche von stark genutzten Verkehrsstraßen durchzogen wird und darunter ein Netz aus Fußgänger*innenunterführungen, Passagen und U-Bahn-Stationen aufweist. Die tägliche Personenfrequenz liegt bei mehreren Hundertausend Menschen. Gelegen an der Grenze zwischen 1. und 4. Bezirk, finden sich im Umfeld zahlreiche Geschäftsstraßen, Kultur- und Bildungseinrichtungen, Grünflächen sowie weitere touristische Sehenswürdigkeiten (vgl. Team Focus 2005, 9–11; Wipfler 2013, 29).

Seit den 1970er-Jahren etablierte sich der Karlsplatz als Aufenthaltsort suchtkranker Menschen sowie als Umschlagplatz illegaler Drogen und war damit bald über die Grenzen Wiens hinaus als ‚Drogenszenetreffpunkt' und sozialer Brennpunkt bekannt. Während zu Beginn vor allem Sedativa und Stimulanzien konsumiert und gehandelt wurden, kamen Mitte der 1980er-Jahre auch Opiatkonsument*innen hinzu. In den folgenden Jahrzehnten spielten der Handel mit und der Konsum von verschreibungspflichtigen Medikamenten sowie retardierten Morphinen eine immer gewichtigere Rolle (vgl. Team Focus 2005, 16 f.; Wipfler 2013, 28).

Eine „generelle Analyse der Nutzung des öffentlichen Raums und des sozialen Geschehens in der Region Karlsplatz" im Jahr 2005 (Team Focus 2005, 4) kam zu folgenden Erkenntnissen in Bezug auf das Nutzungsverhalten der Drogenkonsument*innen: Der Platz erfüllte für die betroffenen Menschen v.a. die Funktion eines sozialen Treffpunktes. So hielt sich im Beobachtungszeitraum der Studie ein Großteil der betroffenen Menschen den ganzen Tag über hier auf, es wurden Getränke und Speisen der angrenzenden Geschäfte gekauft und konsumiert. Anbahnung von Handel mit illegalen Substanzen fand oftmals für die Öffentlichkeit wahrnehmbar statt, so wurden diese auch immer wieder Passant*innen angeboten. Neben gelegentlichem Betteln kam es abseits davon nur selten zu direkten Kontakten zwischen Drogenkonsument*innen und Passant*innen bzw. anderen Nutzer*innen des Platzes. Die Forscher*innen nahmen bei ihren Beobachtungen auch intravenöse Konsumvorgänge wahr, wobei sich diese hauptsächlich auf eine Stiege des Aufgangs zu einem Park beschränkten. Neben Konsumspuren, welche hauptsächlich in eher uneinsehbaren oberirdischen Bereichen sowie in Telefonzellen auch im unterirdischen Bereich vorgefunden wurden, ließen vor allem auffällige Verhaltensweisen und das körperliche Erscheinungsbild anwesender Personen auf Drogenkonsum schließen. Auch kam es immer wieder zu Konflikten innerhalb der Gruppe der Drogenkonsument*innen, welche meist lautstark und verbal, selten aber auch physisch ausgetragen wurden. Neben der Anwesenheit der ‚Drogenszene' (max. 80 betroffene Menschen hielten sich im Beobachtungszeitraum gleichzeitig im Areal auf) werden in dem Bericht auch wohnungslose Menschen sowie Migrant*innen als „auffällige Gruppen" (ebd., 16) am Karlsplatz angeführt (vgl. ebd., 18–21).

Zu diesem Zeitpunkt (2005) waren von der Caritas, dem Verein Wiener Sozialprojekte sowie fallweise vom Fonds Soziales Wien Streetworker*innen vor Ort im Einsatz, Streetwork vom Verein Wiener Sozialprojekte (VWS; 2012 überführt in die Suchthilfe Wien gGmbH) hatte auch einen Stützpunkt mit Anlaufstelle und Spritzentausch am Karlsplatz. Des Weiteren machte einmal täglich der Francescobus (Essensausgabe) der Caritas am Karlsplatz halt. Die Zuständigkeit der Exekutive war aufgeteilt auf die Polizeiinspektionen Kärntnertorpassage (1. Bezirk) sowie Taubstummengasse (4. Bezirk) (vgl. Team Focus 2005, 26, 38). Zwischen Polizei und Sozialer Arbeit hatte es bis zu diesem Zeitpunkt lange nur wenig strukturierte Kommunikation gegeben – Begegnungen beschränkten sich hauptsächlich auf Zusammentreffen beim Außendienst, wobei beide Berufsgruppen ihre Interventionen nicht nach denen der anderen ausrichteten.

Bearbeitungsfokus der Polizei

Aus der Ansiedlung der offenen Drogenszene ergab sich eine ganze Reihe von angrenzenden Problemfeldern: Durch den gruppenweisen Aufenthalt war das Durchgehen in den Passagenbereichen erschwert. Betteln und ‚Schnorren' wurden von Passant*innen als störend empfunden, es kam mitunter auch zu wahllosem Anbieten von Substitutionsmedikamenten. Von suchtkranken Menschen mitgeführte Hunde ohne Leine und Beißkorb wurden als Gefahr gesehen und führten zu Verschmutzungen. Konflikte innerhalb der Szene wurden immer wieder lautstark und teilweise auch handgreiflich ausgetragen. Armut, Ungepflegtheit, psychische Erkrankung und Drogenabhängigkeit waren öffentlich sichtbar und wurden von vielen Passant*innen als unangenehm und beängstigend empfunden, was sich abträglich auf das Sicherheitsgefühl vieler Nutzer*innen des Platzes auswirkte. Und nicht zuletzt ging es auch um von Geschäftstreibenden angeführte Umsatzrückgänge und einen befürchteten Imageverlust der Stadt Wien (vgl. Team Focus 2005, 44 f.).

Polizeiliches Organisationsziel war die „maßgebliche und nachhaltige Reduktion der offenen Suchtgiftszene Karlsplatz und der damit einhergehenden Begleit- und Beschaffungskriminalität." (LPD Wien 2014, 1 f.). Schließlich musste auch mit einer Vielzahl von Beschwerden aus der ‚Mehrheitsgesellschaft' umgegangen werden – entsprechende Thematisierungen erfolgten auch medial und politisch. Die Polizei – vertreten insbesondere mit einer Polizeiinspektion direkt vor Ort, aber ebenso mit extern zugeführten Kontingenten – versuchte, die ‚öffentliche Ruhe, Ordnung und Sicherheit' aufrechtzuerhalten und das Suchtmittelgesetz zu vollziehen. Personalintensive Streifen und Schwerpunktmaßnahmen hatten vorerst aber nicht zu einer nachhaltigen Besserung im Sinne einer Entspannung der Problemlage wie insbesondere des Suchtmittelmissbrauchs vor Ort geführt – primär handelte es sich dabei um Suchtmittelhandel, mitunter kam es aber auch zum Konsum, wobei dieser in der intravenösen Form hauptsächlich an sichtgeschützten Orten erfolgte (vgl. Team Focus 2005, 39).

Eine 2005 als Maßnahme eingeführte ‚Schutzzone' im Resselpark, welche die Exekutive ermächtigte, über Personen bei Verdacht einer strafbaren Handlung eine Wegweisung und ein Betretungsverbot zu verhängen, wurde nicht ausschließlich als Verbesserung aufgenommen: Die Drogenszene verlagerte sich in die Passagenbereiche und damit näher an die Geschäftsbereiche, der ungehinderte Durchgang für Passant*innen wurde teilweise erschwert, die Spannungsfelder schienen sich zu verschärfen und die Stimmung wurde allseits gereizter und aggressiver (vgl. Team Focus 2005, 19 f., 45). Der Fokus der Polizei lag auf Beobachtung und Ahndung von Gesetzesbrüchen: Straftaten – allem voran in Zusammenhang mit Suchtmittelmissbrauch – wurden bei Wahrnehmung aktiv beendet und zur Anzeige an die Staatsanwaltschaft gebracht. Außerdem wurden ‚Störungen der öffentlichen Ordnung' verwaltungsrechtlich angezeigt. Wegweisungen aus der Schutzzone zielten vor allem auf das Fernhalten jener ab, bei denen der wahrgenommene Suchtmittelhandel (oder auch Konsum) weitere strafrechtliche Übertretungen annehmen ließ. Die individuellen Lebenssituationen wurden durch die Polizei dabei eher zwangsläufig wahrgenommen. Verbesserungen der Situation für suchtkranke Menschen waren wohl für die Polizist*innen nur in Einzelfällen Thema. Der Umgang mit der Kerngruppe der Drogenkonsument*innen wurde von den Beamt*innen als „weitgehend konfliktfrei und freundlich" (Team Focus 2005, 39) beschrieben, problematisch sah man vor allem den Drogenhandel und eine als gewaltbereiter wahrgenommene mobile Drogenszene. So wurden an den Bahnsteigen Geschäftsanbahnungen durchgeführt, die Übergabe passierte dann meist woanders – für die Polizei war diese gut organisierte Abwicklung nur schwer zu bearbeiten (vgl. ebd., 40).

Die in der Studie von Team Focus (2005) befragten Polizist*innen betonten, dass „das häufig thematisierte Problem der Unsicherheit in der Region Karlsplatz auf subjektiven Gefühlen beruht." (ebd., 41). Kriminelle Delikte waren durchaus gegeben, waren in der öffentlichen Wahrnehmung aber überrepräsentiert.

Dass die Arbeit der Sozialarbeit durch die Polizist*innen fallweise auch erschwerend oder irritierend empfunden wurde, war ein weiterer Faktor einer komplexen Lage (vgl. IV3, 5). Einige Exekutivbedienstete äußerten Kritik an der Substitutionsbehandlung, da es dabei zu Missbrauch kommen könne, andererseits seien Drogenkonsument*innen durch die Substitution mitunter auch gelassener und ruhiger (vgl. Team Focus 2005, 39 f.).

Kritik ‚von außen' ist regelmäßige Begleiterin der Polizeiarbeit – und zwar sowohl weil die Einsatzkräfte nicht oder nicht ausreichend einschreiten würden als auch weil sie es zu eingreifend tun würden. Dies galt auch für die polizeiliche Arbeit am Karlsplatz.

Bearbeitungsfokus der Sozialen Arbeit

Mit dem traditionellen Fokus der Sozialen Arbeit auf Hilfeleistungen für Menschen mit psychischen, physischen und/oder sozialen Problemlagen waren die Bemühungen der Sozialarbeiter*innen vor allem auf Überlebenssicherung, Harm Reduction und Krisenintervention in der Arbeit mit den betroffenen Menschen konzentriert. Ein zielgruppenspezifischer Zugang und eine klar parteiliche Haltung fokussierten die Problemwahrnehmung und -bearbeitung hauptsächlich auf die Situation von suchtkranken und obdachlosen Menschen am Karlsplatz. Ziele waren v.a. eine Stabilisierung und Verbesserung der individuellen Lebenssituationen der betroffenen Menschen (vgl. IV4; P1, 1–4).

Abseits davon wurden von am Karlsplatz tätigen Sozialarbeiter*innen auch Nutzungskonflikte wahrgenommen, so kam es immer wieder zu erschwerter Passierbarkeit bestimmter Engstellen durch den Aufenthalt größerer Gruppen von Drogenkonsument*innen, auch konnte es „unter Drogeneinfluss dazu kommen, dass unbeteiligte Passant*innen angesprochen werden und diese sich dadurch belästigt fühlen." (Team Focus 2005, 27). Des Weiteren identifizierte man Konfliktpotenzial vor allem zwischen den Interessen der Geschäftstreibenden und der Drogenkonsument*innen. Neben dem vor Ort stattfindenden Drogenhandel wurden in Gesprächen von Sozialarbeiter*innen auch Drogenkonsument*innen abseits der Aufenthaltsszene problematisiert, welche teilweise mit erhöhtem Gewaltpotenzial die „Regeln der sozialen Verträglichkeit" (ebd., 27) nicht befolgen würden. Dies deckt sich mit Aussagen von Polizist*innen über die neben der Kerngruppe zu dieser Zeit immer wieder anwesende ‚mobilen Drogenszene', welche den Ort hauptsächlich für Anbahnung von Drogenhandel nutzte (vgl. ebd., 40).

Jedenfalls standen für die Soziale Arbeit die Bearbeitung von Sucht und damit in Zusammenhang stehenden individuellen Problemlagen der betroffenen Menschen im Vordergrund. Eine Verringerung von Effekten auf die sozialräumliche Umgebung (Kriminalität, Störungen des öffentlichen Raums, Verunsicherungen und Irritationen bei anderen Nutzer*innen) und eine Steigerung der Akzeptanz für die Zielgruppe waren als Sekundäreffekte zwar gewünscht, jedoch nicht primäres Ziel, die Interventionen somit auch nicht direkt darauf ausgerichtet. Gerade aber die sinkende Akzeptanz im sozialräumlichen Umfeld, einhergehend mit einer zunehmenden Privatisierung des öffentlichen Raums, wurde zum zunehmenden Problem einerseits natürlich vor allem für die Betroffenen selbst, welche noch mehr Stigmatisierung und Ausgrenzung ausgesetzt waren, andererseits auch für die Sozialarbeiter*innen, welche als ‚Anwält*innen' der Zielgruppe stellvertretend zusehends in Verteidigungs- und Legitimationsdiskussionen verwickelt wurden (vgl. IV4; Team Focus 2005, 29).

Zusammenführung der Zugänge von Polizei und Sozialer Arbeit

Wie dargestellt und aufgrund der originären Aufgaben von Polizei und Sozialer Arbeit nicht weiter verwunderlich, identifizierten beide Berufsgruppen unterschiedliche für sich zu bearbeitende Problemlagen am Karlsplatz: An einem Verkehrsknotenpunkt hält sich eine Gruppe von Menschen mit besonderen physischen, psychischen und/oder sozialen Problematiken (z.B. Armut, Suchterkrankung, Obdachlosigkeit) auf. Diese zeigen mitunter Verhaltensweisen (z.B. erhöhte Lautstärke, Betteln, Herumliegen), welche andere Nutzer*innen irritieren, stören und auch verunsichern können, oder setzen eben auch strafbare Handlungen, vor allem im Kontext einer Suchterkrankung. Diese Verhaltensweisen sowie strafbare Handlungen können als Folge bzw. Symptomatik der individuellen Lebenssituationen bzw. Problemlagen der betroffenen Menschen gedacht werden. Idealtypisch betrachtet bearbeitet die Polizei mit kurzfristigen Interventionen die Symptomatik eines Problems, das die Soziale Arbeit mit auch auf Langfristigkeit ausgerichteten Interventionen und Methoden nachhaltig verbessern bzw. auflösen möchte. Ziel der Interventionen sind – in vorliegendem Beispiel – bei beiden Berufsgruppen mehr oder weniger dieselben Personen(gruppen). Die Polizei unterbindet und ahndet strafbare Handlungen, die Soziale Arbeit stabilisiert und verbessert individuelle Lebenssituation der betroffenen Menschen. Wichtig ist in diesem Zusammenhang auch der Hinweis auf grundlegende Arbeitsprinzipien und Vorgehensweisen der Sozialen Arbeit, v.a. in Bezug auf die Freiwilligkeit der

Nutzung ihrer Angebote und ihrer niederschwelligen, lebensweltlichen, akzeptanzorientierten und auf Vertrauens- und Beziehungsaufbau basierenden Herangehensweise – sind dies doch wesentliche Unterschiede zur Polizeiarbeit (vgl. Möller 2019, 167). In dieser vereinfachten und idealtypischen Darstellungsweise können die Bearbeitungsebenen von Polizei und Sozialer Arbeit klar getrennt werden. Potenzielle Konfliktlinien spannen sich dabei entlang repressiver Interventionen der Polizei gegen Klient*innen sowie unterstützender Maßnahmen der Sozialen Arbeit für Klient*innen auf (vgl. IV4; P1, 2.; Tiefenthaler 2017, 49 f.).

Die nicht aufeinander abgestimmten, parallel laufenden repressiven und unterstützenden Maßnahmen führten zu einer Reihe von weiteren Herausforderungen für die Ausübenden beider Berufsgruppen wie auch für die betroffenen Menschen selbst. Beratungsgespräche, Beziehungs- und Vertrauensaufbau waren für Sozialarbeiter*innen zumindest erschwert, wenn die Polizei stark präsent war und Kontrollen durchführte, womöglich sogar Interventionen der Sozialarbeiter*innen dafür unterbrach. Wenn die Betroffenen mit der Meidung der relevanten Örtlichkeit reagierten, waren diese in weiterer Folge für Unterstützungsleistungen schwerer erreichbar und eventuell auch weniger motiviert, künftige sozialarbeiterische Angebote anzunehmen. Für die Exekutivbediensteten konnten steigende sozialarbeiterische Bemühungen am Karlsplatz mitunter als das Konterkarieren ihres eigenen Auftrages empfunden werden – wurden so doch widersprüchliche Signale an die Betroffenen ausgesendet (vgl. IV4, P1 2).

Wenn in dieses Setting der getrennten Bearbeitung ohne Absprachen bzw. Koordinierung dann noch Unwissenheit über Arbeitsweisen, Prinzipien, Aufträge etc. der anderen Berufsgruppe hinzukommt, so endet das ganz schnell im vorurteilsbehafteten Interpretieren von deren Interventionen. Dann werden – wie eingangs exemplarisch angeführt – die Polizist*innen zu den ‚rechts-rechten Kiwara', die überhart gegen marginalisierte Menschen einschreiten, und die Sozialarbeiter*innen zu den ‚links-linken' Gutmenschen, welche Straftäter*innen decken und von ihrer Klientel eigentlich instrumentalisiert und ausgenutzt werden. Und diese Vorurteile können dann auch Begegnungen und Kommunikation zwischen den Berufsausübenden in der Praxis bestimmen, v.a. da die Begegnungen auf Basisebene meist wenig strukturiert und formalisiert sind (vgl. Tiefenthaler 2017, 35–51).

Es kann festgehalten werden, dass sowohl Polizei als auch Soziale Arbeit mit intensivem Ressourceneinsatz die Problemfelder, welche in ihrer jeweiligen Zuständigkeit lagen, bearbeiteten. Trotz der Bemühungen konnte die Situation in Bezug auf Störungen und Nutzungskonflikte am Karlsplatz vorerst nicht dahingehend verbessert werden, dass der öffentliche und v.a. der politische Diskurs sich entspannt hätte. Im Zentrum medialer, politischer und öffentlicher Aufmerksamkeit standen nicht die individuellen Lebenssituationen und Leidenswege der Betroffenen, sondern v.a. die für alle anderen Nutzer*innen des Karlsplatzes wahrnehmbaren Folgen von Armut, Obdachlosigkeit, Suchterkrankungen und damit in Zusammenhang stehenden Straftaten.

> „Politik fokussiert in ihrer Konstruktion von ‚Drogenproblemen' auf das Verhalten bestimmter Gruppen, statt gleichzeitig auch auf Verhältnisse für Menschen in bestimmten Lebenslagen." (Stöver 2008, o. S.)

Die in den Fokus geratenden Irritationen und ‚Störungen' führten zu zahlreichen Beschwerden, noch mehr Aufmerksamkeit und in weiterer Folge zu Handlungszwang auf politischer Ebene.

Zusammenfassend können grob gesagt zwei Richtungen der Bearbeitung verfolgt werden: Der kurzfristige, repressive Ansatz bearbeitet die Situation auf symptomatischer Ebene – ein Einschreiten gegen betroffene Menschen (z.B. wegen strafbarer Handlungen) kann aber auch zu deren Meidung des Ereignisortes führen, was sie als weitere Ausgrenzung von der Gesellschaft sehen können, in der sie ohnehin schon am Rande stehen. Ihre Lebenssituation verschlechtert sich damit mitunter noch weiter, sie sind unter Umständen für unterstützende, aufsuchende Angebote schwerer erreichbar, außerdem wird die am bearbeiteten Ort nachlassende Symptomatik aller Wahrscheinlichkeit nach anderenorts wieder auftreten. Der zweite, unterstützende Zugang zielt auf die ursächliche Ebene ab: Mittels Hilfe und Unterstützung durch (aufsuchende) Soziale Arbeit und weitere nachfolgende psychosoziale, medizinische und arbeitsmarktintegrative Angebote soll die Lebenssituation der betroffenen Menschen stabilisiert und verbessert werden. In weiterer Folge soll auch der als negativ wahrgenommene Impact auf das sozialräumliche Umfeld abgeschwächt werden. Zusätzlich – und dies ist den rezenteren, zielgruppenoffenen Ansätzen der aufsuchenden Sozialen Arbeit (wie eben auch jenen der Projekte der Mobilen Sozialen Arbeit im öffentlichen Raum der Suchthilfe Wien; vgl. dazu den Beitrag von Odelga in diesem Sammelband) gemein – sollen durch gezielte (Gesprächs-)Angebote an andere Nutzer*innen des öffentlichen Raums deren Vorurteile und Ängste gegenüber den Betroffenen abgebaut und so die Akzeptanz für im eigenen Verständnis von der Norm abweichendes Verhalten erhöht werden. Im Grunde geht es dabei um das Vermitteln von Kompetenzen, mit denen Irritationen des städtischen Lebens konstruktiv begegnet werden kann, ohne dass die eigene Lebensqualität dadurch eingeschränkt wird. Diese ‚urbane Kompetenz' (vgl. dazu den Beitrag „Wien ist eine sichere Stadt" von Rauchberger in diesem Sammelband) erleichtert es, objektivierbare Gefahren besser von subjektiven Unsicherheiten zu trennen und jeweils passende Handlungsmöglichkeiten parat zu halten (beispielsweise eben auch das Hinzuziehen von Expert*innen aus der Sozialen Arbeit bei Unsicherheiten in der Begegnung mit marginalisierten Menschen). Dieser Weg ist ein langwieriger, gerade in Bezug auf soziale Phänomene im öffentlichen Raum und daraus resultierende Problemlagen sind Ergebnisse für die Öffentlichkeit oftmals zu spät sichtbar.

Organisatorische Weichenstellungen – Veränderungen im Jahr 2005

„Der Karlsplatz als imageträchtiger innerstädtischer Ort und weicher Standortfaktor einer angebotsorientierten Standortpolitik sowie dem entgegenlaufend der Karlsplatz als Ort, an dem soziale Probleme wie Sucht, Armut oder Wohnungslosigkeit sichtbar werden. Die diesbezügliche politische Debatte scheint sowohl inhaltlich als auch personell eng mit der massenmedialen Berichterstattung verschränkt zu sein." (Diebäcker/ Hammer 2009, 20).

Die Situation am Karlsplatz wurde 2005 im Landtag und Gemeinderatssitzungen teils intensiv diskutiert. Negative Auswirkungen des Aufenthalts suchtkranker Menschen auf andere Nutzer*innen standen dabei im Fokus – vor allem wurden Kinder als schützenswerteste Gruppe in den Vordergrund gestellt, welche beispielsweise am Schulweg oder am Spielplatz einer Bedrohung durch Drogenkonsument*innen ausgesetzt würden. Dies führte schließlich auch zur Einrichtung einer Schutzzone rund um eine am Karlsplatz gelegene Schule, welche präventive Zugriffe auf Drogenkonsument*innen ermöglichte (vgl. Kumpf 2017, 52).

Die Akteur*innen – allen voran Polizei und Sozialarbeit – handelten vorerst noch nicht abgestimmt. Eine leitende Mitarbeiterin der Sucht- und Drogenkoordination Wien führt aus:

> „Die Soziale Arbeit vor Ort und auch die Polizei vor Ort fühlten sich – auch voneinander – im Stich gelassen. Ein wenig hatte man sich auch mit der Situation arrangiert bzw. resigniert. Und die Passant*innen fühlten sich mit den bestehenden Problemen alleingelassen." (IV1, 1).

Wiederkehrende Polizeiinterventionen sowie bauliche Veränderungen (welche über die Jahre immer wieder im kleineren und größeren Rahmen durchgeführt wurden) und schließlich das Etablieren der Schutzzone führten laut Sozialarbeiter*innen zu einer Zuspitzung der Situation am Karlsplatz, da die Drogenkonsument*innen aufgrund der Vertreibung von den gewohnten Aufenthaltsorten „aufgewühlter, verstörter und reizbarer" (Team Focus 2005, 27) erlebt wurden – insbesondere gezielte Personenkontrollen wurden hier als Gründe gesehen. Andererseits wurde durch Exekutivbedienstete das sozialarbeiterische Einwirken mitunter als Parteilichkeit gegen die Aufklärung strafbarer Handlungen empfunden, die von Straftäter*innen durchaus bewusst in Anspruch genommen worden seien (vgl. IV3, 5).

Schließlich wurde 2005 auf Initiative der Stadt Wien eine Reihe von Workshops abgehalten, die zum Ziel hatten, unterschiedliche im öffentlichen Raum tätige Institutionen zu vernetzen, ein Kennenlernen der in der Praxis tätigen Mitarbeiter*innen zu ermöglichen und in weiterer Folge Austausch und Zusammenarbeit zu erleichtern. Im selben Jahr wurde auch das Projekt ‚help U' mit Stützpunkt am Karlsplatz gegründet, das erste Projekt der Mobilen Sozialen Arbeit im öffentlichen Raum, damals noch angesiedelt beim Verein Wiener Sozialprojekte (VWS), welcher 2012 in die Suchthilfe Wien gGmbH überführt wurde. Als neuer Akteur am Karlsplatz verstand sich help U, wie im ursprünglichen Projektkonzept festgehalten, als „Mittler und ‚Informationsträger' zwischen den Dialoggruppen." (Projektkonzept vom Juli 2005, 15, zit. nach Haller et al. 2006, 1). Störendes Verhalten und Konflikte am Platz sollten minimiert werden, gleichzeitig sollten Menschen bei Bedarf an bestehende soziale und medizinische Angebote weitervermittelt und angedockt werden. „Zentrale Aufgabe der help-U-Mitarbeiter*innen ist die rasche Intervention bei sozial unerwünschtem Verhalten." (Haller et al. 2006, 2). Dies ist eigentlich weder bei der Sozialen Arbeit noch bei der Polizei im originären Sinn Auslöser von Interventionen – in den letzten Jahrzehnten jedoch müssen sich beide vermehrt darum kümmern:

> „Help U positioniert sich mit den Aufgaben Kontrolle und Intervention zwischen der Polizei einerseits (die für Gesetzesübertretungen zuständig ist und über stärkere Sanktionsmöglichkeiten verfügt) und den Sozialarbeiter*innen im Bereich der Streetwork andererseits." (ebd., 2).

Sowohl auf strategischer als auch auf operativer Ebene wurden diverse Netzwerke installiert, um die Zusammenarbeit zu verfestigen und zu professionalisieren. Problemlagen wurden besprochen – die Maßnahmen abgestimmt (vgl. IV1, 3). In den Workshops und Vernetzungen wurden die Weichen in Richtung einer abgestimmten Vorgehensweise, mit der sowohl individuelle Lebenssituationen der betroffenen Menschen verbessert als auch die Störungsphänomene am Karlsplatz reduziert werden sollten, gestellt (vgl. Beitrag von Jäger in diesem Sammelband). Es wurden die Ziele, Aufgaben und Grenzen des ‚Gegenübers' verdeutlicht (vgl. IV1, 2). Und es wurde fortan auch an der Semantik gearbeitet: Das ‚Gegenüber' (Sozialarbeit, Polizei) wurde jeweils durch ‚Partner*innen' ersetzt. Getragen war dieser Zugang durch die Führungskräfte, übertragen durch sie auch an die Basismitarbeiter*innen.

Als wichtige Grundsätze wurden festgehalten (vgl. IV1, 3):

1. Drogenhandel kann nur durch eine kontinuierliche uniformierte Polizeipräsenz erfolgreich bekämpft werden.

2. Für die Integration von suchtkranken Menschen bedarf es vielseitiger sozialer und gesundheitsbezogener Maßnahmen.

3. Für ein sozial verträgliches Miteinander brauchen die diversen Nutzer*innengruppen auch die Unterstützung der Mobilen Sozialen Arbeit.

Die Kombination von Kooperation und Verantwortungsabgrenzung – das aber jeweils in offener Kommunikation – sollte die Basis für den weiteren Weg sein. Ein leitender Kriminalpolizist:

„Die Polizei hat früher den Fehler gemacht, sich da zu wichtig zu nehmen: Es dreht sich bei der Suchtgiftkriminalität nicht alles um Repression. Ja, die Polizei hat einen größeren Anteil und dort arbeiten wir mit Vollgas. Aber der Rest ist sozialarbeiterisch und pädagogisch – und da mischen wir uns nicht ein." (IV3, 6).

Und es ergab sich ein ganz neuer Umgangston zwischen Polizist*innen und Sozialarbeiter*innen:

„Wenn man sich draußen gesehen hat, hat man sich gekannt, man hat sich gegrüßt, man hat sich zusammengestellt, man hat sich unterhalten – und das hat auch positive Auswirkungen gehabt auf die Suchtkranken. Weil die haben gesehen, wir reden zwar mit der Polizei, unterstützen sie [die Drogenkonsument*innen; Anm. d. Verf.] aber trotzdem. Und durch die gute Abstimmung war allen klar, wenn die Polizei eine Intervention gesetzt hat, hat sich die Sozialarbeit rausgehalten – und umgekehrt genauso." (IV2, 2).

Umsetzung der verstärkten Zusammenarbeit – weitere Entwicklungen nach 2005

In weiterer Folge übernahm die 2006 gegründete Sucht- und Drogenkoordination Wien (SDW) als strategischer Überbau die Koordination und Vernetzung (vgl. den Beitrag zum professionellen Netzwerkmanagement von Jäger in diesem Sammelband). 2008 wurde schließlich die Arbeitsgruppe ‚Zukunftsperspektive Karlsplatz' eingesetzt, welche bestehende Probleme erörtern und nachhaltige Lösungsansätze konzipieren sollte. Kurz danach begann der Umbau der Karlsplatzpassage, welcher zusammen mit Begleitmaßnahmen auch zum Ziel hatte, dass die Drogen(handels)szene sich nicht mehr in der bis dato wahrnehmbaren Intensität am und um den Platz aufhalten sollte. Die angesprochenen Begleitmaßnahmen wurden vor allem von Polizei und Sozialer Arbeit getragen, wobei eine Abstimmung einerseits notwendig erschien, andererseits sowohl Polizist*innen wie auch Sozialarbeiter*innen vor viele Herausforderungen stellte. Dies nicht zuletzt aufgrund der Notwendigkeit, den eigenen Zugang zur der jeweils anderen Berufsgruppe zu reflektieren und zumindest teilweise neu auszurichten.

Neben punktuell stattfindenden Workshops fanden ab 2005 somit regelmäßige Vernetzungen zwischen örtlicher Polizei, Streetwork, help U, Kinder- und Jugendhilfe, Caritas und SDW statt. Neben dem persönlichen Kennenlernen der involvierten Berufsausübenden wurde der dadurch eingeleitete Wissenstransfer über die jeweiligen Ziele, Methoden und Rahmenbedingungen der Akteur*innen von den involvierten Personen als essenziell für die in weiterer Folge besser werdende Arbeitsbeziehung festgehalten (vgl. IV3, 9 f.; P1, 1–4; P2, 1 f.).

In den Vernetzungen wurden Wahrnehmungen zur Situation vor Ort ausgetauscht, die Herausforderungen der jeweiligen Akteur*innen bei der Umsetzung ihrer Aufträge dargelegt, mögliche gegenseitige Unterstützung diskutiert und künftige Maßnahmen und Interventionen koordiniert. Der Austausch erfolgte grundsätzlich anonymisiert und ohne Weitergabe personenbezogener Daten. In Fällen besonderer Herausforderung im Umgang mit einzelnen psychisch erkrankten Menschen wurde ein*e Amtsärzt*in zum Feststellen einer möglichen akuten Selbst- oder Fremdgefährdung – was nur von der Polizei initiiert werden kann – zugezogen. Die Foren wurden aber auch als Raum für Reflexion und Kritik genutzt. Bestimmte Maßnahmen bzw. Interventionen der anderen Berufsgruppe konnten mit zunehmender Vertrauensbasis auch kritisch thematisiert und hinterfragt werden – so wurde beispielsweise von sozialarbeiterischer Seite eine oftmals wenig wertschätzende Kommunikationsweise von Polizist*innen gegenüber suchtkranken Menschen angesprochen, während von Polizeiseite bei einem Treffen die Befürchtung formuliert wurde, dass die Spritzenausgabe von Streetwork den intravenösen Konsum von Substitutionsmitteln fördern könnte. Das offene Ansprechen dieser Themen ermöglichte einerseits ein in Diskussion Treten und eine Aufklärung, warum gewisse Maßnahmen oder Interventionen von der ein oder anderen Berufsgruppe gesetzt werden (beispielsweise Aufklärung über fachliche Hintergründe zu Spritzenabgabe wie Infektionsprophylaxe), andererseits auch Chancen zur Reflexion und Überprüfung der eigenen Interventionen und Ansätze. So waren die Handlungen der anderen nachvollziehbarer und – wenn auch aus der eigenen Berufslogik nicht immer als beste Möglichkeit gesehen – zumindest erklärbarer und es bot sich weniger Raum für von Vorurteilen getragene Interpretationen. Durch verbesserten Wissenstransfer und Austausch zwischen Polizei und Sozialer Arbeit waren beide jeweils über bevorstehende Schwerpunkte informiert und konnten sich darauf einstellen und bei Bedarf die eigenen Interventionen darauf abstimmen. Auch wurde der Umgang mit Beschwerden anderer Nutzer*innen des Karlsplatzes koordiniert, Zuständigkeiten wurden vereinbart und in der Bearbeitung der Anliegen von Beschwerdeführer*innen wurde bei Bedarf die jeweils andere Berufsgruppe hinzugezogen. In Summe wurden über die Zeit die Begegnung und Zusammenarbeit von allen Akteur*innen als verbessert wahrgenommen (vgl. P1; P2; P3).

Im Lauf der weiteren Jahre wurde die Vernetzung auch mit anderen Akteur*innen intensiviert. Neben dem Ausbau der sozialarbeiterischen und gesundheitsbezogenen Angebote fokussierte die Polizei ihre Interventionen auf den Drogenhandel und weniger auf die Drogenkonsument*innen selbst. Magistratsabteilungen wie die Wiener Stadtgärten und die Abfallwirtschaft/Straßenreinigung sowie die Wiener Linien verstärkten ihre Präsenz und die Reinigung vor Ort. Über die Zeit konnte so einerseits das Versorgungsangebot für suchtkranke Menschen erhöht werden und andererseits gelang es, die von anderen Nutzer*innen des Karlsplatzes wahrgenommenen Störungen und Irritationen zu reduzieren (vgl. Beitrag von Jäger in diesem Sammelband). Mit dem 2010 erfolgten groß angelegten Umbau des Karlsplatzes samt einer Imagekorrektur zum ‚Karlsplatz als Kunstplatz' war die Toleranz für eine offene Drogenszene vorbei, deren Abwanderung wurde dann innerhalb weniger Wochen mit hoher Polizeipräsenz und unter Protest vieler sozialarbeiterischer Einrichtungen erwirkt (vgl. Grotte 2010, o. S.; Kocina 2010, o. S.). Kritiker*innen vor allem von sozialarbeiterischer Seite sahen darin eine Verdrängung von ohnehin schon benachteiligten Menschen aufgrund von Gentrifizierungs- und Aufwertungsprogrammatiken der Stadt (vgl. Diebäcker 2019, 144–147).

2012 wurde das Modell der Zusammenarbeit verschiedenster Akteur*innen des öffentlichen Raums auf ganz Wien ausgedehnt: Im Jour fixe „Soziale Integration und Sicherheit in Wien" (JF SIS Wien) (vgl. Jäger in diesem Sammelband) treffen sich seitdem in regelmäßigen Abständen Entscheidungsträger*innen der mittleren Führungsebene von Polizei, diversen Einrichtungen der Sozialen Arbeit sowie verschiedener Magistratsabteilungen zu einem Austausch auf anonymisierter und abstrahierter Ebene. Der Fokus liegt dabei auf ‚Problemzonen' des öffentlichen Raums, also Orten mit erhöhten Nutzungskonflikten und Beschwerdelagen, die sich meist um die Anwesenheit von marginalisierten Menschen aufspannen. Auf operativer Ebene gibt es in vielen Bezirken regelmäßige Vernetzungen zwischen Polizei und Sozialer Arbeit sowie anderen Akteur*innen, oftmals abgehalten und organisiert von den jeweiligen beteiligten Projekten der Suchthilfe Wien (z.B. sam/help U). Meist sind es die (Team-)Leitungsebene bzw. Kommandant*innen der Polizeiinspektionen, Sicherheitskoordinator*innen oder Grätzlpolizist*innen, welche sich in diesen Foren über konkrete Zusammenarbeit bzw. Abstimmung vor Ort austauschen. Auf diesen beiden Ebenen haben sich der Austausch bzw. die Zusammenarbeit über die Zeit gut formalisiert und eingespielt. Aufgrund der geringen Anzahl von beteiligten Personen kennen sich diese oftmals schon über einen längeren Zeitraum und sind mit den zugrunde liegenden Entwicklungen der vergangenen Jahre vertraut. Dies führt dazu, dass man sich gegenseitig besser einschätzen und in weiterer Folge auch Vertrauen aufbauen kann (vgl. Beitrag über professionelles Netzwerkmanagement von Jäger in diesem Sammelband; IV3, 9 f.).

Resümee und Ausblick

Vernetzung und Zusammenarbeit mit anderen Institutionen gehören zur alltäglichen Arbeit sowohl der Polizei als auch der Sozialen Arbeit, aber gerade zwischen diesen beiden scheint traditionellerweise Zusammenarbeit besonders schwierig und kritisch betrachtet zu sein. Mit Blick auf grundlegende Funktionen der beiden Berufsgruppen erschließt sich, warum: Die Polizei befasst sich in weiten Teilen mit der Abwehr von Gefahren, dem Einschreiten bei strafbaren Handlungen und der Aufrechterhaltung der öffentlichen Ruhe, Ordnung und Sicherheit. Dazu werden meist kurzfristige Interventionen gesetzt: hier die Gefahr, das Delikt oder die Störung – da das polizeiliche Einschreiten zur Beendigung des Missstandes. Klar ist, dass dabei in vielen Fällen nicht die Ursachen von (sozialen) Problemen bearbeitet werden, sondern es um Symptombehandlung geht. Soziale Arbeit versteht sich als Unterstützungsleistung für Menschen mit psychischen, physischen und/oder sozialen Problemlagen und zielt mit ihren Interventionen auf eine nachhaltige Besserung der Lebenssituation der betroffenen Menschen ab. Im Fokus der Bearbeitung liegen bei beiden Berufsgruppen oftmals dieselben Personengruppen, wobei Interventionen der Sozialen Arbeit vor allem auf Unterstützung beruhen, einen auf Freiwilligkeit, Vertraulichkeit und Akzeptanz aufbauenden Zugang verfolgen und Handlungsmöglichkeiten für Betroffene erweitern sollen – dabei soll eine Beziehung möglichst auf Augenhöhe hergestellt werden. Die Polizei tritt aufgrund ihrer Stellung als Vertreterin der Staatsmacht per se in eine asymmetrische Beziehung zu den Adressat*innen, ihre Interventionen wirken aufgrund von möglichen Strafen bzw. deren Androhung und schränken generell die Handlungsmöglichkeiten von Beamtshandelten ein (vgl. Möller 2019, 167 f.).

Aufgrund gesellschaftlicher Wandlungen einhergehend mit veränderten Erwartungshaltungen betreffend den Umgang mit irritierenden oder als störend wahrgenommenen Menschen im öffentlichen Raum finden sich Polizei und (aufsuchende) Soziale Arbeit immer öfter in kooperativen Settings wieder, um ‚Problemzonen des öffentlichen Raums' zu bearbeiten, wo Symptomatiken sozialer Problemlagen für die Mehrheitsgesellschaft sicht- und spürbar werden. Mit einem Mix aus repressiven und unterstützenden Maßnahmen sollen dabei die Störungen im Sozialraum minimiert werden und gleichzeitig soll die Lebenssituation von betroffenen Menschen stabilisiert und verbessert werden.

Die veränderten Erwartungshaltungen sowohl an Polizei und (im Speziellen aufsuchende) Soziale Arbeit im Kontext postfordistischer Sicherheitsproduktion müssen unseres Erachtens nach kritisch diskutiert und reflektiert werden (siehe dazu beispielsweise Diebäcker 2014; Lutz et al. 2005; Wehrheim 2006 und die Beiträge von Bareis, Diebäcker und Reutlinger in Diebäcker/Wild 2020). Nichtsdestotrotz ergibt sich die Notwendigkeit, in den jeweiligen Berufspraxen darauf zu reagieren und sich bestmöglich auf sich dynamisch verändernde (gesellschaftliche) Rahmenbedingungen einzustellen. Der öffentliche Raum – als Bühne für gesellschaftliche Veränderungsprozesse und als Ort, an dem sich das Verhältnis von Gesellschaft zu Individuum manifestiert – ist dabei jener Ort, an dem soziale Problemlagen sichtbar werden und in der postmodernen Gesellschaft eine immer komplexer werdende Symptomatik zeigen, welche die einzelnen damit befassten Stakeholder*innen in deren Bearbeitung immer stärker fordert und an ihre Grenzen bringt. Und das sind neben Polizei und Sozialer Arbeit noch eine Reihe weiterer Akteur*innen, welche direkt mit den Betroffenen und mit den Folgen von deren Anwesenheit beschäftigt sind (in Wien unter anderem Rettungsdienste, die Magistratsabteilung Wiener Stadtgärten, die Abfallwirtschaft/Straßenreinigung und die Wiener Linien und die ÖBB).

Die Erwartungen der Akteur*innen an intensivierte Absprache und Zusammenarbeit sind vielfältig: Austausch der Wahrnehmungen, Aufteilung der verorteten und zu bearbeitenden Problemlagen auf die jeweiligen Spezialist*innen, Erweiterung der eigenen Handlungsmöglichkeiten, gegenseitige Vermittlung von Adressat*innen, Reduzierung der eigenen Arbeitsbelastung, Verringerung von Straftaten, Verbesserung des Images der eigenen Institution und gemeinsames Auftreten gegen unverhältnismäßige Problematisierung (z.B. Medienberichte, politische Vereinnahmung und Zuspitzung) (vgl. Grohmann 2009, 132–136; Tiefenthaler 2017, 64–70; IV4) – um nur einige zu nennen. Damit sollen alle Akteur*innen in Ruhe arbeiten können und es soll sich ein gegenseitiges Unterstützen ergeben, dort wo es aus den jeweiligen institutionellen Zielen und Handlungsmöglichkeiten sinnvoll scheint. Dafür müssen die beteiligten Kooperationspartner*innen auf Augenhöhe kommunizieren und gegenseitige Expertise anerkennen. Wichtig dabei ist vor allem, dass die Grenzen der Zusammenarbeit jeweils aus der Fachlichkeit der involvierten Akteur*innen bestimmt werden können und auch von den Partner*innen akzeptiert werden. So sollten in Kooperationssettings immer Ziele und Erwartungen sowohl von Polizei und Sozialer Arbeit transparent kommuniziert werden, aber auch jene der betroffenen Menschen mitgedacht werden – immerhin stehen sie im Mittelpunkt der Interventionen, um die sich mitunter in konkreten Situationen eine antagonistische Positionierung von Polizist*innen und Sozialarbeiter*innen ergeben kann (vgl. Tiefenthaler 2017, 49 f.). Somit ist das Setting als Beziehungstriade zu denken: Polizei – Soziale Arbeit – Zielgruppe(n). Beispielsweise können für die Polizei eine Verringerung von Straftaten als Folge gemeinsamer präventiver Arbeit und eine Verbesserung des Images der Polizei bei den Zielgruppen als positive Aspekte einer Zusammenarbeit folgen. Für Soziale Arbeit können die Vorteile beispielsweise mehr Möglichkeiten für Lobbyingarbeit bei der Polizei (Sensibilisierung für die Lebenswelt der Klient*innen), aber auch auf politischer Ebene eine gewisse Einflussnahme auf oder zumindest eine Vorabinformation über geplante Maßnahmen der Polizei sowie die Vermittlung von hilfsbedürftigen Menschen durch die Polizei sein. Für Klient*innen der Sozialen Arbeit könnten strafmindernde Momente, weniger repressives Einschreiten der Polizei sowie ein niedrigschwelligerer Zugang zu polizeilicher Hilfestellung positive Aspekte sein (vgl. Grohmann 2009, 131–136; Tiefenthaler 2017, 52–54).

Unseres Erachtens ist es im Kontext der angeschnittenen gesellschaftlichen Entwicklungen sinnvoll, dass Polizei und Soziale Arbeit in den jeweiligen Settings einen Modus der Zusammenarbeit oder zumindest der Absprache etablieren. Diese Etablierung hat vielerorts über die letzten Jahrzehnte bereits stattgefunden und im Großen und Ganzen wird von beiden Seiten über eine Verbesserung des Verständnisses füreinander berichtet. Dadurch sind auch die Möglichkeiten gestiegen, eigene Ziele und auch Grenzen zu kommunizieren. Trotzdem sind aufgrund grundsätzlich verschiedener

Funktionen, Arbeitsprinzipien und struktureller Bedingungen viele Asymmetrien in der Beziehung zu verorten, und „dabei erleben die Sozialarbeiter[*innen] ein höhere[s] Maß an Unstimmigkeiten als die PolizistInnen." (Schmidt-Zimmermann 2000, 119, zitiert nach Ziegler 2001, 544; vgl. Tiefenthaler 2017, 35–48). Die Zusammenarbeit mit der Polizei kann Sozialarbeiter*innen leicht in einen Konflikt mit den eigenen Arbeitsprinzipien bringen (vgl. Ziegler 2001, 542 ff.), was auch als Ausdruck grundlegender Ambivalenzen in der professionellen Identitätsfindung Sozialer Arbeit gedeutet werden kann (siehe dazu Staub-Bernasconi 1995, 2009), welche an der Beziehung und Begegnung zur Polizei aufbrechen. Dies kann sich v.a. in Begegnungen der Berufsausübenden an der Basis manifestieren. Im Arbeitsalltag der Berufsausübenden ‚auf der Straße' finden Aufeinandertreffen hauptsächlich anlassbezogen statt – dabei kennen sich die handelnden Personen oftmals nicht oder nur sehr oberflächlich, der Verlauf der Begegnung hängt mitunter stark von den persönlichen Zugängen der involvierten Interaktionspartner*innen ab. Gerade Sozialarbeiter*innen erleben sich dabei oftmals in einer ‚schwächeren' Position, ihre eigenen Interessen zu positionieren – nicht zu vernachlässigen sind dabei Einflüsse der jeweiligen institutionellen Stärke sowie des beruflichen Selbstverständnisses und daraus folgend des Auftretens der jeweiligen Professionist*innen (vgl. Tiefenthaler 2017, 71–80).

Im Hinblick auf die weitere Gestaltung der Beziehung zwischen Polizei und Sozialer Arbeit sowie einer strukturierteren und transparenteren Zusammenarbeit möchten wir abschließend einige Punkte festhalten, welche uns dafür als wesentlich erscheinen:

→ Etablieren grundlegender Strukturen als Vorbereitung von Zusammenarbeit: Es wird oftmals schnell von ‚Zusammenarbeit' gesprochen, nachhaltige Zusammenarbeit kann unseres Erachtens jedoch nicht von heute auf morgen angewiesen werden. Dazu bedarf es klar definierter Ziele, Zuständigkeiten und Grenzen, gegenseitiger Anerkennung der Expertise, aber auch Verständnis, Vertrauen und Wertschätzung. Gerade in traditionell konfliktbehafteten Beziehungen wie der zwischen Polizei und Sozialer Arbeit braucht es gezielte Maßnahmen zur Schaffung einer stabilen Basis, auf der aufgebaut werden kann. Vor einer

Zusammenarbeit steht in unserem Verständnis ein Kennenlernen, dann eine Abstimmung und bei Bedarf, wo es sinnvoll erscheint, eine strukturierte Zusammenarbeit (v.a. auf strategischer Ebene) bei klarer Anerkennung der Unterstützungsmöglichkeiten wie auch der Grenzen.

→ Verstärkung des Wissenstransfers auch im Rahmen der jeweiligen Berufsausbildungen: Wissen über die andere Berufsgruppe, deren Ziele, Handlungsmöglichkeiten, -grenzen, -zwänge und Prinzipien erscheint uns essenziell, um die gegenseitige Expertise anzuerkennen und gegenseitige Wertschätzung zu fördern.

→ Absprachen und Koordination auf Basisebene: Gerade bei Interventionen im Arbeitsalltag an der Basis kann sich das Konfliktpotenzial zwischen beiden Professionen eröffnen. Vor allem an Örtlichkeiten, wo sich Polizei und (aufsuchende) Soziale Arbeit im Arbeitsalltag oftmals begegnen, bedarf es daher neben den anlassbezogenen Begegnungen auch eines strukturierten Austausches. So sollen sich die Beteiligten als Professionist*innen wie auch als ‚Menschen' kennenlernen können und Kommunikation soll gefördert und folglich das Konfliktpotenzial vermindert werden.

→ Anerkennung der Unterschiede: Ein offener Umgang mit den Unterschieden der Berufsgruppen (v.a. im Hinblick auf Zielsetzungen, Methoden und Zugänge) kann als Ausgangspunkt für konstruktives Herausarbeiten der Bereiche, in denen man sich gegenseitig unterstützen und zusammenarbeiten kann, dienen. Auch in den Fachlichkeiten begründete, scheinbar unauflösbare Gegensätze müssen dabei anerkannt werden.

→ Die Grenzen der Zusammenarbeit müssen von den jeweiligen Fachlichkeiten bestimmt werden können: Polizei und Soziale Arbeit finden sich oftmals auf Betreiben der (politischen) Auftraggeber*innen in Kooperationssettings wieder. Trotz öffentlichen und politischen Drucks zur Lösung sozialer Problemlagen im öffentlichen Raum muss es für beide Professionen unter Verweis auf die eigene Fachlichkeit möglich sein, Grenzen in der Zusammenarbeit zu ziehen und sich Aufträgen zu verschließen, welche mit den eigenen Prinzipien unvereinbar sind.

→ Eine Zusammenarbeit unter der Flagge zweier Menschenrechtsprofessionen: Soziale Arbeit gilt als ‚Menschenrechtsprofession', auch die Polizei betont ihre Stellung als Menschenrechtsorganisation.[7] Auch wenn es aus Sicht von Kritiker*innen dazu v.a. im Umgang bzw. der Reflexion mit der eigenen Machtstellung in Bezug auf die Ausübung des innerstaatlichen Gewaltmonopols noch zusätzlicher Maßnahmen bedarf, kann das ein Leitmotiv einer Rahmung weiterer Zusammenarbeit zwischen Polizei und Sozialer Arbeit darstellen.

→ Verstärkung des gemeinsamen Auftretens gegen mediale und politische Skandalisierung von Problemlagen im öffentlichen Raum: Polizei und Soziale Arbeit sind gleichsam in ‚Problemzonen' des öffentlichen Raums im Einsatz, der Handlungsdruck erhöht sich oft durch mediale wie politische Inszenierung und Dramatisierung von Auswirkungen des Aufenthalts marginalisierter Menschen auf die als ‚Norm' angenommene Mehrheitsgesellschaft. Durch gemeinsames Auftreten zur Objektivierung von Sachlagen könnten sich beide Professionen dabei unterstützen, sich auf die jeweiligen originären Bearbeitungsfokusse zu konzentrieren.

→ Stärkung der Sozialen Arbeit als Profession: Sozialarbeiter*innen sehen sich oftmals als ‚schwächere' Partner*innen in Kooperationssettings mit der Polizei – eine Stärkung der Profession (in Österreich hat Soziale Arbeit beispielsweise kein eigenes Berufsgesetz), ihrer institutionellen Stärke und folglich ihres beruflichen Selbstverständnisses könnte eine mehr von der eigenen Fachlichkeit getragene Rolle in Kooperationssettings gewährleisten.

Die Autoren möchten festhalten, dass auch im Kontext des gemeinsamen Erarbeitens dieses Beitrags immer wieder Stellen erreicht wurden, an denen aufgrund unterschiedlicher beruflicher Ausbildung, beruflicher Alltagsrealität und beruflicher Handlungslogiken unterschiedliche Zugänge zu gewissen Thematiken offen-

---

7   Siehe dazu Staub-Bernasconi 1995 und das Projekt „Polizei.Macht.Menschen. Rechte" – Infos unter: https://www.bmi.gv.at/408/PMMR/start.aspx

sichtlich wurden. Zu keinem Zeitpunkt kam es dabei jedoch zu Unverständnis über den jeweils anderen Zugang, weil sich beide Autoren über die Unterschiedlichkeit, welche die Berufe mit sich führen, bewusst waren und diese somit jederzeit nachvollziehbar waren. Und weil die grundlegende Wertschätzung für die Arbeit von Polizei und Sozialer Arbeit bei beiden Autoren zu jedem Zeitpunkt spürbar war und das den Rahmen für transparenten und ehrlichen Austausch ermöglichte. Hätte dieser Beitrag anders ausgesehen, wenn die beiden Autoren ihn nicht gemeinsam verfasst hätten? Ja, mit Sicherheit. Keiner hätte Kompromisse eingehen müssen und jeder hätte die Entwicklungen aus der eigenen Professionssicht beschreiben können – dabei hätten sie aber beim Verfassen des Artikels nicht den Weg nachgezeichnet, der eigentlicher Inhalt des Beitrages ist: Zusammenfinden dort, wo es für beide Professionen Sinn macht, Blickwinkel erweitern und gemeinsam das formulieren, was beide gleichsam in ihrer Arbeitsrealität beschäftigt.

Biografien

Martin Tiefenthaler studierte Biologie an der Universität Wien und Soziale Arbeit an der FH Campus Wien, wo er seit einigen Jahren als nebenberuflich Lehrender im Masterstudiengang „Sozialraumorientierte und Klinische Soziale Arbeit" tätig ist. Seit 2010 bekleidete er verschiedene Funktionen in der Suchthilfe Wien, aktuell als Teamleiter von *sam plus* und stellvertretender Bereichsleiter der Mobilen Sozialen Arbeit im öffentlichen Raum.

Michael Holzgruber ist seit 1991 Exekutivbediensteter in Wien – davon 17 Jahre Polizeioffizier mit Leitungsfunktionen in den Bezirken Innere Stadt, Rudolfsheim-Fünfhaus und Josefstadt und Aufgaben der polizeilichen Schwerpunktplanung an Hotspots im öffentlichen Raum. Berufsbegleitend absolvierte er den Masterstudiengang „Strategisches Sicherheitsmanagement". Seit 2020 ist er Stadtpolizeikommandant in Wien-Floridsdorf.

Quellenverzeichnis

Alici, Sirin; Machowetz, Linda. 2014. *Zwei Wege zum sozialen Frieden: Obdach-losigkeit als Handlungsfeld der Sozialarbeit und der Polizei.* Masterarbeit. FH Campus Wien.

Behr, Rafael. 2008. *Cop Culture – Der Alltag des Gewaltmonopols. Männlich-keit, Handlungsmuster und Kultur in der Polizei.* Wiesbaden: Springer VS.

BMI (Bundesministerium für Inneres) (Hrsg.). 2011. *Sicherheitskooperation. Sicherheitspakt für Wien.* http://www.bmi.gv.at/cms/bmi/_news/bmi.aspx?id=56784F6D595177697656 493D&page=2& view=1 (Zugriff am 16. 10. 2015).

Bourdieu, Pierre. 1992. *Die rechte und die linke Hand des Staates.* Interview mit R. P. Droit und T. Ferenczi in Le Monde am 14. 1. 1992. *https://www.de-gruyter.com/document/doi/10.14361/9783839401200-009/html* (Zugriff am 4. 5. 2017).

Bydlinski, David. 2008. *Polizeiforschung. Polizei und ihr Handeln im Spiegel der Fachdisziplinen.* SIAK Journal – Zeitschrift für Polizeiwissenschaft und polizeiliche Praxis 4/2009, 4–9.

Diebäcker, Marc; Hammer, Elisabeth. 2009. *Zur Rolle von Sozialer Arbeit im Staat. Skizzen aus regulationstheoretischer und Foucault'scher Perspek-tive.* Kurswechsel 3/2009, 11–25. http://www.beigewum.at/wordpress/wp-content/uploads/2009_3_011-25.pdf (Zugriff am 7. 9. 2021).

Diebäcker, Marc. 2012. *Broken Windows, Soziale Arbeit und das Regieren von Marginalisierten im öffentlichen Raum.* In: Sozialarbeit in Österreich Son-derheft 1/2012, 43–44.

Diebäcker, Marc. 2014. *Soziale Arbeit als staatliche Praxis im städtischen Raum.* Sozialraumforschung und Sozialraumarbeit Band 13, Wiesbaden: Springer VS.

Diebäcker, Marc. 2019. *Gentrifizierung und öffentliche Räume. Über das Zusammenspiel von Aufwertung, Sicherheit und Ordnung an urbanen Plätzen.* In: Kadi, Justin; Verlic, Mara (Hrsg.): *Gentrifizierung in Wien. Per-spektiven aus Wissenschaft, Politik und Praxis.* Wien: AK Wien, 141–151. https://wien.arbeiterkammer.at/interessenvertretung/meinestadt/Stadt-punkte_Nr.27_2019_5.pdf (Zugriff am 10. 9. 2021).

Diebäcker, Marc; Wild, Gabriele. 2020. (Hrsg.): *Streetwork und aufsuchende Soziale Arbeit im öffentlichen Raum.* Wiesbaden: Springer VS.

DFK (Stiftung Deutsches Forum für Kriminalprävention) (Hrsg.) 2004. *Förde-rung von Vernetzung und Kooperation insbesondere durch Aus-, Fort- und Weiterbildung am Beispiel von Polizei und Jugendsozialarbeit in der Gewaltprävention. Bericht des Arbeitskreises.* https://publikationen.unituebingen.de/xmlui/bitstream/handle/10900/66583/Aus_und_Fortbildung. pdf?sequence=1&tisAllowed=y (Zugriff am 26. 9. 2021).

Eisenbach-Stangl, Irmgard; Dirnberger, Georg; Fellöcker, Kurt; Gasior, Katrin; Haberhauer, Judith; Jäger, Karin. 2016. *Wie sich der öffentliche Raum gesundheitsfördernd gestalten lässt. Das Projekt AGORA.* Wien: Europäisches Zentrum für Wohlfahrtspolitik und Sozialforschung.

Feltes, Thomas; Schilling, Rüdiger. 2015. *Polizei und junge Menschen – mehr präventive Repression?* In: Deutsches Jugendinstitut (Hrsg.). *Kriminalitätsprävention im Kindes- und Jugendalter. Perspektiven zentraler Handlungsfelder.* München: Deutsches Jugendinstitut. 35–66.

Floeting, Holger. 2014. *Ordnung und Sicherheit – Kommunales Engagement für sichere Städte.* In: Abt, Jan; Hempel, Leon; Henckel, Dietrich; Pätzold, Ricarda; Wendorf, Gabriele (Hrsg.). *Dynamische Arrangements städtischer Sicherheit.* Akteure, Kulturen, Bilder. Wiesbaden: Springer VS, 63–94.

Gillich, Stefan. 2009. *Handeln zwischen Prävention und ordnungspolitischer Vereinnahmung: Anforderungen an Streetwork.* In: Dölker, Frank/Gillich, Stefan (Hrsg.). *Streetwork im Widerspruch. Handeln im Spannungsfeld von Kriminalisierung und Prävention.* Gründau-Rothenbergen: TRIGA, 16–23.

Grohmann, Georg. 2009. *Zur Zusammenarbeit von Mobiler Jugendarbeit und Polizei – Voraussetzungen, Möglichkeiten und Grenzen.* In: Dölker, Frank; Gillich, Stefan (Hrsg.). *Streetwork im Widerspruch. Handeln im Spannungsfeld von Kriminalisierung und Prävention.* Gründau-Rothenbergen: TRIGA, 124–145.

Grotte, Werner. 2010. *Sozialarbeiter-Aufstand. Drogenbetreuer protestieren gegen Karlsplatz-Räumung – Rathaus winkt ab.* Zeitungsartikel in der „Wiener Zeitung", 16. 6. 2010. https://www.wienerzeitung.at/nachrichten/ chronik/wien-chronik/42958_Sozialarbeiter-Aufstand.html (Zugriff am 2. 10. 2021).

Haller, Birgit; Dawid, Evely; Lercher, Kerstin. 2006. *Evaluierung von ‚help U. Eine Initiative der Wiener Linien und des Fonds Soziale Wien'.* Bericht für die Sitzung des Wiener Drogenbeirates am 6. 12. 2006, Institut für Konfliktforschung.

Hammerschmidt, Peter. 2012. *Geschichte der Rechtsgrundlagen der Sozialen Arbeit bis zum 20. Jahrhundert.* In: Thole, Werner (Hrsg.): *Grundriss Soziale Arbeit. Ein einführendes Handbuch.* Wiesbaden: Springer VS, 851–861.

Kelling, George L.; Wilson, James Q. 1982. *Broken Windows. The police and neighborhood safety.* In: Atlantic Monthly 3/1982. 29–38. https://www. theatlantic.com/magazine/archive/1982/03/broken-windows/304465/ (Zugriff am 2. 10. 2021).

Kessl, Fabian; Otto, Hans-Uwe. 2012. *Soziale Arbeit.* In: Albrecht, Günter; Groenemeyer, Axel (Hrsg.): *Handbuch soziale Probleme. Band 1 und 2.* Wiesbaden: Springer VS, 1306–1331.

Klose, Andreas. 2009. *Soziales Handeln zwischen Kriminalisierung und Prävention – Streetwork/Mobile Jugendarbeit „auf schwerer See"?* In: Dölker, Frank; Gillich, Stefan (Hrsg.). *Streetwork im Widerspruch. Handeln im Spannungsfeld von Kriminalisierung und Prävention.* Gründau-Rothenbergen: TRIGA, 24–38.

Klose, Andreas. 2012. *Treffpunkt Straße? Öffentlicher Raum zwischen Verdrängung und Rückgewinnung. Einige geschichtliche und aktuelle Entwicklungen.* In: sozialraum.de 2/2012. http://www.sozialraum.de/treffpunkt-strasse.php (Zugriff am 21. 9. 2021).

Kreissl, Reinhard. 2017. *Menschenrechtskonforme Polizeiarbeit als Organisationsproblem – das Beispiel Österreich.* In: Stierle, Jürgen; Wehe, Dieter; Siller, Helmut (Hrsg.). 2017. *Handbuch Polizeimanagement. Polizeipolitik – Polizeiwissenschaft – Polizeipraxis,* Wiesbaden: Springer VS, 177–192.

Kumpf, Katharina. 2017. *Die Entwicklung des Karlsplatzes von 2005 bis 2015.* Masterarbeit. FH Campus Wien.

Kocina, Erich. 2010. *Streetworker: Karlsplatz bleibt Karlsplatz.* Zeitungsartikel in der Tageszeitung „Die Presse", 8. 5. 2010. https://www.diepresse.com/563870/streetworker-karlsplatz-bleibt-karlsplatz (Zugriff am 2. 10. 2021).

LPD Wien (Landespolizeidirektion Wien). 2010. *Polizeiliche Schwerpunktmaßnahmen „Karlsplatz" – Abschlussbericht.*

Lutz, Tillmann. 2010. *Soziale Arbeit im Kontrolldiskurs. Jugendhilfe und ihre Akteure in postwohlfahrtstaatlichen Gesellschaften.* Wiesbaden: VS Verlag für Sozialwissenschaften.

Lutz, Tillmann; Ziegler, Holger. 2005. *Soziale Arbeit im Post-Wohlfahrtsstaat – Bewahrer oder Totengräber des Rehabilitationsideals?* In: Widersprüche 25/2005. 123–124. http://www.ssoar.info/ssoar/bitstream/handle/document/32520/ssoar-widersprueche-2005-3%20(97)-lutz_et_al-Soziale_Arbeit_im_Post-Wohlfahrtsstaat_-.pdf?sequence=1 (Zugriff am 28. 9. 2021).

Miko, Katharina; Kugler, Jochen; Atzmüller, Christiane, Raab-Steiner, Elisabeth. 2010. *Subjektive Wahrnehmung von Sicherheit/Unsicherheit im öffentlichen Raum. Projektendbericht.* Wien: Kompetenzzentrum für Soziale Arbeit.

Möller, Kurt. 2019. *Ordnungshüter mit und ohne Uniform? Was polizeiliche und Soziale Arbeit verbindet und trennt.* Soziale Arbeit – Zeitschrift für soziale und sozialverwandte Gebiete, 5/6.2019, 163–171.

NYCPD (New York City Police Department) (Hrsg.). 1994. *Police Strategy No. 5: Reclaiming the Public Spaces of New York.* https://www.ncjrs.gov/pdffiles1/Photocopy/167807NCJRS.pdf (Zugriff am 12. 8. 2016).

OBDS (Österreichischer Berufsverband diplomierter SozialarbeiterInnen) (Hg.). 2004. *Handlungsfelder der Sozialen Arbeit.* https://www.obds.at/wp/wp-content/uploads/2018/04/handlungsfelder-fh-campus_wien.pdf (Zugriff am 10. 9. 2021).

Püttner, Norbert. 2015a. *Im Souterrain der Polizei? Wandlungen im Verhältnis Polizei – Sozialarbeit.* Bürgerrechte und Polizei/CILIP, 2/2015, 3–13. https://www.cilip.de/2015/06/03/im-souterrain-der-polizei-wandlungen-im-verhaeltnis-polizei-sozialarbeit/ (Zugriff am 20. 9. 2021).

Püttner, Norbert. 2015b. *Polizei und Soziale Arbeit. Eine Bibliographie.* https://www.cilip.de/2015/06/11/polizei-und-soziale-arbeit-eine-bibliografie/ (Zugriff am 4. 10. 2021).

Rameder, Sonja. 2005. *Sicherheitspartnerschaft Oberdöbling. Projekt- und Evaluationsbericht.* https://www.fsw.at/downloads/ueber-den-FSW/zahlen-daten-fakten/weitere-berichte/team-focus/2004-2005_TEAM_FOCUS_Sicherheitspartnerschaft_Oberdoebling.pdf (Zugriff am 3. 10. 2021).

Schnabl, Franz. 2000. *Strategische Kooperation zwischen Polizei und Sozialarbeit – Maßnahmen zur Hebung des Sicherheitsgefühls der Bevölkerung im Bereich der offenen Straßenszene.* In: Wiener Zeitschrift für Suchtforschung. 3/2000, 89–92.

SDW (Sucht- und Drogenkoordination Wien) (Hrsg.). 2013. *Wiener Sucht- und Drogenstrategie 2013.* https://sdw.wien/wp-content/uploads/20130909_WSD_Strategie_web_ES.pdf (Zugriff am 3. 9. 2021).

Simon, Titus. 1999. *Sozialarbeit und Polizei – Neue Aufgaben, Gemeinsamkeiten und notwendige Grenzen.* Bürgerrechte und Polizei/CILIP 2/1999, 39–48. https://www.cilip.de/1999/09/20/sozialarbeit-und-polizei-neue-aufgaben-gemeinsamkeiten-und-notwendige-grenzen/ (Zugriff am 27. 4. 2017).

Staub-Bernasconi, Silvia. 1995. *Das fachliche Selbstverständnis Sozialer Arbeit – Wege aus der Bescheidenheit. Soziale Arbeit als „Human Rights Profession".* In: Wendt, Wolf R. (Hrsg.). *Soziale Arbeit im Wandel ihres Selbstverständnisses – Beruf und Identität.* Freiburg: Lambertus, 57–104.

Staub-Bernasconi, Silvia. 2009. *Der Professionalisierungsdiskurs zur Sozialen Arbeit (SA/SP) im deutschsprachigen Kontext im Spiegel internationaler Ausbildungsstandards Soziale Arbeit – eine verspätete Profession?* In: Becker-Lenz, Roland; Busse, Stefan; Ehlert, Gudrun; Müller, Silke (Hrsg.). *Professionalität in der Sozialen Arbeit. Standpunkte, Kontroversen, Perspektiven.* Wiesbaden: VS Verlag für Sozialwissenschaften, 21–46.

Stierle, Jürgen; Wehe, Dieter; Siller, Helmut (Hrsg.). 2017. *Handbuch Polizeimanagement. Polizeipolitik – Polizeiwissenschaft – Polizeipraxis.* Wiesbaden: Springer VS.

Stöver, Heino. 2008. *Sozialer Ausschluss, Drogenpolitik und Drogenarbeit – Bedingungen und Möglichkeiten akzeptanz- und integrationsorientierter Strategien.* https://www.researchgate.net/publication/226184617_Sozialer_Ausschluss_Drogenpolitik_und_Drogenarbeit_-_Bedingungen_und_Moglichkeiten_akzeptanz_-_und_integrationsorientierter_Strategien (Zugriff am 5. 10. 2021).

Team Focus, Fonds Soziales Wien. 2005. *Wien 1 & 4 KARLSPLATZ.* Bericht.

Tiefenthaler, Martin. 2017. *Aufsuchende Soziale Arbeit und Polizei – Fremdbilder, professionelle Identität und machttheoretische Kontextualisierung von Asymmetrien in der Beziehung.* Masterarbeit. FH Campus Wien.

Ullrich, Peter; Tullney, Marco. 2012. *Die Konstruktion „gefährlicher Orte".* http://www.sozialraum.de/die-konstruktion-gefaehrlicher-orte.php (Zugriff am 5. 10. 2021).

Vahsen, Friedhelm; Mane, Gudrun. 2010. *Gesellschaftliche Umbrüche und Soziale Arbeit.* Wiesbaden: Springer VS.

Wehrheim, Jan. 2006. *Die überwachte Stadt – Sicherheit, Segregation und Ausgrenzung.* Opladen: Verlag Barbara Budrich.

Wipfler, Margit. 2013. *Die kontrollierte Verlagerung der offenen Drogenszene Karlsplatz – Der gezielte Exodus in eine bessere Zukunft?* Masterarbeit. Donau-Universität Krems.

Winter, Martin. 1998. *Politikum Polizei. Macht und Funktion der Polizei in der Bundesrepublik Deutschland.* Münster: LIT-Verlag. https://www.hof.uni-halle.de/mar-win/Winter_Martin_Politikum_Polizei_1998.pdf (Zugriff am 20. 9. 2021).

WLSG 2010. *Wiener Landes- und Sicherheitsgesetz. Änderung.* https://www.wien.gv.at/recht/landesrecht-wien/landesgesetzblatt/jahrgang/2010/html/lg2010025.html (Zugriff am 11. 9. 2021).

Ziegler, Holger. 2001. *Crimefighters United – Zur Kooperation von Jugendhilfe und Polizei.* In: neue praxis 6/2001, 538–557.

Qualitative Interviews

IV1 – mit Mitarbeiter*in der Sucht- und Drogenkoordination Wien in Leitungsfunktion am 8. 2. 2021 in Wien; Transkript

IV2 – mit Mitarbeiter*in der aufsuchenden Sozialen Arbeit am Karlsplatz in Leitungsfunktion am 12. 2. 2021 in Wien; Transkript

IV3 – mit Mitarbeiter*in im Kriminaldienst in Leitungsfunktion am 5. 2. 2021 in Wien; Transkript

IV4 – mit Mitarbeiter*in der aufsuchenden Sozialen Arbeit am Karlsplatz in Leitungsfunktion, März 2021 in Wien; handschriftliches Gesprächsprotokoll

Sitzungsprotokolle

P1 – Internes Ergebnisprotokoll des Vernetzungstreffens bezüglich Karlsplatz am 7. 5. 2007

P2 – Kurzbericht des Workshops help U – Polizei am Karlsplatz, 2008

P3 – Koordiniertes professionelles Beschwerdemangement im öffentlichen Raum; Ergebnisbericht der Vernetzung „LeiterInnentreffen öffentlicher Raum" im Rahmen einer Klausur, Mai 2010

Andrea Jäger/Mathias Tötzl

Professionelles Netzwerkmanagement und Kooperationen für eine abgestimmte Vorgehensweise im (halb)öffentlichen Raum – Erfahrungen aus der Praxis

Wien ist ein soziale, wunderschöne, reiche, vielfältige und solidarische Metropole und zählt zu den am schnellsten wachsenden Städten in Europa. Der öffentliche Raum wird immer lebendiger. Durch das Wachstum der Bevölkerung steigt der Nutzungsdruck auf die verfügbaren Flächen. Der öffentliche Raum ist für alle Menschen – unabhängig vom sozialen Status – Kommunikations-, Sozial-, Sport-, Feier- und Begegnungsraum und wesentlich für eine städtische Lebensqualität. Speziell sozioökonomisch benachteiligte Menschen sind besonders auf den öffentlichen Raum angewiesen. Plätze vor Bahnhöfen und Verkehrsstationen sowie größere Parks werden gerne von obdachlosen und suchtkranken Menschen genutzt, weil diese Orte meistens eine gute Infrastruktur für einen längeren Aufenthalt bieten. Marginalisierte Menschen finden an diesen Orten Wasser, Toiletten, Supermärkte, die lange Öffnungszeiten haben, sowie ein reges Treiben durch Passant*innen, das ihnen Abwechslung und das Gefühl, am gesellschaftlichen Leben teilzuhaben, bereitet. Bedeutsam ist der öffentliche Raum für sie aber vor allem als Treffpunkt für den sozialen Austausch.

Im öffentlichen Raum und bei Verkehrsstationen treffen dadurch Menschen aufeinander, die sich sonst nicht begegnen würden. Die Gesellschaft ist an diesen Orten in unterschiedlicher Ausprägung mit sichtbarer Armut, Abhängigkeitserkrankung, intravenösem Drogenkonsum, alkoholisierten Menschen, psychischen Erkrankungen und Drogenhandel konfrontiert. Die Reaktion auf die sichtbaren Probleme dieser Menschen ist sehr unterschiedlich. Die meisten Menschen versuchen wegzusehen und auszuweichen. Einige verstehen nicht, warum diesen Menschen nicht geholfen wird, und einige fühlen sich verunsichert und verstehen nicht, warum diese Situationen zugelassen werden. Obdachlose Menschen werden meis-

tens bemitleidet, aber konsumierende Menschen, die sich kontinuierlich im (halb)öffentlichen Raum treffen und als „Szene" wahrgenommen werden, werden mehrheitlich als störend erlebt. Wenn
sich an öffentlichen Plätzen regelmäßig Menschen treffen, die
augenscheinlich eine Suchtproblematik haben, der Alkohol- oder
Drogenkonsum „coram publico" geschieht oder am Ort laufend
Drogenhandel stattfindet, ist die Politik sowie die verantwortliche
Stadtverwaltung meist zweifach gefordert: in „sozial- und gesundheitsbezogener Hinsicht" und „unter dem Gesichtspunkt der öffentlichen Sicherheit und Ordnung" (vgl. Bossong 2003, 7 f).

Unabhängig von individuellen Reaktionen wird erwartet, dass die
im öffentlichen Raum tätigen Organisationen einer Stadt (Soziale
Arbeit, Polizei, kommunale Dienstleister*innen wie Straßenreinigung, Verkehrsbetriebe und in Wien speziell die Sucht- und Drogenkoordination Wien) reagieren und die Situation für alle Beteiligten verbessern. Als ersten Schritt bedeutet das in der praktischen
Arbeit für die Sucht- und Drogenkoordination Wien (SDW), die je-
weilig bestehende Situation der unterschiedlichen Gruppen, die den
öffentlichen Raum nutzen, zu erheben.

Folgende Fragestellungen sollten dabei beantwortet werden können:

• Sind Grundbedürfnisse wie Wohnen, Nahrung, Körperhygiene,
  medizinische Versorgung der Drogenkonsument*innen/Alkohol-
  konsument*innen/obdachlosen Menschen abgedeckt?

• Sind die Zugangsvoraussetzungen (v. a. Aufenthalts- und Ver-
  sicherungsstatus) zu Gesundheits- und Sozialeistungen hinsichtlich nachhaltiger Vermittlungsmöglichkeiten gegeben?

• Bestehen Interaktionen zwischen unterschiedlichen Nutzer*innengruppen (z. B. Vertreter*innen unterschiedlicher Nationa-
  litäten oder Altersgruppen bzw. zwischen marginalisierten
  Menschen und der Mehrheitsgesellschaft), die darauf abzielen,
  eine oder mehrere Gruppen zu exkludieren?

• Welches konkrete Verhalten welcher Nutzer*innengruppen führt
  zu Nutzungskonflikten?

238

- Besteht eine Nutzungskonkurrenz z. B. durch zu wenig Flächen, zu wenig Sitzgelegenheiten etc.?

- Wird der Platz ausschließlich zum Drogenhandel genutzt?

- Sind intravenös konsumierende Menschen, die den Platz nutzen, über die Substitutionsbehandlung und die niederschwelligen Angebote informiert?

- Benötigen wohnversorgte alkoholkranke Menschen Angebote für den Tagesaufenthalt, wo auch Alkohol mitgenommen und konsumiert werden darf?

- Bestehen Problemlagen im öffentlichen Raum, die nur infrastrukturell gelöst werden können (z. B. fehlende Toilettenanlage)?

Die Beantwortung dieser Fragen ist eine wichtige Entscheidungsgrundlage für Führungskräfte, um zielführende Maßnahmen setzen zu können. Dabei ist es besonders wichtig, auch die Meinungen und Bedürfnisse all jener Menschen zu berücksichtigen, die den jeweiligen Ort nutzen. Konsument*innen von illegalisierten Substanzen wünschen sich beispielsweise Wohnraum und Privatsphäre, mehr Stabilität in den sozialen Beziehungen, gesellschaftliche Integration und einen schützenden privaten Raum für den Konsum (vgl. Eisenbach-Stangl et al. 2011, 131 f). Für wohnversorgte, Alkohol konsumierende Menschen, die den Franz-Jonas-Platz[1] nutzen, zeigte eine Befragung der Mobilen Sozialen Arbeit „help U" hingegen, dass sie aufgrund des ihnen in der eigenen Wohnung zur Verfügung stehenden Rückzugsraums den öffentlichen Raum eher als Sozialraum nutzen. In dieser Gruppe wurde daher vorrangig der Wunsch nach nicht kommerziellen Indoor-Räumen geäußert, in denen sie sich mit ihren Freund*innen treffen und auch den mitgebrachten Alkohol konsumieren können.

Die Beantwortung oben genannter Fragen ist aber auch wichtig, um dem Anspruch, den öffentlichen Raum für alle zu gestalten und zugänglich zu machen, gerecht zu werden.

---

[1] Der Franz-Jonas-Platz ist der von vielen unterschiedlichen Gruppen genutzte Vorplatz des Bahnhofs Floridsdorf, eines regionalen Verkehrsknotenpunkts im 21. Wiener Gemeindebezirk.

„Ausgegrenzte, diskriminierte und illegalisierte Gruppen in der Gesellschaft sind auf eine explizite Raumkontrolle zur Durchsetzung ihrer Schutz- und Sicherheitsbedürfnisse angewiesen, die ihnen in öffentlichen Räumen nicht immer garantiert werden kann. Darüber hinaus haben öffentliche Räume für diese Gruppen eine besondere Bedeutung, da hier eine demonstrative Repräsentation den Anspruch auf eine gesellschaftliche Anerkennung sichtbar machen kann. Der gesellschaftliche Charakter von öffentlichen Räumen wird hier besonders deutlich: Anerkennung und Diskriminierung sind weniger das Ergebnis von formalen, physischen und institutionellen Vorgaben, sondern werden erst durch alltägliche Interventionen geschaffen. Auch hier wird die Wechselwirkung von öffentlichen Räumen und gesellschaftlichen Verhältnissen deutlich. Es ist eben nicht nur die Struktur von öffentlichen Räumen, die Diskriminierung und Anerkennung hervorbringt, sondern es sind die gesellschaftlichen Exklusions- und Inklusionspraktiken selbst, die sich in öffentlichen Räumen entäußern." (Holm 2016, 5)

In öffentlichen Räumen (Plätzen, Parks) ereignen sich durch diverse Nutzer*innen täglich Aushandlungs- und Aneignungsprozesse. Bei diesen Prozessen findet auch ein „Machtkampf" um bestehende Ressourcen und um Wertehaltungen und gesellschaftliche Normen statt. Wenn an einem Platz im öffentlichen Raum kontinuierlich ein von der Norm abweichendes Verhalten (z. B. betrunken herumliegen, laut in milieubedingter Sprache sprechen) stattfindet, werden Akteur*innen der Stadtverwaltung oft von Beschwerdeführer*innen kontaktiert und es wird von ihnen verlangt, Stellung zu beziehen und die Situation nach den Vorstellungen der Beschwerdeführer*innen zu verbessern.

Häufig bewegt man sich dabei in einem Bereich, wo der Beschwerdegrund nicht in einer gesetzlich verbotenen Handlung liegt. Beschwerdeführer*innen sind vielfach durch das Verhalten beziehungsweise vereinzelt auch durch den bloßen Aufenthalt bestimmter Personen irritiert. Es ist wichtig, Empathie und Respekt gegenüber den Emotionen der Beschwerdeführer*innen zu zeigen, gleichzeitig ist es auch wichtig, klar auszusprechen, dass nicht alles, was individuell stört, auch einer Intervention der Stadtverwaltung, der Sozialen Arbeit, der Polizei etc. bedarf.

Solche Gespräche mit Bürger*innen sind daher häufig auch Reflexionsgespräche, bei denen es abseits des konkreten Anlassfalles auch darum geht, das Gegenüber für die Lebensrealitäten von marginalisierten Menschen zu sensibilisieren und klarzustellen, dass grundsätzlich alle Menschen das Recht haben, den öffentlichen Raum zu nutzen.

Bestehen tatsächlich Problemlagen, die einer Intervention bedürfen, so sind diese in einer Großstadt meist komplex und betreffen den Wirkungsbereich einer Vielzahl von Organisationen. So kann beispielsweise eine Gruppe, die wiederholt im öffentlichen Raum größere Mengen Alkohol konsumiert und durch ihr Verhalten auffällt, Interventionen von der Mobilen Sozialen Arbeit erfordern und bei hinterlassenen Verschmutzungen benötigt man die Unterstützung der Straßenreinigung.

Intendierte Entwicklungen und Problemlösungen, die im öffentlichen Raum sichtbar und nachhaltig wirksam werden sollen, können daher kaum von einer Einheit alleine geleistet werden. Eine langfristig positive Entwicklung ist meist nur möglich, wenn sich alle für den öffentlichen Raum zuständigen Einheiten der Stadtverwaltung[2] und externe Organisationen[3] abstimmen und zusammenarbeiten. Diese Einsicht ist schnell ausgesprochen, aber tragende Kooperationen und Netzwerke zwischen vielen unterschiedlichen Organisationen aufzubauen und zu halten braucht nicht nur viel Zeit, sondern auch theoretisches und methodisches Wissen während des gesamten Prozesses.

---

[2] In Wien v. a. stadteigene Sozial- und Gesundheitsdienste, Straßenreinigung und Abfallwirtschaft, Wiener Stadtgärten, Kinder- und Jugendhilfe, außerschulische Kinder- und Jugendarbeit, Integration und Diversität, Frauenservice, Architektur und Stadtgestaltung, Wien Leuchtet, Wiener Linien.

[3] In Wien v. a. Polizei, ÖBB, private Sozial- und Gesundheitsdienstleister*innen.

Die vernetzte Form der Zusammenarbeit ist in den verschiedenen Handlungsfeldern der Sozialen Arbeit gängige Praxis, aber es gibt keine breit etablierte Netzwerktheorie, die dem zugrunde liegt. Die Sucht- und Drogenkoordination Wien hat daher folgende Definition herangezogen:

> „Netzwerke sind relativ dauerhafte, nicht formal organisierte, durch wechselseitige Abhängigkeiten, gemeinsame Verhaltenserwartungen und Orientierungen sowie Vertrauensbeziehungen stabilisierte Kommunikationsstrukturen zwischen Individuen oder Organisationen, die dem Informationsaustausch, der kooperativen Produktion eines Kollektivguts oder der gemeinsamen Interessensformulierung dienen." (Benz 1995, 194).

Vertrauen ist in Netzwerken die Grundlage einer erfolgreichen Zusammenarbeit. Positive Beziehungen zwischen Entscheidungsträger*innen, eine offene kritische Sprache, das Ernstnehmen von Einwänden und anderer Sichtweisen und Empfindlichkeiten und vor allem Zeit für Kommunikation und Reflexion erhöhen die Chancen auf zielführende Maßnahmensetzungen. Gemeinsame Erfolge sollten gesehen werden und es ist wichtig, allen Beteiligten dafür auch Anerkennung zu geben. Das Engagement der einzelnen Organisationen, Lösungen finden zu wollen, ist auch immer mit (Personal-) Ressourcen verbunden. Die Möglichkeit bzw. die Entscheidung, diese auch einzusetzen, ist ein weiterer Erfolgsfaktor für die gemeinsame Arbeit im öffentlichen Raum, weil gewisse Maßnahmen (z. B. mehr Soziale Arbeit, häufige Reinigung) nur durch Erhöhung bzw. Umschichtung von Ressourcen möglich sind.

Was ist aber die Voraussetzung, damit bei professionellem Netzwerkmanagement Vertrauen entstehen und eine kooperative „Produktion" gelingen kann? Auf den folgenden Seiten soll dargestellt werden, wie sich im Lauf der Jahrzehnte aus einer rein anlassbezogenen Zusammenarbeit eine strukturierte Kooperation auf mehreren Hierarchieebenen mit klar definierten Zielen sowie objektivierten Kriterien für den Umgang mit Problemlagen entwickelt hat.

Erfolgreiche multiprofessionelle Zusammenarbeit am Beispiel Karlsplatz

Als im Jahr 2007 der Koordinator für Sucht- und Drogenfragen der Stadt Wien Michael Dressel, MA im Auftrag der zuständigen Stadträtin für Gesundheit und Soziales, Mag.[a] Sonja Wehsely, die Polizei, die Magistratsdirektion Organisation und Sicherheit, die Wiener Linien, die Wiener Stadtgärten, die Abfallwirtschaft und Straßenreinigung, die Architektur und Stadtgestaltung, die Kinder- und Jugendhilfe, die außerschulische Jugendarbeit, die Suchthilfe Wien, den Fonds Soziales Wien – Fachbereich Wohnen einlud, um gemeinsam ein Konzept zur Verbesserung der Situation am Karlsplatz[4] zu entwickeln, waren einige Organisationen verwundert, warum sie zu einem „sozialen Thema" eingeladen wurden. Um diese neue Form der Zusammenarbeit erfolgreich zu gestalten, war die Ausgangslage – nämlich der politische Wunsch zur Zusammenarbeit – von enormer Bedeutung. Dadurch wurden die involvierten Führungskräfte in ihrer eigenen Organisation gestärkt, über den Tellerrand zu blicken und sich aktiv zu beteiligen.

Zu Beginn der Zusammenarbeit – als vertrauensbildende Maßnahme – waren viele Grundsatzklärungen durch offen geführte Diskussionen von enormer Bedeutung. Besonders wichtig war es, allen Organisationen Raum für ihre Darstellung der Problemlage zu geben. Dadurch wurden Aufgaben, Kompetenzen, Sichtweisen, Gegensätze und vor allem die Grenzen des eigenen Handelns der zukünftigen Kooperationspartner*innen sichtbar.

Klare Rahmenbedingungen schaffen

Am Anfang eines solchen Kooperationsprozesses hat es sich bewährt, dass – noch bevor in Gremien Ziele und Maßnahmen entwickelt werden – folgende Rahmenbedingungen für die Teilnehmer*innen geklärt werden:

---

[4] Der Karlsplatz und der angrenzende Resselpark waren damals ein weit über die Wiener Stadtgrenzen hinaus bekannter Treffpunkt für bis zu 200 suchtkranke Menschen, die intravenös konsumierten, und ein etablierter Umschlagplatz für den Drogenhandel.

- Klarheit, warum die jeweilige Organisation in das Netzwerk eingeladen wurde und warum sie für das zu bewältigende Problem ein Gewinn ist, bzw. welche Erwartungen bezüglich der Problemminimierung an sie bestehen und welchen Gewinn sie aus der Kooperation ziehen kann.

- Die Teilnahme soll von der Führungsebene der involvierten Organisationen gewünscht und veranlasst werden, damit ein konkreter Arbeitsauftrag an die handelnden Akteur*innen vor Ort besteht.

- Die Rolle der zur Vernetzung einladenden Organisation muss geklärt und für alle Teilnehmer*innen transparent sein:
  - Leitung und Moderation des Prozesses
  - Einladung zu Terminen, Erstellung von Protokollen und Berichten
  - Berichte bezüglich Empfehlungen von Maßnahmen werden erst nach dem Feedback der involvierten Organisationen an Entscheidungsträger*innen weitergegeben

- Klärung und Abstimmung der gemeinsamen Aufgaben:
  - Entwicklung von strategischen Zielen
  - Entwicklung von Maßnahmen
  - Sicherstellung von finanziellen oder personellen Ressourcen für die Umsetzung der vorgeschlagenen Maßnahmen
  - Festlegung, wie die laufende Wirkungsüberprüfung stattfindet
  - Reflexion und bedarfsorientierte Modifikation von Maßnahmen

- Die operative Ebene und die strategische Ebene müssen über die Informationen und Entscheidungen der unterschiedlichen Netzwerke laufend informiert werden (Kommunikationsaufgaben zur jeweils eigenen Organisation). So kann sichergestellt werden, dass weitere erforderliche Schritte auf allen Ebenen gesetzt werden können.

Transparenter Umgang mit Wertehaltungen, Differenzen und Vorurteilen

Beim Auftakt der Zusammenarbeit bezüglich Karlsplatz hat sich sehr schnell herausgestellt, dass der nächste notwendige Schritt eine gemeinsame Problemanalyse der unterschiedlichen Organisationen und eine Einigung auf gemeinsame Ziele, zu denen alle Kooperationspartner*innen stehen konnten, war.

Das stellte eine Herausforderung dar, weil bei der Zielfindung auch Wertehaltungen (Kontrolle, Strafe versus soziale und gesundheitliche Hilfe), Organisationskulturen (z. B. Befehlskultur versus Mitsprachekultur) und Fachsprachen der unterschiedlichen Organisationen (z. B. Verkehrs- und Reinigungsbetriebe versus Soziale Arbeit) mitdiskutiert wurden. Daher muss die Moderation eines solchen Prozesses auf eine respektvolle Diskussion achten und auch darauf, dass Fachsprache wechselseitig erklärt und verstanden wird. Denn gerade in Gruppenprozessen besteht häufig die Scham, nachzufragen, was ein fachspezifisches Fremdwort bedeutet. In der Initialphase dieses Prozesses werden meistens auch Vorurteile gegenüber den anderen Professionen sichtbar, die, wenn sie ehrlich – und mitunter auch mit Humor – besprochen werden, ein offenes Gesprächsklima und Vertrauen schaffen. Vorurteile bilden sich, noch bevor Tatsachen untersucht und festgestellt sind.

> „Ein Vorurteil ist immer ein Werturteil, aber ein Werturteil, das sich nicht auf Tatsachen stützt, sondern eben auf eine Voreingenommenheit. Bestimmte Einstellungen als innere Dispositionen, als Bereitschaft, in einer bestimmten Richtung zu denken und zu handeln, führen leicht zu Vorurteilen. Vorurteile haben jedoch oft eine wichtige, Dissonanzen gegenüber der Wirklichkeit ausgleichende Funktion." (Wössner 1970, 62).

Alle Menschen haben Vorurteile und Stereotype und „arbeiten" auch damit.

In der Netzwerkpraxis zeigte sich zum Beispiel, dass folgende Vorurteile seitens der Polizei gegenüber der Sozialen Arbeit weit verbreitet sind:

- „Sozialarbeiter*innen reden sich die Welt schön und glauben, alle Menschen können sich zum Besseren verändern, egal, was diese getan haben. Sie sind naive Weltverbesserer*innen."

- „Sozialarbeiter*innen haben immer nur Verständnis für ihre Klient*innen, weil diese oft eine schwere Kindheit hatten. Damit wird alles entschuldigt."

- „Sozialarbeiter*innen glauben, sie sind die Guten, aber wenn sie mit gewalttätigen Klient*innen konfrontiert sind, sind sie froh, wenn wir kommen und ihnen helfen."

Aber auch seitens der Sozialen Arbeit gibt es Vorurteile gegenüber der Polizei:

- „Polizist*innen achten zu wenig auf die Menschenwürde der Klient*innen. Ihre Sprache gegenüber marginalisierten Menschen ist abwertend."

- „Polizist*innen haben ein veraltetes Männerbild und reflektieren ihren Machtstatus nicht."

- „Polizist*innen agieren eskalierend statt deeskalierend."

Ein offenes Gespräch im Rahmen der Netzwerksitzungen über die jeweiligen Vorurteile führt dazu, dass eigene Bilder relativiert und verändert werden können, dass Verständnis und Wertschätzung gegenüber der anderen Profession entstehen können. Es trägt auch dazu bei, dass Wünsche in der Zusammenarbeit formuliert werden können. Wenn sich die Soziale Arbeit und die Polizei im (halb)-öffentlichen Raum grüßen, nachfragen, wie es den anderen geht, die Soziale Arbeit kommunikativ bei Klient*innen interveniert, bevor die Polizei eingreifen muss, verändern sich bisher gelebte Realitäten und es entsteht ein Mehrwert für beide Berufsgruppen und die Klient*innen. Wenn die Soziale Arbeit aufgrund ihrer vertrauensvollen Kooperationsbeziehung, ohne dass Kränkungen entstehen, z. B. bei der Polizei nachfragen kann, warum eine Durchsuchung einer verdächtigen Person im (halb)öffentlichen Raum und nicht im geschützten Raum erfolgt, kann die Polizei dies begründen. Damit können in einem Gespräch Vorurteile entkräftet oder Lösungen gesucht werden. Differenzen sollten daher nie ausgeblendet, sondern konstruktiv thematisiert werden.

„Mit den Hinweisen auf die verschiedenen Theoriestränge sei einerseits darauf verwiesen, dass sich die Konstruktionsleistungen im Feld sozialer Dienstleistungen in hoch komplexen Feldern, mit Akteur*innen mit je spezifischen Interessen und Ideen bewegen. Dies zudem nicht selten aus verschiedenen Feldern und demzufolge in unterschiedlichen Zielkorridoren denkend und nach divergierenden Arbeitskulturen konturiert handelnd. Diese systematisch zu thematisieren und zum Gegenstand von Aushandlungen oder Kämpfen zu machen muss – aus unserer Warte – konstitutiver Bestandteil von Netzwerkarbeit sein." (Kolbe/Reis 2019, 291).

Gemeinsame Sprache finden

Dieser durchaus kontroverse Anfangsprozess wurde auch genutzt, um eine gemeinsame diskriminierungsfreie Sprache zu etablieren. Neben der alltäglichen Arbeit und der Teilnahme in multiprofessionell besetzten Netzwerken und Arbeitsgruppen sind Mitarbeiter*innen der diversen Organisationen (Polizei, Soziale Arbeit, Verkehrsbetriebe, kommunale Dienstleister*innen) auch bei Bürger*innen-Versammlungen und im Beschwerdemanagement tätig und vertreten hier Haltungen und Werte. Themen wie intravenöser Substanzkonsum, Alkoholmissbrauch und Drogenhandel bringen mitunter hitzige Diskussionen mit sich. Darüber hinaus sind Gespräche immer auch moralisch, ethisch oder politisch aufgeladen. Dies kann dazu führen, dass speziell durch Expert*innen von Sozial- und Gesundheitseinrichtungen eine Art „Verteidigungshaltung" eingenommen wird. Es wird aus der Defensive argumentiert bzw. gerechtfertigt und die eigenen Werte und Haltungen können nicht mehr aktiv transportiert werden.

Über die Bezeichnung für die Klient*innen hinausgehend gilt es ganz grundsätzlich, beim Verwenden von Termini darauf zu achten, dass nicht „bewertet" und negativ „verstärkt" wird. Bevorzugt werden faktenbasierte und sachliche Beschreibungen. Unbedacht ausgesprochene Bezeichnungen wie „Junkie", „Rauschgiftsüchtige", „sozial Desintegrierte", „nicht Anspruchsberechtigte" etc. erzeugen bzw. verstärken Bilder in den Köpfen von Kommunikationspartner*innen, die nicht Abhängigkeitserkrankte und deren Hilfsbedürfnis in den Vordergrund stellen, sondern die Unsicherheit erzeugen. Eine wesentliche Rolle spielt dabei das sogenannte „Framing". Dieses Konzept aus der Kognitionsforschung geht davon aus, dass in Konversationen und speziell in politisch-gesellschaftlichen Debatten weniger die transportierten Fakten relevant sind, sondern welche gedanklichen Deutungsrahmen („Frames") dabei aktiviert werden (vgl. Wehling 2016, 17).

Auch in Vernetzungsgremien ist eine Klärung wichtig, wie von Personen und Vorkommnissen im öffentlichen Raum gesprochen wird und welche Begriffe verwendet oder ganz bewusst vermieden werden sollen. So zeigt sich in der Praxis der Beschwerdebearbeitung zum Beispiel, dass die Begriffe „Sicherheit" und „Sicherheitsgefühl" häufig im Zusammenhang mit dem Aufenthalt marginalisierter Menschen verwendet werden, obwohl es sich im Regelfall im Laufe der Gespräche herausstellt, dass es sich vor allem um Irritationen handelt, die hervorgerufen werden, und nicht um tatsächliche Gefahren oder Ängste. Allein durch die Verwendung bzw. Wiedergabe der Begriffe Sicherheit bzw. Unsicherheit können Frames und Assoziationen geweckt werden, die einer sachlichen, lösungsorientierten Debatte nicht zuträglich sind.

Vor diesem Hintergrund wurden in Wien einige Begriffe erarbeitet, die sich als hilfreich herausgestellt haben, um die Lage im öffentlichen Raum zu beschreiben, ohne dabei Frames zu aktivieren, die die Diskriminierung marginalisierter Menschen begünstigen:

- Menschen mit einer Abhängigkeitserkrankung
- Menschen mit (verschiedenen) sozialen und gesundheitlichen Problemlagen
- Konsument*innen illegaler Substanzen
- intravenös konsumierende abhängigkeitserkrankte Menschen
- Klient*in, Patient*in
- Nutzer*in des öffentlichen Raums
- Besucher*in des Tageszentrums
- Menschen ohne Anspruch nach dem Wiener Sozialhilfegesetz
- Aufenthaltsort von suchtkranken Menschen/von Suchtkranken

- problematisch wahrgenommener Ort oder problematisch bewerteter Ort
- Großstadtphänomene, die Verunsicherung auslösen können
- Menschen, die berichten, dass sie sich (un)sicher fühlen

Gutes Framing bedeutet, die eigene moralische Sicht auf Fakten transparent zu machen. Fakten alleine zu transportieren reicht in Diskussionen meist nicht. Sobald wir ein Wort hören, werden in unserem Kopf Bilder aktiviert, die sich aus unseren Erfahrungen mit der Welt, Wertvorstellungen und direkten Eindrücken speisen. Wir bewerten Fakten nicht primär nach Inhalt, sondern aufgrund unserer Ideologien und Moralvorstellung. Wenn man es verabsäumt, die eigenen Werte und Haltungen zu kommunizieren, und primär Intention und Fakten in die Debatte einbringt, geht die eigene Botschaft unter (vgl. Wehling 2016, 45). Das ist in der Kommunikation mit der breiten Bevölkerung ebenso wichtig zu beachten wie im Rahmen der Kooperation mit Netzwerkpartner*innen.

Daher war in Wien die Einigung auf eine gemeinsame, diskriminierungsfreie Sprache ein wesentlicher Grundpfeiler für die professionelle Kooperation im öffentlichen Raum.

Machtverhältnisse berücksichtigen

Als ebenfalls fundamental wichtig bei der Kooperation der unterschiedlichen im öffentlichen Raum tätigen Organisationen hat sich herausgestellt, die Machtverhältnisse sowohl innerhalb der Hierarchien der jeweiligen Organisationen als auch in der Zusammenarbeit bewusst zu machen und diese zu berücksichtigen.

Teilnehmer*innen kommen mit der eigenen Sicht der Lage, ihrer beruflichen Funktion und dem persönlichen Druck, Lösungen für vorhandene Probleme zu finden, zu den Netzwerkbesprechungen. Alle Akteur*innen wünschen sich ein lösungsorientiertes Vorgehen, aber auch Anerkennung und vor allem Einfluss und Entscheidungsmacht.

„Macht ist grundsätzlich ein relationales Konstrukt. Ohne Angaben darüber, auf was ein Akteur Macht ausübt und/oder auf wen er Macht ausübt, kann die Frage, ob ein Akteur Macht hat, nicht beantwortet werden." (Jansen 1999, 157).

„Netzwerkbezogene Operationalisierungen von Macht setzen an den Einflußprozessen und/oder den Sozialstrukturen der Tauschprozesse an." (ebd).

Man kann den Ruf haben, ein/e einflussreiche/r Akteur*in zu sein oder ein/e Akteur*in, der/die auf viele andere Akteur*innen sozialen Einfluss ausübt (z. B. Ratgeber*in). Auch in Besitz von knappen Ressourcen zu sein oder begehrte Ressourcen vergeben zu können, kann Macht, auch in Netzwerken, stärken (vgl. Jansen 1999, 161 f).

Als mindestens genauso bedeutungsvoller Machtfaktor hat sich in der praktischen Arbeit zudem der Besitz eines Expert*innenstatus für einen bestimmten Bereich herausgestellt. Dieser Effekt ist vor allem dann besonders ausgeprägt, wenn die Person fähig ist, ihr Fachwissen den anderen Netzwerkpartner*innen so zu vermitteln, dass die eigenen Lösungsvorschläge und Entscheidungen von allen Partner*innen als nachvollziehbar und sinnvoll wahrgenommen werden.

Einflussversuche sind in Netzwerken und Arbeitsgruppen laufend vorhanden. Die Akteur*innen sind auch mit der Macht der beruflichen hierarchischen Funktion ausgestattet. Engagement, Entschlossenheit und Beharrlichkeit erhöhen die Glaubwürdigkeit bei den Mitgliedern der Netzwerke, aktiv an Lösungen mitzuarbeiten. Eigene Erwartungen werden kontinuierlich artikuliert und ebenso die Erwartungen der anderen in die eigenen aufgenommen. Gleichbleibend ist fast immer der gegenseitige Wunsch, erfolgreich zu sein, und das Wissen, dass der Erfolg nicht alleine erreicht werden kann. Abott (1988) geht von einer interaktionistischen Arbeitsbeziehung zwischen den Professionen aus. Die Aufgabe jeder Profession ist es demnach, Probleme des menschlichen Lebens und Zusammenlebens auf der Basis von Expert*innenwissen zu lösen.

Das wichtigste Steuerungsmedium in diesen Netzwerken ist das gegenseitige Vertrauen. Menschen kooperieren, wenn sie Beachtung finden, sich aufeinander verlassen können, sich Mitteilungen anvertrauen, Kompetenzen und Eigenarten des anderen berücksichtigen, auf Augenhöhe kommuniziert wird und wenn sie gemeinsame Ziele und Vorhaben haben (vgl. Cleppien/Kosellek, 2019, 182 f).

Moderation als kritischer Erfolgsfaktor

Diese höchst komplexen Wechselbeziehungen in der Kooperation verschiedener Organisationen mit ihren unterschiedlichen und häufig ungleichen Machtverhältnissen sowie unterschiedlichen Bedürfnissen und Zielen der handelnden Personen benötigen unbedingt eine begleitende Moderation der Netzwerkarbeit.

Wenn eine langfristige, vertrauensvolle Kooperation zwischen sehr vielen unterschiedlichen Organisationskulturen gelingen soll, müssen alle Teilnehmer*innen die Möglichkeit haben, nicht nur gehört, sondern auch verstanden zu werden. Auch hier kommt der Moderation eine wichtige Rolle zu, da sie laufend nachfragen muss, ob die Teilnehmer*innen die anderen Netzwerkpartner*innen erfassen und verstehen. Ziel ist es dabei, durch Empathie, Zuhören und Paraphrasieren auch das Trennende sichtbar zu machen und als Ergänzung und Ressource anzuerkennen. Beachtet wird dabei:

> „Kommunikation wird als Einheit dreier Selektionen verstanden: der Selektion einer Mitteilung, der Selektion einer Information und der Selektion eines Verstehens. Diese Einheit muss in jeder Operation zusammengestellt sein. Betrachtet man nur Mitteilungen, die sich aufeinander beziehen, lässt sich der Kommunikationsprozess folglich nicht angemessen erfassen." (Uecker 2019, 171).

Wie schon beschrieben ist eine offene, wertschätzende Kommunikation Voraussetzung für das Gelingen von Zielentwicklungen, die Bearbeitung von Vorurteilen und das Entwickeln von Maßnahmen.

> „Durch eine kontinuierliche und transparente Kommunikation innerhalb der jeweiligen und zwischen den Organisationen kann sich eine gemeinsame sachliche Haltung gegenüber der gemeinsam zu bearbeitenden Problematik etablieren. Komplexe Problemstellungen, die sich im öffentlichen Raum zeigen, und komplexe Organisationen benötigen viel Zeit für Kommunika-

tion. Gut initiierte und etablierte Vernetzungen ermöglichen in weiterer Folge die Verbesserung von Kooperation und sind ein Schlüsselfaktor für nachhaltig erfolgreiche Maßnahmenplanungen." (Pumberger 2012, 55).

Führungspersonen im Sozial- und Gesundheitsbereich haben nicht immer eine Ausbildung im psychosozialen Bereich absolviert. Zusatzausbildungen oder Fortbildungen speziell zum Verständnis der Kommunikation und der Prozesse in Gruppen können sie durch Aneignung von theoretischem Wissen und unterstützenden Methoden (z. B. Transaktionsanalyse nach Eric Berne, Grundlagen der Kommunikation von Friedemann Schulz von Thun, Gruppendynamisches Modell von Hilarion Petzold) befähigen, Gruppen wie auch Netzwerke professionell zu moderieren bzw. zu leiten. Carl Rogers Grundhaltungen

- Unbedingte Wertschätzung (Akzeptanz)
- Einfühlendes Verstehen (Empathie)
- Echtheit (Kongruenz) (Klein 1992, 121)

sollten dabei von Moderator*innen von Netzwerken Beachtung finden, denn „sie sind die Antworten auf die Grundbedürfnisse nach Akzeptiertwerden, Anerkennung und Sicherheit." (ebd.). Aber nicht nur Kommunikationsformen beeinflussen den Netzwerkprozess, sondern das gesamte Verhalten der Moderation wird von den Teilnehmer*innen bewusst oder unbewusst registriert und bewertet. Abgeleitet wird daraus auch, was in den Netzwerken erlaubt oder verboten ist. Wird zum Beispiel in einer **gendergerechten Sprache** gesprochen, schafft dies Bewusstsein nicht nur für sprachliche Gleichbehandlung, sondern zeigt auch, dass das noch immer nicht erreichte Ziel der Gleichberechtigung auch im jeweiligen Netzwerk für wichtig erachtet wird. „Je öfter weibliche Bezeichnungen in der Sprache Verwendung finden, desto mehr werden Frauen in der gesellschaftlichen Realität wahr- und ernst genommen." (Stuefer, 2011, 131). Eine Rhetorik, die Frauen nicht diskriminiert, ist besonders in Netzwerken wichtig, die mehrheitlich männlich besetzt sind. Speziell dort, wo das Thema Sicherheit eine Rolle spielt, überwiegen bei den Teilnehmer*innen der Polizei und der Sicherheitsdienste Männer.

Vorbild ist die Moderation auch, wenn es um Unsicherheiten und Emotionen geht. Es fördert die professionelle Zusammenarbeit, wenn unterschiedliche Meinungen oder Konflikte zugelassen werden und Zusammenarbeit durch Fragen und Beziehungsaufnahme unterstützt wird (vgl. Klein 1992, 29 f). Während der Netzwerksitzungen ist die Moderation zuständig für die Struktur, den Prozess und die Balance. Wenn dieser Prozess gut läuft, kann die Moderation ein partnerschaftliches Mitglied der Gruppe sein (vgl. Thomann 1992, 52).

Gemeinsame Ziele und Maßnahmen entwickeln

Ist es gelungen, unter Berücksichtigung der in den vorherigen Abschnitten ausgeführten Aspekte, zu einer tragfähigen Kommunikationsbasis zu finden, besteht die wahrscheinlich wichtigste Aufgabe einer guten Netzwerkarbeit darin, gemeinsame Ziele und Maßnahmen zu definieren. Denn die diversen Problemlagen im (halb)öffentlichen Raum erfordern diverse Antworten, die keine Organisation alleine bewältigen kann.

> „Lösungsorientierte Netzwerkarbeit geht dabei von der Prämisse aus, dass Aufgabenstellungen umso erfolgreicher begleitet werden können, als eine Fokussierung auf Ressourcen und Ziele erfolgt." (Eger 2019, 380).

Eine sehr breit geführte Diskussion in den Netzwerken über Ziele, die gemeinsam erreicht werden wollen, und eine ehrliche Debatte, was unter einer sozial verträglichen Situation im (halb)öffentlichen Raum verstanden wird, sind von großer Bedeutung. Diese Diskussionen müssen auch mit den involvierten Bezirken und Bezirksvorsteher*innen geführt werden, da sie nicht nur regional politisch verantwortlich, sondern auch Multiplikator*innen sind, die mit ihren Haltungen und Meinungen eine Breitenwirkung haben.

Um wieder auf das Beispiel Karlsplatz zurückzukommen, wo diese breite Diskussion erstmals strukturiert geführt wurde: so waren die Problemstellungen, die dort bearbeitet werden mussten, äußerst komplex. Es gab Handel mit Substitutionsmedikamenten, intravenösen Konsum in der WC-Anlage, Spritzenfunde im Park, Beschaffungsprostitution von Jugendlichen und Eltern, die sich um ihre Kinder sorgten, die die angrenzende Schule besuchten. Darüber hinaus war die dortige Drogen(handels)szene österreichweit bekannt und die Lage seit Jahrzehnten mehr oder weniger gleichbleibend. Hinzu kam der bis dahin meist sehr eingeschränkte Blickwinkel jeder Organisation auf ihre Zielgruppe bzw. ihren Verantwortungsbereich.

Aufgrund der erfolgreichen Netzwerkarbeit und des aufgebauten Vertrauens zwischen den involvierten Akteur*innen gelang es dennoch, dass sich nach einem Jahr intensiver Diskussionen alle involvierten Organisationen im Vernetzungsgremium Karlsplatz auf folgende, allgemein gültige Ziele einigen konnten:

- Wienweit ist eine sozial verträgliche[5] Situation im (halb)öffentlichen Raum für alle Nutzer*innen gegeben.
- Die gesundheitliche Lebenssituation der Klient*innen ist verbessert und eine soziale (Re-)Integration wird ermöglicht.
- Suchtkranke Menschen werden von der Mehrheitsgesellschaft als Teil der Gesellschaft akzeptiert.
- Es entstehen wienweit keine Drogen-(Handels-)Szenen.
- Reduktion der Beschwerden (Wiener Linien, ÖBB, Polizei, Sucht- und Drogenkoordination Wien, Suchthilfe Wien, Stadt Wien – Abfallwirtschaft und Straßenreinigung, Stadt Wien – Wiener Stadtgärten, Stadtservice, Bezirke etc.)
- Die Ein- und Ausgänge von Verkehrsknotenpunkten sind frei zugänglich.
- Die notwendigen Kooperationen und abgestimmte Öffentlichkeitsarbeit sind sichergestellt.

Diese Ziele waren die Grundlage für die Sucht- und Drogenkoordination Wien, die Suchthilfe Wien, den Fonds Soziales Wien – Fachbereich Betreutes Wohnen, die Polizei, die Wiener Linien, die Kinder- und Jugendhilfe, die Magistratsdirektion Organisation und

---

[5]   Sozial unverträgliches Verhalten im (halb)öffentlichen Raum: Drogenhandel, intravenöser Konsum, aggressives Verhalten, Vermüllung, Verschmutzungen durch z. B. Urinieren, Koten etc.

Sicherheit, die Wiener Stadtgärten und die Straßenreinigung, die Maßnahmen zur Zielerreichung zu entwickeln. Zusätzlich zu Umbauten am Karlsplatz wurden die sozialen und gesundheitsbezogenen Angebote für Klient*innen (Tageszentrum, Notschlafstelle, Streetwork, niedrigschwellige Ambulanz für suchtkranke Menschen, stationäre Versorgung für männliche Jugendliche, die risikoreich konsumieren) im Jahr 2010 dauerhaft massiv ausgebaut. Außerdem konnten die Mitarbeiter*innen der Suchthilfe Wien (Streetwork und help U) Klient*innen bedarfsorientiert in das bestehende Beratungssystem und Behandlung vermitteln. Wien ist hier in der glücklichen Lage, neben der niederschwelligen Akutversorgung, eine breite Palette an ambulanten und stationären Behandlungsmöglichkeiten zur Verfügung stellen zu können. Diese Angebote sind im Wiener Sucht- und Drogenhilfenetzwerk organisiert, zu dem sich die Sucht- und Drogenkoordination Wien, die Suchthilfe Wien, anerkannte Therapieeinrichtungen sowie spezialisierte Fachabteilungen der Wiener Krankenhäuser zusammengeschlossen haben. Wesentlich ist dabei auch, dass die Angebote für die Betroffenen völlig kostenfrei sind. Dass die Versorgungslandschaft in Wien heute so gut aufgestellt ist, ist nicht zuletzt darauf zurückzuführen, dass es im Rahmen des Maßnahmenpakets Karlsplatz ein politisches Bekenntnis zu einer umfassenden Versorgung von suchtkranken Menschen gab und die dafür notwendigen Ressourcen zur Verfügung gestellt wurden.

Ebenfalls mit mehr Ressourcen ausgestattet wurde am Karlsplatz die konsequente Verfolgung des Drogenhandels durch die Polizei und die verstärkte Reinigung durch die Wiener Linien und die Wiener Stadtgärten. Dieser erhöhte Einsatz wurde vier Jahre – bis zur Zielerreichung – finanziert.

Zum Beginn der Maßnahmenumsetzung fanden wöchentliche Treffen bei einem Jour fixe sowie eine anlassbezogene schnelle Kontaktaufnahme zwischen einzelnen Kooperationspartner*innen statt. Dies war der Grundstein für Vertrauen, offene Kommunikation untereinander, Wissenstransfer, gegenseitige Unterstützung, Reflexion und notwendige Modifikationen bei den Maßnahmen. Die involvierten Organisationen machten die Erfahrung, dass eine gleichberechtigte kooperative Gesamtstrategie, bei der die finanzielle, personelle und persönliche Last durch alle getragen wird, sinnvoll und zielführend ist. Ganz wesentlich war dabei, dass es so gelungen ist, dass Kooperationspartner*innen, die zunächst von einem eng umfassten Auftrag für ihren jeweiligen Wirkungsbereich (z. B. saubere Parkanlagen, Hilfe für suchtkranke Menschen) ausgegangen sind, schrittweise das Gemeinwesen stärker in den Fokus ihres Handelns rückten. Durch dieses vernetzte Handeln, die Vielfalt von Maßnahmen und vor allem durch die deutliche Aufstockung der Kapazitäten im Sozial- und Gesundheitssystem ist es am Karlsplatz gelungen, dass suchtkranken Menschen Angebote gemacht wurden, die ihrem Bedarf entsprachen (vor allem niedrigschwellige Behandlung und Aufenthaltsmöglichkeiten). Es stand ihnen eine breitere Palette an geschützten Räumen zur Verfügung, die eine Alternative zum Aufenthalt im öffentlichen Raum darstellten und es ihnen ermöglichten – wenn gewünscht –, dem etwaigen Druck einer ebenfalls konsumierenden Bezugsgruppe ein Stück weit zu entgehen. In Bezug auf den Drogenhandel muss die Wiener Polizei bis dato sehr flexibel auf Ausweichbewegungen reagieren, um die Etablierung einer verfestigten Drogenhandelsszene zu verhindern.

Parallel zur substanziellen Verbesserung der Versorgungssituation jener Menschen, die sich zuvor dort aufhielten, wandelte sich auch das gesellschaftliche Bild des Karlsplatzes. Im Jahr 2006 war der mediale Grundtenor – vor allem in den Boulevardmedien – noch geprägt von Schreckensbildern:

> „So lockt man also Touristen an. Am anderen Ende der Passage: Kindergartengruppen, die sich an halbtoten Körpern vorbeischlängeln, an denen das Lebendigste noch der Kampfhund am anderen Ende der Leine ist. Wer nicht high ist, hat hier Angst. Keine Frage: Die Kinder vom Karlsplatz brauchen unsere Hilfe, aber das Modell Karlsplatz ist gescheitert. Hier öffnet die Hölle mitten in Wien ihre Pforten." (Tageszeitung Österreich vom 29. 11. 2006, 4).

Heute hingegen ist der Karlsplatz in der öffentlichen Debatte kein Thema mehr in Bezug auf Substanzkonsum oder Drogenhandel. Zwar werden auch weiterhin immer wieder andere Orte, an denen sich Menschen, die Suchtmittel konsumieren, aufhalten, Ziel von dramatischen Darstellungen durch politische Akteur*innen und in Boulevardmedien, dennoch ist seither kein Ort mehr in dieser Deutlichkeit im kollektiven Bewusstsein als Treffpunkt einer „Drogenszene" verankert.

Ausweitung der Kooperation auf ganz Wien

Der Erfolg am Karlsplatz zeigte, dass die koordinierte Zusammenarbeit wirksam war und die Verbesserung der Lage durch die laufende Abstimmung untereinander auch nachhaltig erhalten blieb. Daher wurde ab 2012 der Fokus, ausgehend vom Karlsplatz, auf ganz Wien gelegt und es wurde der Jour fixe „Soziale Integration und Sicherheit Wien" (JF SIS Wien) gegründet. Vertreter*innen des mittleren Managements der kooperierenden Organisationen (Wiener Polizei, Suchthilfe Wien, Sucht- und Drogenkoordination Wien, Fonds Soziales Wien – Fachbereich Betreutes Wohnen, Obdach Wien, Magistratsdirektion Organisation und Sicherheit, Straßenreinigung, Wiener Stadtgärten, Wiener Linien, ÖBB) tagen seither alle sechs Wochen regelmäßig. Der Jour fixe wird von der Sucht- und Drogenkoordination Wien geleitet (Einladung, Protokolle, Moderation) und die Protokolle (Status quo, Beschlüsse) werden auch an die strategische Leitungsebene der beteiligten Organisationen weitergeleitet. Wenn besprochene Probleme nicht von diesem Teilnehmer*innenkreis gelöst werden können, werden Arbeitsgruppen gegründet oder Verkehrsknotenpunkte durch einen erweiterten Akteur*innenkreis bewertet und die dort erarbeiteten Empfehlungen an die obersten Führungskräfte der Organisationen und die politisch Verantwortlichen weitergeleitet. Dabei sind auch alle Bezirksvorstehungen wichtige Partner*innen.

Wie im folgenden Organigramm ersichtlich, wird diese kooperative Zusammenarbeit auch auf operativer Ebene in diversen Sicherheits-Jours-fixes umgesetzt. Ziel dieser Jours fixes ist es, mittel- bis langfristige Kooperationen zu festigen und arbeitsfeldübergreifende Vernetzungsinitiativen und professionelle Strukturen der Zusammenarbeit zu implementieren. Regionale Netzwerke treffen sich viermal jährlich und haben einen Auftrag für:

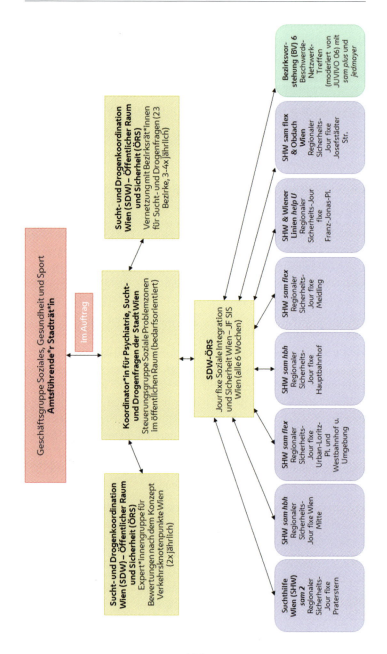

- einen kontinuierlichen Informationsaustausch
- gemeinsame professionelle Analysen von Problemlagen im (halb)öffentlichen Raum
- Abstimmung der Kooperationsformen
- die Erarbeitung von gemeinsamen Handlungsoptionen und bedarfsorientierten Maßnahmen
- die Festlegung von Maßnahmen und deren Umsetzung

Informationen über regionale Problemlagen werden durch die Teilnehmer*innen der regionalen Vernetzungen an die jeweilige Leitungsebene und an die Sucht- und Drogenkoordination Wien weitergegeben. So kann sichergestellt werden, dass die strategisch verantwortlichen Stellen – auch in ihren Netzwerken – die erforderlichen weiteren Schritte setzen können.

Das Organigramm zeigt eine umfassende Vernetzungsstruktur auf allen hierarchischen Ebenen. Zusätzlich bestehen noch Abstimmungen mit den Abteilungen der Wiener Stadtplanung und den 23 Wiener Bezirken, wenn Um- oder Neubauten geplant sind, die den (halb)öffentlichen Raum betreffen. Zum Beispiel wurde die Sucht- und Drogenkoordination Wien (SDW) von der damaligen Vizebürgermeisterin Wiens, Mag.[a] Renate Brauner, beauftragt, gemeinsam mit den Stakeholder*innen Maßnahmen zu entwickeln, die am neuen Hauptbahnhof eine sozial verträgliche Situation gewährleisten. Die positiven Erfahrungen der letzten Jahre, mit Kooperationspartner*innen im Netzwerk Maßnahmen zu planen und abzustimmen, wurden präventiv für den Hauptbahnhof eingesetzt. Umfassendes Expert*innenwissen des Sozialbereichs sollte in den Planungsprozess einfließen.

Projekt Hauptbahnhof – Multiprofessionelle Netzwerke in der Planungsphase

Ziel der umfassenden Einbindung unterschiedlicher Organisationen bereits in der Planungsphase war es, Problemlagen im (halb)öffentlichen Raum durch soziale integrative Angebote erst gar nicht entstehen zu lassen. Es wurden mehrere Informations- und Planungsgespräche mit der Magistratsdirektion-Baudirektion Projektleitung

Hauptbahnhof, den ÖBB, der Polizei, Wien Leuchtet, dem Fonds Soziales Wien – Fachbereich Wohnen, der Suchthilfe Wien, der Caritas Wien, dem Betreibergremium, ECE etc. geführt. Die SDW war Ansprechpartnerin für alle Planungserfordernisse im Sozialbereich und Kommunikationsdrehscheibe zwischen den ÖBB, der Stadtplanung und dem Sozialbereich. Im Jahr 2008 wurde in der von der SDW initiierten Arbeitsgruppe „Zukunftsperspektiven Soziale Einrichtungen am Hauptbahnhof" beschlossen, dass die Mobile Soziale Arbeit *„sam"* direkt am Bahnhofsgelände angesiedelt werden soll. Weiters empfahlen die Expert*innen, in unmittelbarer Umgebung des neuen Bahnhofs ein Tageszentrum für obdachlose Menschen zu eröffnen. Die ÖBB ermöglichten zudem, dass das neu gegründete Team der Mobilen Sozialen Arbeit *„sam hauptbahnhof"* am Bahnhofsgelände eine Anlaufstelle beziehen konnte und übernahm die Bau- und Mietkosten. Außerdem wurden die infrastrukturellen Anforderungen für den Louise-Bus[6] der Caritas Wien von der ÖBB realisiert. Die SDW war beratend auch beim Beleuchtungskonzept involviert. Für Unterführungen wurde vereinbart, dass ausreichend starke Leuchtmittel zum Einsatz kommen und einer heller Betonanstrich erfolgt. Wichtig war der SDW, keine Billiganbieter*innen und keinen Alkoholverkauf im Gastroshop im äußeren Eingangsbereich und in „Eckbereichen" zu haben, um die damit verbundenen Problemlagen und unangenehmen Begleiterscheinungen (z. B. Urinieren, Konflikte durch alkoholisierte Personen) zu minimieren. Auch die Öffnungszeiten sind ein kritischer Erfolgsfaktor. Je länger Alkohol gekauft werden kann, desto länger sind Personen, die kaufen und konsumieren, vor Ort, da diese Geschäfte als billige Alkohollieferanten fungieren.

Empfohlen wurde auch die Gewährleistung von ausreichend sauberen und kostenlosen Toilettenanlagen. Werden hier Planungen und Maßnahmen verabsäumt, hat die Stadt im öffentlichen Raum üblicherweise mit Folgekosten bei der Reinigung und Beschwerden aufgrund von Geruchsbelästigungen zu rechnen. Bei den vielen

---

[6]   Ärzt*innen und freiwillige Mitarbeiter*innen betreuen in dieser mobilen Praxis obdachlose Menschen ohne Versicherung an fünf Tagen in der Woche an unterschiedlichen fixen Plätzen in Wien.

Gesprächen mit unterschiedlichen Organisationen wurde dieses Thema heftig diskutiert. Über die kostenlose Nutzung der WC-Anlagen konnte keine Einigung erzielt werden.

Abgesehen davon ist es aber gelungen, alle von den Expert*innen empfohlenen Maßnahmen bereits präventiv umzusetzen. Dass dieser Ansatz wirksam ist, zeigt sich darin, dass seit der Eröffnung des Hauptbahnhofes 2014 die Situation durchgängig sozial verträglich ist, was für den Hauptbahnhof einer Millionenstadt außergewöhnlich ist.

Kriterienkatalog für die Planung von Bahnhöfen/ Verkehrsknotenpunkten

Stadtplanung und Stadtentwicklung verfolgen in Wien seit Jahren strategische Grundsätze gendersensibler Planung. Neben den unterschiedlichen Ansprüchen der Geschlechter – auch an den öffentlichen Raum – werden nach Möglichkeit auch Dimensionen von Diskriminierung wie z. B. die soziokulturelle Herkunft oder psychische Fähigkeiten berücksichtigt (vgl. MA 18 Werkstattbericht Gender Mainstreaming 2013, 18).

Daher ist es in Wien mittlerweile gängige Praxis, dass Expert*innen der Stadtplanung die Mitarbeiter*innen der Sozialen Arbeit bei Planungsprozessen, welche den öffentlichen Raum betreffen, zuziehen. So kann Praxiswissen über den Sozialraum und Wissen über die Nutzer*innengruppen und ihre Bedürfnisse zeitgerecht in die Planung einfließen. Die Berücksichtigung von Planungserfordernissen – vor allem auch für marginalisierte Gruppen – kann integrative Prozesse im öffentlichen Raum fördern, meistens ist die „Platzschaffung" für diverse Gruppen eine wichtige Unterstützung für ein friktionsfreies Nebeneinander. Bei der Planung von öffentlichen Plätzen wird auch versucht, einen zu „engen Kontakt" zwischen unterschiedlichen Gruppen zu vermeiden, weil „enge Kontakte" oft Stereotype und intolerantes Verhalten vergrößern.

> „Wichtig ist für alle öffentliche Räume also, dass unverbindliche Kontakte möglich sind und freiwillig hergestellt werden können und dass es dennoch auch möglich ist, eine gewisse Kontrolle

über das Maß und die Art der Nähe zu ‚den Anderen' herzustellen. Dieses Angebot zur Integrationsförderung im öffentlichen Raum kann auf drei Ebenen angesiedelt werden:

- der städtebaulichen Form sowie der infrastrukturellen Ausstattung (Planen und Herstellen der physischen Struktur),

- dem Planungsprozess beim Bau oder dem Umbau bestehender Plätze selbst (Kommunikation und Partizipation) und

- der Aktivierung zur Nutzung des bestehenden Angebots durch professionelle Institutionen, durch die Nutzung selbst (‚Empowerment'), durch die Moderation/Mediation von Nutzungskonflikten im und um den öffentlichen Raum." (MA 18 Werkstattbericht Integration im öffentlichen Raum 2006, 28).

Basierend auf den umfangreichen positiven Erfahrungen vom Hauptbahnhof und mit dem Werkstattbericht „Planen – aber sicher!" der MA 18 als Grundlage hat die SDW Kriterien erarbeitet, die eine sozial verträgliche Situation speziell an Bahnhöfen oder Verkehrsknotenpunkte fördern und bei Planungen möglichst berücksichtigt werden sollten:

Einsichtige nischenfreie Räume, Gänge und Plätze

- Unterführungen so kurz, hell und nischenfrei wie möglich halten
- Ausreichend Platz zum Gehen und Verweilen (Transit- und Verweilräume sind eindeutig als solche erkennbar)
- Ausweichmöglichkeiten sind gegeben, der Verkehrsfluss ist gesichert
- Ausreichend große Ein- und Ausgänge
- Übersichtliche Orientierungshilfen
- Einsichtige Wartebereiche mit ausreichend Sitzgelegenheiten

Beleuchtungskonzept und Farbgestaltung

- Ausreichend Licht (Gehrelationen gut ausleuchten, Angsträume verhindern)

- Lichtdurchflutung auch im (halb)öffentlichen Raum
- Helle Farbgestaltung, speziell im halböffentlichen Raum

Gestaltung (halb)öffentlicher Raum

- Ausreichend viele Sitzgelegenheiten, um Nutzungskonkurrenz und die missbräuchliche Verwendung von anderen infrastrukturellen Begebenheiten (z. B. Gehsteige) zu verhindern
- Mehrere Plätze für kleine und mittlere Gruppen sowie Aufenthaltsplätze für marginalisierte Menschen im Planungsprozess mitberücksichtigen
- Ausreichende Anzahl und Dimensionierung von Mistkübeln
- Bereiche für Raucher*innen inkl. ausreichend Ascher im öffentlichen Raum mitdenken

Sanitäranlagen

- Ausreichend WC-Anlagen, im Optimalfall mit dauerhafter Präsenz von Reinigungspersonal vor Ort
- Angebot eines Jetonsystems, bei dem von der Mobilen Sozialen Arbeit Jetons an finanzschwache Menschen ausgegeben werden, mit denen sie kostenpflichtige WC-Anlagen kostenlos nutzen können. Damit werden Uringestank im halböffentlichen Raum und Urin an Hausflächen weitgehend verhindert. Die entgangenen Einnahmen werden den WC-Betreiber*innen dabei von der öffentlichen Hand ersetzt.

Handel und Gastronomie

- Keine Anbieter*innen, die billig Alkohol verkaufen, im Erdgeschoss ansiedeln
- Ausgewogener Mix von Schanigärten und konsumfreie Zonen
- Verpflichtung des Einzelhandels via Mietvertrag analog zur Gesetzeslage in der Gastronomie (Gewerbeordnung § 112 Abs. 5), keinen Alkohol an Personen zu verkaufen, die durch Alkoholisierung oder sonstiges Verhalten Ruhe und Ordnung stören

Der öffentliche Raum ist ein Inklusionsraum. Konflikte und Aushandlungsprozesse sind ein Kennzeichen von Urbanität. Je kleiner eine Aufenthaltsfläche und je höher und diverser die Nutzungsfrequenz ist, desto höher steigt die Anzahl der Beschwerden und desto vielfältiger sind die erforderlichen Maßnahmen. Werden erforderliche strukturelle Maßnahmen nicht gesetzt, sind involvierte Organisationen mit zeit- und ressourcenintensivem Beschwerdemanagement konfrontiert.[7]

Konzept Verkehrsknotenpunkte Wien

Um diesem Umstand auch abseits von größeren planerischen Vorhaben Rechnung zu tragen und gleichzeitig Situationen an neuralgischen Punkten im öffentlichen Raum auch für die Medien und die politische Ebene objektivieren zu können, hat die Sucht- und Drogenkoordination Wien in Kooperation mit der Suchthilfe Wien im Jahr 2019 das Konzept Verkehrsknotenpunkte Wien entwickelt und mit der Magistratsdirektion Organisation und Sicherheit, der Polizeidirektion Wien, dem Fonds Soziales Wien, den ÖBB und den Wiener Linien abgestimmt.

Die Erstellung eines solchen Gesamtkonzepts war erforderlich, da die Ansprüche an den städtischen öffentlichen Raum immer größer und vielfältiger werden und die Bürger*innen die Sicherheit brauchen, dass die zuständigen Organisationen in der Stadt zeitgerecht die richtigen Maßnahmen setzen. Neu am Konzept Verkehrsknotenpunkte Wien war dabei vor allem, dass es aus der bereits seit den gemeinsamen Maßnahmen zum Karlsplatz erfolgreich gelebten Zusammenarbeit ein für ganz Wien gültiges Schema macht, das für alle beteiligten Organisationen einfach nachvollziehbar und anwendbar ist.

Das Konzept enthält zum einen eine Liste von Voraussetzungen, die als „Grundausstattung" an jedem Verkehrsknotenpunkt[8] erforderlich sind, wie zum Beispiel ausreichend Raum und Ausweichmög-

---

[7] Das zeigt sich in der Praxis besonders häufig bei fehlenden öffentlichen WC-Anlagen und den daraus resultierenden Verschmutzungen.

[8] Definiert als Orte, an denen sich mindestens zwei oder mehrere öffentliche Verkehrsmittel kreuzen und die zusätzlich durch Plätze bzw. Parkanlagen Aufenthaltsmöglichkeiten bieten.

lichkeiten, genug Sitzgelegenheiten, WCs und Mistkübel, eine regelmäßige Reinigung sowie wienweit ein ausreichendes Angebot an Schlaf- und Wohnplätzen für obdachlose Menschen, Tageszentren für unterschiedliche Zielgruppen, Sozialpsychiatrische- und medizinische Behandlungs- und Betreuungseinrichtungen sowie aufsuchende Soziale Arbeit, um dahin zu vermitteln.

Darüber hinaus sieht das Konzept auch Maßnahmen vor, die je nach Problemlage vor Ort gesetzt werden können. Im Konzept ist festgelegt, welche Interventionen, abhängig von den örtlichen Gegebenheiten, durchgeführt werden können. Die Auswahl, welche Maßnahmen wann und wie oft eingesetzt werden, wird mittels gewichteter Indikatoren berechnet. Die Indikatoren und ihre zugeordneten Punktwerte sind:

Kleine Fläche (1)

Es werden nicht nur die Flächen der Verkehrsstationen bewertet, sondern auch der öffentliche Raum in der unmittelbaren Umgebung (inkl. potenzieller Aufenthaltsplätze) mit einbezogen.

Hohe Diversität der Nutzung (2)

Der Verkehrsknotenpunkt und angrenzende Plätze und Parkanlagen werden von vielen unterschiedlichen Menschen (Fahrgäste, Erholungssuchende, Passant*innen, Anrainer*innen, Pensionist*innen, Kinder, Jugendliche, Geflüchtete, Wohnungslose, Suchtkranke, Punks etc.) mit ihren diversen Nutzungsbedürfnissen genutzt.

Hohe Frequenz (1)

Ab 50.000 Nutzer*innen pro Tag an einem Verkehrsknotenpunkt wird von einer hohen Frequenz gesprochen. Die dafür erforderlichen Daten liefern die Verkehrsbetriebe Wiener Linien und ÖBB.

Hohe Beschwerdelage (3)

Um die Beschwerdelage bewerten zu können, werden von allen involvierten Organisationen (Polizei, FSW, Wiener Linien, ÖBB, SHW, SDW, MA 48, MA 42, Bezirke) die Beschwerden pro Monat ausgewiesen und anschließend in Relation zu anderen Stationen mit vergleichbarer Nutzungsfrequenz gesetzt.

Nutzungskonflikte[9]

So unterschiedlich Menschen sind, so unterschiedlich sind auch ihre Interessen, Ansprüche und Bedürfnisse bei der Nutzung des öffentlichen Raums. Dadurch kommt es zu Nutzungskonflikten.

- Bestehende Nutzungskonflikte (3)
- Potenzielle Nutzungskonflikte (1)

Die gewichteten Punktwerte der Indikatoren sind fix definiert und werden je nach Lage gemeinsam von den kooperierenden Organisationen vergeben und anschließend addiert. Um einen Konsens über die Punktebewertung herzustellen, wird zunächst die Ausgangslage an in Frage kommenden Verkehrsknotenpunkten mithilfe einer Funktions- und Sozialraumanalyse sowie einer Beschwerde- und Konfliktanalyse erhoben. Danach erfolgt für jeden Ort eine Bewertung nach den oben genannten Indikatoren im Rahmen einer gemeinsamen Sitzung der dafür nominierten Expert*innen von allen involvierten Organisationen. Bei unterschiedlichen Bewertungen durch diese Organisationen wird der Durchschnitt (z. B. Beschwerden) bzw. eine Mehrheitsentscheidung (z. B. Einschätzung Nutzungskonflikte) herangezogen. Sind die Punktewerte festgelegt, ergibt sich daraus die Einordnung in eine Intensitätsstufe, für die im Konzept jeweils unterschiedliche Maßnahmen bzw. unterschiedliche Häufigkeiten der Maßnahmen empfohlen werden. Zeigt sich in der Analyse eines Verkehrsknotenpunktes ein Handlungsbedarf, sieht das Konzept je nach Einteilung in eine von vier Stufen (kaum, gering, mittel, hoch) eine Vielzahl an möglichen Interventionen vor.

Der große Vorteil an diesen geplanten, gemeinsamen Bewertungen ist, dass sie einen wesentlich umfassenderen Blick auf die jeweilige Situation vor Ort ermöglichen, weil es keinen konkreten Anlassfall oder eine Beschwerde gibt, auf die reagiert werden muss. Daher ist es den beteiligten Organisationen ohne unmittelbaren Zeitdruck möglich, gemeinsam an nachhaltigen Verbesserungen zu arbeiten. Zudem hat so eine zwischen den Kooperationspartner*innen abge-

---

[9] Bei diesem Indikator wird zwischen bestehenden Nutzungskonflikten oder potenziellen Nutzungskonflikten ausgewählt.

stimmte Bewertung den Effekt, dass sie die beteiligten Organisationen auch bindet, die gemeinsam abgeleiteten, erforderlichen Maßnahmen einzuleiten und umzusetzen. Durch die regelmäßige Aktualisierung der Bewertungen lassen sich darüber hinaus Veränderungen im Lagebild und die Wirksamkeit von gesetzten Maßnahmen transparent und strukturiert darstellen.

Dadurch stellen die Bewertungen und Empfehlungen in der Praxis eine wertvolle Entscheidungsgrundlage für Politik und Verwaltung dar, die besonderes Gewicht erhält, weil sie von allen Organisationen gemeinsam erarbeitet wurde.

Das zeigt sich auch anhand der zahlreichen Maßnahmen und Veränderungen, die seit der Einführung des Konzepts im Jahr 2019 aufgrund der abgegebenen Empfehlungen in Wien umgesetzt wurde. So wurden unter anderem die Mobile Soziale Arbeit an mehreren Orten personell aufgestockt, zusätzliche Sitzgelegenheiten geschaffen, Beleuchtungs- und Reinigungssituationen verbessert, Supermärkte überzeugt, freiwillig keinen Alkohol an alkoholisierte Personen zu verkaufen und Kooperationen auf regionaler Ebene intensiviert.

Fazit und Herausforderungen für die Zukunft

Das Bemühen aller Expert*innen, das Recht auf öffentlichen Raum für alle Nutzer*innengruppen durchzusetzen, ist in Zeiten kommunaler Wahlen oder wenn bestimmte Orte medial stark thematisiert werden, schwieriger. Gespräche und Begegnungen mit Beschwerdeführer*innen, Bezirkspolitiker*innen der Opposition werden in diesen Zeiten emotionaler geführt und auch für Machtkämpfe missbraucht. Emotionale diskriminierende Forderungen wie: „Die müssen weg!", „Wie komme ich dazu, diese Menschen zu sehen?" müssen immer generell zurückgewiesen werden. Bei Beschwerden im öffentlichen Raum ist es wichtig, über die reale Lage Bescheid zu wissen. Bestehen Probleme vor Ort? Wie ist das Verhalten der anwesenden Menschen? Gibt es Verbesserungsbedarf oder brauchen Nutzer*innengruppen vorrangig Unterstützung beim persönlichen Umgang mit Diversität und Großstadtphänomenen?

Wenn der Druck im (halb)öffentlichen Raum auf verantwortliche Stellen steigt, ist die Verführung groß, schnelle Antworten finden zu müssen. Erfahrungen aus der Vergangenheit zeigen, dass schnelle Reaktionen Probleme nur verschieben und nicht nachhaltig lösen. Zur Ergänzung von Einzelaktionen involvierter Organisationen können Dienststellen der Stadt sowie ihre engsten Partner*innen ihren Wirkungsbereich massiv vergrößern, wenn sie für die Bewältigung komplexer Aufgaben ihre Kräfte durch abgestimmtes Handeln bündeln. In Wien ist es gelungen, breite Kooperationen immer weiter auszubauen und als wesentlichen Bestandteil der täglichen Arbeit der im öffentlichen Raum tätigen Organisationen zu etablieren. Durch die regelmäßige, geplante und gemeinsame Auseinandersetzung mit Orten und etwaigen erforderlichen Veränderungen können involvierte Organisationen nachhaltiger arbeiten. Dennoch sind die Möglichkeiten zur bereichsübergreifenden Zusammenarbeit noch weiter ausbaufähig. Das Potenzial, gemeinsame Lösungen zu finden, sollte zukünftig mehr Beachtung finden, weil diese nachweislich erfolgreicher sind als Einzelmaßnahmen. Wesentlich ist dabei, dass es für die handelnden Organisationen von deren Führungsebene bzw. der Politik einen Auftrag für diese vernetzte Zusammenarbeit gibt.

Netzwerkarbeit und Netzwerkmanagement ist ein wichtiges ressourcenaktivierendes Diagnose- und Handlungskonzept. Es werden nicht nur unterschiedliche Problemlagen von unterschiedlichen Expert*innen analysiert und diverse Lösungsansätze aufgezeigt und umgesetzt, sondern auch strukturelle Bedingungen des Entstehens von Problemlagen reflektiert und behoben.

Die wesentlichste Herausforderung für die Zukunft – auch für ein sozial verträgliches Mit- oder Nebeneinander im (halb)öffentlichen Raum – ist aber die Bekämpfung von Armut, Obdachlosigkeit, Krankheit und sozialer Ausgrenzung. Eine moderne Demokratie braucht die Gewährleistung von Existenzsicherung, eine absolute Gleichstellung zwischen den Geschlechtern als Grundlage für die Ermöglichung von Selbstbestimmung, Partizipation und Inklusion (vgl. Vortkamp 2003, 241). Jeder Mensch hat ein Grundbedürfnis nach existenzieller Sicherheit. Ein menschenwürdiges Leben kann nur durch die Sicherstellung von menschlichen Grundbedürfnissen wie Wohnen, Essen, Hygiene und medizinische Versorgung erfolgen. Wenn dies nicht für alle Menschen, die den öffentlichen Raum nutzen, gewährleistet ist, sind Begegnungen diverser Nutzer*innengruppen und Diskriminierungsreflexion erschwert möglich.

Das mag zunächst sehr abstrakt klingen, hat aber unmittelbare Auswirkungen auf die tägliche Arbeit im öffentlichen Raum und auf die Menschen, die sich dort aufhalten. So ist aktuell eine der größten Herausforderungen beispielsweise die Versorgung von Menschen, die in Österreich nicht sozialversichert sind. Hier gibt es im Rahmen der gültigen Rechtslage kaum Möglichkeiten, sie abseits von Akutinterventionen zu inkludieren und zum Beispiel in eine Behandlungseinrichtung für suchtkranke Menschen zu vermitteln. Weniger unmittelbar, aber nicht weniger essenziell, ist die Frage der Partizipation. Wenn Menschen, die seit Jahren in einem Land leben, keine Möglichkeit haben, am politischen Willensbildungsprozess teilzunehmen, erschwert das die Identifikation mit der Gemeinschaft und die soziale Integration. Dies sind nur zwei Beispiele für größere politische Entscheidungen, die Abhängigkeiten reduzieren und massive Verbesserungen für Menschen, die Hilfe benötigen, schaffen würden.

Den im öffentlichen Raum tätigen Organisationen und dabei im Speziellen der Sozialen Arbeit kommt in dieser Thematik besondere Verantwortung zu, weil sie meist sehr zuverlässig als Seismograf für gesellschaftliche Tendenzen agieren können. Dadurch ist es möglich, besonders die Bedürfnisse jener Mitglieder der Gesellschaft, deren Stimme sonst kaum gehört wird, in Diskussionen mit Netzwerkpartner*innen und Entscheidungsträger*innen einzubringen.

Eine Zukunftsaufgabe für die aufgebauten Netzwerke wird folglich sein, die auf lokaler oder regionaler Ebene erarbeiteten Herausforderungen immer wieder ins gesellschaftliche Bewusstsein zu rufen und für notwendige Maßnahmen Partei zu ergreifen, auch wenn es um Thematiken geht, die eine weitreichendere Änderung, beispielsweise von Bundesgesetzen, erfordern. Die Erfahrungen und Sichtweisen der Netzwerkpartner*innen können dadurch eine fundierte Entscheidungshilfe für politische Verantwortungsträger*innen darstellen.

Biografien

Andrea Jäger, Sozialpädagogin und integrative Supervisorin, arbeitete in Wien 14 Jahre in unterschiedlichen Bereichen der Kinder- und Jugendhilfe, leitete 10 Jahre die Koordinationsstelle für Mobile Jugendarbeit, Aufsuchende Kinder- und Jugendarbeit, Streetwork und animative freizeitpädagogische Betreuung und baute in der Sucht-und Drogenkoordination Wien ab 2007 das strategische Geschäftsfeld Öffentlicher Raum und Sicherheit auf.

Mag. Mathias Tötzl, BA, studierte Politik- und Pflegewissenschaft und war fünf Jahre als Pressesprecher der Sucht- und Drogenkoordination tätig, bevor er 2020 ebendort die stellvertretende Leitung des Bereichs öffentlicher Raum und Sicherheit übernahm.

Literaturverzeichnis

Abbott, Andrew. 1988. *The system of professions: An essay on the division of expert labor.* Chicago.

Benz, Arthur. 1995. *Politiknetzwerke in der Horizontalen Politikverflechtung.* In: Dorothea Jansen und Klaus Schubert (Hrsg.). *Netzwerke und Politikproduktion. Konzepte, Methoden, Perspektiven.* Schüren. Marburg, S. 185–204.

Bossong, Horst. 2003. *Die Szene und die Stadt, Innerstädtische Randgruppenszenen als kommunale und staatliche Aufgabe,* Neuland.

Cleppien Georg, Kosellek Tobias. 2019. *Vertrauen in Netzwerke(n),* S. 182–204. In: Fischer, Kosellek (Hrsg.). *Netzwerke und Soziale Arbeit, Theorien, Methoden, Anwendungen,* Beltz Juventa, 2. Auflage.

Eger, Frank. 2019. *Lösungsorientierte Netzwerkarbeit,* S. 370–382. In: *Netzwerke und Soziale Arbeit, Theorien, Methoden, Anwendungen,* Beltz Juventa, 2. Auflage.

Eisenbach-Stangl, Irmgard, Reidl Christine, Schmied Gabriel. 2011. *Notquartier und Spritzentausch, Die Wiener Drogenszene im Gespräch,* LIT.

Holm, Andre. 2016. Öffentlicher Raum in der sozialen Stadt. In: Prenner, Peter (Hrsg.). *Wien wächst – öffentlicher Raum. Stadt als Verteilungsfrage.* Standpunkte Nr. 19. Wien: Arbeiterkammer Wien, S. 1–7.

Jansen, Dorothea. 1999. *Einführung in die Netzwerkanalyse, Grundlagen, Methoden, Anwendungen,* Leske + Budrich.

Klein, Irene. 1992. *Gruppenleiten ohne Angst. Ein Handbuch für Gruppenleiter,* Pfeiffer.

Kolbe Christian, Reis Claus. 2019. *Machtfreie Netzwerke? Von Machtverhältnissen und ihrer De-Thematisierung.* In: *Netzwerke und Soziale Arbeit, Theorien, Methoden, Anwendungen,* Beltz Juventa, 2. Auflage.

Pumberger, Doris. 2012. *Strategien von „Good Governance" – Entwicklung von neuen Steuerungsinstrumenten durch strategische Organisationsnetzwerke.* In: Sondernummer Sozialraumorientierung, Sozialarbeit in Österreich (SIO), Zeitschrift für Soziale Arbeit, Bildung und Politik, S. 54–55.

Uecker, Horst. 2019. *Soziale Arbeit zwischen Netzwerken und Organisationen – ein kommunikationstheoretischer Vergleich,* S. 169–181. In: Fischer, Kossellek (Hrsg.). *Netzwerke und Soziale Arbeit, Theorien, Methoden, Anwendungen,* Beltz Juventa, 2. Auflage.

Schulz von Thun, Friedemann. *Miteinander reden 1,* Störungen und Klärungen, Rowohlt, Sonderausgabe 2001.

Schulz von Thun, Friedemann. *Miteinander reden 2,* Stile, Werte und Persönlichkeitsentwicklung, Rowohlt, Sonderausgabe 2001.

Stuefer, Alexia. *Von der Notwendigkeit einer geschlechtergerechten Sprache,* Ein Plädoyer, S. 130–132. In: *Der öffentliche Raum, Nutzung – Kontrolle – Ausgrenzung,* juridikum – Zeitschrift für Kritik, Recht, Gesellschaft Nr. 1/2011, Verlag Österreich.

Thomann, Christoph, Schulz von Thun, Friedemann. 1992. *Klärungshilfe, Handbuch für Therapeuten, Gesprächshelfer und Moderatoren in schwierigen Gesprächen,* Rowohlt.

Vortkamp, Wolfgang. 2003. *Partizipation und soziale Integration in heterogenen Gesellschaften,* Louis Wirths Konzeption sozialer Organisation in der Tradition der Chicagoer Schule, Leske + Budrich.

Wehling, Elisabeth. 2016. *Politisches Framing, Wie eine Nation sich ihr Denken einredet – und daraus Politik macht,* Halem.

Stadt Wien MA 18 – Stadtentwicklung und Stadtplanung (Hrsg.). 2012. *Planen – aber sicher! Physische und soziale Verunsicherungsphänomene – Wie kann die Stadtplanung ihnen begegnen?* Werkstattbericht Nr. 125.

Stadt Wien MA 18 – Stadtentwicklung und Stadtplanung (Hrsg.). 2006. *Integration im öffentlichen Raum,* Werkstattbericht Nr. 82.

Stadt Wien MA 18 – Stadtentwicklung und Stadtplanung (Hrsg.). 2013. *Gender Mainstreaming in der Stadtplanung und Stadtentwicklung,* Werkstattbericht Nr. 130, Step 2025 Stadtentwicklungsplan.

Wössner, Jakobus. 1970. *Soziologie, Einführung und Grundlegung,* Böhlau.

Elisabeth Irschik/Lena Schlager

Der Weg zum Fachkonzept Öffentlicher Raum – ein Praxisbericht aus Sicht der Stadtgestaltung

Nach dem Gemeinderatsbeschluss des neuen Stadtentwicklungsplans für Wien STEP 2025 im Jahr 2014 stand fest, dass für das Themenfeld öffentlicher Raum ein vertiefendes Fachkonzept erarbeitet werden sollte. Dieses sollte sich auf strategischer Ebene erstmalig intensiv und umfassend dem öffentlichen Raum widmen. Die Erwartungshaltung an das Strategiepapier war schon zu Beginn im Wesentlichen klar, folgte sie doch mehreren Pilotprojekten, die den öffentlichen Raum bereits zuvor als Ort sozialer Interaktion thematisiert hatten: Die umfassende Auseinandersetzung mit dem Thema öffentlicher Raum insgesamt bedeutet auch eine breite Auseinandersetzung mit der Perspektive möglichst aller Menschen, die den öffentlichen Raum nutzen. Dieser Raum, auf den wir in unterschiedlicher Weise angewiesen sind, sollte künftig auch als solcher geplant und verteidigt werden.

In der Erstellung des Fachkonzepts in den Jahren 2015 bis 2018 und in dem darauffolgenden dreijährigen Umsetzungsprozess gelang es, die verschiedenen Sichtweisen, Ansprüche und Verantwortlichkeiten zusammenzutragen und gemeinsame Ziele und Lösungen zu finden. Der folgende Beitrag aus der Planungspraxis hat den mehrjährigen und breit aufgestellten Prozess zum Inhalt. Trotz des strategisch-gesamtstädtischen Charakters des Konzepts konnten konkrete Maßnahmen und Handlungsanleitungen für die Stadt formuliert und der Schwerpunkt auf die Umsetzung dieser gelegt werden. Das Handlungsfeld spannt sich von der Vorsorge und Verfügbarmachung neuer öffentlicher Räume über deren Gestaltung und Ausstattung zum Management auf. Im Vergleich zu früheren Leitbildern rückte zudem der Dialog mit der Bevölkerung verstärkt in den Fokus.

Unter Federführung der Abteilung Architektur und Stadtgestaltung wurden rund 15 Dienststellen der Stadt Wien in den Prozess involviert. Zahlreiche Fachexpert*innen, Bürger*innen und politisch Verantwortliche waren ebenfalls Teil des Erstellungsprozesses.

Was davor geschah ...

Der öffentliche Raum wurde innerhalb der Stadt Wien bereits einige Jahre zuvor zum strategischen Thema. 2008 initiierte die Stadt einen entsprechenden Prozess, der sich dezidiert mit dem öffentlichen Raum auseinandersetzte. Unter der Einbindung unterschiedlicher Dienststellen der Stadt, der Politik und von Fachexpert*innen entstand ein Leitbild, das wesentliche Richtungsvorgaben für den öffentlichen Raum enthielt und Aussagen zur Gestaltung, zum Management und zur Vorsorge öffentlicher Räume konkretisierte.

Aufgrund des Erfolgs des Leitbilds (der vor allem dem interdisziplinären Arbeitsprozess geschuldet war) fanden fortan unter dem Motto „Leitbildpflege" weitere regelmäßige Arbeitstreffen statt. Die daraus folgenden Pilotprojekte prägten die Sichtweise der Planung auf den öffentlichen Raum maßgeblich.

Beispielgebend war die erstmalige Durchführung von Funktions- und Sozialraumanalysen im Vorfeld größerer Umgestaltungen. Als wichtige Voraussetzung für das Gelingen von Gestaltungsprojekten konnten unterschiedliche soziale Bedürfnisse im Vorfeld von Planungsmaßnahmen erfasst werden. Die Analysen verstärkten auch die Zusammenarbeit und den gegenseitigen Austausch der Planungsseite mit Akteur*innen der sozialen Arbeit. Sozialräumliche Aspekte der Planung wurden im Fachkonzept öffentlicher Raum vertiefend betrachtet und weitere Maßnahmen dazu formuliert.

Der öffentliche Raum in Wien

Zu Beginn der Erstellung des Fachkonzepts lohnte sich der Blick auf den Status quo im Wiener öffentlichen Raum: Was sind Herausforderungen der nächsten Jahre, welche sind die drängendsten Fragestellungen? Manche dieser Themen lagen auf der Hand: Die Nutzer*innen und ihre Ansprüche werden vielfältiger und machen ein differenziertes Verweilangebot im öffentlichen Raum notwendig; aufgrund des Bevölkerungszuwachses entstehen viele neue öffentliche Räume in den Stadtentwicklungsgebieten und Straßen und Plätze in der Bestandsstadt werden stärker genutzt; in den zentralen Lagen der Stadt steigt der Druck auf den öffentlichen Raum, diesen noch stärker kommerziell zu nutzen.

Sowohl die Erforderlichkeit, Aspekte des Klimawandels im öffentlichen Raum zu berücksichtigen als auch ein zunehmendes Engagement der Zivilgesellschaft, sich für den öffentlichen Raum zu engagieren wurden als „Trends" erkannt; diese beiden Entwicklungen haben sich seit 2015 eindeutig verstärkt und wurden seitens der Stadtpolitik aufgegriffen. Medial stark präsent waren zum Erstellungszeitpunkt Aspekte der Sicherheit im öffentlichen Raum. Dieses Thema wurde nach Wahrnehmung der Autorinnen in den darauffolgenden Jahren langsam von immer eindringlicher formulierten Fragestellungen des Klimawandels abgelöst, die aktuell die Diskussionen bei der Planung des öffentlichen Raums prägen.

„Draußen in Wien"

„Draußen-sein", vor Ort und unmittelbar im öffentlichen Raum arbeiten oder zumindest den Bezug zu Menschen, die im öffentlichen Raum tätig sind, herstellen – dies waren wesentliche Merkmale und Erfolgsfaktoren des Erstellungsprozesses zum Fachkonzept Öffentlicher Raum. Sei es der Dialog mit der Bevölkerung an unterschiedlichen Plätzen Wiens, geführte Spaziergänge mit dem „Team öffentlicher Raum" durch verschiedene Stadtteile oder Fokusgruppen mit Personen, die sich für den öffentlichen Raum engagieren oder in diesem arbeiten: Das „Draußen-sein" hat die bei der Erarbeitung des Fachkonzepts Mitwirkenden beim Einnehmen verschiedener Blickwinkel auch abseits der jeweils eigenen Rolle unterstützt. Dies wirkte wiederum positiv auf die Verhandlung mitunter konträrer Positionen aus.

Der Erstellungsprozess:
Akteur*innen und Formate im Überblick

Gerade zu Beginn des Prozesses wurde darauf Wert gelegt, den Blick über die Grenzen der Wiener Stadtverwaltung zu weiten. Eine internationale Recherche zeigte strategische Zugänge anderer Städte zum Thema öffentlicher Raum. Das Superblock-Modell aus Barcelona, Prioritätszonen für Fußgänger*innen in Paris und das klare Ziel der Züricher Strategie („In 5 Jahren beeindrucken fünf neu gestaltete bedeutende Räume durch eine überdurchschnittliche Qualität") waren einige der diskutierten Beispiele. Eine Konsulent*innengruppe aus den Bereichen Landschaftsplanung und Landschaftsarchitektur, Immobilienwirtschaft, Journalismus, Kunst und Städtebau unterstützte eine interdisziplinäre Sichtweise, in dem erste Maßnahmenvorschläge kommentiert und in einem Workshop diskutiert wurden. Und letztlich wurde auch die Meinung der Bevölkerung zu einem frühen Zeitpunkt des Prozesses eingeholt, einerseits um frühzeitige Information zu gewährleisten, andererseits um Maßnahmenvorschläge des Fachkonzepts zu „testen" und um Stimmungsbilder abzuholen. Dafür wurde ein Setting direkt im öffentlichen Raum gewählt. In Mini-Ausstellungen an verschiedenen, über Wien verteilten Orten und zu unterschiedlichen Tageszeiten kamen an der Erstellung des Fachkonzepts Mitwirkende mit Bürger*innen ins Gespräch. Ausgangspunkt dafür waren acht Slogans, die aus dem aktuellen Stand des Fachkonzepts entwickelt wurden und die Aufmerksamkeit der Passant*innen weckten (z.B. „Spielen erlaubt" oder „Blätterdach statt Sonnenstich"). Mit diesem niederschwelligen Format gelang es, Menschen in ihrem Alltag zu erreichen. Die Gespräche zeigten, dass das Verständnis für den öffentlichen Raum groß war. Viele thematisierten beispielsweise den vergangenen Sommer, der außergewöhnlich heiß gewesen war und formulierten damit verbundene Verbesserungsvorschläge für den öffentlichen Raum wie den Wunsch nach Schatten, Wasser und Verweilangeboten.

Herzstück des Erstellungsprozesses war die im Jänner 2015 eingerichtete „Kerngruppe öffentlicher Raum". Sie setzte sich aus rund 10 Expert*innen der Wiener Stadtverwaltung für den öffentlichen Raum zusammen. In einer Vorphase entwickelte die Kerngruppe Erfolgsfaktoren für das Fachkonzept, definierte den Arbeitsgegenstand und plante sowohl die Struktur des Endprodukts als auch den Gesamtprozess. Die Kerngruppe wurde sukzessive ergänzt: Rund 25 Mitarbeiter*innen aus unterschiedlichen Magistratsabteilungen

Abbildung 1: Dialogveranstaltung mit Bürger*innen
direkt im öffentlichen Raum, © Stadt Wien, Christian Fürthner

Abbildung 2: Arbeiten vor Ort. Teilweise wurden die Stadtteile auch mit dem
Fahrrad erkundet. © Stadt Wien, Abteilung Architektur und Stadtgestaltung

277

mit Konnex zum Thema öffentlicher Raum zählte das ressortüber-greifende „Team öffentlicher Raum". Das Team öffentlicher Raum diskutierte alle von der Kerngruppe formulierten Maßnahmen. Noch breiter eingeladen wurde zu drei Vernetzungstreffen, an denen auch Expert*innen außerhalb der Wiener Stadtverwaltung teilnahmen. Mehrere Arbeitssitzungen fanden an verschiedenen Orten in Wien statt, wobei die Teilnehmer*innen vorab eingeladen wurden, die jeweiligen Stadtteile mittels Leitfadens in Kleingruppen zu erkunden.

Für einzelne der formulierten Maßnahmen erschien die Herstellung eines Praxisbezuges als besonders notwendig. Denn während tech-nisch-planerische Aspekte im Workshop-Setting von Expert*innen relativ gut erfasst und diskutiert werden konnten, erforderten Maß-nahmen zu sozialen Prozessen im öffentlichen Raum eine weitaus genauere Betrachtung durch die „Alltagsbrille". In Fokusworkshops zu drei ausgewählten Themen wurden Praktiker*innen aus anderen Bereichen einbezogen, zumeist Menschen, die entweder im öffent-lichen Raum arbeiteten oder sich für diesen engagierten. Die The-men wählte die Kerngruppe: Bürger*innen-Engagement, marginali-sierte Gruppen im öffentlichen Raum sowie Ermöglichungsflächen. Die Fokusworkshops waren vielfältig zusammengesetzt mit Vertre-ter*innen der Lokalen Agenda 21, Gebietsbetreuungen, der Wiener Volkshochschule, Planungsbüros, FAIR-PLAY-TEAMS, Polizei, Fach-hochschule Soziale Arbeit, Sucht- und Drogenkoordination Wien, Einrichtungen für Wohnungslose … Die Gesprächsrunden gaben dem Kernteam Feedback zur Maßnahmendefinition und ermöglich-ten die gemeinsame Erarbeitung detaillierter Handlungsmöglich-keiten.

In Wien ist die Bezirksebene aufgrund ihrer (finanziellen) Verant-wortung für den öffentlichen Raum besonders bedeutsam. Unge-fähr zeitgleich zu den Fokusworkshops wurde daher zu Bezirks-dialogen eingeladen, an denen Vertreter*innen aus allen 23 Bezirke teilnahmen. Die Dialoge fanden in einem klassischen Workshop-Setting statt, jedoch wurde den Bezirken die Schwerpunktsetzung selbst überlassen: Sie wurden vorab gebeten, aus ungefähr 30 Maß-nahmenvorschlägen jene 5 zu benennen, die in der Veranstaltung in Tischrunden prioritär diskutiert werden sollten. Beispielsweise forderten die Bezirke schon damals finanzielle Unterstützung für die Umsetzung temperatursenkender Maßnahmen durch das Zentralbudget – im Übrigen eine Unterstützung, die seit 2020 von den Bezirken in Anspruch genommen werden kann.

Alle formulierten Maßnahmen wurden mehreren Feedback-Schleifen unterzogen: Beispielhaft sei an dieser Stelle der Fairness-Check genannt. Expert*innen für Diskriminierungsfragen diskutierten in mehreren Konsultationsrunden die Auswirkungen von Maßnahmen auf zuvor definierte Leitgruppen (z.B. ältere Menschen, mobilitätseingeschränkte Personen, betreuende Personen …). Die Anregungen wurden in der Publikation zum Fachkonzept kenntlich gemacht. In einer Fachenquete erhielten rund 100 Teilnehmer*innen (bestehend aus Mitarbeiter*innen der Stadtverwaltung, Bezirksverantwortlichen und Engagierten im Rahmen der Lokalen Agenda 21) Einblicke in den aktuellen Bearbeitungsstand und waren eingeladen, die Inhalte bei zwei Open-Space-Runden zu diskutieren.

Abbildung 3: Fachenquete in der Ankerbrotfabrik
© Stadt Wien, Christian Fürthner

279

Im Rahmen der Fachtagung entstand auch die sehr diverse „Landkarte" an unterschiedlichen Themenstellungen und Zuständigkeiten für den Wiener öffentlichen Raum: In einem skizzierten Straßenquerschnitt konnten Teilnehmer*innen „live" während der Tagung die jeweils eigene Verantwortlichkeit eintragen.

Vom Prozess zum Produkt

Die Herausforderung in der Erstellung des Fachkonzepts Öffentlicher Raum bestand darin, aus den vielen Stimmen, Ansprüchen und Ideen ein Ganzes zu gießen und dabei nicht den Blick für das Wesentliche zu verlieren. Es war letztlich Anspruch an das Strategiepapier, nicht nur die jeweils diskutierten Einzelmaßnahmen wiederzugeben, sondern die Maßnahmen im Kontext einer Gesamtstrategie zu formulieren. Dazu war es erforderlich, die Zusammenhänge zwischen den Maßnahmen zu evaluieren und dabei im Sinne von „weniger ist mehr" auf die für die Stadt wesentlichen Themen zu fokussieren. Letztlich wurden 5 mit Indikatoren unterlegte Zielpaare und 32 in den 4 Handlungsfeldern „Vorsorge", „Gestaltung", „Management" und „Dialog mit Bürger*innen" aufbereitete Maßnahmenvorschläge formuliert. Mit den Zielpaaren „lebendig und weltoffen", „sozial gerecht und geschlechtergerecht", „bildend und aktivierend", „ökologisch und robust" sowie „partizipativ und identitätsstiftend" wurde auf eine strategische Ausrichtung abgestellt, die sich vorrangig an den Ansprüchen der Nutzer*innen an den öffentlichen Raum orientiert. Diese Orientierung an Nutzungsvielfalt, an Chancengleichheit und Inklusion machte insbesondere das Handlungsfeld Gestaltung deutlich:

> „Die Gestalt einer Stadt, wie sie auf uns wirkt, was sie uns anbietet, ist stark geprägt von Aussehen und Ausstattung der öffentlichen Räume. Sie sind ein Spiegel für den Zustand des urbanen Gemeinwesens. Ihre Gestaltung kann integrierend oder ausschließend wirken. Mit der Gestaltung von öffentlichen Räumen setzen wir den Rahmen, stecken wir Grenzen und eröffnen Möglichkeiten für Nutzungen. Für alle Menschen der Stadt – und für manche besonders – hat das Auswirkungen auf ihre Lebensqualität, auf ihre Chancen auf Teilhabe, auf ihren Alltag. So sind

beispielsweise Sitzgelegenheiten in regelmäßigen Abständen oder Toiletten eine wichtige Voraussetzung für ältere Menschen zur Nutzung des öffentlichen Raums. Die Ziele, die mit Gestaltungen jeweils erreicht werden sollen, müssen daher sorgsam durchdacht und transparent gemacht werden. Gegenläufige Vorstellungen müssen ausgehandelt werden, um einen robusten, elastischen und damit fitten öffentlichen Raum zu begründen." (Stadt Wien, Stadtentwicklung und Stadtplanung [Hrsg.], 2018, 39).

Zur adäquaten Vermittlung der Inhalte des Fachkonzepts innerhalb der Stadtverwaltung, an die Fachöffentlichkeit und an die politischen Verantwortlichen brauchte es jedoch – neben den Zielen und den einzelnen Maßnahmen im Detail – die Formulierung der wesentlichen, zentralen „Botschaften", also das Fachkonzept „auf einen Blick". Dieses „Eindampfen" und Zusammenfassen der Inhalte erfolgte mittels 8 Kernaussagen. Diese betonten vor allem die Erforderlichkeit, neue, öffentliche Räume zu schaffen – sei es in Stadtentwicklungsgebieten, in denen Vorsorge für den öffentlichen Raum zu treffen ist, oder durch Umnutzung von Verkehrsflächen in der Bestandsstadt. Hinsichtlich der Nutzung und Gestaltung des öffentlichen Raums wurden die zum damaligen Zeitpunkt noch weniger etablierten Themen „Klimawandelanpassung" und „Spielen im öffentlichen Raum" hervorgehoben. Auf sozialräumliche Prozesse wurde ebenso hingewiesen, wie auf die Erforderlichkeit, stark genutzte Räume im Sinne einer konsumfreien Nutzung zu bespielen.

Hier die acht Kernaussagen im Überblick:

- „Straßenräume werden zu vielfältig nutzbaren Freiräumen."

   Durch temporäre oder auch dauerhafte Umnutzungen von Verkehrsflächen (Spielstraßen, Fußgängerzonen, Nebenfahrbahnen …) soll gerade in der dichten Stadt mehr Raum für Begegnung geschaffen werden.

- „Mehr Sitzplätze und Mikrofreiräume erhöhen die Aufenthaltsqualität."

   Neben größeren Plätzen und Straßenfreiräumen sind es die kleinräumig und engmaschig verteilten Mikrofreiräume, die dem Sitzen, Plaudern, Spielen und Rasten im öffentlichen Raum dienen. Sie bringen Qualität in die alltäglichen Wege und sollen daher künftig verstärkt umgesetzt werden. In dieser Kernaussage wird die Unterstützung der Stadt von Bürger*innen betont, die den öffentlichen Raum freiwillig und ehrenamtlich gestalten und pflegen.

Abbildung 4: Kurzes Rasten im öffentlichen Raum
© Stadt Wien, Johannes Wiedl

- *„Schatten und Wasser helfen gegen steigende Temperaturen."*

  Maßnahmen der Klimawandelanpassung (wie Bäume, helle Bodenbeläge, Wasser und vielfältige Verdunstungsflächen) sollen die komfortable Benutzbarkeit der öffentlichen Räume bei steigenden Temperaturen sichern.

- *„Der öffentliche Raum lädt zum Spielen und zur Bewegung ein."*

  Damit sich Kinder und Jugendliche sicher und gerne im öffentlichen Raum bewegen können, soll Spielen nicht nur auf Spielplätze, Bewegung nicht ausschließlich auf Sportplätze beschränkt, sondern bei jeder Um-/Neugestaltung mitgedacht werden.

Abbildung 5: Der öffentliche Raum als Spielort
© Stadt Wien, Abteilung Architektur und Stadtgestaltung

- *„Öffentliche Räume ohne Konsumpflicht bieten Platz für alle."*

  Im Sinne des öffentlichen Interesses gilt es, nicht-kommerziellen vor kommerziellen Nutzungen den Vorzug zu geben. Für Orte mit hohem kommerziellen Nutzungsdruck sollen daher Nutzungskonzepte erstellt werden, die Flächen für konsumfreien Aufenthalt sichern.

- *„Soziale Arbeit unterstützt den Alltag im öffentlichen Raum."*

  Mit der dichter werdenden Stadt ist auch ein stärkerer Nutzungsdruck auf den öffentlichen Raum zu erwarten. Nutzer*innengruppen im öffentlichen Raum werden heterogener und ihre Ansprüche vielfältiger. In dieser Kernaussage wird die Zusammenarbeit zwischen der Stadtplanung und Sozialer Arbeit als wichtiges Instrument betont, um Konflikte besser verfolgen zu können und Verdrängungsprozesse zu erkennen.

- *„Der öffentliche Raum ist das Rückgrat neuer Stadtteile."*

  Bei der Vorsorge öffentlicher Infrastruktur in neuen Stadtteilen sollen künftig öffentliche Plätze und Straßenräume mit Aufent-

283

haltsqualität schon frühzeitig und in gleicher Weise wie soziale oder technische Einrichtungen mitgeplant werden.

- *„Ermöglichungsflächen' lassen öffentliche Räume in neuen Stadtteilen langsam wachsen."*

  Ermöglichungsflächen sind Freiräume, die bei der Planung von neuen Stadtteilen für eine spätere Ausgestaltung freigehalten werden. Sie bieten den Bewohner*innen des Stadtteils die Möglichkeit, die Ausgestaltung mitzubestimmen und/oder selbst tätig zu werden. Diese Form der Teilhabe an der Gestaltung des öffentlichen Raums soll von der Stadt weiterentwickelt werden.

Das Fachkonzept Öffentlicher Raum wurde im Jänner 2018 vom Wiener Gemeinderat beschlossen und gibt seitdem die Strategie vor, wie sich der öffentliche Raum in Wien entwickeln soll.

Begleitung der Umsetzung

Eine der wichtigsten „lessons learned" aus der Erstellung des Fachkonzepts Öffentlicher Raum war die Erkenntnis, dass der Gewinn dieses Strategiepapiers nicht nur im Papier an sich bestand. Der Erfolg lag vor allem im vielschichtigen Prozess, der eine Teilnahme für eine Vielzahl an unterschiedlichsten Akteur*innen gewährleistete. Nach dem Beschluss des Fachkonzepts im Wiener Gemeinderat initiierte und begleitete die Abteilung Architektur und Stadtgestaltung einen dreijährigen „Umsetzungsprozess". Zielgruppe waren diesmal die tatsächlich mit der Umsetzung der Maßnahmen im öffentlichen Raum betrauten Abteilungen der Stadt Wien.

Die punktuelle, moderierte Begleitung des Prozesses setzte wieder auf unterschiedliche Formate. Die Arbeit vor Ort und die punktuelle Einbindung spezifischer Expert*innen und/oder Engagierter je nach Themenstellung waren erneut wichtige Eckpfeiler.

Die ursprüngliche Kerngruppe aus dem Erstellungsprozess wurde durch Mitarbeiter*innen aus Magistratsabteilungen erweitert, die vorrangig mit der Umsetzung von Maßnahmen im öffentlichen Raum befasst waren. Dieses „Umsetzungsteam" wählte die zu bearbeitenden Maßnahmen schwerpunktmäßig aus, die in Workshops nach Handlungsbedarf, Synergien, etwaigen Widerständen und positiven Beispielen diskutiert wurden. Je nach Thema wurde das Kernteam um Mitarbeiter*innen aus anderen Abteilungen erweitert. Die Workshops ergänzten geführte „Spaziergänge", bei denen themenspezifisch bereits umgesetzte Vorhaben besichtigt wurden. Spielen und Verweilen, Wasser und Baumpflanzungen waren Themen der geführten Spaziergänge. Das Arbeiten vor Ort brachte erneut zusätzlichen Erkenntnisgewinn im Team.

Um den breit angelegten Vernetzungscharakter des Fachkonzepts weiterzuführen, wurden die Vernetzungstreffen – einmal jährlich – weitergeführt. Neben einem mit Zahlen hinterlegten Monitoring, das auf die im Fachkonzept festgelegten Indikatoren fußt, wurde hier die Entwicklung im Wiener öffentlichen Raum im Rahmen einer punktuellen, qualitativen Einschätzung abgefragt: Welches sind die wesentlichen Entwicklungen im öffentlichen Raum, haben sich Schwerpunkte verlagert, gibt es Maßnahmen, die aus dem Fokus geraten sind? Es war eindrücklich, als Vertreter*innen der Abteilungen aus dem sozialen Bereich bei einem der Vernetzungstreffen von der Zunahme von Nutzungskonflikten und Verdrängungsprozessen im öffentlichen Raum berichteten und dieses Thema damit wieder stärker ins Bewusstsein ihrer planenden Kolleg*innen rückten.

Der öffentliche Raum und COVID-19

COVID-19 beeinflusste auch den Umsetzungsprozess und verlagerte die Treffen ab dem Jahr 2020 in den virtuellen Raum. Relativ früh wurde dabei die Frage gestellt, wie sich die Pandemie auf den öffentlichen Raum und seine Nutzung auswirken würde. Augenscheinlich bewegten sich Menschen im öffentlichen Raum nun anders – manche wichen auf die Fahrbahn aus, wechselten Straßenseiten. Verweilen erforderte mehr Platz, da auf öffentlichen Sitzbänken, in Haltestellenbereichen oder beim Warten vor geöffneten Geschäften Abstand gehalten werden musste.

Um neben diesen offensichtlichen, großteils kurz- bis mittelfristigen Änderungen im Nutzungsverhalten auch mögliche längerfristige Auswirkungen diskutieren zu können, wurde im Rahmen des

Umsetzungsprozesses eine qualitative Umfrage gestartet. Diese fand im Mai 2020 statt und richtete sich primär an die Mitglieder des Vernetzungstreffens. Insgesamt brachten sich 24 Teilnehmer*innen aus der Stadtverwaltung, Interessensvertretungen und Bildungseinrichtungen ein. Schon relativ früh in der Entwicklung der Pandemie hoben die Expert*innen die gestiegene Bedeutung des öffentlichen Raums als qualitätsvollen Aufenthalts- und Bewegungsraum im unmittelbaren Wohnumfeld hervor. Während die Chancen für Ziele der Stadt Wien (mehr Aufenthaltsbereiche, bessere Bedingungen fürs Zufußgehen und Radfahren) als grundsätzlich gut oder auch besser eingeschätzt wurden, wurde auch die Gefahr des wieder erstarkenden PKW-Verkehrs (als „sicherer Ort") thematisiert. Auch wiesen die Expert*innen auf die mögliche Ausgrenzung von Teilen der Bevölkerung aufgrund der Verlagerung von Beteiligungsprozessen auf ausschließliche Online-Formate hin.

Öffentlichkeitsarbeit

2018: Das Fachkonzept Öffentliche Raum ist beschlossen und liegt als umfassende Fachbroschüre vor, die Frage stellt sich: Wie vermittelt man Ziele und Maßnahmen an die Verantwortlichen, wie an die Nutzer*innen des öffentlichen Raums? Kurz: Wie bringt man das Fachkonzept „auf die Straße"?

In einem ersten Schritt wurden die Inhalte verdichtet und journalistisch-ansprechend aufbereitet. Eine „Zeitung" veranschaulichte die wichtigsten Aussagen und machte die wichtigsten Inhalte einem breiteren Publikum zugänglich.

Im Mai 2019 lud die Stadt gemeinsam mit Vertreter*innen der Bezirkspolitik sowie engagierten Bürger*innen zu einem Forum ein. Im „#kommraus – Forum Öffentlicher Raum" wurde an drei Tagen der Wiener öffentliche Raum in Form einer umfangreichen Veranstaltung zum Thema gemacht. Über 80 Programmpunkte (Spaziergänge, Workshops, Walkshops, Interventionen und Aktionen) boten Gelegenheiten für den offenen Diskurs und das gemeinsame Lernen, regten zur Vernetzung von Akteur*innen, Disziplinen und Institutionen an und eröffneten Möglichkeiten für zukünftige Initiativen.

Gerade auch die Programmgestaltung bot vielen unterschiedlichen Akteur*innen die Möglichkeit, ihren Blick auf den öffentlichen Raum zu präsentieren und zur Diskussion zu stellen. In diesem Zusammenhang wurde vor allem die soziale Aufgabe des öffentlichen Raums in den Vordergrund gestellt. Viele Aktionen sprachen gezielt Jugendliche an, die man auf diese Weise gut erreichen konnte.

Trotz des anfangs mäßigen Wetters war das dreitägige Forum Öffentlicher Raum ein voller Erfolg, das die Inhalte des Fachkonzepts in die Straßen und Plätze von Wien getragen hat.

Resümee – Etablierung eines Selbstverständnisses zum Wiener öffentlichen Raum

Zu Beginn des Erstellungsprozesses erreichten uns wiederholt Fragen, die darauf abzielten, wieso dem öffentlichen Raum überhaupt ein eigenes Fachkonzept zuteilwerden sollte. Wieso sollte der öffentliche Raum nicht als integrativer Bestandteil der Themenfelder Mobilität und Grünraum (die ja ebenfalls in eigenen Fachkonzepten aufbereitet wurden) begriffen werden? Wieso diese Zersplitterung von verwandten Themen?

„Öffentlicher Raum" im Sinne des urbanen Freiraums, wie er im Fachkonzept definiert wird, ist eben weitaus mehr als Mobilität. Über Mobilitätsfragen hinausgehend stellen sich zahlreiche Fragen zu seiner Nutzung und Bespielung, der Frage wieviel Fläche überhaupt zur Verfügung gestellt und wie diese im Sinne der Nutzer*innen letztlich gestaltet werden soll. Der urbane Freiraum hat andere Aufgaben und Funktionen zu erfüllen als dies in Grün- und Parkanlagen der Fall ist. Der öffentliche Raum hat heute ein breiteres Selbstverständnis als in den vergangenen Jahrzehnten, in denen die Verkehrsperspektive dominierte. Seine Bedeutung ist aber insbesondere auch in den letzten Jahren gestiegen. Die heißer werdenden Sommer und auch die Corona-Pandemie haben uns deutlich vor Augen geführt, wie wichtig qualitätsvolle öffentliche Räume direkt vor unserer Haustüre sind. In vielen Bereichen wird der kommerzielle Druck auf den öffentlichen Raum stärker und erfordert eine Steuerung seitens der öffentlichen Hand. Und letztlich wollen sich die Bürger*innen stärker in die Gestaltung ihrer Wohnumgeben einbringen. Diese (und andere) Entwicklungen hat das Fachkonzept öffentlicher Raum aufgegriffen und damit zur Etablierung eines Selbstverständnisses des öffentlichen Raums in Wien beigetragen.

Aktuell wird der öffentliche Raum als wesentlicher Hebel für die Umsetzung von Maßnahmen des Klimaschutzes und der Klimawandelanpassung diskutiert. Öffentlicher Raum wird anders gedacht als noch vor einigen Jahren. Das „urbane" am öffentlichen Raum wird nicht mehr über vorrangig versiegelte Flächen definiert. Es ist lange Tradition Wiens, den öffentlichen Raum als sozialen Raum und Ort unterschiedlichster Bedürfnisse zu begreifen. Die Verknüpfung dieses Anspruchs mit den Themenstellungen der Klimawandelanpassung könnte dabei ein Alleinstellungsmerkmal der Planung des „Wiener" öffentlichen Raums sein.

Akteur*innen

Im Rahmen des Vernetzungstreffens öffentlicher Raum beteiligte Dienststellen der Stadt Wien und Institutionen

Stadt Wien, Magistratsdirektion Bauten und Technik

Stadt Wien, Magistratsdirektion Klimaschutzkoordination

Stadt Wien, Magistratsabteilung Bildung und Jugend

Stadt Wien, Magistratsabteilung Integration und Diversität

Stadt Wien, Magistratsabteilung Stadtplanung und Stadtentwicklung

Stadt Wien, Magistratsabteilung Architektur und Stadtgestaltung

Stadt Wien, Magistratsabteilung Stadtteilplanung und Flächenwidmung Innen-Südwest

Stadt Wien, Magistratsabteilung Stadtteilplanung und Flächenwidmung Nordost, Druckerei

Stadt Wien, Magistratsabteilung Umweltschutz

Stadt Wien, Magistratsabteilung Technische Stadterneuerung

Stadt Wien, Magistratsabteilung Straßenverwaltung und Straßenbau

Stadt Wien, Magistratsabteilung Wiener Stadtgärten

Stadt Wien, Magistratsabteilung Verkehrsorganisation und technische Verkehrsangelegenheiten

Stadt Wien, Magistratsabteilung Rechtliche Verkehrsangelegenheiten

Wiener Umweltanwaltschaft

Kunst im Öffentlichen Raum Wien

Mobilitätsagentur Wien

Sucht- und Drogenkoordination Wien

Wiener Gesundheitsförderung – WIG

Österreichischer Städtebund

Arbeiterkammer Wien

Wirtschaftskammer Wien

FH Campus Wien

Prozessdesign und Moderation für die Erstellung des Fachkonzepts Öffentlicher Raum und *den Umsetzungsprozess:* Büro PlanSinn Planung und Kommunikation GmbH

Nachlese

Stadt Wien, Stadtentwicklung und Stadtplanung (Hrsg.): Meidlinger Hauptstraße Sozialraumanalyse, Geschäftsstraßenstudie, Realisierungswettbewerb. Wien, 2010

Stadt Wien, Stadtentwicklung und Stadtplanung (Hrsg.): STEP 2025 Stadt Wien, Fachkonzept Öffentlicher Raum, Wien 2018

Stadt Wien, Architektur und Stadtgestaltung (Hrsg.): Sitzfibel. Eine Beispielsammlung für Sitz- und Verweilangebote im öffentlichen Raum in Wien, Wien 2021

Stadt Wien, Architektur und Stadtgestaltung (Hrsg.): Spielfibel. Eine Beispielsammlung für Spiel- und Bewegungsangebote im öffentlichen Freiraum, Wien 2019

Biografie

Dipl.-Ing.[in] **Elisabeth Irschik** studierte Raumplanung und Raumordnung an der TU Wien. Sie arbeitete mehrere Jahre im Bereich „gender planning" der Stadt Wien. Seit 2010 ist sie in der Abteilung Architektur und Stadtgestaltung, Dezernat Gestaltung öffentlicher Raum tätig. Sie begleitete mit Lena Schlager den Erstellungsprozess zum Fachkonzept öffentlicher Raum. Elisabeth Irschik ist stellvertretende Leiterin des Dezernats Gestaltung öffentlicher Raum.

Dipl.-Ing.in Lena Schlager studierte Architektur an der TU Wien. Sie ist seit 2008 in der Abteilung Architektur und Stadtgestaltung der Stadt Wien tätig, zunächst im Dezernat Generelle Planung und Grundlagenforschung, seit 2020 im Dezernat Gestaltung öffentlicher Raum, das sie seither leitet. Lena Schlager war gemeinsam mit Elisabeth Irschik für die Erstellung des Fachkonzepts öffentlicher Raum verantwortlich.

Karin König

Einwanderungs- und Menschenrechtsstadt Wien: Dialogprozesse, Erfolge und Herausforderungen

Diversität und Menschenrechte sind für eine multikulturell geprägte Stadt wie Wien in allen Lebensbereichen relevante Faktoren. Eine besondere Bedeutung nehmen sie dabei im öffentlichen Raum ein, wo nicht nur Menschen mit unterschiedlichen Lebensentwürfen und sozio-kulturellen Hintergründen aufeinandertreffen, sondern auch die zunehmende Verknüpfung von Migration und Diversität mit dem Thema Sicherheit einen ihrer Hauptschauplätze hat.

Die Stadt Wien ist sich dieser Bedeutung und der damit einhergehenden Verantwortung bewusst und setzt daher vielfältige Maßnahmen, um die Menschenrechte als zentrale Komponente des Handelns aller im öffentlichen Raum tätigen Organisationen zu etablieren. Im folgenden Beitrag soll ausgeführt werden, welche Aktivitäten dafür bereits gesetzt wurden, welche Herausforderungen sich dabei ergaben und woran in Zukunft noch weitergearbeitet werden muss.

Einwanderungsstadt Wien – Stadt der Vielfalt

Wien ist eine wachsende Stadt mit einer zunehmend vielfältigen Bevölkerung wie andere Metropolen auch. Die in Wien lebenden Menschen unterscheiden sich nach ihrer Herkunft und Staatsbürgerschaft, ihrem Alter und ihrer Lebensdauer in Wien, ihrem Geschlecht, ihren Erst- und weiteren Sprachen sowie nach Einkommen, Beruf und Ausbildung, Religion und Weltanschauung, um nur einige Aspekte zu nennen. Als internationale Metropole lebt Wien von der Vielfalt der Bevölkerung. Verschiedene Lebensweisen, Sprachen, Erfahrungen und verschiedenes Wissen beeinflussen alle städtischen Lebensbereiche.

Der Fall des Eisernen Vorhangs, die Kriege im ehemaligen Jugoslawien, der österreichische EU-Beitritt, die Ost-Erweiterungen der

EU sowie die Fluchtmigration aus Syrien und Afghanistan haben zu einem deutlichen Wachstum der Stadt Wien geführt. Seit dem Beitritt zur Europäischen Gemeinschaft im Jahr 1995 ist Wien aufgrund der Wanderungsbilanz und der seit 2004 positiven Geburtenbilanz um 378.282 Personen gewachsen. Anfang 2021 lebten in Wien 1.920.949 Menschen. Die Zuwanderung vor allem junger Frauen und Männer aus dem Ausland wird in der Zusammensetzung der Wiener Bevölkerung deutlich sichtbar. Anfang 2021 hatten 31,5 Prozent der Wiener*innen eine ausländische Staatsbürgerschaft, 37,1 Prozent waren im Ausland geboren und 41,9 Prozent hatten eine ausländische Herkunft – das bedeutet, sie hatten entweder eine ausländische Staatsbürgerschaft oder waren im Ausland geborene Menschen mit österreichischer Staatsbürgerschaft (vgl. Wiener Bevölkerung, Daten und Fakten zu Migration und Integration, 2021).

Wiener Politik und Maßnahmen fördern Gleichstellungsprozesse und Wertschätzung von Diversität

Einwanderung verändert die Gesellschaft und erfordert einen Paradigmenwechsel in Stadtverwaltung und -politik. 2003/2004 beschloss die Stadt Wien, das Thema und die Agenden, die bis dahin von einem außerhalb der Stadtverwaltung angesiedelten Akteur, dem Wiener Integrationsfonds, gefördert worden waren, in die Stadtverwaltung hereinzuholen („Vom Rand ins Zentrum"), als Querschnittsthema zu bearbeiten und inhaltlich zur integrationsorientierten Diversitätspolitik weiterzuentwickeln. Die Chancen und Potenziale einer in vieler Hinsicht vielfältigen Bevölkerung sollten in den Vordergrund gerückt, die Anpassungsbedarfe von Politik und Verwaltung erhoben, die Gleichstellungsagenden im Hinblick auf Personal, Dienstleistungen und Organisation vorangetrieben werden.

Die Stadt Wien ist in ihrer täglichen Arbeit und ihren umfassenden Dienstleistungen in vielen wichtigen Lebensbereichen für alle in Wien lebenden Menschen zuständig. Alle Wiener*innen – darunter versteht die Magistratsabteilung für Integration und Diversität alle Menschen, die in Wien leben und hier ihren Hauptwohnsitz haben –

sollen Aufenthaltssicherheit, gleichen Zugang zu hochwertiger Bildung, guter Arbeit, existenzsicherndem Einkommen und leistbarem Wohnraum haben und an der Gestaltung der Stadt politisch und gesellschaftlich mitwirken können. Wesentlich ist auch ein rascher Zugang zur österreichischen Staatsbürgerschaft. Nur eine solche bringt volle rechtliche Gleichstellung und politische Mitsprache.

Politik und Maßnahmen für Neuzugewanderte und Geflüchtete: Leitmotiv „Integration ab Tag 1"

Nach dem Leitmotiv „Integration ab Tag 1" werden umfassende Integrationsbegleitungsmaßnahmen (Projekt Start Wien) angeboten, um neu eingewanderte Bürger*innen willkommen zu heißen und dabei zu unterstützen, rasch in Wien Fuß zu fassen. Das Projekt beinhaltet ein ausführliches Erstgespräch in 25 Sprachen und Info-Module zu Themen wie Aufenthaltsrecht, Bildung, Arbeitswelt, Gesundheit, Wohnen und Zusammenleben. Dabei wird auch auf die Menschenrechte (Recht auf Gleichbehandlung und Schutz vor Diskriminierung, Frauen- und Kinderrechte etc.) als Grundlage des Rechtsstaats und des gesellschaftlichen Zusammenlebens und Zusammenhalts eingegangen.

Weitere Schwerpunkte des Wiener Integrationskonzepts sind die zielgruppenspezifische Förderung des Erlernens der deutschen Sprache sowie die Wertschätzung für die Mehrsprachigkeit der Bevölkerung, gleicher Zugang zu Bildung und existenzsichernder Arbeit, Förderung eines respektvollen Zusammenlebens und der vollen gesellschaftlichen Teilhabe, die Versachlichung der öffentlichen und politischen Debatten sowie der Schutz, die Gewährleistung und Erfüllung der Menschenrechte. Entlang dieser Schwerpunkte wurden über die Jahre die Projekte und Maßnahmen der Stadt Wien – Integration und Diversität etabliert.

Wiener Verwaltung implementiert integrationsorientiertes Diversitätsmanagement

Um den Umgang mit Vielfalt diskriminierungsfrei und nutzenbringend anzuleiten, hat die Stadt Wien integrationsorientiertes Diversitätsmanagement zu einer ihrer Aufgaben gemacht. Dabei setzt sie sich mit der Frage auseinander, wie eine Stadt die vorhandene Vielfalt der Bevölkerung nutzen kann, damit alle Parteien, Kund*innen, Mitarbeiter*innen sowie Organisationen davon profitieren. Ziel des Managementansatzes ist es, alle Dienstleistungen der Stadtverwaltung zielgruppengerecht und in gleicher Qualität anzubieten. Das Verwaltungspersonal soll in seiner herkunftsmäßigen Zusammensetzung die Bevölkerung Wiens widerspiegeln. Um diese Ziele zu erreichen, werden Führungskräfte für das Thema sensibilisiert, Mitarbeiter*innen geschult und Produkte und Dienstleistungen entlang der Bedarfe einer vielfältigen Bevölkerung adaptiert und optimiert. Innerhalb der Stadt Wien unterstützt die Abteilung für Integration und Diversität die Dienststellen bei der Weiterentwicklung ihres Diversitätsmanagements und bietet diversitätsorientierte Fortbildungsveranstaltungen an.

Integrations- und Gleichstellungsprozesse messen – öffentliche Debatten versachlichen

Information, Sensibilisierung und Bewusstseinsbildung sowie die Förderung von interkulturellen Kompetenzen sind wichtige Arbeitsfelder der Abteilung Integration und Diversität. Eine sachliche Diskussion über Integration und Diversität hilft, Missverständnisse aus dem Weg zu räumen und Vorurteile abzubauen. Diesem Ziel dienen u.a. das Wiener Integrations- und Diversitätsmonitoring und der alle drei Jahre veröffentlichte Integrations- und Diversitätsmonitor, in dessen Rahmen die migrationsbezogene Entwicklung der Stadtgesellschaft und der Stadtverwaltung seit 2007 beobachtet und dokumentiert wird. Das Monitoring ist eine wichtige Grundlage für Entscheidungen von Politik und Verwaltung. Außerdem soll es zu einer Versachlichung der öffentlichen Debatten über Migration und Integration beitragen und auch aufzeigen, wie sich die Verwaltung auf die Diversität einer mobiler gewordenen Gesellschaft einstellt.

Der Wiener Integrations- und Diversitätsmonitor gibt Einblick in acht für Integration und Diversität relevante Themen- und Lebensbereiche. Der Integrationsmonitor beleuchtet, ob und wie sich gesellschaftliche Positionen von eingewanderten im Vergleich mit lange ansässigen Menschen in den Bereichen Bildung, Arbeitsmarkt, Einkommen, soziale Absicherung, Wohnen, Öffentlicher Raum und Zusammenleben sowie Gleichstellung und politische Partizipation entwickeln. Er analysiert und benennt politische, rechtliche und weitere strukturelle Rahmenbedingungen für diese Entwicklungsprozesse.

Der Diversitätsmonitor wiederum ergründet den Stand des Diversitätsmanagements in der Wiener Stadtverwaltung entlang der Bereiche Kund*innen/Dienstleistungen, Personal und Organisation. Die Einschätzung beruht auf einer Selbstbewertung, die auf Basis eines halb standardisierten Fragebogens durchgeführt und in ihren Veränderungen grafisch dargestellt wird (Diversity Benchmarks und Diversitätsanzeiger). Am 5. Diversitätsmonitoring im Jahr 2019 nahmen 53 Abteilungen und Einrichtungen der Stadt Wien teil (vgl. Wiener Integrations- und Diversitätsmonitor, 2020).

Wiener Integrationsmonitor: Handlungsfeld Öffentlicher Raum und Zusammenleben

Im für die vorliegende Publikation besonders relevanten Handlungsfeld „Öffentlicher Raum und Zusammenleben" gibt der Indikator „Potenzieller Nutzungsdruck auf den öffentlichen Raum" Aufschluss darüber, wo ein hoher Nutzungsdruck in der Stadt eher gegeben ist und wo nicht. Je mehr Grünflächen in der Nachbarschaft zur Erholung und für Freizeitgestaltung öffentlich nutzbar sind, desto geringer ist der potenzielle soziale Nutzungsdruck. Dieser umfasst neben der Anzahl der Bewohner*innen in einem Gebiet auch soziale Faktoren, um abzubilden, wenn Menschen diesen gleichzeitig nutzen möchten, sie kleine Wohnungen zur Verfügung haben oder schlicht aufgrund geringer Einkommen nicht die Möglichkeit haben, mangelnden Grünraum durch Reisen oder Möglichkeiten zur kostenpflichtigen Freizeitgestaltung zu kompensieren. Da Einkommensdaten auf der kleinräumlichen Ebene nicht vorliegen, wurden die Arbeitslosenrate und der Anteil der Bezieher*innen der Wiener Mindestsicherung herangezogen. Je höher Armutsindikatoren in der Bewohner*innenstruktur sind, desto größer ist der potenzielle Druck auf den öffentlichen Raum und die grüne Infrastruktur in diesen Gebieten.

Der Indikator zum potenziellen Nutzungsdruck zeigt damit, wo grüner Freiraum knapp ist, und viele Menschen ihn besonders benötigen würden. Hoher potenzieller Nutzungsdruck ist vor allem in den eng verbauten und dicht bewohnten Gebieten aus der Gründerzeit sichtbar. Das sind Stadtteile, die überdurchschnittlich oft von zugewanderten Wiener*innen bewohnt werden (vgl. Wiener Integrations- und Diversitätsmonitor, 2020).

Das Zusammenleben von einheimischer und zugewanderter Bevölkerung wird in Wien insgesamt mehrheitlich positiv eingeschätzt. 55 Prozent der Wiener Bevölkerung beurteilen das Zusammenleben von „Einheimischen und Zugewanderten" in Wien als sehr oder eher gut, während 39 Prozent dieses als eher oder sehr schlecht bewerten. Diese Bewertung fällt mit jeder räumlichen Annäherungsstufe besser aus: So wird das Zusammenleben im engeren Wohnumfeld beziehungsweise in der eigenen Nachbarschaft bereits von 68 Prozent der Wiener*innen positiv und nur von 25 Prozent negativ gesehen (vgl. Wiener Integrationsmonitor 2020, Zusammenleben in Wien 2020).

Dialoge im öffentlichen Raum:
Die Stadt ist für alle da – Menschenrecht auf Stadt

Ziel von Integrationsmaßnahmen ist gleichberechtigte Teilhabe am gesellschaftlichen, kulturellen und wirtschaftlichen Leben. Dafür ist es neben den umfassenden, auf rechtliche und faktische Gleichstellung der eingewanderten Bevölkerung und ihrer Kinder zielenden Maßnahmen u.a. notwendig, dass Menschen einander verstehen lernen und sich auf Augenhöhe begegnen. Um dieses Verständnis zu stärken, bietet die Abteilung für Integration und Diversität kostenlose Fortbildungen zu den Themen Vielfalt, Migration und Flucht sowie Menschenrechten und Prävention von Radikalisierung an. Die Fortbildungsreihe „Wien.Vielfalt.Wissen" vermittelt etwa Hintergrundinformationen zu verschiedenen Zuwanderungsgruppen und anderen relevanten Themen an Multiplikator*innen, während „Migra-Bil" den Schwerpunkt auf die Förderung und das Empowerment von Migrant*innen-Vereinen legt.

Verschiedene Projekte, die die Regionalstellen der Abteilung für Integration und Diversität zusammen mit Bezirkspartner*innen sowie Migrant*innen-Vereinen entwickeln, fördern aktiv Begegnung, Dialog und positive Nachbarschaft. Im Bedarfsfall helfen sie dabei, mit Konflikten umzugehen. Als Beispiele unter vielen seien das Projekt KoVer, der Dialogprozess zur Wiener Charta des Zusammenlebens und „Reden wir über Vielfalt. Reden wir über Favoriten" erwähnt (vgl. Wiener Melange, Toolbox für Integration, Wien 2020).

KoVer – Konfliktvermittler im Öffentlichen Raum in den 90er Jahren – heute Fair Play Teams

Ein Projekt der Vorläuferorganisation der Abteilung für Integration und Diversität in Wien, des Wiener Integrationsfonds (WIF), nahm schon in den 1990er-Jahren die Konfliktvermittlung im öffentlichen Raum und in der Nachbarschaft im Grätzl in den Fokus. Die mehrsprachigen multiprofessionellen Teams waren vor allem in den Spätnachmittags- und Abendstunden in den Bezirken unterwegs und suchten Ursachen und Lösungen für Beschwerden und Unzufriedenheit der Bewohner*innen. Die Öffnung der Grenzen zu Osteuropa, das in Folge verstärkte Migrationsgeschehen und die Instrumentalisierung dieser Themen durch eine fremdenfeindliche Politik und ein Volksbegehren gegen Ausländer*innen hatten die gesellschaftliche und mediale Stimmung aufgeheizt und feindselig gemacht. Auch auf der Ebene der Bewohner*innen suchte der WIF den Dialog und das Bemühen um gute Nachbarschaft und Respekt in der Einwanderungsstadt Wien.

Im Jahr 2010 wurde das Projekt von der Abteilung für Bildung und außerschulische Jugendarbeit übernommen, Wien weit ausgerollt und in Richtung parteiliches Intervenieren für Kinder und Jugendliche im öffentlichen Raum verändert. Als Fair Play Teams sind die Kolleg*innen, die bei einer Reihe von Vereinen angestellt sind, heute erfolgreich in Wien unterwegs.[1]

---

[1]   https://www.wien.gv.at/freizeit/bildungjugend/fair-play/index.html.

Wiener Charta des Zusammenlebens 2012–2013

Das Projekt Wiener Charta des Zusammenlebens, von der Abteilung für Integration und Diversität entwickelt und koordiniert, war das erste und größte Bürger*innen-Beteiligungsprojekt dieser Art in Europa. In zahlreichen Dialogveranstaltungen wurden die Grundregeln für ein respektvolles und gutes Zusammenleben in Wien erarbeitet, die Wiener Charta. Menschen aller Generationen, mit unterschiedlichen Lebensentwürfen, beruflichen Hintergründen, sozialen Herkünften und Bildungsgraden wurden erreicht. Ziel war es, sozialen Zusammenhalt, Solidarität der Menschen und respektvollen Umgang der Menschen miteinander im Alltag zu fördern.

Um möglichst vielen Wiener*innen die Möglichkeit zur Teilnahme zu bieten, wurden mehr als 300 Partnerorganisationen gewonnen, die Wiener-Charta-Dialoge zu bewerben und Charta-Gespräche abzuhalten. Es wurden an die 1.850 Themen eingereicht und in rund 650 Charta-Gesprächen diskutiert.

Für die Gespräche stellte die Stadt Moderator*innen zur Verfügung, die die Gespräche leiteten und die Ergebnisse festhielten, die zeitnah auf einer Website veröffentlicht wurden. Die Dialoge fanden in allen Wiener Bezirken, Parkanlagen, Schwimmbädern, Theatern, Schulen, Kindergärten und sogar in einer Straßenbahn statt. Insgesamt nahmen mehr als 8.500 Personen offline und online daran teil (vgl. Wiener Charta des Zusammenlebens).[2]

Reden wir über Vielfalt. Reden wir über Favoriten.

Favoriten ist gemessen an seiner Einwohner*innenzahl die viertgrößte Stadt Österreichs und ein Anziehungspunkt und Wohn- und Arbeitsort für viele Menschen unterschiedlichster Herkünfte. Favoritner*innen werden im Rahmen des Projekts eingeladen, bei Stehtischen im öffentlichen Raum und einmal in der Woche im Amtshaus miteinander ins Gespräch zu kommen, um sich über ihren Bezirk auszutauschen, denn „durchs Reden kommen die Leute zusammen". Anliegen und Verbesserungsvorschläge werden auf-

---

[2]   https://www.wien.gv.at/menschen/integration/pdf/charta.pdf.

genommen und faktenbasiert diskutiert. Mitarbeiter*innen der Bezirksvorstehung, der Stadt Wien und der Wiener Polizei sammeln die Ideen der Favoritner*innen, werten sie aus und setzen sie um.[3]

Partnerschaften und Kooperationen sind für erfolgreiche Integrations- und Diversitätsarbeit unverzichtbar

Bei allen Projekten und Maßnahmen der Abteilung für Integration und Diversität waren und sind Kooperationen und Netzwerke grundlegende Voraussetzung, um integrationsbezogene Gleichstellungsprozesse und Förderung der Wertschätzung von Diversität als Querschnittsthemen, langfristig und erfolgreich zu verankern. Für das Thema des respektvollen Zusammenlebens war die Kooperation mit der Mobilen Sozialen Arbeit im öffentlichen Raum grundlegend. So arbeiteten Vertreter*innen der Abteilung für Integration und Diversität u.a. an der Formulierung des Glossars und des dazu gehörigen Mission Statements „Soziale Arbeit im Öffentlichen Raum" mit (vgl. Glossar und Mission Statement „Soziale Arbeit im öffentlichen Raum" 2011).

Auf der Ebene der regionalen Arbeit in den Wiener Bezirken, die seit Gründung des WIF in den frühen 1990er-Jahren erfolgreich stattfindet, finden die Kooperationen vor allem in den Regionalforen und Integrationsplattformen statt. Neben Partner*innen aus der Stadtverwaltung sind es insbesondere die Polizei und Vereine, mit denen die Abteilung für Integration und Diversität seit Jahren Projekte umsetzt. So ermöglicht zum Beispiel das Projekt „Rat und Hilfe", Polizei und Vereinen und Religionsgemeinschaften von zugewanderten Menschen, vermittelt durch die Regionalstellen der Abteilung für Integration und Diversität, einander in informellem Rahmen kennenzulernen, sich zu Anliegen und Fragen auf beiden Seiten auszutauschen und trägt nebenbei und ganz niederschwellig zum Abbau von Stereotypen und Diskriminierung bei.

---

[3]   www.wien.gv.at/menschen/integration/weiterbildung/multiplikatoren/index.html.

Von der UNO Weltmenschenrechtskonferenz 1993 zum Prozess Menschenrechtsstadt Wien 2013

Wien ist seit vielen Jahren und Jahrzehnten in seinen politischen Zielsetzungen und Maßnahmen von einem impliziten Menschenrechtsverständnis getragen: als Stadt der sozialen Inklusion, des leistbaren Wohnens, der Gleichstellung der Geschlechter und LGBTIQ-Personen, Stadt der Vielfalt, hoher Lebensqualität, Umweltstandards und vieles mehr. 20 Jahre nach der ersten UNO Weltmenschenrechtskonferenz in Wien 1993, von wo aus die Idee der Bewegung zur Etablierung von Menschenrechtsstädten in die Welt hinausgetragen wurde, reifte die Idee und wurde von Vizebürgermeisterin Maria Vassilakou und Frauen- und Integrationsstadträtin Sandra Frauenberger in die Tat umgesetzt, dieses menschenrechtliche Bekenntnis explizit zu machen und Wien zur Stadt der Menschenrechte zu erklären.

Ein wichtiger Ausgangspunkt war die vom Menschenrechtsexperten Manfred Nowak verfasste Studie zur Bestandsaufnahme der Lage der Menschenrechte in Wien (2013), die der Stadt hohe menschenrechtliche Standards bescheinigte, aber auch Handlungsbedarf beim Thema soziale Inklusion und Schutz vor Diskriminierung unter anderen eingewanderter Menschen sah. So wurden in einem fast zweijährigen Prozess, der von der Abteilung für Integration und Diversität koordiniert und gestaltet wurde, Wiens menschenrechtliche Themen vertieft beleuchtet und ein grundlegendes Dokument, für die Fortführung eines auf Dauer angelegten Prozesses „Wien – Stadt der Menschenrechte" erarbeitet. Begleitet wurde dieser Prozess von einer Steuerungsgruppe, die aus den Gemeinderatsklubs der damaligen Regierungsparteien SPÖ und Grünen und der Verwaltung sowie dem Ludwig- Boltzmann-Institut für Menschenrechte besetzt war.

Die Bekämpfung von Diskriminierung von eingewanderten Menschen auf allen Ebenen, strukturell, institutionell und im Alltag, war auch eines der großen Themen, die im Rahmen des Prozesses zur Menschenrechtsstadt Wien 2013/2014 im Fokus der Aufmerksamkeit, Veranstaltungen und Informationen stand (vgl. Stadt Wien/ Menschenrechtsstadt Wien, Veranstaltungsrückblick).

Am 19. Dezember 2014 verabschiedete der Wiener Gemeinderat die Deklaration „Wien – Stadt der Menschenrechte". Damit erklärte Wien seine Absicht, die Sensibilität sowie Maßnahmen für die Sicherung der Menschenrechte in allen Teilen der Gesellschaft zu fördern. Die Deklaration enthält alle wesentlichen Verpflichtungen, wie sie in der Weltbewegung der Menschenrechtsstädte und dem Human Rights Cities' World Forum als Kennzeichen einer Menschenrechtsstadt definiert wurden:

> „Im Bewusstsein, dass einer Menschenrechtsstadt (...) die Menschenrechte als Leitlinien möglichst vieler öffentlicher und privater Einrichtungen, als Grundlage von Beschlüssen der Stadt, als Zielrichtung institutionell verankerter Maßnahmen und als Inhalt von Bildung und Ausbildung dienen (...)." (Deklaration des Wiener Gemeinderats, Dezember 2014, Präambel).

Ein weiterer Höhepunkt des Prozesses war die Eröffnung des Wiener Menschenrechtsbüros im Herbst 2015, welches die Aufgabe übertragen bekam, menschenrechtliche Dialoge und Projekte zur Förderung des menschenrechtlichen Bewusstseins umzusetzen, Handlungsbedarfe zu identifizieren und an Politik und Verwaltung heranzutragen.

Wiener Dialogprozesse zu Kommunaler Sicherheitspolitik und Menschenrechten

Eines der im Menschenrechtsstadt-Wien-Prozess identifizierten Themen war die Gestaltung und Umsetzung (kommunaler) Sicherheitspolitik unter Wahrung der Menschenrechte, dies u.a. vor dem Hintergrund der weltweit verstärkten „Versicherheitlichung" von Migration[4] im Gefolge der terroristischen Anschläge in New York. Diese Versicherheitlichung wirkte sich insbesondere auf den Um-

---

[4] Im Englischen wird der Begriff „Securitization" verwendet. Gemeint ist damit, dass Migration u.a. in der EU, aber auch weltweit (zunehmend) als Sicherheitsthema in politischen Debatten gerahmt und dementsprechenden rechtlichen und politischen Maßnahmen unterworfen wird, und dies bereits vor 9/11 (vgl. z.B. Jef Hysmans, The European Union and the securitization of Migration, 2000).

gang mit den Migrations- und Fluchtbewegungen 2015/2016 aus dem Nahen und Mittleren Osten aus. Die Wiener Politik sah sich herausgefordert und nahm diese Herausforderung an, die zunächst von der Zivilgesellschaft getragene Willkommenskultur für die aus Kriegs- und Krisengebieten des Nahen und Mittleren Ostens nach Westeuropa geflohenen Menschen zu unterstützen und strukturell sowie finanziell abzusichern. Vor allem nach dem Stimmungsumschwung im deutschsprachigen Raum Westeuropas nach den Übergriffen in der Kölner Silvesternacht auf feiernde Frauen, die geflüchteten Männern zugeschrieben wurden, galt es gegen die mediale und politische Instrumentalisierung zur Abwehr und Ausgrenzung von Geflüchteten zu halten und dem Gebot der umfassenden Differenzierung und des genauen Hinschauens, was da gerade in hoch emotionalisierter Stimmung in Wien passierte, gerecht zu werden.

Im rot-grünen Koalitionsübereinkommen 2015 wurde das bereits im Übereinkommen 2010 enthaltene Vorhaben erneuert, zum Thema Sicherheitspolitik und Menschenrechte ein Dialogforum einzurichten. Nach einem ersten Round Table auf Einladung der Vizebürgermeisterin Vassilakou Anfang 2015 wurde diese Aufgabe dem neu etablierten Menschenrechtsbüro übertragen. Im Auftrag des damaligen Bürgermeisters Michael Häupl sollte weiters ein Policy Paper zur Positionierung der Stadt Wien zu Sicherheit und zum Sicherheitsgefühl im öffentlichen Raum verfasst werden. Das Menschenrechtsbüro lud in weiterer Folge zu mehreren Round Tables ein und wurde zu einem zentralen Förderer des Diskurses zum Thema „Sicherheitspolitik und Menschenrechte", vor allem unterstützt von der Stadt Wien – Integration und Diversität sowie dem Ludwig-Boltzmann-Institut für Menschenrechte.

Round Tables des Menschenrechtsbüros zu kommunaler Sicherheitspolitik und Menschenrechten

Kern- und Herzstück menschenrechtlicher Dialogprozesse, wie auch in der Menschenrechtsstadt-Wien-Deklaration festgeschrieben, ist die breite Einbindung für das Thema wesentlicher Akteur*innen sowohl aus Politik, Verwaltung, Polizei als auch nichtstaatlicher Organisationen mit menschenrechtlicher Agenda sowie aus Wissenschaft und Medien. Teilnehmende an den beiden Round Tables kamen aus der Wiener Polizei, dem Magistrat der Stadt Wien – aus mehreren Geschäftsgruppen, Rathausklubs, der Sucht- und Drogenkoordination Wien, dem Fonds Soziales Wien, der Suchthilfe Wien, SOS Mitmensch, Verein Neustart, ZARA – Verein für Zivilcourage und Antirassismus und der Wissenschaft.

Ziel des Round Tables „Sicherheit und Sicherheitsempfinden im öffentlichen Raum (2016)" war das Sammeln von Einschätzungen und Perspektiven der Stadt Wien Abteilungen und Einrichtungen, der Wiener Landespolizeidirektion sowie von Expert*innen und Vertreter*innen von Zivilgesellschaft und Wissenschaft, um daraus Maßnahmen abzuleiten sowie ein Policy Paper zu erstellen. Im Fokus der Arbeit standen die Anforderungen, die der urbane Raum an Sicherheitspolitik unter Wahrung der Menschenrechte stellt. Nach einem Impulsstatement von Arno Pilgram (Institut für Rechts- und Kriminalsoziologie, IRKS) zum Sicherheitsempfinden aus menschenrechtlicher Perspektive wurden u.a. die Themen „Gemeinsames Sicherheitsverständnis und Definition eines solchen", „Akteur*innen und Arten der Kommunikation zu Sicherheit im öffentlichen Raum", „Welche sozialen Gruppen stehen dabei im Mittelpunkt?", „Diskriminierende Zuschreibungen und Sprache" identifiziert.

Als wesentlicher Punkt für eine menschenrechtsbasierte Sicherheitspolitik wurde die Notwendigkeit formuliert, den Sicherheitsdiskurs neu zu gestalten (Stichwort: „Re-Framing"), da der politisch-mediale Sicherheitsdiskurs das subjektive Sicherheitsempfinden wesentlich beeinflusst. Einigkeit herrschte, dass er vom 2015/2016 herrschenden Notstandsdiskurs hin zu einem positiv besetzten sozialen Sicherheitsverständnis verändert werden sollte, welcher Aspekte der Lebenszufriedenheit einschließt und alle Bürger*innen und Sicherheitsakteur*innen einbezieht, um ihnen die Möglichkeit zu geben, Wien als „sichere Stadt" aktiv mitzugestalten.

Die im Rahmen der Round Tables erarbeiteten Empfehlungen wurden in einem Policy Paper an den Wiener Bürgermeister zusammengefasst, das folgende zentrale Punkte umfasst: 1. Eine Neu-definition und -ausrichtung des Sicherheitsbegriffs, 2. die umfassende Förderung eines positiven Sicherheitsverständnisses mit Fokus auf sozialer Sicherheit und 3. die Etablierung einer Schnittstelle innerhalb der Stadtverwaltung, die einen übergreifenden Austausch und Abstimmung der empfohlenen Maßnahmen und Kommunikation sicherstellt.

Eine der wichtigsten Schlussfolgerungen für die Arbeit und Maßnahmen der Stadt Wien daraus sei an dieser Stelle zitiert:

„Kommunale Sicherheitspolitik ist ein Handlungsfeld, das weit über polizeiliche Maßnahmen hinausgeht. Das Ausmaß des Unsicherheitsempfindens hängt vom Ausbaugrad des Wohlfahrtsstaates und dem Niveau an Verteilungsgerechtigkeit ab: Soziale Sicherheit schützt u.a. vor Kriminalitätsfurcht. Ziel von städtischer Sicherheitspolitik müssen menschenrechtskonforme Maßnahmen zur (Wie-der-)Annäherung von objektiv belegter (sozialer) Sicherheitslage und Sicherheitsempfinden sowie eine Versachlichung der öffentlichen Debatte sein."

Weiters: „Sozialen/sozialarbeiterischen Maßnahmen soll Priorität gegenüber repressiven Maßnahmen eingeräumt und von einer auf den Menschenrechten aufbauenden Kommunikation und Öffentlichkeitsarbeit begleitet werden, um dem Narrativ „Wien – Sichere Stadt" eine neue Dimension und Perspektive zu geben." (Wiener Menschenrechtsbüro, Tätigkeitsbericht 2015–2019, 2020).

Wichtig erscheint dabei vor allem, dass diese Kommunikation faktenbasiert sein muss bzw. vorliegende Daten wie z.B. kriminalpolizeiliche Statistiken in den erforderlichen Kontext gestellt, empirisch fundiert wissenschaftlich interpretiert und daraus die adäquaten Schlüsse gezogen werden müssen. Dazu hat in der Vergangenheit mehrfach und beständig die wissenschaftliche Arbeit des Instituts für Rechts- und Kriminalsoziologie (IRKS) beigetragen, zuletzt mit dem Working Paper zu „Öffentliche Sicherheit in Wien", das im Dezember 2017 veröffentlicht wurde und auf Vorarbeiten für die Stadt Wien – Integration und Diversität aufbaut (vgl. Institut für Rechts- und Kriminalsoziologie, Öffentliche Sicherheit in Wien, 2017).

Landespolizeidirektion (LPD) Wien im menschenrechtlichen Dialog mit städtischen Einrichtungen und nichtstaatlichen Organisationen

In den Jahren 2008 bis 2015 verfolgte das Bundesministerium für Inneres das Projekt „Polizei.Macht.Menschen.Rechte" (P.M.M.R), dies als Reaktion auf mehrere gravierende menschenrechtsverletzende Ereignisse, allen voran der tragische Erstickungstod des nigerianischen Staatsbürgers Marcus Omofuma bei seiner Abschiebung 1999.[5] Ziel des wissenschaftlich begleiteten Projektes war es, die Polizei als Menschenrechtsorganisation zu etablieren und einen Paradigmenwechsel dahingehend herbeizuführen, dass die Polizei sich als die Menschenrechte wahrende Organisation wahrnimmt und diese nicht als Hindernis bei der Arbeit erachtet. Neben der Etablierung eines Menschenrechtsbeirats, zunächst beim BMI und später bei der Volksanwaltschaft, wurden folgende Schritte gesetzt:

In Zusammenarbeit von BMI, Polizei, NGOs und Zivilgesellschaft wurden als ein Ergebnis des Prozesses P.M.M.R 24 Menschenrechtsorientierungssätze formuliert, die Eingang in die Grundausbildung und Weiterbildung der Polizei fanden. Im März 2016 beschloss der Nationalrat einstimmig aufgrund der guten Erfahrungen im Projekt P.M.M.R Dialogplattformen der Polizei mit anderen Verwaltungsstellen und der Zivilgesellschaft bzw. Menschenrechtsexpert*innen zu etablieren: auf Ebene des Bundes das Zivilgesellschaftliche Dialoggremium (ZDG) und auf Ebene der Bundesländer regionale Dialogforen (RDF).[6]

Regionales Dialogforum (RDF) Polizei und Menschenrechte der LPD Wien

Vor dem Hintergrund des verstärkten Aktivwerdens der Stadt Wien im Feld Sicherheit und Menschenrechte präsentierte die Landes-

---

[5] https://www.hdgoe.at/tod_von_marcus_omofuma bei seiner abschiebung.
[6] Bundesministerium für Inneres, Rechtsstaat und Menschenrechte, Polizei. Macht.Menschen.Rechte https://www.bmi.gv.at/408/PMMR/start.aspx (Zugriff am 10. 10. 2021).

polizeidirektion Wien Anfang 2016 bei einem Auftakttreffen mit hochrangigen Vertreter*innen der Stadt Wien ihr Vorhaben, ein Regionales Dialogforum (RDF) unter breiter Beteiligung nichtstaatlicher Organisationen einzurichten. Vereinbart wurde, dass sich die Stadt Wien mit Vertreter*innen aus primär menschenrechtlich relevanten Tätigkeitsfeldern am RDF beteiligt, Vorschläge für themenbezogene Fachzirkel einbringt und in diesen mitarbeitet.

Das Regionale Dialogform der Landespolizeidirektion Wien wurde im März 2016 eingerichtet. Unter breiter Teilnahme von Vertreter*innen der Stadt Wien und NGOs mit menschenrechtlichen Anliegen verfolgt das RDF das Ziel, zivilgesellschaftliche Perspektiven und menschenrechtsrelevante Themen aufzugreifen und dazu in einen Austausch zu treten. Im Rahmen des Forums werden auch Fachzirkel eingerichtet, die die Aufgabe haben, Vorschläge zu als menschenrechtsrelevant definierten Problemfeldern einzubringen, nach Annahme durch ein Leitungsgremium der LPD Wien diese Themen gemeinsam mit Kolleg*innen der LPD Wien zu bearbeiten und Empfehlungen zur Lösung dieser Probleme zu formulieren und an den Wiener Landespolizeipräsidenten zu richten.

RDF-Fachzirkel zu Maßnahmen gegen „Racial, Ethnic and Social Profiling" (RESP)

Der erste Fachzirkel wurde auf Vorschlag der Stadt Wien – Integration und Diversität/Menschenrechtsbüro, der Mobilen Sozialen Arbeit *sam* und des Vereins Neustart zum Thema „Racial, Ethnic and Social Profiling" (RESP) eingerichtet und arbeitete von Sommer 2016 bis Sommer 2018. Die einbringenden Organisationen hatten in ähnlicher Weise das Thema der Identitätskontrollen im öffentlichen Raum als problematisch erachtet und schlugen eine menschen- und gleichbehandlungsrechtliche Auseinandersetzung mit dem Thema vor. Solche Kontrollmaßnahmen können sich auf eine Vielzahl an verwaltungs(straf)- und strafrechtlichen Bestimmungen stützen, die den vollziehenden Polizist*innen (Organen des öffentlichen Sicherheitsdienstes) einen weiten Handlungs- und Ermessenspielraum einräumen.

Es entstand und entsteht bei vielen polizeilichen Amtshandlungen im öffentlichen Raum bei (vermeintlich) ausländischen männlichen Jugendlichen und jungen Erwachsenen der Eindruck, dass sich (routinemäßige) polizeiliche Kontrollen auf rassistisch diskriminierende Vorannahmen ihnen gegenüber stützten (vgl. JUVIVO Dokumentationsbericht und Arbeitspapier zu diskriminierend erlebten Polizeiinterventionen 2020; aber auch ZARA Rassismus Berichte, EU weite Erhebung der EU Grundrechteagentur EU MIDIS II 2017). Eine schriftliche Bestätigung und somit einen Nachweis, auf welche Rechtsgrundlage sich eine polizeiliche Identitätsfeststellung (im Folgenden IDF genannt) stützt, gibt es für davon betroffene Personen bei oder nach der Amtshandlung nicht.

Der Fachzirkel RESP befasste sich mit diskriminierenden und als solchen unzulässigen polizeilichen Maßnahmen der unmittelbaren Befehls- und Zwangsgewalt und traf sich im genannten Zeitraum alle 6 bis 8 Wochen. In mehrstündigen Treffen und anhand von Literaturrecherchen, internationalen und europäischen Menschenrechtsberichten und Berichten von NGOs (EU-Grundrechteagentur, Europarat, Europäisches Netzwerk gegen Rassismus, Open Society Institute etc.) wurde das Thema aus verschiedenen Blickwinkeln intensiv diskutiert. Die umfassend erhobene und analysierte Literatur belegt, dass es sich beim Thema um ein Europa- und weltweites handelt. Die Meinungen und geschilderten Erfahrungen der Teilnehmer*innen prallten nichtsdestotrotz teilweise sehr emotional aufeinander. Dabei waren das Aushalten dieser Mehrperspektivität, der Respekt für unterschiedliche Zugänge und Haltungen wesentlich, um den Dialog aufrecht halten zu können. Erörtert wurden u.a. die Auswirkungen auf die betroffenen Menschen.

Alles in allem war das Ringen um einen gemeinsamen Nenner und das Bemühen um die Formulierung eines gemeinsamen Papiers zur Empfehlung von Maßnahmen ein äußerst intensives. Wichtig erschien den einbringenden Organisationen vor allem:

- Dass die Polizei anerkennt, dass es ein Problem gibt, und im Fachzirkel eine Einigung auf eine gemeinsame Definition dieses Problems gefunden wird;

- Dass es durch die öffentliche/veröffentlichte Meinung insbesondere im Gefolge der Fluchtbewegungen 2015/2016 aus den Kriegsgebieten des Nahen und Mittleren Ostens zu einem enorm hohen Kontrolldruck, d.h. zu einer hohen Anzahl und Dichte solcher Identitätskontrollen im öffentlichen Raum kam (Druck auf die kontrollierten jungen Männer), aber auch Druck auf die Polizei ausgeübt wurde und wird, solche Kontrollen durchzuführen;

- Zu beleuchten, welche Rolle städtische und politische Akteur*innen, z.B. auf Bezirksebene und Ebene der Medien dabei spielen; welche Rolle die medialen und politischen Debatten rund um das Thema „Subjektive Sicherheit, subjektives Sicherheitsempfinden im öffentlichen Raum spielen, die häufig mit rassistischen Zuschreibungen, Pauschalurteilen und Stereotypisierungen operieren und damit eine gefährliche gesellschaftliche Stimmung und Dynamik erzeugen;

- Es aber auch von großer Wichtigkeit ist, die Bedeutung der rechtlichen Grundlagen, vor allem des Sicherheitspolizeigesetzes zu untersuchen;

- Die Frage der Führungsverantwortung bei der Umsetzung solcher Kontrollen (Behördenaufträge, Anweisungen an die Streifendienste) aufzuwerfen;

- Die Wichtigkeit von Fort- und Weiterbildungen zu den Menschenrechten in der Vollziehung, Reflexion des polizeilichen Handelns jenseits von Vorgaben/Anweisungen von oben (Verhältnismäßigkeitsgrundsatz, Gleichbehandlung/Nichtdiskriminierung entlang nationaler Herkunft, sozialer Zugehörigkeit usw.) zu betonen.

Diese Liste der diskutierten und benannten Aspekte macht die Komplexität des Themas sowie die Vielzahl von Einflussfaktoren deutlich. Die aus dem langen Arbeitsprozess gewonnen Erkenntnisse konnten letztlich im Empfehlungspapier nur angerissen werden: Es definiert einerseits die Ausgangslage (als diskriminierend empfundene Identitätskontrollen im öffentlichen Raum), formuliert die Ziele, Anspruchsgruppen sowie den Nutzen eines diskriminierungsfreien Handelns und richtet sieben Empfehlungen an den LPD-Präsidenten zur Zielerreichung. Im Juni 2018 wurde das Empfehlungspapier dem Präsidenten der Landespolizeidirektion Wien persönlich vorgestellt. In einer Verfügung antwortete LPD-Wien-Präsident Gerhard Pürstl differenziert auf die Empfehlungen des Papiers. In Folge setzten die einreichenden Organisationen ihre Gespräche mit Vertreter*innen der LPD Wien fort, um die Umsetzung der Empfehlungspunkte zu begleiten, vor allem am Thema Fort- und Weiterbildung zum Thema RESP mitzuwirken.

Weitere Fachzirkel des Wiener RDF

2018 wurden drei weitere Fachzirkel eingerichtet, die alle Schnittpunkte zu sozialer Arbeit im Öffentlichen Raum bieten.

Der Fachzirkel „Problemstellungen im Ablauf von amtsärztlichen Interventionen bei psychischen Krisen" verfolgt das Ziel, die professionelle und rechtskonforme Vollziehung des Unterbringungsgesetzes bzw. Sicherheitspolizeigesetzes (SPG) sicherzustellen.

Im Fachzirkel „Gewalt gegen LGBTIQ-Personen im öffentlichen Raum" wurden Vorschläge für Sensibilisierungsmaßnahmen und Änderungen in Arbeitsprozessen erarbeitet, die dazu beitragen sollen, das Vertrauen zwischen Polizei und LGBTIQ-Personen zu erhöhen.

Im Rahmen des Fachzirkels „Menschenrechtsbasierte und diskriminierungsfreie Kommunikation in den Medien" wurden Richtlinien für eine menschenrechtskonforme und diskriminierungsfreie Medienarbeit der Polizei erarbeitet.

EU-Grundrechteagentur-Bericht 2021
mit deutlicher Kritik an Österreich

Im Mai 2021 veröffentlichte die EU-Grundrechteagentur einen weiteren Bericht zum Thema diskriminierendes Profiling unter dem Titel „Your Rights matter: Police stops." Darin werden frühere Erhebungen, wie der Minorities and Discrimination Survey (MIDIS) II, mit weiteren neueren Erhebungen in Bezug gesetzt und eine fortgesetzte Problematik zum Thema in Österreich, insbesondere was Menschen mit dunkler Hautfarbe (Subsaharan Africans) betrifft, festgestellt.

Auf eine diesbezügliche Anfrage der SPÖ im Nationalrat an den ÖVP-Innenminister antwortete dieser, dass er kein Problem sehe, da die Kontrolle von Personen durch die Polizei „stets auf Basis der geltenden Rechtslage, aufgrund kriminalpolizeilicher Lagebilder und Analysen sowie kriminalpolizeilicher Informationen" erfolge. Entsprechende Statistiken würden nicht geführt und von einer gesonderten Auswertung für die parlamentarische Anfrage würde aufgrund des exorbitanten Verwaltungsaufwandes und der damit einhergehenden enormen Ressourcenbindung Abstand genommen.[7]

Diese Antwort bringt aus Sicht der Autorin und Menschenrechtsjuristin die Problematik mehr als deutlich auf den Punkt: keine Statistiken, daher keine Überprüfbarkeit der Vollziehung auf Nichtdiskriminierung. Weiters scheint die Einschätzung der Problematik durch die Autorin bekräftigt, dass ein erheblicher Teil des Problems im Gesetz selbst begründet ist.

Erfolge, Herausforderungen und Ausblick („Vom Bohren dicker Bretter")

Die Herausforderungen zum Thema Integration, soziale Inklusion und Wertschätzung von Diversität vor dem Hintergrund der äußerst abwehrenden politischen und gesellschaftlichen Debatten zu Einwanderungsgeschehen und Fluchtbewegungen sowie von persönlichem Sicherheitsempfinden sind insgesamt äußerst vielfältig und komplex. Neben entsprechend breiten Netzwerken und Kooperationen, die auf langfristige Prozesse angelegt sein sollen, braucht der Einsatz für den Schutz und die Garantie der Menschenrechte aller in der Gesellschaft viel Respekt aller Beteiligten und die Bereitschaft, einander offen und unvoreingenommen zuzuhören. Der beständige Perspektivenwechsel, die permanente Reflexion der eigenen Sichtweisen, Verkürzungen und Zuschreibungen muss aufrecht gehalten werden bei gleichzeitiger Fähigkeit, Unrecht und Gesetzesverstöße klar zu benennen bzw. darauf beruhendes Handeln und

---

[7] https://www.parlament.gv.at/PAKT/VHG/XXVII/J/J_06906/index.shtml.

Recht kritisch zu hinterfragen. Dies stellt eine unaufhörliche Gratwanderung dar, die laufend reflektiert und ausgewogen werden muss.

Die Ansätze der gewaltfreien Kommunikation, des aufrichtigen und einfühlsamen miteinander Sprechens können hier nach Ansicht der Autorin eine hilfreiche Richtschnur und Orientierung sein: Die Eckpunkte des wertfreien Beschreibens, Ausdrückens von Gefühlen, Bedürfnissen und positiven Bitten können im Dialog sehr hilfreich sein, um die gegenseitige Wertschätzung und die gemeinsamen Ziele nicht aus den Augen zu verlieren. Es ist äußerst wichtig, kontinuierlich an der eigenen Haltung zu arbeiten, um die Kooperationspartner*innen zu erreichen und Brücken zu gegenseitigem Verständnis zu bauen, ohne die Veränderungen schwer bis gar nicht erreicht werden können. Die Strukturen und Rahmenbedingungen, die das individuelle Handeln bestimmen, sind dabei immer wieder klar anzusprechen und auf ihre menschenrechtlichen Implikationen zu hinterfragen. So bleibt die Schlussfolgerung, dass das Wichtigste ist, zu all diesen Aspekten im Gespräch zu bleiben und unermüdlich jede Gelegenheit für den Austausch zu nutzen.

Biografie

Dr.in Karin König studierte Rechtswissenschaften an der Universität Innsbruck und war in den Jahren 1987 bis 1990 im Bereich des internationalen nichtstaatlichen Menschenrechtsmonitoring in Wien und New York, u.a. für Human Rights Watch, sowie in der Asylrechtsberatung und Advocacy in Wien tätig. Von 1993 bis 2004 arbeitete sie als Juristin für den Wiener Integrationsfonds und seither für die Stadt Wien – Integration und Diversität, seit 2013 mit einem besonderen Schwerpunkt auf dem Menschenrechtsschutz in der Stadt Wien.

Literaturverzeichnis

Bundesministerium für Inneres, *Polizei.Macht.Menschen.Rechte und Orientierungssätze eines menschenrechtlich fundierten Berufsbildes der Polizei*, https://www.bmi.gv.at/408/PMMR/start.aspx (Zugriff am 1. 10. 2021).

Grundrechteagentur der EU. 2010. *„Für eine effektive Polizeiarbeit – Diskriminierendes „Ethnic Profiling" erkennen und vermeiden: Ein Handbuch*, http://

fra.europa.eu/de/publication/2012/diskriminierendes-ethnic-profiling-erkennen-und-vermeiden; http://fra.europa.eu/en/project/2015/eu-mid-is-ii-european-union-minorities-and-discrimination-survey – Your rights matter: Police stops, Mai 2021.

Jef Huysmans. 2000. *The European Union and the securitization of Migration*. University of Kent, Journal of Common Market Studies, vol. 38, No. 5, pp. 751–777.

Verein JUVIVO. 2020. *Diskriminierend erlebte Polizeiinterventionen. Dokumentationsbericht und Arbeitspapier zur Bewusstseinsbildung und Maßnahmendiskussion*. Wien, https://www.juvivo.at/ueber-uns/fachliche-positionen/ Punkt 4. Fachliche Positionen.

Institut für Rechts- und Kriminalsoziologie. 2017. *Öffentliche Sicherheit in Wien*. Working Paper, https://www.irks.at.

Krisch/Stoik/Benrazougui-Hofbauer/Kellner. 2011. *Glossar „Soziale Arbeit im Öffentlichen Raum"*. FH Campus Wien, Kompetenzzentrum für Soziale Arbeit. Wien, https://www.wien.gv.at/gesellschaft/soziale-arbeit/index.html.

Stadt Wien – Integration und Diversität. 2020. *Wiener Integrations- und Diversitätsmonitor*, https://www.wien.gv.at/menschen/integration/daten-fakten/monitoring.html.

Stadt Wien – Integration und Diversität. 2020. *Wiener Melange, Toolbox für Integration*. Wien, https://www.wien.gv.at/menschen/integration/daten-fakten/toolbox-integration.html.

Stadt Wien – Integration und Diversität. 2021. *Wiener Bevölkerung, Daten und Fakten zu Migration und Integration*.

Stadt Wien – Integration und Diversität. 2012. *Wiener Charta des Zusammenlebens*, https://www.wiengestalten.at/wiener-charta-des-zusammenlebens/.

Stadt Wien. 2014. *Menschenrechtsstadt Wien*. Veranstaltungsrückblick, https://www.wien.gv.at/menschen/integration/menschenrechtsstadt/veranstaltungen.html.

Stadt Wien. *Tätigkeitsbericht 2015–2019*. Menschenrechtsbüro, https://www.wien.gv.at/menschen/integration/menschenrechtsstadt/index.html

ZARA – Verein für Zivilcourage und Antirassismusarbeit. *Rassismusreport 2020*, https://www.zara.or.at/de/wissen/publikationen/rassismusreport

Annika Rauchberger

Wien ist eine sichere Stadt.
Das Thema Sicherheit im Spannungsfeld
von Medien, Politik und Gesellschaft

Der öffentliche Raum ist ein begehrtes Gut, vor allem in einer so schnell wachsenden Stadt wie Wien. Er bildet die zentrale Voraussetzung städtischen Lebens. Er ist ein Ort des Handelns, der Kommunikation, der Begegnung und für manche sogar Lebensraum. Der öffentliche Raum ist die Visitenkarte einer Stadt, in der sich Reichtum und Armut einer Gesellschaft widerspiegeln.

Wien wurde 2019 zum zehnten Mal in Folge von der internationalen Beratungsagentur *Mercer* zur lebenswertesten Stadt der Welt gekürt. In dieser Studie punktet die Stadt unter anderem mit einer niedrigen Kriminalitätsrate. In der Sonderauswertung zur persönlichen Sicherheit liegt Wien weit vorne (wien.gv.at). Auch in einer großangelegten Studie, die die Stadt Wien im Jahr 2018 gemeinsam mit der Universität Wien und dem IFES (Institut für empirische Sozialforschung) durchführte, zeigte sich, dass die Bevölkerung zufrieden mit ihrem Leben und der Lebensqualität in Wien ist. Das so genannte subjektive Sicherheitsgefühl in der Stadt und in der Wohnumgebung ist deutlich gestiegen. 73 Prozent der Wiener*innen fühlen sich in ihrem Grätzl „sehr sicher" oder „sicher". 70 Prozent der Wiener*innen vergeben Bestnoten auf die Frage nach der allgemeinen Sicherheit in der Stadt (wien.gv.at).

Es scheint als wäre Wien eine Insel der Seligen. Obwohl sich die Menschen in Wien sicher fühlen, ist das Thema Sicherheit in den vergangenen Jahren aber immer mehr in den Fokus gerückt. In Medien und Politik, vor allem in Zeiten des Wahlkampfs, ist das Thema (Un-)Sicherheit sehr präsent. Die einen vermissen Sicherheit, die anderen versprechen Sicherheit. Sicherheit ist zum alles beherrschenden Thema moderner Gesellschaften geworden (Sack 2014, 9). Dabei ist Sicherheit ein sehr diffuser Begriff. In seiner vagen Definition kann er dadurch für unterschiedliche Zwecke genutzt und missbraucht werden. Sicherheit lässt sich auf Individuen, Gegenstände, Gruppen, Systeme oder ganze Gesellschaften beziehen (Kastner 2014, 17). Nicht zuletzt ist Sicherheit ist ein veritabler Markt geworden.

Dieser Beitrag setzt sich mit der Problematik dieser vielschichtigen Nutzung des Begriffs auseinander und nutzt soziologische Ordnungssysteme, um etwas mehr Klarheit in die unterschiedlichen Perspektiven des Sicherheitsbegriffes zu bringen.

Im zweiten Teil geht es um die missbräuchliche Verwendung des (subjektiven) Sicherheitsbegriffs im Zusammenhang der Stigmatisierung öffentlicher Räume bis hin zur Kriminalisierung von Verhaltensweisen marginalisierter Gruppen.

Sicherheit – Der Versuch einer Begriffsdefinition

Sicherheit, gehört, wie eingangs erwähnt, zu den am wenigsten präzisesten Begriffen in gesellschaftlichen, politischen und theoretischen Diskursen. Daher ist es wichtig, zu Beginn einen Erklärungsversuch zu wagen.

> „Obwohl der Begriff Sicherheit nicht nur emotional, sondern eben auch politisch aufs Höchste besetzt ist, wird er mit einer Selbstverständlichkeit benutzt, die ein klares und gemeinsames Verständnis seines Inhalts suggeriert." (Böck 2013, 13 zit. nach Kühne 1991, 22).

Der Begriff stammt linguistisch vom Lateinischen *securitas*, von *securus*, ab. Er setzt sich zusammen aus *sed* (ohne) und *cura* (Sorge) (vgl. Miko-Schefzig 2019, 130). Laut Duden beschreibt Sicherheit den „Zustand des Sicherseins, Geschütztseins vor Gefahr oder Schaden; höchstmögliches Freisein von Gefährdungen." (vgl. duden. de).

Besonders in der deutschen Sprache fehlt es dem Sicherheitsbegriff an Präzision. Das Englische bietet mit *security*, *safety* und *certainty* eine weitaus größere Facette (vgl. Laimer 2014, 4). Mit *safety* ist die „technische" Sicherheit gemeint, etwa von Bauteilen, oder die Zuverlässigkeit technischer Systeme, wie beispielsweise der Sicherheitsgurt. *Security* bedeutet die „gesellschaftliche" beziehungsweise „öffentliche" Sicherheit. Damit ist die politische Sicherheit (nach innen und außen) und die soziale Sicherheit (z.B. Gesundheitssicherung) gemeint. *Certainty* ist die kognitive Sicherheit, die erkenntnisbezogene Gewissheit (Bonß 2012, 45 zit. nach Miko-Schefzig 2019, 130).

In politikwissenschaftlicher Betrachtung definiert Sicherheit den Schutz des eigenen Territoriums vor Bedrohung (militärisch). Außerdem bedeutet es auch im weitesten Sinn die Sicherheit der eigenen inneren Ordnung. Damit finden darin unterschiedliche Sicherheitsverständnisse und ordnungspolitische Vorstellungen ihren Platz. Hier wird vor allem Sicherheit als Abwesenheit von Gefahren und Bedrohungen verstanden. Damit bleibt bei dieser Betrachtung der verschwommene Charakter erhalten (vgl. Magenheimer 2003, 27 zit. nach Böck, 2013). Noch schwieriger ist die Vermischung des historisch geprägten Sicherheitsbegriffs, der in der Regel an den Staat gebunden ist, mit einem individuell geprägten Erfahrungsbegriff. Diese Melange führt dazu, dass objektive (Wahrscheinlichkeit einer tatsächlichen Bedrohung) und subjektive Komponenten (zum Beispiel Angst[1] oder Furcht) vermischt werden (ebd.).

Endreß und Schattschneider sehen in Sicherheit eine wesentliche Voraussetzung öffentlichen Lebens und ein Grundbedürfnis aller sozialen und natürlichen Systeme. Damit ist Sicherheit ein elementarer Bestandteil des demokratischen Staatsauftrages (vgl. Endreß/ Schattschneider 2010, 8 f). Frevel geht davon aus, dass der Mensch mehrere Sicherheiten braucht. Neben der Alltagssicherheit (z.B. einen Helm zum Radfahren tragen) hat der Mensch noch weitere Sicherheitsbedürfnisse, wie etwa Sicherheit vor Kriminalität, Umweltkatastrophen, Terrorismus und Krieg (vgl. Frevel 2016, 2). Aber mit den Versuchen, noch mehr Sicherheit zu schaffen und zu wahren, entstehen gleichzeitig Unsicherheiten und Misstrauen gegen die Tragfähigkeit der Sicherheitssysteme auf (vgl. Scholtz/Trappe 2003, 5).

---

[1]   Angst: als allgemeines Gefühl, das keine bestimmten Handlungen bewirkt. Furcht: auf ein konkretes Gefahrenobjekt gerichtet, löst bestimmte Aktionen aus (vgl. Böck 2013, 14).

Sicher ist, dass es die eine Sicherheit nicht gibt. Egal ob Alltagssicherheit, Sicherheit als Teil der Demokratie oder die Angst vor Unsicherheit, eine genaue Definition oder die Bestimmung eines exakten Wertes gibt es nicht. Unterschiedliche Gesellschaften haben unterschiedliche Sicherheitskonzepte. Sicherheit und Unsicherheit sind, laut Bonß, letztendlich gesellschaftliche Konstrukte (vgl. Bonß 1997, 21). Auch die Soziologin Ruhne geht davon aus, dass Sicherheit und Unsicherheit gesellschaftlich konstruiert ist und sich nicht gegenseitig ausschließen lässt. Sicherheit ist nicht die Abwesenheit von Unsicherheit. Sie definiert vier Bedeutungen für Sicherheit: Schutz vor Gefahr, Ohne-Sorge-Sein, Gewissheit und Verlässlichkeit. Damit geraten eigene Fähigkeiten und Handlungskompetenzen ebenso wie andere Menschen, die im Zweifelsfall verlässlich beistehen, oder auch die Verlässlichkeit von Informationen (...) in den Blick (Ruhne 2003, 63 zit. nach Laimer 2014, 6).

Lange Zeit spielte im wohlfahrtsstaatlichen Österreich Sicherheit im Sinne von Fürsorge eine große Rolle. Die staatstragenden Parteien versprachen ihren Wähler*innen in den Nachkriegsjahren, sich um alle Schwierigkeiten des Alltags zu kümmern. Mit den 1980er-Jahren und dem Erstarken von populistischen, rechtsextremen Parteien, änderte sich dieser Fokus im Sicherheitsdiskurs. Eine Verschiebung von der sozialpolitisch geprägten Sicherheitsdebatte hin zu einer, einst vorwiegend von der FPÖ propagierten, „Law and Order"-Politik (vor allem im Bereich der Asyl- und Migrationspolitik), bestimmt bis heute die öffentlichen Sicherheitsdebatten. Diese wird mittlerweile von den Parteien aller Couleurs geführt (vgl. Laimer 2014, 5).

Auf den städtischen Alltag bezogen, sind die Kernthemen zur (Un-)Sicherheit: Disziplinierung und Beobachtung (etwa durch Videoüberwachung), die Verräumlichung von Kriminalität und Gefühle von Angst oder Unsicherheit beim Betreten einzelner Stadtgebiete/Straßen oder Parks. Martina Löw et al. erklären, dass „eine tradierte Angst vor der Homogenität der Stadt, die Spätfolgen mit der Industrialisierung etablierten Ausgrenzung von Frauen aus öffentlichen Räumen, aktuelle Sorgen vor terroristischen Anschlägen sowie der Wunsch nach sozialer Homogenität" (etwa durch die Ausweitung von öffentlichen zu privaten Räumen) ineinandergreifen (Löw et al. 2008, 142).

Einer der zentralen Aspekte in der Diskussion um Sicherheit und Stadtgesellschaft im Allgemeinen, die den öffentlichen Raum besonders betreffend, ist das „subjektive Sicherheitsgefühl". Es hat sich zum Maßstab für sicherheitspolitische Maßnahmen nicht mehr in Frage zu stellen (vgl. Laimer 2014, 5). Daher wird im Folgenden auf die Problematik dieses Begriffes eingegangen und die Folgen für das städtische Leben, insbesondere für marginalisierte Menschen im öffentlichen Raum, werden in den Blick genommen.

Die Problematik des „subjektiven Sicherheitsgefühls"

Für Christoph Gusy sind die Begriffe Sicherheit und Sicherheitsdiskurs nicht identisch. Im Sicherheitsdiskurs kommt der „objektiven Sicherheit"[2] nur eine kleine Bedeutung zu. Essenzieller ist die „subjektive Sicherheit," die gefühlte Sicherheit.

> „Diese hier weitgehend gleich gesetzten Phänomene schauen nicht auf die statistische Wahrscheinlichkeit eines Schadens, sondern auf die Wahrnehmung seiner Wahrscheinlichkeit durch die Menschen. Es kommt nicht darauf an, ob sie sicher sind, sondern ob sie sich sicher fühlen."

Subjektive Sicherheit ist nicht mit objektiver Sicherheit gleichzusetzen. Menschen können sich objektiv sicher sein, sich aber unsicher fühlen. Genauso können sie objektiv unsicher sein und sich trotzdem sicher fühlen (Gusy 2012, 112 f).

Das subjektive Sicherheitsempfinden wird durch unterschiedliche Aspekte, wie etwa Alter oder Ausbildung beeinflusst. Es kann sich auf die körperliche Sicherheit beschränken, aber auch auf andere Bereiche, wie Angehörige oder Eigentum. Die gefühlte Sicherheit unterscheidet sich deutlich von den Konzepten objektiver Sicher-

---

[2] Etwa grob darstellbar durch die Kriminalstatistik. Kriminalität ist kein Gegenstand, der einfach vermessen oder gezählt werden kann. Die Definition eines Geschehens als „kriminell" hängt stets von kriminalpolitischen Entscheidungen ab. Sie setzt außerdem voraus, dass ein möglicherweise strafrechtlich relevanter Sachverhalt tatsächlich als „Kriminalfall" wahrgenommen wird (Fuchs et al. 2017, 8).

heit, da Gefühle eine Fülle an Gemützuständen beschreiben und jeder Mensch anders empfindet. Dies kann von positiven Eindrücken, wie Wohlbefinden bis hin zur Angst reichen (vgl. Miko-Schefzig 2019, 132 f).

In der Kriminal- und Stadtsoziologie gibt es schon lange eine Auseinandersetzung darüber, ob das „subjektive Sicherheitsgefühl" mit einer objektiven Bedrohungslage korreliert. Hierbei wurde ein Paradox festgestellt, das sogenannte Kriminalitätsparadoxon. Gerade jene Menschen, die am meisten Furcht haben, persönlich im öffentlichen Raum einer Gefahr ausgesetzt zu sein, sind jene mit den wenigsten persönlichen Viktimisierungserfahrungen (ebd.). Frevel weist darauf hin, dass vor allem Frauen und ältere Menschen eine besonders hohe Kriminalitätsfurcht haben, obwohl sie im öffentlichen Raum am wenigsten Gefahr laufen, angegriffen zu werden (Frevel 1999, 67). Zu erwähnen ist jedoch, dass Gewalt an Frauen zwar meist in privaten Räumen stattfindet, dass sich aber dieses Unsicherheitsgefühl auf öffentliche Räume überträgt, da sich auch hier sexuelle Übergriffe/Vergewaltigungen immer wieder ereignen und die Opfererfahrungen die Bedrohungsgefühle stets aktivieren (vgl. Afanou/Löw 2005 zit. nach Löw at al. 2008, 153).

Es ist deutlich, dass das Spüren von Sicherheit und Unsicherheit kein leichtes Unterfangen ist. Das subjektive Sicherheitsgefühl geht weit über die Kriminalitätsfurcht hinaus. „Nicht vorschnell kann von Angst auf Gefährdung geschlossen werden", konstatieren Löw et al. Weiters geben sie zu bedenken, dass nicht immer die Orte, die beängstigend wirken, auch jene sind, an denen häufig kriminelle Taten ausgeführt werden. Nicht immer sind diejenigen, die sich am meisten sorgen, auch jene, die am stärksten Bedrohungen ausgesetzt sind (Löw et al. 2008, 152).

Wie deutlich sich subjektives Empfinden von tatsächlichen Erfahrungen unterscheiden kann, wird in einer Studie des Instituts für Rechts- und Kriminalitätssoziologie im Auftrag der MA 18 (Magistratsabteilung für Stadtentwicklung und Stadtplanung) deutlich. Hierbei wurden Teile der Wiener Bevölkerung zu (un-)sicheren Orten befragt. Mehrfach wurden Stationen des öffentlichen Nahverkehrs, aber auch Bezirksteile genannt, vor allem jene mit einem hohen

Anteil an Migrant*innen. Zwar gab es einige Orte, wo die Befragten auch tatsächlicher Viktimisierung ausgesetzt waren, die Mehrzahl tatsächlicher Betroffenheit bezog sich aber auf Vermögensdelikte (Diebstahl oder Einbrüche) im eigenen Wohnbezirk, der meistens nicht als unsicher wahrgenommen wird, und nicht auf andere Stadtteile, die genannten „unsicheren" Orte. Als Beispiel des öffentlichen Nahverkehrs wurde damals der Karlsplatz genannt, der als am unsichersten geltender Ort Wiens wahrgenommen wurde. Dieser wurde nicht aus eigener Betroffenheit genannt, sondern bei diesem Platz handelte es sich um einen durch Medienberichte stigmatisierten Platz, der durch die Zuschreibung zu einem „Angst-Ort" stilisiert wurde (Häberlin 2008, 3).

Franz Xaver Kaufmann hat bereits 1987 die „subjektive Sicherheit" mit dem Sicherheitsbedürfnis verbunden, da er festgestellt hat, dass obwohl die Sicherheit im Allgemeinen zugenommen hat, das Bedürfnis nach Sicherheit besonders gewachsen ist. Vor allem auch deshalb, „weil unsere fundamentale Unsicherheitserfahrung eine Erfahrung der Wandelbarkeit unserer Lebensverhältnisse ist, das Krisenbewußtsein ein kultureller Reflex jener Beschleunigung des sozialen Wandels unter dem Einfluß von Technik, Konkurrenzwirtschaft und aktivem Staat, wie es für moderne Verhältnisse charakteristisch ist." (Kaufmann 1987, 39 zit. nach Miko-Schefzig 2019, 134). Das macht deutlich, dass es sich um das Empfinden jeder oder jedes einzelnen handelt. Im politischen und medialen Diskurs wird aber fälschlicherweise ein generalisierender und vermeintlich allgemeingültiger (Un-)Sicherheitsdiskurs geführt.

„Subjektive Sicherheit" und Politik

Unter der Leitung des damaligen Stadtrats für Stadtentwicklung, Hannes Swoboda, fand in Wien 1993 erstmals eine Fachtagung zum Thema *Wien – Sichere Stadt. Kommunale Sicherheitspolitik* statt. Aus unterschiedlichen Bereichen der Politik, Verwaltung, Sozialwissenschaften, Frauenforschung, Psychologie und Sicherheitsbehörden fand ein Austausch zum Thema *Sicherheit und problematische Erfahrungen im öffentlichen Raum* statt. Ziel dieser Fachtagung war, das Thema Sicherheit kommunal zu betrachten und sich präventiv und anhand von fundierter Konfliktlösungen nicht nur mit strafrechtlichen Realitäten, sondern auch mit Emotionen und Ängsten der Menschen auseinanderzusetzen (Wien Sichere Stadt 1993). Im Zuge dessen hat eine Erhebung in Meidling und Hernals stattgefunden, um das Sicherheitsgefühl der Bewohner*innen zu bestimmen. Ein interessantes Ergebnis dieser Erhebung war, dass die meisten Befragten bereits bei der bloßen Wahrnehmung von marginalisierten Personen, wie beispielsweise Konsument*innen illegaler Substanzen, Obdachlose und Migrant*innen, um ihre Sicherheit fürchteten. Ereignisse, die strafrechtlich relevant waren, wurden selten erlebt (vgl. Kubicek 2011, 25).

Schon damals war ein Ergebnis der Tagung, dass es ganz andere Ansätze braucht, um Ängste abzubauen, nicht zuletzt, um auch dem populistischen Ausnützen dieser Angst entgegen zu wirken (Wien Sichere Stadt 1993, 3). Da die Sicherheitsthematik in der Konferenz als sehr komplex definiert wurde, stellte sich rasch heraus, dass es nicht die alleinige Aufgabe der Polizei sein könne, für „Sicherheit" zu sorgen. Viele Unsicherheiten und Ressentiments haben nichts mit Kriminalität zu tun. Kriminalität und Kriminalitätsfurcht sind sehr vielschichtig und Unsicherheiten liegen oft ganz anderen Ursachen zu Grunde, wie etwa Angst vor dem sozialen Abstieg. Der Ruf nach mehr Polizei kann demnach langfristig keine Lösung sein (vgl. Stangl/Steinert 1993, 31).

Die Ursachen für den verstärkten Wunsch nach Sicherheit sieht der Soziologe Zygmunt Bauman in der zunehmenden Verunsicherung und im schwindenden Einfluss lokaler Politik und Verwaltung auf globale Prozesse und Strukturen. Die Politik kann ihre Versprechen nach Schutz vor Arbeitslosigkeit, Armut und sozialem Abstieg nicht einhalten. Die Verunsicherung der Menschen steigt real und begründet. Es scheint eine schier unlösbare Aufgabe für die westlichen Industriestaaten zu sein, individuelle Lösungen für gesellschaftlich produzierte Probleme zu finden. Es wirkt, als sei die lokale Politik im Bereich der Sicherheit bemüht, noch Handlungsfähigkeit beweisen zu können. Der Kampf gegen den Terrorismus wird zu einem wichtigen Sicherheitsproblem erhoben und mit der Frage der Migration verknüpft. Geflüchteten Schutz zu bieten ist keine menschliche und soziale Frage mehr, sondern wird vielmehr in den Bereich der Sicherheitsbedrohungen transferiert (Bauman 2016 zit. nach Häberlin 2017, 3).

Im Zentrum der Unsicherheit ist, allen Argumenten zum Trotz, die Kriminalität in den Fokus gefühlter Unsicherheiten gerückt. Kriminalität eignet sich sehr gut als Fokussierung anderer Ängste. Sowohl für Sicherheitsdiskurse als auch für Kriminalitätsdiskurse gilt: „Verständigung darüber, was der Gesellschaft droht, welche sozialen Übereinkünfte verletzt und welche Gleichgewichte verrückt werden." (Kuschej/Pilgram 2002, 39 zit. nach Böck 2013, 19). Somit erweist sich Kriminalität, im Unterschied zu abstrakt bleibenden Risikoträger*innen, auch als Projektionsfläche für ganz andere Ängste geeignet. Furcht vor Kriminalität füllt mittlerweile den politischen Diskurs fast ganz aus, nicht zuletzt auch deshalb, weil die Bevölkerung diese als ein wesentliches soziales Problem unserer Gesellschaft ansieht (Böck 2013, 19).

Obwohl schon damals festgestellt wurde, dass Sicherheit und die damit verbundenen Gefühle sehr komplex sind und die Gründe vielschichtig sein können, wird Sicherheit heute von der Politik vermehrt mit Kriminalität gleichgesetzt. Es wird mehr Polizei und Videoüberwachung als vermeintlich schnelle und vor allem sichtbare Lösung des handelnden Staates gesehen. Die Fokussierung auf Sicherheitsversprechen, vor allem mehr Schutz vor Kriminalität, ist letztendlich ein Trugschluss. Das Sicherheitsversprechen dient als Ersatz für das nichtgelöste Problem der Menschen, ihren sozialen Status zu verlieren, und lenkt soziale Ängste auf gesellschaftlich benachteiligte Menschen. Die angstauslösende Enttäuschung sozialer Sicherheitsversprechen wird „sozialen Gefährder*innen" angelastet und die Frustration an ihnen an falscher Stelle ausgelassen (Pilgram 2020, 108).

Sicherheit und Unsicherheit im öffentlichen Raum

Der Wunsch nach mehr Sicherheit und das politische Versprechen, Sicherheit zu erhöhen, führt zu einer zunehmenden Kontrolle und Disziplinierung im öffentlichen Raum. Für den städtischen Alltag definieren Löw et al. drei Kernthemen der (Un-)Sicherheit: erstens die Disziplinierung und Beobachtung (etwa durch Videoüberwa-

chung), zweitens die Verräumlichung von Kriminalität und schließlich drittens die Gefühle von Angst oder Unsicherheit (je nach Per-
sonengruppe und Ort) beim Betreten einzelner Stadtgebiete/
Straßen und Parks (Löw et al. 2008, 142).

Vor allem der öffentliche Raum ist der zentrale Ort, an dem Debatten und Zusammenhänge möglicher Bedrohungen und Ängste ausgetragen werden. Verunsicherungsphänomene im öffentlichen
Raum hängen sowohl mit den unterschiedlichen Vorstellungen von
Nutzungsansprüchen als auch mit der Tendenz der Verknappung
dieses zusammen (Miko et al. 2012, 31). Auch wenn Kriminalitätsfurcht verstärkt als irrationales oder durch Medienberichterstat-
tung erzeugtes Phänomen gilt, das von objektiven Sicherheitslagen
abgekoppelt ist, empfiehlt Udo Häberlin diese „Furcht" als realisti-
schen Reflex, etwa von benachteiligten bis marginalisierten Lebenslagen und Existenzbedingungen zu interpretieren und durchaus
ernst zu nehmen (vgl. Häberlin 2014, 4). In einer Befragung im Auftrag der Stadt Wien zum Sicherheitsempfinden in der Stadt konnte
ein starker Zusammenhang zwischen Sicherheitsempfinden und
persönlicher Betroffenheit nach der individuellen Zufriedenheit
(Beruf, Finanzielles, Leben) festgestellt werden. Mit einer höheren
Unzufriedenheit im jeweiligen Lebensbereich nimmt das Sicherheitsgefühl ab: Ärgernisse im Alltag wirken auf Zufriedenheit und
Sicherheitsgefühl bzw. verstärken einander *(Un-)Sicherheitsgefühl
und (Un-)Zufriedenheit*. Für den Bereich öffentlicher Raum konnte
festgestellt werden, dass die Sorge um das Eigentum die Angst im
öffentlichen Raum übersteigt (ebd.).

Bezogen auf den öffentlichen Raum in Wien haben Katharina Miko
et al. in ihrer Studie *Planen - aber sicher!* vier Parameter der „sub-
jektiven Sicherheit" unterschieden: Menschen am Platz (diverse
Nutzer*innen), Dinge am Platz (etwa Beleuchtung, Sitzgelegenheiten, Struktur der Normen und Gesetze), die Bewegung am Platz
(Bewegungsflüsse) sowie das Image und die Identität des Platzes
(Mediale Imagebildung, Identität des Grätzls) (Miko et al. 2012, 13).
Mitzudenken ist, dass die subjektiven Wahrnehmungen von (Un-)
Sicherheit einem intra- und intersubjektiven Prozess zu Grunde lie-
gen. Menschen definieren Gegebenheiten als sicher oder unsicher,
weil sie diese selbst als solche definieren. Diese Definitionen unter-

scheiden sich von Individuum zu Individuum mit den dazugehörigen Einflussfaktoren, wie Erfahrungen, Bewusstseinslagen und Wertungen. Im öffentlichen Raum kommen noch vordefinierte und mediale Wertungen hinzu. Diese Definitionsprozesse sind dynamisch und Haltungen und Gefühle zu den jeweiligen Orten und Sicherheiten können sich immer ändern (vgl. Glasauer 2003, 23 zit. nach Miko et al. 2012, 16). Sie schlussfolgern daraus, dass es je nach öffentlichem Raum immer auch unterschiedliche Sicherheitswahrnehmungen gibt, die von den verschiedenen Akteur*innen sozial konstruiert werden (ebd.). Außerdem spielt Erfahrung eine wichtige Rolle in Bezug auf die Wahrnehmung öffentlicher Orte. Menschen, die an bestimmten Orten zu wenige Erfahrungswerte sammeln konnten, werden sich unsicherer fühlen und diese Unsicherheit in ihre subjektive Wahrnehmung einfließen lassen (Miko-Schefzig 2019, 137).

Letztendlich hat sich die Dichotomie Sicher/Unsicher als nicht ausreichend erwiesen, um das Sicherheitsgefühl von Menschen im öffentlichen Raum zu beschreiben. In Sozialraumanalysen oder sozialwissenschaftlichen Untersuchungen zu öffentlichen Räumen stellte sich heraus, dass das Raster nicht nur zu wenig aussagekräftig war, sondern auch, dass es nicht immer davon auszugehen ist, dass Räume per se als sicher oder unsicher wahrgenommen werden. Miko-Schefzig hat empfohlen, dass die Gefühlsachse erweitert werden muss, um eine empirisch begründete Situationsdefinition beschreiben zu können. *Unangenehm*, *belästigt*, *bedrängt* und *störend* sind Kategorien, die ihrer Meinung nach eine passendere Beschreibung bieten, um die Gefühlslagen der Menschen in öffentlichen Räumen zu beschreiben. Als *unangenehm* definiert sie Situationen, die von Personen gesehen oder wahrgenommen werden, die aber nicht direkt davon betroffen sind. Dies hängt von den eigenen Werten ab und dem Umgang mit gewissen urbanen Phänomenen. *Belästigt* als Kategorie beschreibt weniger ein Angstgefühl, sondern mehr ein Gefühl der Betroffenheit durch Situationen in die Personen direkt oder indirekt involviert sind. *Bedrängt* ist eine weitere Abstufung, hier greift das Geschehen mehr in den persönlichen Raum von einer Person ein. *Störend* beschreibt ein Gefühl, wenn Situationen, die als unangenehm empfunden werden, sich ständig wiederholen. Situationen werden emotional und individuell gedeutet, Erfahrungen und Empfindungen zu Orten können sich immer auch verändern (vgl. Miko-Schefzig 2019, 219 f).

In Miko-Schefzigs Analyse sozialer Situationen im öffentlichen Raum ist ein zentrales Ergebnis, dass die Wahrnehmung einer Situation ein äußerst komplexer Prozess aus eigenen Definitionen, gesellschaftlichen Diskursen und intersubjektiven Aushandlungen ist. In ihrer Untersuchung hat keine der befragten Personen einen Ort oder Platz als eindeutig unsicher empfunden. Das Thema Sicherheit war selten eine Kategorie, die die Befragten von sich aus ausgewählt haben. Vielmehr wurden Fragmente, wie Zeiten, bauliche Gegebenheiten oder Personen angegeben, die mit unangenehmen Gefühlen assoziiert wurden (ebd.).

Gefühle von Sicherheit und Unsicherheit sind kein authentischer Ausdruck innerer Befindlichkeit, sondern eine durch „beständige Rück- und Voraussicht" erlernte und tradierte Form der Verinnerlichung sozialer Ordnung (räumlicher, geschlechtsspezifischer, klassenspezifischer Art) (Elias 1976, 331 zit. nach Löw et al. 2008, 153). Da das Gefühl von „Sicherheit" so individuell beschaffen ist, wirkt der mediale und politische Ruf nach „mehr Sicherheit" viel zu kurz, zumal dieser Diskurs medial und politisch meist nur auf kriminalpolitischer Ebene Eingang findet und meistens dazu dient, Regulierungsmaßnahmen zu legitimieren. Die missbräuchliche Verwendung des Sicherheitsbegriffes hat auch einen wesentlichen Einfluss auf gewisse öffentliche Orte in Wien, die medial als „Brennpunkte" und „Hotspots" stigmatisiert werden.

Exkurs: Hotspots – Auswirkungen territorialer Stigmatisierung

Der Ruf und das Image eines Platzes spielen eine wesentliche Rolle in der Wahrnehmung der Menschen. Nicht selten wird diese dadurch verzerrt und beeinflusst auch das Verhalten öffentlicher Akteur*innen. Wenn Medien öffentliche Plätze, Bahnhöfe oder Stadtteile als „Hot Spot" oder „Brennpunkt" titulieren, an denen sich Bürger*innen fürchten müssen, dann sieht sich die Politik gezwungen zu handeln und Maßnahmen für „mehr Sicherheit" zu setzen. Vermehrte Polizeipräsenz, Videoüberwachung oder Anrainer*innenbefragungen erzeugen für die problematisierten Orte ein dauerndes mediales Interesse. Die Wechselwirkung zwischen Medien und Politik führt zu einer ständigen überzogenen Darstellung von Viktimisierungsrisiken an gewissen Orten der Stadt (vgl. Dimmel/Hagen 2005, 239 zit. nach Böck, 30) und führt zu steigender Kriminalitätsfurcht in der Bevölkerung. Durch diese werden Forderungen von Politiker*innen unterstützt, die nun versuchen, die Bevölkerung durch Maßnahmen zur Kriminalitätsbekämpfung zu beruhigen (vgl. ebd.). Der Begriff „Hot Spot" ist eine mediale Konstruktion. Es ist der Versuch, die Fantasie eines reinen, sauberen, letztendlich kleinbürgerlich-konservativen Modells von Stadt durchzusetzen, konstatiert der Leiter des Wiener Zentrums für sozialwissenschaftliche Sicherheitsforschung Reinhard Kreissl (augustin.or.at). Diese Form der Stigmatisierung ist nicht evidenzbasiert. Ähnlich wie bei der Zuschreibung von Menschen, kann dies auch für Orte gelten. In einer sozialen Situation wird dem Gegenüber eine „virtuelle" soziale Identität zugeschrieben. Werden die Erwartungen nicht erfüllt, so wird ihm eine vollständige soziale Akzeptanz verwehrt. Diese Diskrepanz kann die soziale Identität der Betroffenen beschädigen (vgl. Goffman 2012, 15 f). Der Ort wird zu einem unsicheren Ort konstruiert, egal, ob dieser durch strafrechtlich relevante Taten auffällt oder nicht.

Die Verbindung von Kriminalität und Raum hat unterschiedliche Facetten. Diese reichen von der Kriminalisierung von konkreten Handlungen bis hin zu „Raumausschnitten", bei denen bereits der Aufenthalt einzelner Personen und Gruppen Verdacht erregt. Das bedeutet, dass bestimmte Personengruppen, die als verdächtig gelten, öfter perlustriert und kontrolliert werden. Nicht weniger problematisch ist der nächste Abstraktionsschritt. Dieser erfolgt vom Individuum zu einer Gruppe, deren Mitglieder per definitionem „gefährlich" erscheinen, sie stören die bürgerliche Ordnung allein durch ihre Anwesenheit und die bloße Möglichkeit abweichenden Verhaltens. Dies ruft eine präventive Kontrolle auf den Plan. In einem weiteren Abstraktionsschritt gelten solche Maßnahmen auch für als „gefährlich" geltende Orte: Videoüberwachung oder Alkoholkonsumverbote werden als präventive Sicherheitsmaßnahmen legitimiert (Löw et al. 2008, 154).

Gefilmt wird offen oder verdeckt, Hinweisschilder weisen auf die Kameras hin. Ziel ist die Verhinderung von Straftaten (Prävention) und die Strafverfolgung (Repression). Die offene Variante soll potenzielle Delinquent*innen abschrecken und sie am Begehen von Normverstößen hindern (vgl. Belina 2006, 213f). Die bisherige Erfahrung mit Videoüberwachung zeigt jedoch, dass sich die Hoffnung auf zahlreiche Verhaftungen aufgrund von Videoaufzeichnungen noch nicht erfüllt hat (ebd.). Seit 2013 gibt es in Wien einen Trend zur großflächigen Videoüberwachung. Der erhoffte Erfolg blieb jedoch aus. Die Kosten pro Kamera inklusive Wartung und Personal, das die Bilder in Echtzeit beobachten sollte, waren zu hoch. Nur am Praterstern, wo es seit 2016 eine aktive Videoüberwachung gibt, konnte die Polizei einen Rückgang von Kriminalität feststellen. In einem Zeitungsinterview bemerkt der Kriminalsoziologe Leonhardmair, dass Kameras Kriminalität lediglich an andere Orte verdrängen würden, diese aber nicht verhindern. Hinzu kommt, dass eine Videoaufnahme nur unter großem Aufwand als Beweis hinzugezogen werden kann (Kurier 2021, 13). Auch Bernd Belina verweist auf den Effekt der Verdrängung:

„Die logische Konsequenz ist nicht die Verhinderung von kriminalisierten Akten, sondern deren Verdrängung." (Weichert 1998, 67 zit. nach Belina 2006, 218).

Die Zuschreibungen und die damit einhergehenden Sicherheitsmaßnahmen schüren die Ängste vor den vorurteilsbehafteten Orten und stützen letztendlich auch die Vorurteile gegen jene Menschen, die sich dort aufhalten beziehungsweise leben (vgl. Wacquant 2006, 28).

Umgang mit von Armut Betroffenen im öffentlichen Raum

Ein mangelndes Sicherheitsgefühl wird häufig auch mit der Sichtbarkeit von Armut im öffentlichen Raum in Verbindung gebracht. Es geht dabei nicht um eine konkrete Bedrohung, sondern viel mehr um die Anwesenheit marginalisierter Menschen, die als Belästigung empfunden werden. Arbeitslosigkeit bei einem gleichzeitigen Abbau von Sozialleistungen und einem sichtbaren und spürbaren Auseinanderklaffen von Reichtum und Armut[3] in der Gesellschaft wird von vielen Menschen als persönliches Scheitern erlebt und äußert sich in Ohnmachts- und Wutgefühlen. Da verflochtene Machtmechanismen sowie politische und wirtschaftliche Zusammenhänge, die gesellschaftliche Entwicklungen stark prägen, oft sehr abstrakt sind, richten sich Unmut und Angst häufig auf die Ebene der Lebenswelten innerhalb der eigenen Reichweite (vgl. Rolshoven 2014, 22). Sichtbar von Armut betroffene Menschen werden so zu einer Projektionsfläche dieser Unsicherheit.

Seit mehr als einer Dekade lassen sich in vielen europäischen Städten Ausgrenzungstendenzen beobachten. Einerseits geht es dabei um Raumbeschränkungen vielfältiger Art. Sie äußern sich in Verboten, die vor allem für von Armut betroffene Menschen, Migrant*innen, Geflüchtete und Konsument*innen von Substanzen zu gelten scheinen, wie etwa Bettelverbot, Wegweisung und Alkoholkonsumverbot. Damit einher geht ein überspitzter Sicherheitsdiskurs von Medien und Politik, der Gefahren benennt und evoziert, die von den eben genannten Gruppen ausgingen (ebd.).

Problematisch ist dabei, dass suchtkranke Menschen, obdachlose, wohnungslose und bettelnde Menschen von einem Teil der Gesellschaft nicht mehr als soziale Wesen wahrgenommen werden, sondern nur noch als eine potenzielle oder echte Störung. Durch die abstrakte Form der „kriminalisierten Gruppe" geraten deren Einzelschicksale in den Hintergrund, es besteht kaum Interesse daran, warum eine Frau oder ein Mann auf der Straße bettelt (vgl. Belina 2006, 230). Wegweisungen oder die genannten Verbote finden daher in der Mehrheitsbevölkerung oft große Zustimmung.

In Wien fällt beispielsweise Betteln in das Ressort des Innenministeriums und wird sicherheitspolizeilich behandelt. In Wien ist Betteln nicht verboten, laut Wiener Landessicherheitsgesetz darf nur nicht in aggressiver, aufdringlicher oder gewerbsmäßiger Weise gebettelt werden. Problematisch ist allerdings die Ungenauigkeit der

---

[3] In Österreich besitzen die reichsten 5 Prozent der Haushalte 45 Prozent des Bruttovermögens, die ärmsten 50 Prozent weniger als 4 Prozent (Schaupp/ Wade 2018, 76f).

Begriffe. Damit obliegt es den einzelnen Beamt*innen, die Bewertung des Aktes vorzunehmen und die Höhe der Verwaltungsstrafe auszulegen. Da die Strafen sehr hoch sind, müssen betroffene Frauen und Männer oft Ersatzfreiheitsstrafen antreten, um diese zu begleichen. Aufgrund der medialen Diffamierung bettelnder Menschen als Mitglieder einer „mafiösen" Struktur, werden Bettelstrafen und Ersatzfreiheitsstrafen von breiten Teilen der Bevölkerung gutgeheißen. Wie Belina richtig konstatiert hat, werden bettelnde Menschen als abstrakte kriminalisierte Gruppe wahrgenommen. Dass sich diese Frauen und Männer durch die Tätigkeit des Bettelns ihren Lebensunterhalt bestreiten, etwa Miete bezahlen oder Geldbeträge in die Herkunftsländer an ihre Familien überweisen, gerät völlig in den Hintergrund (vgl. Rauchberger 2018, 193 f). Bettelstrafen mögen vielleicht das „subjektive Sicherheitsgefühl" für die einen fördern, bedeuten aber eine existenzielle Bedrohung für die anderen.

Der Ausschluss von zentralen Orten der Städte, geografisch wie sozial, bedeutet nicht nur den Ausschluss von gesellschaftlichen Ressourcen und Teilhabemöglichkeiten, sondern bedeutet letztendlich eine Verdrängung an andere Orte. Legitimiert wird Ausgrenzung mit dem normabweichenden Verhalten der Ausgegrenzten im öffentlichen Raum: etwa der Konsum illegaler Substanzen, Sexarbeit, Kriminalität und mangelnde Leistungsbereitschaft (vgl. Stiegler 2017, 42). Da die Lebensziele, die in unserer Gesellschaft einen hohen Stellenwert haben, wie etwa Arbeit, Bildung, Einkommen und Wohnen, für viele marginalisierte Menschen unerreicht bleiben, bedeutet dieser Ausschluss auch eine Abwertung durch das soziale Umfeld (KIRAS 2009, 71).

In seinen Untersuchungen über urbane Ausgrenzungsmechanismen hat Loïc Wacquant festgestellt, dass sich diese Form von Marginalisierung nicht wegen wirtschaftlicher Rückständigkeit, Trägheit oder Verschlechterung entwickelt hat, sondern von einer wachsenden Ungleichheit vor dem Hintergrund gesamtwirtschaftlichen Fortschritts und Wohlstands herrührt (vgl. Wacquant 2006, 23). Um diesen Ausgrenzungsmechanismen entgegenzuwirken, hat die Stadt Wien zahlreiche soziale Ressourcen geschaffen und baut diese ständig aus. So richtete sich etwa mit Initiierung des Winterpakets 2009 der Fokus erstmals auch auf nicht versicherte obdachlose Menschen aus anderen Ländern der Europäischen Union. Für sie besteht seit jenem Winter die kostenlose Möglichkeit, Notquartiere in Anspruch zu nehmen.

Die Wiener Wohnungslosenhilfe bietet ein dichtes Unterstützungsnetzwerk, um Betroffene wieder langfristig in das Sozial- und Gesundheitswesen einzugliedern.

Armutsbetroffene und marginalisierte Menschen erleben in der Öffentlichkeit immer wiederkehrende Vorurteilserfahrungen, die zu Stilisierung als Unsicherheitsfaktor im öffentlichen Raum führen. Die Abwertung, Diskriminierung oder Stigmatisierung hält die soziale Distanz zu besser situierten Bevölkerungsgruppen aufrecht (KIRAS 2009, 71). Der Sicherheitsdiskurs warnt vor Kriminalität und Gefahr und benennt dabei konkrete öffentliche Orte und gesellschaftliche Gruppen, die diese als sozialen Treffpunkt nutzen. Sie gelten als Hauptverursacher*innen von Unsicherheit der Stadtbevölkerung (vgl. Rolshoven 2014, 22). Damit hat sich der Gedanke verfestigt, dass nicht die Armut das Problem unserer gesamten Gesellschaft ist, sondern die Armutsbetroffenen selbst. Dabei kann leicht übersehen werden, dass soziale Diskriminierung und Ausgrenzung Risiken für die gesellschaftliche Sicherheit mit sich bringen. Sicherheit meint in diesem Kontext die gesellschaftlichen Voraussetzungen für die individuelle Lebensführung, sowohl in Bezug auf Demokratie, Rechtsstaatlichkeit und Pluralismus als auch in Bezug auf soziale Sicherheit und sozioökonomische Stabilität (vgl. KIRAS 2009, 71).

Stadtplanung und Sicherheit

Sich in einer Stadt wohlzufühlen und „sicher" bewegen zu können, kann mitunter auch mit der Architektur und Beschaffenheit der öffentlichen Orte zusammenhängen. Beleuchtung, Begrünung oder Einsehbarkeit können Einfluss auf das Empfinden von Personen haben, die sich in der Stadt bewegen. In Wien wurde das Thema Sicherheit auf der Ebene der Stadtplanung erstmals mit der Ausstellung *Wem gehört der öffentliche Raum? Frauenalltag in der Stadt* 1991 aufgegriffen.

„Der Sicherheitsbegriff, um den es dabei ging, meint nicht die Sicherheit vor Unfällen, sondern die Sicherheit vor Belästigungen und kriminellen Handlungen. Unüberlegt gestaltete öffentliche und halböffentliche Räume erzeugen nicht nur bei Frauen ein Gefühl von Unsicherheit oder Bedrohung, vor allem nachts (...). Die alltägliche und gesellschaftlich oftmals tolerierte Belästigung von und Gewalt an Frauen bedingt, dass insbesondere Frauen in ihrer Bewegungsfreiheit eingeschränkt sind. Um bedrohlichen Situationen aus dem Weg zu gehen, nehmen sie Umwege in Kauf oder lassen sich in ihrer Mobilität und ihren Aktivitäten einschränken. Vor allem an Orten, die nicht gemieden werden können, wie wichtige Wegeverbindungen, Eingänge von Gebäuden und Zugänge zu Haltestellen, ist die Berücksichtigung von Sicherheitsaspekten bei der Gestaltung wesentlich." (wien.gv.at).

Für Frauen ist Sicherheit im öffentlichen Raum ein besonders wichtiges Thema, die Ursachen reichen bis zur Entwicklung moderner Gesellschaften zurück. Im Zuge der Verstädterung wurden private Räume als sichere Orte in der unsicheren Stadt idealisiert. Durch die gesellschaftliche Arbeitsteilung wurden viele Frauen in die privaten Räume zurückgewiesen (in Berlin gab es Ende des 19. Jahrhunderts sogar nächtliche Ausgangsverbote für bürgerliche Frauen). Heute lässt sich schwer feststellen, ob Frauen deshalb weniger Opfer von Kriminalität im öffentlichen Räumen sind, weil sie Vorsichtsmaßnahmen treffen und bestimmte Orte meiden, oder ob es sich in erster Linie die in der Moderne verankerte Angst ist, die Frauen das Gefühl von Sicherheit nimmt. Klar ist, dass dieses Angstgefühl bei Frauen kulturell fest verankert hat. Die gesellschaftlich und kulturell tradierte Angst vor Gewalt in öffentlichen Räumen wird durch eine hohe Gewaltgefährdung ergänzt. Zwar mögen Männer stärker von Körperverletzungen betroffen sein, Frauen erleben Gewalt in der sexualisierten Ausprägung sehr viel einschneidender in ihrer Persönlichkeitsentwicklung (Löw et al. 2008, 152 f). Tradierte Ängste lassen sich natürlich nicht allein durch bauliche Maßnahmen abbauen, aber sie können unterstützend im Aufenthalt und in der Fortbewegung im öffentlichen Raum sein.

Die Stadt Wien hat sich zum Ziel gesetzt, dass bereits im Planungs-
stadium darauf geachtet wird, bauliche Angsträume zu vermeiden
und damit insbesondere Frauen bei der ungehinderten und sicheren Aneignung des öffentlichen Raumes zu unterstützen. Im Jahr
2012 wurde der *Leitfaden: Planen - aber sicher!* entwickelt, der Ent-
wickler*innen dabei unterstützt, physischen und sozialen Verunsi-
cherungsphänomenen professionell zu begegnen (wien.gv.at).

Die Magistratsdirektion für Bauten und Technik hat dabei Gestal-
tungskriterien für sicher empfundene öffentliche Raume definiert.
Dazu zählen Orientierung, etwa eine übersichtliche Wegeführung
und gute Erkennbarkeit von Zielen und Anlaufpunkten. Übersicht-
lichkeit und Einsehbarkeit bedeutet, dass die Orte gute Sichtverbin-
dungen gewährleisten müssen. Wesentlich sind auch die Beleuchtung und Belichtung, damit etwa das Erkennen von Personen
möglich ist. Als Grundkriterium gilt auch die Zugänglichkeit zu
wichtigen Zielen wie Hauseingängen, Infrastruktureinrichtungen
oder Haltestellen. Auch belebte Orte können für potenzielle Täter
hemmend oder gar abschreckend wirken. Zudem bieten belebte
Orte eher die Möglichkeit, um Hilfe zu bitten. Dafür ist eine attrak-
tive Gestaltung, die eine hohe Aufenthaltsqualität bietet, Grund-
voraussetzung. Verantwortlichkeit gegenüber dem Grätzl durch
Anrainer*innen wirkt sich ebenso positiv auf das Empfinden im öffentlichen Raum aus, wie die Beseitigung von Verschmutzungen
und ein räumliches Platzangebot, das Konflikte vermeidet (ebd.).
Zusätzlich kommt der Stadtplanung bei der Vermeidung sogenann-
ter *Disorder-Phänomene*, also Verschmutzung oder starker Ab-
nutzung von öffentlichen Möblierungen, eine wesentliche Rolle zu.
Da Sauberkeit, laut Studien, einen wesentlichen Beitrag erfüllt, wie
wohl sich Menschen in der Stadt fühlen, ist es wichtig, bei der Gestaltung von Plätzen auf ausreichende Entsorgungsmöglichkeiten
und witterungsfeste Möblierung zu achten (Planen aber sicher!
2012, 49). Mitzudenken ist, dass öffentliche Räume, je nach Tages-
oder Nachtzeit, Wochenende oder Wochentagen, aber auch wetter-
und jahreszeitabhängig, unterschiedlich wahrgenommen oder frequentiert werden (Psenner 2002, 31 zit. nach SUSI 2010, 36f).

Allgemein wird davon ausgegangen, dass eine funktionierende Infrastruktur für das Wohlfühlen in der Stadt eine sehr hohe Bedeutung hat. In Wien ist das Vertrauen in die städtische Infrastruktur groß. Umso wichtiger ist es, der städtischen Infrastruktur, der Gestaltung in der Stadt und in den Stadtteilen weiterhin eine große Bedeutung zukommen zu lassen, um dieses Vertrauen zu halten (vgl. Hanak 2004, 4f zit. nach SUSI 2012, 36).

Für die Stadtplanung ist es eine große Aufgabe, öffentliche Freiräume so zu gestalten, dass ein funktionierendes Sozialleben für alle möglich ist. Die Verdrängung von marginalisierten Menschen stellt eine besondere Herausforderung für diese dar. Die Frage: *Wo sollen sich marginalisierte Gruppen aufhalten?* sollte gegenüber der Frage *Wo sollen sich marginalisierte Gruppen nicht aufhalten?* bevorzugt werden (Planen – aber sicher! 2012, 24).

Da im Vordergrund der Nutzung des öffentlichen Raums weniger die Sicherheit, im Sinne der Sicherheit vor Kriminalität, steht, sondern die soziale Sicherheit und das Wohlfühlen im öffentlichen Raum entscheidend sind, ist es auch in Zukunft wesentlich, in den verschiedenen Planungsphasen die Nutzungsgewohnheiten und Bedürfnisse aller Menschen des Ortes miteinfließen zu lassen.

Fazit: Mit Sicherheit eine Herausforderung

Die Ungenauigkeit des Sicherheitsbegriffes und seine undifferenzierte Nutzung in unterschiedlichen Kontexten, wie etwa in Medien und Politik, hat einen wesentlichen Einfluss auf die Wahrnehmung von gewissen Orten und Menschen, die sich an diesen aufhalten. Obwohl das Sicherheitsempfinden sehr hoch ist und es in Wien keine *no-go areas* gibt, hat das medial kreierte Image etwa vom Praterstern oder damals vom Karlsplatz vor seiner Umgestaltung 2008 einen wesentlichen Einfluss auf das Sicherheitsempfinden der Menschen genommen. Dies sollte uns gemahnen, vorsichtig mit Begriffen umzugehen. Gerade in der Sicherheitsdebatte kann sich zwischen Politik und Medien eine nicht endend wollende Verzahnung und ein daraus resultierender Handlungsdruck entstehen, der auf Kosten der „schwächeren" Nutzer*innen des öffentlichen Raumes einhergeht. Urbane Sicherheit kann nicht allein durch vermehrte Polizeipräsenz oder Videoüberwachung geschaffen werden, vielmehr erwächst sie aus den tatsächlichen Handlungsspielräumen aller Stadtbewohner*innen und durch deren soziale Absicherung. Steigende Mieten, hohe Arbeitslosigkeit und prekäre Arbeitsverhältnisse, um nur einige Beispiele zu nennen, setzen Menschen unter Druck und verunsichern sie.

Das Hochrüsten von Sicherheitsmaßnahmen führt meistens nur zu noch mehr Unsicherheit und verstärkt die Ängste der Menschen, anstatt diese abzubauen. Der Stadtsoziologe Detlev Ipsen verweist auf die Wichtigkeit der Fähigkeit „urbaner Kompetenz" der Stadtbewohner*innen hin. Aufgrund unterschiedlichster Ideen und Interessen kommt es zwangsläufig zu Kontroversen und Auseinandersetzungen. Das Konzept der urbanen Kompetenz reagiert auf diese verdichtete Unterschiedlichkeit als ein Charakteristikum der Stadt durch Kenntnisnahme und Akzeptanz. Urbanes Leben bedeutet Konflikt und Aushandlung. Die urbane Kompetenz ist die Fähigkeit, einen offenen und selbstverständlicheren Umgang damit zu finden (vgl. Ipsen 1997 zit. nach Laimer 2014, 6). Das Erlernen dieser Fähigkeit kann aber nicht von oben verordnet oder als Privatangelegenheit betrachtet werden, sondern muss als kollektiver und emanzipatorischer Lernprozess in die zivile Gesellschaft eingebunden werden (vgl. Glasauer 2003, 26 zit. nach Laimer 2014, 6). Aufgabe der Stadt kann es sein, diese Strukturen zu schaffen, sei es durch Räumlichkeiten, finanzielle Förderung nachbarschaftlicher Projekte oder aber auch durch die Ausweitung von Mitspracherechten und die Möglichkeit des aktiven Eingreifens in stadtpolitische Entscheidungsprozesse. In Wien gibt es bereits gute Beispiele von Stadtteilarbeit, die sich bewährt hat und wo es sich lohnen würde, diese auszubauen. Die Caritas bietet Stadtteilarbeit an, um die Nachbarschaft zusammenzubringen, die Gebietsbetreuung berät und unterstützt Menschen in ihrem Grätzl, um beispielsweise gemeinsam entwickelte Stadtteilprojekte zu realisieren. Zusätzlich bietet die Stadt Wien einen *Fördertopf* für innovative und experimentelle Sozialprojekte an. Eine Jury bewertet die eingereichten Projekte, die innovativsten werden gefördert. Der Zulauf der Einreichungen war 2019 mit 60 Projekten sehr hoch und zeigt den Wunsch und das Interesse der Menschen, ihr Umfeld mitgestalten zu wollen. Denn je mehr Menschen ihre Umwelt gestalten können, desto geringer ist auch die Angst vor einer negativen persönlichen Zukunft und vor kriminellen Delikten. Städte setzten indes jedoch vermehrt auf Ordnungspolitik und versuchen durch Repression Alltagskonflikte zu lösen. Damit verkümmert die urbane Kompetenz und stabilisiert nur noch mehr Unsicherheiten und Ängste (ebd.). Der Sicherheitsdiskurs bremst die Handlungsmöglichkeiten und sozialen Aushandlungsprozesse der Stadtbewohner*innen aus. Mobile Soziale Arbeit kann in diesen Prozessen unterstützend wirken und zwischen den Menschen vermitteln. Auch der Stadtplanung kann hier eine wesentliche Rolle zukommen und die Menschen zum Mitdenken und zur Mitverantwortung einladen. Geteilte Regeln des Zusammenlebens lassen sich letztendlich leichter durch gemeinsam gestaltete und genutzte Orte erreichen als durch Überwachung und Kontrolle

Biografie

Annika Rauchberger hat Soziale Arbeit in St. Pölten und Soziologie an der Universität Wien studiert. Seit Dezember 2021 arbeitet sie als Sozialreferentin bei der Sucht- und Drogenkoordination im Bereich Öffentlicher Raum und Sicherheit. Davor war sie einige Jahre als Straßensozialarbeiterin bei der Suchthilfe Wien tätig. In ihrer Freizeit engagiert sie sich bei der BettelLobby Wien und setzt sich mit der Thematik öffentlicher Raum und Stadt für alle auseinander.

Literatur

Bauman, Zygmunt. 2016. *Die Angst vor den anderen – Ein Essay über Migration und Panikmache*. Berlin: Suhrkamp Verlag.

Endreß, Christian; Schattschneider, Leonard. 2010. *Was ist Sicherheit? Interdisziplinäre Betrachtung einer unklaren Begrifflichkeit*. In: Notfallvorsorge. Regensburg: Walhalla Fachverlag, S. 8–9.

Frevel, Bernhard. 2016. *Sicherheit – Ein (un)stillbares Grundbedürfnis*. 2. Auflage. Wiesbaden: Springer Fachmedien.

Frevel, Bernhard. 1999. *Kriminalität – Gefährdungen der inneren Sicherheit?* Opladen: Leske & Budrich.

Goffman, Erving. 2012 (1975). *Stigma. Über Techiken der Bewältigung beschädigter Identität*. 21. Auflage, Frankfurt am Main: Suhrkamp.

Kaufmann, Franz-Xaver. 1987. *Normen und Institution als Mittel zur Bewältigung von Unsicherheit: die Sicht der Soziologie.* In: Bayrische Rückversicherung (Hrsg.): *Gesellschaft und Unsicherheit.* Karlsruhe: Verlag für Versicherungswirtschaft e.V., S. 37–48.

Kühne, Hans-Heiner. 1991. *Kriminalitätsbekämpfung durch innereuropäische Grenzkontrollen? Auswirkungen der Schengener Abkommen auf die innere Sicherheit.* Berlin: Duncker & Humblot.

Kuschej, Hermann; Pilgram, Arno. 2002. *Fremdenfeindlichkeit im Diskurs um „Organisierte Kriminalität".* In: Liebhart, Karin; Menasse, Elsiabeth; Steinert, Heinz (Hrsg.): *Fremdbilder – Feindbilder – Zerrbilder. Zur Wahrnehmung und diskursiven Konstruktion des Fremden.* Klagenfurt/Celovec: Drava, S. 39–55.

Löw, Martina. 2019 (2001). *Raumsoziologie.* 10. Auflage. Frankfurt am Main: Suhrkamp Verlag.

Miko-Schefzig, Katharina. 2019. *Subjektive Sicherheit in Situation, Organisation und Diskurs. Zur wissenssoziologischen Analyse sozialer Situationen im öffentlichen Raum.* Wiesbaden: Springer VS.

Pilgram, Arno. 2020. *Anerkennung von Unsicherheit als Normalzustand. Implikationen für eine radikalisierte Sozialpolitik.* In: Die Armutskonferenz et al. (Hrsg.): *Stimmen gegen Armut.* Norderstedt: BoD Verlag, S. 107–113.

Rauchberger, Annika. 2018. *Stadt für alle? Bettelverbote als Instrumente städtischer Kontrolle über den öffentlichen Raum.* In: Aigner, Heidrun; Kumnig, Sarah (Hrsg.): *Stadt für Alle! Analysen und Aneignungen.* Wien: Mandelbaum kritik & utopie, S. 191–208.

Scherr, Albert. 2010. *Innere Sicherheit und soziale Unsicherheit. Sicherheitsdiskurse als projektive Bearbeitung gesellschaftsstrukturell bedingter Ängste?* In: Groenemeyer, Axel (Hrsg.): *Wege der Sicherheitsgesellschaft. Gesellschaftliche Transformationen der Konstruktion und Regulierung innerer Unsicherheiten.* Wiesbaden: VS, S. 23–39.

Schaupp, Margit; Wade, Manuela. 2018. *Politik mit den Armen, gegen die Armen, für die Armen? Armut und Krise der Demokratie.* In: Die Armutskonferenz (Hrsg.): *Achtung. Abwertung hat System. Vom Ringen um Anerkennung, Wertschätzung und Würde.* Wien: ÖGB, S. 75–84.

Wacquant, Loïc. 2006. *Das Janusgesicht des Ghettos und andere Essays.* Basel, Boston, Berlin: Birkhäuser Verlag für Architektur; Gütersloh: Bauverlag.

Wehrheim, Jan. 2006. *Die überwachte Stadt. Sicherheit, Segregation und Ausgrenzung.* 2. Auflage. Opladen: Barbara Budrich.

Sonstige

Böck, Clarissa. 2013. *„Ostbanden" im „Sicherfühlland". Der politische Diskurs um Kriminalität „aus Osteuropa".* 105 Reihe Soziologie. Wien: Institut für Höhere Studien.

Diebäcker, Marc. 2012. *Broken Windows. Soziale Arbeit und das Regieren von Marginalisierten im öffentlichen Raum.* In: Soziale Arbeit in Österreich Zeitschrift für Soziale Arbeit, Bildung und Politik. Sondernummer 1, S. 43–44.

Häberlin, Udo. 2017. *Im Namen der Sicherheit? Komplexe Phänomene in der wachsenden Stadt, soziale Abstiegsängste und aktuelle Sicherheitsdiskurse zwischen medialer Stimmungsmache und fachlicher Problemanalyse im Fokus der Stadtentwicklung.* In: Beiträge zur Stadtentwicklung. Wien: Magistratsabteilung 18, Stadtentwicklung – Stadtplanung, S. 1–4.

Kastner, Jens. 2014. *Mit Sicherheit der Freiheit entgegen.* dérive Zeitschrift für Stadtforschung. Nr. 57. Wien: dérive Stadtforschung, S. 17–20.

KIRAS Sicherheitsforschung. 2009. *Wissen(schaft) Sicherheit. Ergebnisse der bisherigen Untersuchung.* Wien: Bundesministerium für Verkehr, Innovation und Technologie (BMVIT), Stabstelle für Technologietransfer und Sicherheitsforschung.

Kubicek, Isabella. 2011. *Das Sicherheitsgefühl der Wienerinnen.* Diplomarbeit. Universität Wien.

Laimer, Christoph. 2014. *Sicherheit beginnt im Kopf.* In: dérive Zeitschrift für Stadtforschung. Nr. 57. Wien: dérive Stadtforschung, S. 4–7.

Miko, Katharina; Neureiter, Petrissa; Stadler-Vida, Michael. 2012. *Planen – aber sicher! Physische und soziale Verunsicherungsphänomene – Wie kann die Stadtplanung ihnen begegnen.* Wien: MA 18 Magistratsabteilung für Stadtentwicklung und Stadtplanung.

Stangl, Wolfgang; Steinert, Heinz. 1993. *Schritte zur Entwicklung eines „Wiener Modells" von kommunaler Sicherheitspolitik.* In: *Wien – Sichere Stadt. Kommunale Sicherheitspolitik. Beiträge zur Stadtforschung, Stadtentwicklung und Stadtgestaltung, Band 47.* Wien: Magistratsabteilung 18 – Stadtentwicklung und Stadtplanung, S. 31–54.

Stiegler, Josefa, Maria. 2017. *Von der Straßenbeleuchtung zum Machtverhältnis. Eine kritisch-feministische Analyse des Sicherheitsdiskurses in der Stadtplanung in Wien.* Masterarbeit. Universität Wien.

SUSI Studie. 2010. *Subjektive Wahrnehmung von Sicherheit/Unsicherheit im öffentlichen Raum.* Endbericht. Wien: FH Campus Wien für das Bundesministerium für Verkehr, Innovation und Technologie (BMVIT).

Zara Rassismusreport. 2020. *Analyse zu rassistischen Übergriffen und Strukturen in Österreich.* Wien: Verein ZARA – Zivilcourage & Anti-Rassismus-Arbeit.

Internet

Gusy, Christoph. 2012. Sicherheitskultur – Sicherheitspolitik – Sicherheitsrecht in https://doi.org/10.5771/2193-7869-2010-2-111 (Zugegriffen am 18. 12. 2020).

https://www.wien.gv.at/politik/international/vergleich/mercerstudie.html (Zugegriffen am 14. 4. 2021).

https://www.duden.de/rechtschreibung/Sicherheit (Zugegriffen am 15. 4. 2021).

https://wien.orf.at/stories/3086398/ (Zugegriffen am 20. 4. 2021).

https://www.derstandard.at/story/2000122893198/randale-in-favoriten-bezirk-will-mehr-polizei-puerstl-plant-sicherheitsgipfel (Zugegriffen am 20. 4. 2021).

https://wien.orf.at/v2/news/stories/2731876/ (Zugegriffen am 23. 4. 2021).

https://www.ots.at/presseaussendung/OTS_20190608_OTS0015/studie-leben-und-lebensqualitaet-in-wien-2018-die-wiener-moegen-ihre-stadt (Zugegriffen am 23. 4. 2021).

Sicherheit im öffentlichen Raum. Magistratsdirektion für Bauten und Technik in https://www.wien.gv.at/stadtentwicklung/alltagundfrauen/sicherheit.html (Zugegriffen am 26. 4. 2021).

https://augustin.or.at/der-praterstern-ist-das-wohnzimmer-fuer-leute-die-keines-haben/ (Zugegriffen am 29. 4. 2021).

https://kurier.at/chronik/oesterreich/randalierer-in-wiener-kirche-kein-hinweis-auf-religioeses-motiv/401082495 (Zugegriffen am 30. 4. 2021).

https://www.ots.at/presseaussendung/OTS_20191222_OTS0008/bernerhacker-stadt-wien-foerdert-52-innovative-nachbarschaftsprojekte (Zugegriffen am 6. 5. 2021).